普通高等教育“十一五”国家级规划教材

体育院校通用教材

体育社会学

名誉主编　许宗祥
主　　编　吕树庭　刘德佩
全国体育院校教材委员会 审定

人民体育出版社

编委会成员

编写说明

从社会学的角度去认识体育现象可追溯至19世纪末，但真正运用社会学的理论与方法来研究体育，则是在20世纪50年代体育社会学作为一门学科兴起之后。体育社会学在国外的迅速发展为我们的借鉴提供了可能。20世纪80年代，随着社会学在我国的恢复与发展，特别是随着经济、社会和体育事业发展的需要，体育社会学被引进国门。经过二十多年的发展，由于其学科存在的学术价值及在实践中的作用日益得到人们的认同，几乎已在所有的体育专业院校和师范、理工或综合性大学的体育院（系）落脚生根，并跻身体育人文社会学专业的硕士和博士研究生课程的行列。

目前，国内已有体育社会学的教材或著作多部。依出版的年代顺序历史地来看，这些教材和著作的水平在不断提高，这是实践的发展和人们认识提高的结果。这些教材和著作，对我国创建与发展体育社会学这门学科，对指导我国体育改革与发展的实践，特别是对培养不同层次的学生作出了重要贡献。但总体来看，尚缺少有较强作者阵容的全国性的统编教材，教材建设跟不上教学迅速发展的需要。鉴于此，人民体育出版社组织了本教材的编写和出版。

本教材坚持以马列主义、毛泽东思想、邓小平理论和“三个代表”重要思想为指导，在编写中努力把握理论与实践相结合、历史与现实相统一、国情与借鉴相关照的原则，并力争使本教材具有如下的一些特色：第一，立足体育，突出社会学的学科特点。第二，教材内容既着眼于我国的体育实践，也撷取一定的国外的体育例证；既重视体育社会学的研究成果，也借鉴体育人文社会学各学科及其他社会科学学科的理论。尤其注意吸收国际、国内体育社会学领域的有关的最新研究成果，使教材具有一定的学术前沿性和提高解释体育现实的功能。第三，与以往的体育社会学教材和著作相比，本教材从内容到章节结构都做了适当的深入与扩展，力求使教材的框架体系有较大的涵盖面。第四，在每一章的末尾部分，除列出主要参考文献及复习与思考题之外，还增加了推荐阅读书目，以利于读者对该章内容的深入理解和知识视野的拓宽。

本教材以本科学生为基本对象，亦可作为体育人文社会学专业硕士和博士研究生的选用教材或参考书，以及体育行政管理者和体育科研工作者的业务参考读物。

本教材的主编为吕树庭（广州体育学院教授、博士生导师）、刘德佩（解放军体育进修学院教授）。教材的整体结构分为序篇、上篇、下篇。序篇主要介绍社会学是一门什么样的学科，上下两篇共17章，上篇可视为体育社会学的总论，下篇可视为体育社会学的分论。

教材编写的具体分工如下（按姓氏笔画为序）：

王凯珍（北京体育大学教授、博士生导师）	第十一章
王旭光（天津体育学院副教授、博士）	序篇、第八章
吕树庭	第三章、第十四章
刘德佩	第一章、第二章
刘旭东（宁夏大学体育学院讲师、硕士）	第九章
李建国（上海体育学院教授、博士生导师）	第十二章
李树怡（天津体育学院教授、博士生导师）	第五章
肖焕禹（上海体育学院教授、博士生导师）	第十三章
邹　师（沈阳师范大学体育学院教授、硕士生导师）	第十五章
张文健（温州大学体育学院教授、博士）	第四章
金育强（湖南师范大学体育学院教授、博士）	第六章
柳伯力（成都体育学院教授、硕士生导师）	第十七章
黄文仁（集美大学体育学院教授、硕士生导师）	第十六章
曹继红（沈阳体育学院教授、博士）	第七章
韩会君（广州体育学院教授、博士）	第十章

主编吕树庭、刘德佩分别对教材进行了修改、统稿并最后定稿。

本教材的出版，要感谢人民体育出版社的全力支持，感谢主编单位广州体育学院、解放军体育进修学院，以及韩山师范学院给予的大力支持与协助。此外，在编写过程中，参阅了大量国内外的相关论著和研究成果，本教材的完成也得益于这些作者的智慧和支持，在此一并致谢！

《体育社会学》教材编写组

2007年2月

目 录

序 篇

上 篇

下　篇

序篇

本章概要

本章从社会学的研究对象、研究领域、与其他社会科学的关系、社会学的特点与作用、社会学的理论流派、我国社会学的传入与发展多个维度，简要地介绍社会学这门社会科学的学科特点和社会学在我国的发展。

“社会学”一词，在法语中是 sociologie，在英语中是 sociology。它由两部分组成，前半部分源于拉丁语的 soietas（意为社会）或 socius（意为社会中的人），后半部分来源于希腊文的 logos（意为学院、学问），两部分结合起来，就是关于社会的学说。

许多年前，美国社会学家伯格就曾撰文，向人们介绍社会学学科的魅力和视野，邀请大家探究社会学领域的问题。他认为，社会学的第一个智慧之处即在于，世界并不是人们看起来的样子。它教我们用一种新的视野和角度来看待我们终其一生生活在其中的这个世界。在这样一个世界里，尊贵与卑微、愚笨与聪明、富有与贫困，不管这些东西对个人价值和旨趣的差异如何悬殊，同样地让社会学者感兴趣。在伯格看来，社会学更多地像一种激情，它驱使我们对人类自身的各种问题不断地探究下去。

把我们的实际生活作为一个客观的对象来研究，探究为什么这样？为什么那样？从中找出一些共同的规律，这正是社会学所要研究的问题。它的目的就在于从一个新的角度或视野,引导我们像陌生人一样来观察和重新认识我们所熟悉的世界，要求我们对以往不假思索就认为合理存在的世界重新进行思考和检验，揭示社会发展变化的本质和规律。社会学使我们能够理解不同于自己的观点和思想，理解这些思想观点是怎么形成的，从而最终能够使我们更好地理解自己，理解自己的思想和自己的生活。[①]

第一节 社会学的研究对象、研究领域与作用

一、社会学的研究对象

关于社会学的研究对象，历来是一个众说纷纭、争论不休的问题。在许多国家的百科全书中，关于社会学研究对象的定义是不相同的，主要有如下几种观点：

1. 1976 年版的《美国大百科全书》认为，社会学被描述为对人的社会行为进行的一种科学研究，或对人群的研究。

2.《不列颠百科全书》认为，社会学是关于人类行为科学的一个分支学科，

① 张敦福. 现代社会学教程［M］. 北京：高等教育出版社，2004：1-3.

旨在探索个人之间的社会关系及个人之间和群体之间相互交往和相互影响的原因及结果。

3.《苏联大百科全书》认为，社会学是一门关于社会这一完整体系以及论述与整个社会有关的各种社会法规、过程和人群的科学。

4. 德国的《迈耶尔百科全书》认为，社会学是系统研究和阐述人类共同生活的条件和形式的科学，是系统地研究和阐述社会综合结构的联系和功能联系的科学，是系统地研究和阐述社会各种体制在历史发展过程中和现代社会中综合结构联系和功能联系的科学。

5. 日本《世界大百科事典》认为，可以把社会学看成是一种着重研究共同生活的人的社会关系和集团的社会科学。也就是说，社会学这门学问要阐明人的社会化，作为社会人的集体生活及随之产生的文化状况和形式。

现代社会学家对社会学的研究对象也有各种不同意见。[①] 概括起来关于社会学的研究对象，主要有以下几种观点：

1. 社会学是研究人类社会或社会整体的科学。

2. 社会学是研究个人及其社会行为的科学。

3. 社会学是研究社会群体和群体生活的科学。

4. 社会学是研究社会制度、社会过程和社会组织的科学。

5. 社会学是研究社会关系的科学。认为无论怎样界定社会学的研究的对象，但万变不离其宗，一定以社会关系为基本出发点。

6. 郑杭生提出了一个与众不同的观点，即社会学的研究对象应从社会运行和发展的角度着眼，社会学是研究社会良性运行和协调发展的条件和机制的综合性具体社会科学。

7. 社会学是研究社会现象和社会问题的。

其他还有“剩余说”“科学群说”和“组合说”等。

尽管对于社会学的研究对象有不同的阐述，但都是将人类社会作为研究的客体，并在发展过程中逐步形成了自己独特的概念和理论体系，具有与众不同的学科特点。研究对象的不同主要反映了研究者不同的研究视角及不同社会环境下所形成的不同的研究领域和研究范围。

---

① 侯钧生. 社会学研究方法论［M］. 天津：南开大学出版社，1995：97–99.

二、社会学的研究领域

社会学在发展过程中形成了一系列比较独特的研究领域。郑杭生在《社会学概论新修》中从微观领域、宏观领域和问题领域三个角度来分析。①

微观领域着眼于从构成社会的"细胞"的"个人"或人际层次来分析，主要包括：人的社会化、社会角色、社会互动、基本群体、家庭、婚姻与性等。

宏观领域着眼于从构成社会的"骨架"的社会群体或整个社会的角度来进行分析，主要包括：社会组织、社会分层与社会流动、社会规范与社会设置、社区、社会变迁与现代化等。

问题领域主要从社会非良性和非协调运行的方面来分析，主要包括：社会问题、社会越轨、社会控制、社会工作与社会保障等。

美国社会学家亚历克斯·英克尔斯列出的一份大家都同意的社会学研究题材大纲也可以反映社会学研究的领域。②

1. 社会学分析：人类的文化和社会、社会学的前途、社会科学的研究方法。

2. 社会生活的基本单位：社会行为和社会关系、个人的人格、人群（包括民族和阶级）、社区（含城市社区和农村社区）、社团和组织、人口、社会。

3. 基本社会制度：家庭和亲属、经济制度、政治和法律制度、宗教制度、教育制度和科学制度、娱乐制度和福利制度等。

4. 基本的社会过程：分化和分层、合作、调解、同化、社会冲突（包括革命和战争）、联络（包括意见的形成、表达和变化）、社会化和教育、社会评价（价值方面的研究）、社会过失（犯罪、自杀等）、社会控制、社会整合、社会变迁。

这些题材一直比较稳定地成为当代社会学家们研究的主要内容。同时社会学的分支学科也在不断扩展社会学的研究领域。一百多年来，社会学分支学科已逾百个，如：科学社会学、知识社会学、教育社会学、政治社会学、法律社会学、闲暇社会学、体育社会学、都市（城市）社会学、经济社会学、组织社会学、家庭社会学、老年社会学等等。

① 郑杭生. 社会学概论新修［M］. 北京：中国人民大学出版社，1994：16–18.

② 亚历克斯·英克尔斯. 社会学是什么——对这门学科和专业的介绍［M］. 陈观胜，李培茱，译. 北京：中国社会科学出版社，1981：16–17.

三、社会学与其他社会科学的关系

人类认识发展的初期，知识是一个同时涵盖了哲学和社会科学混沌的整体。随着人类认识的不断深入发展，知识逐步发生分化。15世纪下半叶以后，各门具体科学（首先是自然科学）陆续从哲学中分离出来，走上独立发展的道路。社会学的诞生反映了人类知识进一步分化的要求，即把对社会发展一般规律的研究从哲学中分离出来，使之成为一门具体科学。[①] 社会学刚刚从哲学的怀抱里解脱出来时，内容包罗万象，实际上是社会科学的代名词。随着人们对社会不同领域研究的不断成熟，社会科学相继从哲学中分离出来。社会学进入形成时期后，逐渐摆脱了哲学的怀抱，越来越明确地确定了自己的研究领域和研究方法，成为与其他社会科学并列的相对独立的学科。关于各门社会科学的学科地位，我国学者倾向于将全部社会科学大致分为一般、综合和专门三个层次。属于第一层次的是哲学；属于第二个层次的是社会学、历史学；属于第三层次的是经济学、政治学、教育学、法学等。当代社会，一方面社会学与其他社会科学不断地相互借鉴、丰富和完善自身的理论；另一方面，不同的学科之间又有着不同的研究领域和特点。

（一）社会学与政治学、经济学、法学等具体社会科学的关系

经济学被认为是研究如何将有限资源进行合理配置、以最少投入获取最大收益的一门社会科学。法学主要是研究法律的起源、法律规范、法律的制定与执行。政治学是研究权力的形成与分享、政府行为、行政管理、政策等问题的社会科学。政治学、经济学、法学等学科都是以社会的某一领域或某一侧面为研究对象，主要涉及社会各有关子系统内部的规律。虽然这些学科的研究也会涉及其他社会因素的关系，如：经济学的研究也会涉及制度、文化等因素，但仍是围绕着其研究的核心（商品和服务的生产、流通、交换和消费等）进行的。

社会学研究以社会为研究客体，综合地研究社会整体，整体与其他各个组成部分，以及各个部分、各个层次之间的关系，具有独特的研究视角及概念和理论体系。随着对社会事务认识的深入，人们也越来越综合地从多学科的视角来分析某一社会现象，产生了许多新的分支学科。如：经济学虽然比较精确、严谨，但

[①] 侯钧生. 社会学研究方法论［M］. 天津：南开大学出版社，1995：115.

是经济学通常是在理性人假定和自由市场制度假定下完成自己精确和严谨的理论模式，而现实生活中还有各种各样的社会因素是难以包括进去的，而它们同样影响着各种经济现象，这样形成一些单独用经济理论难以解释的问题。人们从社会学的研究视角来研究经济现象，形成了经济社会学。同理产生了法律社会学、教育社会学等一些新的学科。

（二）社会学与其他综合性社会科学的不同

我们以社会学与历史学为例来说明。历史学和社会学的区别在于：

1. 历史学面向过去，研究中以对历史资料的分析为主；社会学则面向现实，资料既来源于文献，更重要的是获取反映现实的第一手资料。

2. 历史学主要是一种纵向的研究，研究各个社会的发生、发展、衰落、灭亡的规律，尽管也研究社会的横断面，但研究横断面是为了纵向地说明社会；社会学的研究主要是一种横向的研究，尽管也研究社会的纵剖面，但研究纵剖面是为了横向地说明现实社会。

四、社会学的特点和作用（功能）

（一）社会学的特点

社会学的特点很多，这里只简要介绍主要的几个特点。

1. 广泛性

社会学的研究范围极其广泛，它可以研究社会的每一方面。英国当代著名的社会学家吉登斯说，社会学是对人类生活、群体和社会的研究，是一门令人着迷而欲罢不能的学科。它的研究范围极为宽广，从分析街上行人之间的短暂接触，到探讨全球社会进程，都可纳入其中。[①] 另外，社会学广泛地与其他社会科学相交叉，或不断地关注社会中新出现的社会现象，形成诸多的分支社会学，也在不断拓展社会学的研究领域。

2. 整体性和综合性

所谓整体性，主要是指社会学十分注重以整体的观点来研究问题。社会学在

① 安东尼·吉登斯. 社会学［M］. 赵旭东，等，译. 北京：北京大学出版社，2003：2.

研究任何社会现象、社会问题或者社会要素时，都不是局限于它本身，而是将它放在整个社会中，从它与整个社会相互影响、相互作用的角度进行研究。这种研究，实际上就是通过整体来考察部分，从而达到不仅把握部分，而且由此更进一步把握整体的目的。

综合性是指社会学在进行研究时不仅仅局限于社会学的自身理论，而是广泛地吸收其他社会科学的最新研究成果，从多角度洞察社会，探寻社会发展的规律。

3. 实践性

社会学是一门紧密贴近于社会现实的学科。总是不断地将社会实践中产生或提出的有关问题确定为自己的研究课题，或者到实践中去寻找这样的课题，并在社会实践中收集充分的第一手资料；另一方面又将自己的研究成果应用于社会实践，特别是解决各种社会问题的社会实践。

（二）社会学的作用（功能）[①]

那么社会学这门学科又有什么作用或功能呢？我们可以把社会学的基本功能分为描述功能、解释功能、预测功能、社会规划与决策功能、社会管理和社会控制功能、社会批评功能。

1. 描述功能

所谓描述，是指用一定的技术手段客观、忠实地搜集、整理和记录具体事实、事件和过程的资料，真实地再现社会生活的图景。从这个意义上说，社会学是一门带有经验描述性质的科学。通过有计划、系统的社会调查研究，收集和整理大量的历史的和现实的各种情况，为认识社会关系及其变化发展的规律提供准确、可靠的原始资料。

2. 解释功能

解释是指把握影响社会事实发生、发展的主客观因素，从因果联系上说明社会现象和过程。也就是说，把经验描述上得到的感性认识上升到理性认识，把握住影响社会过程的各种因素相互作用的特征，从而阐明社会现象发生、变化的原因。社会学的解释功能就是运用社会学的概念、范畴、理论假设，将描述性的感性认识进行理论抽象，回答“为什么”。

[①] 张敦福. 现代社会学教程［M］. 北京：高等教育出版社，2004：20–25.

3. 预测功能

与描述、解释功能相联系的另一个功能是预测，即揭示将来的社会事件和状态是怎样的，它是社会学对社会关系及其表现的发展趋势、前景、可能性和后果进行研究的主要形式之一。

4. 社会规划与决策功能

社会是一个复杂的系统，要使社会各要素协调运行，离不开对社会各方面的规划。社会学不仅可以提供系统的协调发展理论，还可以提供一整套的资料、数据、合理的建议与方案。因此，在对社会现象进行描述和预测的基础上，社会学还直接为管理者提供社会规划与决策服务。

5. 社会管理和社会控制功能

社会管理和社会控制是维系社会稳定、促进社会经济协调发展的重要保证，它们总的任务是：运用现行的习俗、道德、政策法令和法律，调整人与自然、人与人、人与社会、人与内心世界的关系，理顺各部分之间的关系，使社会得以稳定、协调地前进。社会管理除了要对社会经济生活、政治生活、文化生活、社会保障和国际交往等各个方面进行组织和领导之外，更重要的是协调社会经济各个领域的发展，对互相依存、互相联系的社会各因素从宏观上进行管理。社会控制的主要作用则是依靠社会规范和各种基本社会制度指导和约束人们的行为，惩治违法犯罪行为，维护社会治安和社会秩序。

6. 社会批评功能

社会学的社会批评功能指的是对陈旧过时的、错误的思想和观念，对阻碍社会进步的事物、行为进行揭露，尽量站在科学、客观、中立的立场上，实事求是地进行理论分析和现实剖析，并在此基础上提出立新革旧、改正错误、克服不足和解决问题的意见和建议。

第二节　社会学历史简要回顾

人们通常以法国哲学家、社会学家奥古斯特·孔德在 1838 年 10 月出版的《实证哲学教程》第 4 卷中正式提出社会学一词为社会学诞生的标志。我们将社会学一百六十多年的历史，分成古典社会学、现代社会学和社会学的新发展三个时期，并将每一时期社会学的主要特点和一些代表人物的主要学术观点做一简单介绍。

一、古典社会学

（一）社会学产生的历史背景

1. 社会背景。英国工业革命和法国资产阶级革命，导致社会结构、传统观念和生活方式的变化，阶级矛盾日益加剧，社会问题变得极为严重。

2. 思想理论条件。推动社会学的产生还有另外两个因素，一个是近代社会科学，包括英国古典政治经济学、法国启蒙思想和空想社会主义学说。另一个就是自然科学的榜样作用。可以说，自然科学的榜样为社会学的创立从方法上提供了一种前所未有的启发。

（二）社会学创立阶段和形成阶段主要代表人物

1. 奥古斯特·孔德（August Comte，1789—1857年），法国实证主义哲学家、社会学家，社会学的创始人。主要著作有：《实证哲学教程》（6卷，1830—1842年）、《实证政治体系》（4卷，1851—1854年）、《主观的综合》（1856年）等。

孔德认为，人类社会与自然界并没有本质的不同，应该把研究自然界的方法贯彻到对人类社会的研究中去，提出了实证主义的研究方法，即观察法、实验法、比较法和历史法。

孔德提出了人类智力发展的三阶段说，认为人类智力的发展经历了三个阶段：神学阶段、形而上学阶段和科学阶段（也就是实证阶段）。按照物理学的分类方法把社会学分为社会动力学和社会静力学。社会动力学是从社会变迁的连续阶段和相互关系的过程来研究社会发展和进步的规律；社会静力学旨在研究社会各个不同组成部分的结构关系及其相互作用。

2. 赫伯特·斯宾塞（Herbert Spencer，1820—1903年），英国社会学家、哲学家，社会进化论和社会有机体论的著名代表人物。主要著作有：《社会静力学》（1850年）、《社会学研究》（1873年）、《社会学原理》（1876—1898年）。

斯宾塞认为，社会是个有机体，就像生物有机体一样，也经历着逐渐发育的过程。在这个过程中，社会有机体的结构变得越来越复杂，逐渐形成不同的部门分工，社会的同质性逐渐降低，社会内部的异质性增强。不同的组成部分就如同生物有机体的不同器官，承担着不同的社会功能。社会有机体的各个部分之间也存在着相互依赖关系，社会的结构越复杂，功能越分化，社会有机体组成部分之间的依赖关系越明显。在斯宾塞看来，社会的进化过程与生物的进化过程一样，是按照“物竞天择，适者生存”的原则进行的，进化意味着进步。

3. 埃米尔·迪尔凯姆（Emile Durkheim，1858 — 1917 年），法国社会学家，实证主义社会学的奠基人，又译为涂尔干。主要著作有：《社会分工论》（1893 年）、《社会学方法的准则》（1895 年）、《自杀论》（1897 年）、《宗教生活的基本形式》（1912 年）。

迪尔凯姆为社会学确定了独特的研究对象——社会事实。他认为，“一切行为方式，无论它是固定还是不固定的，凡是能从外部给予个人以约束的，或者换一句话说，普遍存在于该社会各处并具有其固有存在的，不管其在个人身上的表现如何，都叫做社会事实”。[①] 社会事实具有外在性、强制性和普遍性的特点。迪尔凯姆认为考察社会事实首先要把社会事实作为物来考察，然后用其他社会事实来解释社会事实。同时必须把功能分析与因果分析区分开来。

迪尔凯姆在社会分工的基础上把社会团结分为两种：机械团结和有机团结。《自杀论》是迪尔凯姆利用实证主义社会学的研究方法进行的一个经典研究。他通过对不同特征人群自杀率的统计分析，根据自杀现象原因将自杀分为：利己型自杀、利他型自杀、失范型自杀和宿命型自杀，自杀的原因就在于社会整合的程度和社会规范的严格程度。

4. 马克斯·韦伯（Max Weber，1864—1920 年），德国社会学家、经济史学家、社会思想家，理解社会学的奠基人。主要著作有：《新教伦理和资本主义精神》（1905 — 1906 年）、《儒教与道教》（1915 年）、《经济与社会》（1921 — 1922 年）等。

韦伯的“理解社会学”开创了社会学中的反实证主义传统，认为社会学研究要从理解人们的社会行动开始。韦伯利用“理想型”的概念工具将社会行动分为四种理想型：传统的行动、情感的行动、价值理性行动和目的理性行动。在分析社会行动类型的基础上，韦伯进一步论述了社会关系、社会组织、权力、权威等问题，并且认为，在卡里斯马权威、传统权威和法理型权威中，法理型统治具有最大的合法性和稳定性，是近代社会理性化的结果，这种法理型统治在组织结构上的表现就是科层制。

[①] E. 迪尔凯姆. 社会学方法的准则 [M]. 耿玉明，译. 北京：商务印书馆，1995：34.

二、社会学的现代发展

二战之后，欧洲社会学又进入了复兴和进一步发展的阶段，并向世界其他地区包括发展中国家拓展，使得社会学在这些国家和地区也受到高度重视，并迅速发展起来。

20世纪40年代以来，社会学的应用研究成为一种世界趋势。在发达国家，应用研究占有很大比重，并呈现增长状态；发展中国家的应用研究，其突出的标志是对本土社会的调查。

当时社会学理论流派林立。主要有结构功能理论、社会冲突理论、社会交换理论、符号互动理论、现象学、常人方法学、批判理论等。下面简要介绍其中几种理论及其代表人物。

（一）结构功能理论

结构功能理论又被称为结构功能主义，是现代西方社会学中的一个有广泛影响的理论流派，在20世纪中叶它一度是社会学中的主导型理论观点。这一理论认为，社会是由相互依存的各部分构成的整体系统，各部分都在系统中承担一定的作用或功能；社会具有生存和发展所必需的一些条件，即功能的先决条件。功能分析的主要任务是解决系统的功能需要问题。

1. 帕森斯（T.Parsons），美国社会学家，结构功能主义的主要代表人物。主要著作有《社会行动的结构》（1937年）、《社会系统》（1951年）、《经济与社会》（与N. J.斯梅尔塞合著，1956年）、《现代社会的结构与过程》（1960年）。

帕森斯在总结帕累托、迪尔凯姆、韦伯和马歇尔思想的基础上，提出了自己的社会行动理论。帕森斯认为，社会行动系统可以分为有机体系统、人格系统、社会系统和文化系统四个子系统；社会系统又可以进一步分为经济系统、政治系统、规范系统和文化模式系统四个子系统。每个系统都必须满足四种功能，系统的每个子系统都承担一定的功能，这就是AGIL功能模式，即适应（A）、目标达成（G）、整合（I）和模式维持（L）。

2. 默顿（Rober K. Merton），美国社会学家。默顿和帕森斯并称为功能主义的“巨子”，但两人思想风格迥异。他反对帕森斯建立一门普遍适用、包罗万象的理论的企图。他认为，应该采取一种较为谦虚的态度，即建立中等规模的理论命题，用以分析一系列有限的经验现象。默顿认为，中等规模的多元理论可以解释一系列有限的经验现象，可以得到经验的检验，还可以在巩固之后构成大规模的理论。他的理论观点易为大多数人承认。

(二) 社会冲突理论

在20世纪50年代，社会学中的功能理论，特别是帕森斯的理论，被认为对社会现实的冲突性强调不够。冲突论是建立在批判和反对结构功能主义的基础上的。

1. 拉尔夫·达伦多夫 (Ralf G. Dahrendorf)，1929年出生于德国汉堡。达伦多夫深受马克思思想的影响，他认为，只有把人类社会看做权力和权威而不断进行斗争的竞技场才能充分理解社会。他把权力和权威比作某种稀有资源，而社会的各种成员则为这些资源的分配陷入了永无止境的争斗。任何社会总是处在冲突的状态中，某些人的利益总是和另一些人的利益对抗着的。这些利益不仅是经济方面的，而且也表现在权力分配的竞争方面。由于权力和权威必然引起竞争、社会冲突、社会变迁，所以权力和权威就成了解释人类一切事务的关节点。

2. 刘易斯·科塞 (L. Coser)，1913年出生于柏林的一个犹太中产阶级家庭，后来移居美国。主要著作有《社会冲突的功能》(1956年)、《社会学思想名家》(1971年) 等。

科塞认为，功能理论有“经常忽视权力和利益的一面”，也不赞成达伦多夫过分强调暴力冲突的破坏性后果。科塞认为，社会冲突既有破坏性又有建设性。他强调冲突对社会系统的整合与“适应”功能。科塞区分了内部冲突和外部冲突、现实冲突和非现实冲突。他提出，一个社会应具备及时排泄敌对情绪的安全阀体制。

(三) 社会交换理论

交换理论主要的思想来源于古典政治经济学、人类学、行为心理学。它重点研究人际关系中的交换现象。

1. 霍曼斯 (Geoge H. Homans)，美国社会学家。霍曼斯认为，利己主义、趋利避害是人类行为的基本原则，因此，人与人之间的互动，根本上是一种交换过程，这种交换包括情感、报酬、资源、公正性等。霍曼斯的交换原则包括这样几个命题：成功命题、刺激命题、价值命题、剥夺—满足命题、攻击—赞同命题、理性命题。

2. 布劳 (Perter M. Blau)，美国社会学家，结构交换论的代表人物。布劳理论可以先后分为两个阶段，早期的研究属于社会交换论，后期则转入对宏观社会结构的研究。布劳批评霍曼斯的社会交换论忽视了社会结构的突生性，他为自己理论确立的目标就是克服交换理论在解释宏观社会现象时的不足，为分析非制度化的人际互动和制度化的结构关系提供一般性的交换理论框架。其理论的重点不是个人与个人之间的交换关系，而是社会结构的交换基础，是考察基本的交换过程对形成和发展社会结构的影响及已形成的社会结构对交换过程的制约。

（四）符号互动理论

社会学有关理论中一个重要方面是社会与个人之间的关系问题，社会怎样塑造个人，而个人又是怎样创造、维持和改变社会。互动理论关注于个体之间和个体与社会之间相互联结的具体过程。

符号互动论认为，人类创造并使用符号来表示周围的世界，运用符号彼此沟通，人类能够运用符号来指示客体，这些客体反过来又塑造他们对社会情境下定义从而行动的方式。人类通过辨认和解释他人的身体语言，进行交流和互动，美国社会学家乔治·赫伯特·米德（Geor Herbert Merd，1863—1938年）把这一基本能力称为“扮演他人角色”或角色扮演，即能看到别人的态度和行为意向的能力。这种角色扮演过程是互动产生的最基本途径。

拟剧论的倡导人，美国的戈夫曼（Eruing Goffman，1922—1982年）把人们的日常生活比作是戏剧演出，社会就是舞台，不同的人在不同的舞台上表演着不同的角色，在人与人之间的互动中，人们总是试图表现出某种角色，以此来控制别人对自己的印象，这就是戈夫曼的“印象管理理论”。戈夫曼把社会的舞台分为前台和后台，要做到这一点，我们就必须把自己为对方不能接受的方面隐藏在后台，把一个为对方乐于接受的形象呈现在前台。

（五）现象学

舒茨（Alfred Schutz，1899—1959年），美国社会学家，现象学社会学的主要创始人。舒茨的思想深受韦伯和现象学创始人胡塞尔的影响，反对实证主义把社会世界与自然世界等同和按照自然科学的模式研究社会现象的做法，认为社会学研究的出发点不是社会事实，而是社会事实的“意义”。社会学研究的对象就是现象学所说的“生活世界”，社会学家的任务就是理解生活世界的“主体间性”。舒茨的学说导致了解释社会学的转向，即将解释社会学关注的重点从重大历史事件和历史进程的意义理解转向对日常社会生活的结构分析。

（六）常人方法学

加芬克尔（Harold Garfnkel），美国社会学家，常人方法学的创始人和主要代表人物。加芬克尔从帕森斯的秩序命题出发，利用舒茨的现象学方法，对传统社会学的研究范式提出了挑战。加芬克尔研究的两个主要倾向是：社会学应该是对日常生活的研究；社会学的研究本身也是日常活动。加芬克尔对基本行动理论和秩序问题的研究开创了常人方法学，进入20世纪70年代中期以后，谈话分析和工作研究逐渐成为常人方法学的主流。

三、社会学理论的新发展

20世纪80年代以来社会学发展出现了新的趋势：人文主义社会学与实证主义社会学的融合趋势，包括传统思想流派中的各种两元对立的消解；社会学各流派之间理论观点交织，新的理论视野吸收各学派的研究成果，主要的思想有亚历山大的新功能主义、哈贝马斯的沟通行动理论、科尔曼的理性选择理论、吉登斯的结构化理论与现代性观点、布迪厄的实践理论和反思社会学、后现代主义理论等。

（一）吉登斯的结构化理论

吉登斯（Anthony Giddens）是当今英国著名的社会思想家。主要的著作有《社会学方法的新规则》《社会的构成》《民族国家与暴力》《现代性的后果》《现代性与自我认同》《亲密关系的转型》《第三条道路：社会民主主义的复兴》等。

在《社会的构成》中，吉登斯系统地表达了他的结构化理论。结构化理论的目的是要清除各种理论思潮中的客观主义与主观主义、整体论与个体论等之间的二元对立，用结构二重性代替二元论。所谓结构二重性，就是结构既作为自身反复不断地组织起来的行为的中介，又是这种行为的结果；社会系统的结构性特征并不外在于行动，而是反复不断地卷入行动的生产与再生产。社会结构为能动的行动者所用，在使用结构的这些特征时，行动者改造或再生产出这些结构。在吉登斯看来，可以把结构定义为行动者在跨时空的互动中所使用的“规则”和“资源”。在使用这些规则和资源时，行动者在时空中维持或再生产出结构。

（二）布迪厄的实践理论

布迪厄（Pierre Bourdieu）主要著作有《实践理论大纲》《教育、社会和文化的再生产》《语言与符号权力》《实践与反思：反思社会学导引》。

布迪厄的实践理论反对二元对立的思维模式，强调实践的时间性和模糊性。

认为社会实践是行动者的策略过程。这种策略一方面是他在生活中逐渐形成的惯习，另一方面又是行动者的实践再生产出来的结构的终极产物，这种结构就体现在场域中，场域型塑着惯习，惯习有助于把场域建构成一个充满意义的世界，实践就是一个外在性的内在化和内在性的外在化的双重过程。

第三节　社会学在中国的发展

1840 年鸦片战争之后，中国逐步沦为半封建半殖民地社会。面临“亡国灭种”的危机，有识之士积极地倡导向西方学习，探寻救国救民的出路。在救国维新、西学东渐的变法维新运动中，西方社会学传入中国。

一、社会学的传入

1891 年，康有为在广州“万木草堂”以“群学”之名开讲社会学。1896 年，谭嗣同在《仁学》一书中，最先明确采用“社会学”一词。严复翻译了斯宾塞的社会学专著《社会学研究》，定名为《群学肄言》，1902 年译完，1903 年由文明编译局以线装 4 册出版。章太炎于 1902 年翻译了日本岸本能武太的《社会学》。一般认为，这是社会学传入中国的开始。清末中国政府曾多次派遣留学生去日本学习，归国后他们曾将一些日本社会学的著作翻译出版，其中章太炎译有贺长雄的《族制进化论》（1902 年）、吴建常译有市川源三易名的《社会学提纲》（1903 年）等。

率先在中国实施社会学教育的是美国在华办的一些教会学校，1908 年上海圣约翰大学曾开有社会学课程，1913 年上海沪江大学创立社会学系，清华学堂于 1917 年开设社会学课，到 1919 年基督教所办的大学开设社会学课程的已达 20 所。他们全部采用西方教材，由西方人讲授，并组织了一些社会调查。相比之下，当时国立大学设立社会学课及开设社会学系都比教会学校晚。1906 年奏定京师法政学堂及 1910 年的京师大学堂，课程表里才有社会学课。1912 年京师大学堂改为国立北京大学，在文科的中国哲学门和西洋哲学门中都设有社会学课。

二、社会学的成长与发展

20 世纪 20 年代之后，社会学在中国有了长足的发展，这主要体现在以下方面。

1. 教育本土化与研究领域的拓展。20 年代起，在全国掀起了非基督运动，要求收回教育主权，1925 年之后，教会学校开始陆续接受中国政府的管理，按照中国的教育章程办事，它的宗教性明显减弱，开始直接面向中国社会。同时，在国外攻读社会学专业的学生陆续回国，他们在国立、省立、私立大学纷纷创办社会学系，各大学普遍设社会学课程。到新中国成立前共培养了数千人的专业人才队伍。

2. 社会学团体的成立。1913 年，在北京成立了以从事社会服务、实行改良风俗为宗旨的北京社会实进会。1919 年 11 月，创办了我国最早的社会学专刊《新社会》旬刊。1922 年，中国第一个社会学团体"中国社会学学会"在北京成立，该会出版双月刊《社会学杂志》。1928 年 10 月，在上海的社会学家孙本文、吴泽霖等人发起成立了"东南社会学会"，该会出版《社会学刊》。

3. 广泛开展了社会调查和社会实践活动，写出了相当多的研究中国社会的著作。例如陈达的《人口问题》、许仕廉的《人口论纲要》、柯象峰的《中国贫穷问题》、李景汉的《中国农村问题》、孙本文的《现代中国社会问题》，都以中国社会为对象，或多引用本国统计资料，从各方面论述当时中国的社会问题。吴泽霖等的《民族学论文集》、费孝通的《江村经济》《禄村农田》、张子毅的《易村手工业》、言心哲的《社会调查大纲》，都是关于中国社会调查方面的论著。中国社会学会、适合调查所、南京中央研究院社会科学研究所社会学组的大多数调查研究，是以中国人口问题、劳工问题、贫困问题、农村城市问题为主题的，调研的深度和广度都是前所未有的。

4. 马克思主义社会学在中国的传播。马克思主义社会学是在"五四运动"前后传入中国的。中国的无产阶级革命先驱李大钊、蔡和森、李达、瞿秋白等著文抨击中国半封建半殖民地社会的弊病与危机，宣传马克思主义社会学，深入工人、农民、青年、妇女中作调查研究，以求解决社会问题的途径。马克思主义与中国社会实践紧密结合为中国革命事业造就人才，为制定中国革命路线、方针和政策提供了科学的依据。

三、社会学的中断与重建

新中国成立后，开始了社会主义建设，由于当时种种认识上的失误，1952 年，全国高校调整时，原有的社会学系、社会学课程相继被取消，同社会学有密切联系的社会心理学、社会人类学、社会工作与人口学等也相继被取消。高等院校社会学教学和研究完全中止。

1978 年 12 月，党的十一届三中全会的召开，把中国社会推向了一个新时代。中国社会学的恢复重建有了良好的外部环境。在党中央的关怀、有关部门的大力支持和学术界的共同努力下，中国社会学开始恢复和重建。在十余年的时间里，社会学在中国获得了很大发展，这主要表现在：

1. 建立和健全了社会学的研究、教学机构和学术团体。1979 年成立了中国社会学研究会，1982 年易名为中国社会学会。至 1990 年，全国大多数省份都成立了社会学会，部分大中城市也有了社会学的学术团体；大多数省市社会科学院都成立了社会学研究所或研究室等专业机构；有 12 所大学建立了社会学系或社会学专业，北京大学、中国人民大学、吉林大学、厦门大学还设立了社会工作与管理专业，有近 50%的高等院校设立了社会学教研室，开设有关社会学的课程，中共中央党校和相当一部分省市地方党校也建立了社会学教研室或开设社会学课程。

2. 培养和训练了社会学教学和科研队伍。经过十余年的发展，已形成一支拥有一千多人的社会学教学和研究的专业队伍，其中有高级职称的达二百余人。1989 年，在校的社会学专业本科生近千人，硕士和博士研究生近二百名。

3. 对国情和当代中国社会问题进行了比较广泛的调查研究，取得了一批重要的研究成果。如费孝通主持的中国小城镇调查研究，雷洁琼指导的北京、天津、上海、南京、成都五城市家庭调查等，所获成果均有较高的学术价值和实际应用价值。其他具有重要影响的调查成果还有："中国青年的生育意愿调查" "当代中国青年职工状况调查" "80 年代农村青年状况调查" "全国六省市青少年犯罪原因调查" "天津市区千户居民户卷调查" "城市居民生活方式调查" "天津市区老年人状况调查" "上海市人口老龄化趋势调查" "北京市人口和城市发展问题调查" "武汉地区中年知识分子状况调查" "黑龙江人口迁移调查" "关于中国农民和农村生活方式的调查"，以及广州市和深圳市的社区调查等等。在一些跨学科的大型综合性调查中,也有许多社会学工作者参与,充分显示了中国社会学界的研究实力。如从 1988 年开始进行的全国百县市情调查，在参与调查的上千名社会科学工作者中，就有相当数量的社会学工作者成为其中的主力或骨干。

4. 吸收并消化国外社会学的先进方法和技术，同时参考和借鉴国外社会学理论，全面展开对社会学理论（特别是马克思主义社会学）、社会学方法、社会学史和社会学的分支学科的研究及探讨，取得了一批有价值的学术成果。①

① 参见中国社会学网，http：//www. chinasociology. com / name / new_page_42. htm

四、20 世纪 90 年代以来中国社会学的蓬勃发展

20 世纪 90 年代以来，中国社会学进入了蓬勃发展和日渐成熟的时期。中国社会学的一些重要研究成果，不仅受到国内其他学科的广泛重视，也引起国际学术界特别是中国问题研究学者的关注。现在，对中国社会发展中的一些重大经济社会问题的跨学科研究，都有社会学家的参与。中国社会学已基本建立起有自身特色的研究体系，在城乡关系与城镇化、阶层与职业分化、就业—失业与社会保障、人口与劳动力流动、贫困与贫富差距、家庭—婚姻与性别、社区再造与组织机制、单位制度、犯罪—越轨与社会问题、社会行为—认同与社会心态、资源与环境以及一些特殊的社会群体（如私营企业主、农民工）等一系列关系社会发展的重大问题研究方面，取得了显著的成果，不仅为社会政策的科学决策提供了依据，也逐步提高了自身在学术方面的国际对话能力。

这一时期社会学研究的重大现实领域主要有：

1. 社会结构特别是社会职业和分层结构的转变
2. 城市化和社会流动
3. 就业与社会保障
4. 贫困与社会公正
5. 家庭婚姻和生育行为
6. 社区组织与社区建设
7. 社会安全、信任与认同
8. 社会文化的转型与多元文化的冲击
9. 社会心态与社会心理[①]

至 2004 年 7 月，我国各高等院校里已经有 60 个社会学专业、社会学系和 126 个社会工作专业和社会工作系，在校的专科、本科、研究生已有一万多人，全国省和地市以上的社会学研究所达到五十多个。在我国已有百年历史的社会学，正走上兴旺蓬勃发展之路。[②]

---

① 李培林. 中国社会学发展的趋势和面临的问题

http：// www. ttcn. cn / home / news / social_science / kecheng / 1-1. htm

② 陆学艺. 在第 36 届世界社会学大会上的讲话

http: // www. sociology. cass. cn

主要参考文献

1. 张敦福. 现代社会学教程［M］. 北京：高等教育出版社，2004.
2. 侯钧生. 社会学研究方法论［M］. 天津：南开大学出版社，1995：97–99.
3. 安东尼·吉登斯.社会学［M］. 赵旭东，等，译. 北京：北京大学出版社，2003.
4. E. 迪尔凯姆. 社会学方法的准则［M］. 耿玉明，译. 北京：商务印书馆，1995.
5. 郑杭生. 社会学概论新修［M］. 北京：中国人民大学出版社，1994.
6. 亚历克斯·英克尔斯. 社会学是什么——对这门学科和专业的介绍［M］. 陈观胜，李培茱，译. 北京：中国社会科学出版社，1981.

复习与思考

1. 社会学在分析社会现象时主要的分析视角有哪些？
2. 当代社会学的发展趋势及我国社会学的特点？

推荐阅读书目

1. 张敦福. 现代社会学教程［M］. 北京：高等教育出版社，2004.
2. 安东尼·吉登斯. 社会学［M］. 赵旭东，等，译. 北京：北京大学出版社，2003.

上篇

第一章

体育社会学的产生与发展

本章概要

体育在人类社会生活中愈来愈重要的地位奠定了体育社会学产生的基础。社会学的确立和发展，为体育社会学的产生提供了学科的理论框架和概念、术语体系，从而保障了体育社会学研究的学术性和科学地位。国际体育社会学委员会的成立，是体育社会学学科发展的一个重要里程碑。美洲是体育社会学研究最早的地方，早在1898年美国就有体育社会学的成果发表。1980年之前，美国共出版了涉及体育社会学的著作176部，加拿大出版了22部。1978年，北美体育社会学学会成立。体育社会学在欧洲有较长的历史，也有深厚的基础。国际体育社会学学会的多位主席和执委来自波兰、挪威、苏联、奥地利、德国、英国等欧洲国家。日本是亚洲将体育社会学最早引入的国家。自20世纪50年代体育社会学引入日本后，日本的体育社会学界一直很活跃。韩国也是开展体育社会学研究较早的亚洲国家之一。汉城大学的林繁藏教授是韩国体育社会学的带头人，1991年当选为国际体育社会学学会副主席。从1991年开始，韩国体育社会学学会（KSSS）承担了《国际体育社会学学会通讯》（ISSA Bulletin）的出版工作。

任何一个学科的产生、发展和壮大，都不是偶然的。体育社会学的母体学科——社会学的产生和发展如此，体育社会学的产生和发展也是如此。

第一节 体育社会学产生的基础

体育社会学的产生首先依赖于体育的发展和壮大，体育在人类社会生活中的地位奠定了体育社会学产生的基础。

体育是一种社会文化现象。这一社会文化现象的产生可以追溯到人类的原始社会和奴隶社会，在今天我们可以看到的原始社会的文化遗存中，就有不少反映人类最原始的类似当今体育活动的内容。无论在古爱斯基摩人留下的岩画、我国内蒙阴山的岩画、宁夏贺兰山的岩画，甚至在商代出现的甲骨文中，都可以找到生动的佐证。随着人类对自然界适应能力的增强、生产能力的提高和生存范围的扩大，体育这样一个在人类社会生活中地位原本并不重要的社会现象，随着时间的推移，愈来愈显赫起来。据史料记载，公元前776年在地中海沿岸的古希腊就开始制度化地举行体育竞赛活动，它就是当今遍布全球的奥林匹克运动的前身。那时，这种体育活动不单单是运动和竞赛，它同时又是宗教、政治、经济和文化活动，自然就得到人们的关注。

随着历史的发展，体育又被人们纳入到教育范畴，成为学校教育的一个部分，从而使体育的发展进一步得到了规范。譬如，体育运动的规则被细化和以类似法律条文的形式固定下来；一些较为复杂的运动项目得到诞生；专司体育运动的社会组织得到建立等等。

以蒸汽机和“珍妮”纺纱机为工业革命标志的机械化生产，使社会生产力得到了跨越式的提高，有闲阶级在社会中出现了。有闲阶级的一个明显特征就是他们有充裕的时间来消遣和有足够的金钱来支撑他们的消遣，而他们消遣的内容之一就是体育运动。有闲阶级的产生也刺激了体育的发展。

第二次世界大战结束后到20世纪60年代，除朝鲜半岛、加勒比海等少数地域性战争外，是世界相对和平和稳定发展的时期。体育作为文化的一个重要部分，得到了从来没有的适宜环境。由于世界上的多数国家都采用了先进的生产方式和最新的生产技术，社会生产力得到了大幅度的提高，人们的生活水平得到了改善，人们的余暇随之增多，体育作为人们余暇生活的重要内容，也就得到了空前的发展。体育逐渐成为构成社会生活不可或缺的一个部分了。

尤其是二战后以苏联为首的社会主义阵营国家的崛起，极大地改变了世界的政治格局，为体育的发展制造了前所未有的契机。世界大规模战争的停止，丝毫没有降低政治斗争的强度，以苏联为首的社会主义阵营和以美国为首的资本主义阵营之间的政治斗争，以各种可能存在的形态激烈地进行着，这就是后来国际政治学家们所说的“冷战”时期。体育运动这一社会文化现象中有一个核心的元素——竞赛，体育中这一最古老的元素在“冷战”时期恰恰是最理想的政治斗争工具。在这样的背景之下，体育尤其是竞技体育在全球急剧地发展起来。体育在政治社会中的地位也日见凸现，成为社会政治生活中不可或缺、不可忽视的有机成分。体育在社会中如此重要，人们自然需要探索其间的规律，发现其间的问题，解决其间矛盾。这些客观需要奠定了产生体育社会学的基础。

体育社会学的产生依赖于母体学科的确立与发展，社会学的发展为体育社会学构筑了学科基础。

法国实证主义哲学家孔德（Auguste Comte，1798 — 1857 年）1839 年在他的《实证哲学教程》的第四卷中，首次正式提出了“社会学”这一学科的名称。之后一些学者接受了这一学科称谓，并利用社会学的观点、概念和理论就一些自己感兴趣的具体的社会领域开始研究。教育是一些社会学者最早关注的一个社会领域，从而产生了社会学的较早的分支学科 —— 教育社会学。由于体育在西方国家较早地被纳入学校教育范畴，故以社会学的观点来研究体育的个案也较早出现。如1898 年，美国学者杰布林（C.Zueblin）在《美国社会学杂志》第四卷上发表了《芝加哥的市立运动场》，另一美国学者阿米里肯（S.Americon）发表了《小型运动场的运动》；1899 年，韦伯廉（T.B.Veblen）发表了《闲暇阶级的理论》；1914 年，泽尔林（J.L.Gillin）发表了《消遣娱乐的社会学》。这些研究成果的发表不但吸引了人们对其研究结果本身的注意，也引起了社会学者们对体育领域的关注，也就有更多的社会学学者投入精力进行有关体育领域的研究。但是，这一时期体育社会学作为一个独立的学科还没能具备足够的条件。各国学者公认，体育社会学作为一门独立的学科，从其母体学科 —— 社会学分离出来是 20 世纪 20 年代的事，因为，此前都是一些较为零散的论文，作为一门学科，还没有出版专门的论著。1901 年，斯苔尼瑟（H.Steinitzer）出版了他的专著《体育运动与文化》。1921 年，社会学家里塞（H.Risse）在德意志出版了直接以学科命名的专著《体育运动社会学》。经过二十多年的学术积累和准备，体育社会学作为一门独立的学科至此诞生了。里塞也因此被尊为创建这一学科的代表性人物。

社会学的确立和发展，为体育社会学的产生提供了学科的理论框架和概念、术语体系，从而保障了体育社会学研究的学术性和科学地位。

第二节　国际体育社会学学会（ISSA）

国际间的交流与合作，对任何一门学科的发展和进步都是至关重要的，而国际学术组织的建立对保障学术的国际间交流与合作尤显得十分必要。体育社会学从诞生之日起近半个世纪，还没有形成正式的国际交流机制，不能有效地进行国际间的交流对话和合作，这对体育社会学这一学科的发展无疑是不利的。

1964 年 6 月，在联合国教科文组织下属的国际运动与体育理事会（ICSPE-UNESCO）建议下，由波兰的学者霍尔教授（Andrzej Wohl）出面筹备，在日内瓦正式成立了国际体育社会学委员会（International Committee for Sociology of Sport，ICSS）。它同时被国际社会学学会（International Sociology Association ，ISA）所接纳，成为国际社会学学会的分支成员。 国际体育社会学委员会的主要活动为：（1）组织国际性的体育社会学学术研讨会；（2）组织国际体育社会学讲习班和研讨班；（3）与国际社会学学会共同举办体育社会学方面的学术会议；（4）组织和协调国际间的科研合作；（5）编辑发行期刊。

鉴于体育社会学这一学科在世界范围内的发展和国际体育社会学委员会成员数的增加，1994 年在比勒菲尔德召开的国际体育社会学委员会执委会全体会议上，通过更名的提案，将国际体育社会学委员会正式更名为国际体育社会学学会（International Sociology of Sport Association，ISSA）。

自 1964 年 国际体育社会学委员会成立（1994 年由于学科发展组织扩大更名为 国际体育社会学学会），至今已四十多年了。其间这一国际学术组织每年举行一次学术研讨会，从未间断过。尤其进入 20 世纪 90 年代之后，这种国际学术会议的组织规模越来越大，会议的效果也越来越明显。

由于体育社会学这一学科具有特殊性：其一，它的基本理论来自母体学科社会学，故它的成长必须依靠于社会学的支撑；其二，它的研究对象和服务对象都是体育，它必须将自己置身于体育之中，所以，在每 4 年的周期中，国际体育社会学学会组织的学术研讨会有一次与国际社会学学会的学术大会一起举行，一次与国际奥委会所组织的奥运会前的科学大会一同进行，另外两次则是由国际体育社会学学会独立组织。

1979 年 8 月，国际体育社会学委员会在波兰首都华沙召开了以“运动与文化”为主题的国际学术讨论会。国际体育社会学委员会主席留申（Gunther Luschen）在会上作了题为《运动、冲突、冲突的解决与批评》的学术报告。大会讨论分七个专题进行。在“运动与维护和平”专题中，与会者重点讨论了运动对巩固和平和加强国际间的交流和互相谅解的作用；奥运会和开展奥林匹克运动的社会意义。在“运动与生活方式”专题中，集中讨论的问题有：体育运动在不同国家的不同阶层人民生活方式中的地位问题；体育运动领袖人物在社会中的作用和地位问题。在“运动与当代文化价值体系”专题中，着重讨论了体育运动与文化的相互关系；体育运动和艺术的相互关系；体育运动中的人道主义价值等等。在“体育运动与科技革命”专题中，代表们讨论了体育在科技革命时代的功能；体育运动与现代科学技术关系等。在“体育与大众宣传”“体育与闲暇时间”“体育和现代人生活”的专题讨论会上，学者们也都以发展的观点，就共同感兴趣的问题进行了充分的讨论。

2000 年在澳大利亚布里斯班举行的国际体育社会学学会执委会会议上，通过了召开世界体育社会学大会的提案，决定 2001 年在韩国的汉城举行第一届世界体育社会学大会。2001 年 7 月 20—24 日，国际体育社会学学会在韩国汉城举行了以“体育社会学和全球新秩序：沟通作用与分界线”（Sociology of Sport and New Global Order: Bridging Perspectives and Crossing Boundaries）为主题的第一届世界体育社会学大会。本次大会成了体育社会学领域有史以来规模最大、组织最严密、成效最明显的学术活动。本次大会共有 250 名来自世界各地的学者与会，报告了 147 篇学术论文，论文集厚达 977 页。论文涉及了体育与信息时代（Sport and the Information Age）；体育与全球差异（Sport and Global Inequalities）；体育与全球政治（Sport and Global Politics）；体育文化产业、闲暇与消遣（The Cultural Industry of Sport, Leisure and Recreation）；全球文化的特征与消耗（Representation and Consumption of Global Culture）；体育、社会变迁和社会发展（Sport, Social Change and Social Development）；体育、闲暇和生活质量（Sport, Leisure and Quality of Life）；体育社会化和社会互动（Sport Socialization and Social Interaction）等众多领域。

2003 年 6 月 18—21 日，在德国科隆体育大学（German Sport University, Cologne）又举行了第二届世界体育社会学大会。会议的主题为：体育与社会秩序向理论与实践的挑战（Sport and Social Order Challenges for Theory and Practice）。世界体育社会学大会的召开，标志着体育社会学在全球步入了新的发展阶段。

第三届世界体育社会学大会 2005 年 11 月 30 日—12 月 3 日在阿根廷首都的布宜诺斯艾利斯大学（University of Buenos Aires, Argentina）举行。大会主题为“体育运动与社会的排斥和接纳”（Sport and Social Exclusion / Inclusion）。本届大会征文的范围较广，涉及 19 个研究领域。分别为：体育与社团，体育与全球化，体育与性别，体育与大众传媒，体育与政治，体育与民族性，体育与人权，体育与身体，体育与人种，体育与有关社会的理论，美洲的体育，体育中的暴力，体育中的不平等，体育运动的性功能，健康、运动与身体实践，发展中国家的体育，社会政策与体育，残疾人与体育和体育运动的男性主义。我国学者刘德佩、李树怡和邹师合作的论文《发展中国家的体育经验——中国体育发展中的社会学个案研究》入选并作大会发言。

国际体育社会学委员会自 1965 年开始出版刊物。一本刊物为《国际体育社会学评论》（International Review for the Sociology of Sport ISSN 1012-6902）,它是季刊，创刊以来分别在波兰的华沙、德国的慕尼黑、英国伦敦等地出版。另一本为《国际体育社会学通讯》（ISSA Bulletin），每半年一期，自 90 年代以来，一直在韩国的汉城出版。

《国际体育社会学评论》是纯学术季刊，刊物主要刊登学术论文和最新体育社会学著作的述评。《国际体育社会学评论》以英语刊登论文的全文，另外以德、法、西班牙、俄、日、朝鲜语等副工作语言刊登论文摘要，从 1995 年增加汉语为副工作语言，开始用汉语刊登论文摘要。自 1997 年开始，《国际体育社会学评论》在英国伦敦的哲人（SAGE Publications）出版社出版。《国际体育社会学评论》对促进学术交流、繁荣体育社会学研究起到了积极的作用，尤其是该刊物在用英文发表论文全文外，另以德、法、西班牙、俄、中、日、朝鲜文刊登摘要，这就更方便了以非英语为母语国家的学者对最新体育社会学成就的了解，从而使体育社会学研究成果，更容易地从地区、国家走向世界各地。该刊物在世界范围内公开征订发行。

《国际体育社会学通讯》（ISSA Bulletin ISSN 0700-8090）为大 16 开本，主要刊登内容为：学术会议消息和公报、学会执委会的会议决议和提案、学会秘书处的报告、世界各地的体育社会学组织的活动学术动态和最新体育社会学成果介绍等。

国际体育社会学学会除了每年定期举行学术年会和出版刊物之外，还平均两年举行一次学术讲习班，参加者以各国青年学者为主（本专业的大学生和研究生），国际体育社会学学会对部分参加者给予一定的经济支持。自 2004 年，国际体育社会学学会又专为参加讲习班的青年学者设立了“青年研究者”专项奖金。

国际体育社会学委员会在成立后，于 1965 年 7 月 5 日正式公布了章程。随着事业的发展和组织的不断完善，在 1967 年、1971 年、1973 年、1975 年、1988 年、1994 年和 1996 年分别进行了多次修改。学会接受 4 类会员：个人会员、团体会员、荣誉会员和特殊会员。对体育社会学领域的研究有浓厚兴趣并有初步成果的人可申请作为个人会员；学会、协会、研究机构和学术组织可以申请作为团体会员；在体育社会学领域成就和贡献卓著者，经执委会提名可以作为荣誉会员；而对这一领域有兴趣，但没有职业和经济能力支付会费的人，经学会秘书处审定可以批准为特殊会员。国际体育社会学学会现有团体和个人会员二百多个，另有荣誉和特殊会员若干，他们分布在三十多个国家内。

学会的核心为执委会，每届执委会在任满的前一年负责组织选举委员会，由其主持下一届执委会的选举工作。凡得到两个以上的不同国家代表提名（不含被提名人所属国家代表的提名）的个人会员，都可成为下届执委会的候选人。然后，世界各地的会员对选举委员会公布的候选人名单进行通讯投票，以得票多少选出下届学会的核心。

上届国际体育社会学学会（2000—2003年）主席为英国劳夫波罗夫大学体育运动科学与管理系的约瑟夫·马奎尔（Joseph Maquire）教授。新当选的本届（2004—2007年）主席为丹麦哥本哈根大学运动与体育科学学院的泼费思特·格特德（Pfister Gerturd）教授。按国际体育社会学学会的章程规定，国际社会学学会（ISA）和国际体育科学与教育委员会（ICSSPE）的代表、《国际体育社会学评论（IRSS）》主编和前任主席是本届执委会的当然执委。当前一届国际体育社会学学会执委会的组成如下。

主　席：泼费思特·格特德（Pfister Gerturd，丹麦）
副主席：爱尔斯·哈特曼泰晤士（Ilse Hartmann-Tews，德国）
　　　　魁文·勇（Kevin Young，加拿大）
秘书长：史蒂文. J. 杰克逊（Steven J Jackson，新西兰）
国际社会学学会（ISA）代表：法宾·奥尔（Fabien Ohl，法国）
国际体育科学与教育委员会（ICSSPE）代表：科里思·哈里南（Chris Hallinan，澳大利亚）
《国际体育社会学评论（IRSS）》主编：佩特·多那里（Peter Donnelly，加拿大）
前任主席：约瑟夫·马奎尔（Joseph Maquire，英国）
执　　委：梅特·阿韦思托（Mait Arvisto，爱沙尼亚）
　　　　　科拉·波奈特（Cora Burnett，南非）
　　　　　阿多尔非那·杰逊（阿根廷）
　　　　　金素甲（韩国）
　　　　　刘德佩（中国）

萨鲁穆·马里沃特（Salome Marivoet，葡萄牙）

松村一德（Kazunori Matsumura，日本）

汉思裴特·斯泰姆（Hanspeter Stamm，瑞士）

帕乌立·沃尔（Pauli Vuolle，芬兰）

国际体育社会学委员会（1994年后更名为国际体育社会学学会）成立四十多年来，对规划和推动体育社会学的发展和进步，起到了至关重要的作用。可以说，国际体育社会学委员会的成立，是体育社会学学科发展的一个重要的里程碑。

第三节　体育社会学在美洲

美国是开展体育社会学研究最早的国家，早在1898年就有体育社会学的成果发表。在美国有一批学者对体育社会学的研究领域感兴趣。

北美体育社会学学会（North American Society for Sociolegy of Sport，NASSS）

1978年3月在明尼苏达大学召开了第二届以体育社会学为主题的学术研讨会，许多在这一领域的主要学者都参加了这次研讨会，在会议的最后一天，安德鲁·亚纳齐思（Andrew Yiannakis）召集与会的一些学者在会议厅外的前厅里讨论了成立体育社会学学会的问题。大家经过热烈的讨论，一致认为成立体育社会学的组织对北美这一学科的发展是非常必要的，大家就这一学术组织成立的细节问题也很快达成了共识。大家推举由苏珊·格林道佛（Susan Greendorfer）、李·温德韦丹（Lee Vander Velden）、帕齐·克瑞莫（Paggy Cramer）、爱尔登·斯尼德（Aldon Snyder）和安德鲁·亚纳齐思组成筹委会，安德鲁·亚纳齐思被推举为主席，苏珊·格林道佛被推选作为司库，李·温德韦丹被推举为筹委会的秘书。当时共有21位学者参加了这次会议，他们也就成了北美体育社会学学会的开创者和资深会员。这次会议还讨论了今后每年召集学术年会和出版学术刊物的有关问题。由安德鲁·亚纳齐思任主编，约翰·萨葛丹（John Sugden）任副主编的北美体育社会学学会）的第一份学会通讯于1978年12月出版，人们从此知道了北美体育社会学学会的成立。以美国和加拿大学者为主的北美体育社会学学会虽说是北美地域性的学术组织，但对居住在北美以外的学者也敞开大门，故一些欧洲和亚洲国家的学者也是该组织的成员。

北美体育社会学学会章程规定，在通常情况下，学会领导班子每2年选举一次。迄今为止，已有22位学者作过北美体育社会学学会的主席，现任主席为来自韦克佛韦思特（Wake Forest University）大学的额尔·斯史密斯（Earl Smith）教授。该学会成立以来，在美国或加拿大每年举行一次学术研讨会。该学会为鼓励和培养大学生和研究生的科研能力，专门对他们设立了学生论文奖，为纪念已故的北美体育社会学学会主席（1990—1991）西安大略大学教授巴巴拉·布朗（Barbara Brown），自1991年起命名为“巴巴拉·布朗学生论文奖”。除1983—1988年间，没有人获奖之外，至今已有14位学生的论文获得了这一殊荣。

1981年	札库林·姬丽丝	美国国内的宗教与体育
1982年	卡吉·布瑞	性别与加拿大体育的政治经济
1989年	劳瑞尔·戴维斯	种族主义和清晰的特征：白人运动员
1990年	李萨· 姆德芒特	对现代体育的综合批评
1991年	大卫·安德鲁斯	身体的全部消耗：迈克尔·乔丹的系统结构
1992年	萨玛达·金	身体的关系和身体政治：魔术师约翰逊和艾滋病观念
1993年	珍尼佛·卓丝林	从书斋走上运动场，胡佛——球和一个美国总统的复生
1994年	琳达·瓦茨	大学篮球的结构分析：资本的谈判
1995年	沙丽·卓肯	女性的空间：性关系、身体和健身房
1996年	布朗·维尔森	加拿大的黑人运动员：种族、抗议和多伦多的猛禽
1997年	米奇·阿特琴森	票价的控制——倒票人在决定增加运动项目中的角色
1998年	瓦尔敦·戴尔萨	从有原因的反叛到中产阶级的英雄
1999年	杰·斯海尔	全球化和地方特征的结构——温尼伯赛车的个案研究
2000年	查里斯坦·珀罗韦丹札	男女平等者关于“女性心灵美是心脏健康指南”观点的分析

北美体育社会学学会除了设立“巴巴拉·布朗学生论文奖”之外，还自1993年起，每两年为在《体育社会学杂志》上发表的优秀论文颁奖。到目前共有4位学者获得这项奖励。

1993 年	奇姆·库瑞	支持男女平等者关于女性与竞赛观点的分析
1995 年	诺米·费金	参加中学的竞技体育：学校对学术目标的使命或贡献的灭亡？
1997 年	玛加特·马克内尔	网络：正为国内电视观众生产奥林匹克冰球
1999 年	海德·思凯斯	女性体育中一种奇怪的男女平等理论

从以上获奖论文中也可以大概看出，北美体育社会学研究的领域和他们感兴趣的研究方向。

根据美国学者洛依（John Loy）等人的统计，1980 年之前，美国共出版了涉及体育社会学的著作 176 部，加拿大出版了 22 部。从这些著作中涉及的领域和表达的观点，我们更可以看到北美体育社会学的全貌。另据苏联体育社会学家 H.И.巴诺马廖夫和 A. B. 谢列波里亚科夫，对 1972 — 1980 年间美国出版的《社会学文摘》杂志上发表的有关体育社会学的论文摘要和 1971 — 1980 年美国学者在国际上发表的论文摘要所进行的分析，将美国学者的研究领域更清楚地提炼出来。从其研究结果看，美国和加拿大学者的研究领域和特征基本相同。北美体育社会学界的主要选题和研究成果可以概括为以下 12 个方面：

1. 职业体育的政治经济问题
2. 体育的侵犯与暴力
3. 体育领域的种族问题
4. 体育社会学的学科建设
5. 教练员的社会作用和运动员的社会形象
6. 体育与政治的社会化
7. 体育中的性别歧视
8. 妇女的体育问题
9. 对美国体育的社会文化分析
10. 体育与宗教
11. 学校体育的社会问题
12. 体育与人们的交往活动

学术界一般认为，美国的体育社会学家们的突出贡献在于他们的一些特色研究成果。如洛依（John Loy）对体育是社会制度的观点。他在《体育秩序》一书中指出，政府体育机构、体育商品的生产商、体育俱乐部、民间体育组织、体育媒体等都是体育秩序运转的要素。正是这些要素的合理运转，才使体育在社会里站稳脚跟。爱德华兹（Adwards）认为，体育活动的参加者、运动员、教练、管理人员和企业家在体育活动中得到不同的回报，这正好从另一侧面反映出体育的功能意义。在人类学的基础上去研究体育也是美国体育社会学的一个特色，如卡特宁（M. Cartning）研究了美国境内的印第安人的生活之后指出，竞赛在印第安人那里是非常普及的娱乐形式，是生活中不可或缺的组成部分。在印第安人所进行的球类运动中，伴随着配有专门舞蹈的近似于豪华的仪式，在这一环境中参加者们就表现出高超的运动技能和竞争的残酷性。竞赛不仅在印第安人的社会发展起到了重要的作用，对整个美国社会的发展都产生了影响。这种竞赛在社会的发展中，起到了人们相互了解文化、促进社会团结、保留传统的典礼仪式、产生威信人物等作用。体育中的侵略和暴力问题是美国体育社会学家们研究的一个重要方面，他们认为体育运动的本身具有侵略的因素，只要环境适宜就会刺激运动员的“侵略行为”，这是社会生活中产生侵略和暴力的一个文化原因，同时，体育运动又可以“净化”这些“侵略和暴力”，使人们那些“好战的冲动”在运动场上得到释放，从而预防和防止这些“侵略和暴力”在其他地方的发生。

密切联系体育的社会实践，并在深层上探索原因和寻求解释，是美国和加拿大体育社会学研究的一个特征。

第四节 体育社会学在欧洲

体育社会学在欧洲有较长的历史，也有深厚的基础。早在第二次世界大战之前，在奥地利和德国的一些大学中就将体育社会学列入教学计划之中了（课题组. 我国体育社会科学研究状况和发展趋势. 北京：人民体育出版社，1998.）。苏联、波兰、捷克都有一些学者为体育社会学的研究作出过贡献。如苏联学者从20世纪20年代到80年代就发表体育社会学的研究成果（论文和著作）三千多篇。波兰的霍尔教授（Andrzej Wohl）组织和筹建了国际体育社会学委员会（ICSS）并担任了第一届执委会主席。

在20世纪90年代之前，苏联学者对欧洲尤其是东欧国家的体育社会学的发展影响最大。在苏联国家科学院中央社会学研究所中专门设有体育社会学研究室，从事体育社会学方面的选题研究；莫斯科中央体育学院（现为莫斯科体育大学）很早就成立了体育社会学—体育史教研室，有数名专职教师负责教学和指导学生的体育社会学沙龙活动；列宁格勒列斯达夫卡体育学院（现圣·彼得堡体育大学）在60年代就开始培养体育社会学的副博士和博士研究生。列宁格勒列斯达夫卡体

育学院的资深教授 Н.И. 巴诺马廖夫是苏联体育社会学界的代表人物。巴诺马廖夫作为红军战士参加过卫国战争，战后重新回到大学学习，毕业后在大学里从事教学和科研工作。他以扎实的哲学功底和敏锐的观察力，对体育这一社会现象进行了深入的研究。1970 年，他经过长期研究，融入诸多人类学知识，写出了《体育的起源和早期发展》一书，在莫斯科体育运动出版社出版，书中对体育在历史演化过程中所显示的社会功能进行了深入的分析。1974 年他在莫斯科体育运动出版社又出版了他的代表性专著《体育运动的社会功能》，该书共 5 章，30 万字。他在书中详尽地阐述了体育运动在人个性的形成过程中、在社会文化教育中、在世界和平和进步中和在对苏联青年进行共产主义教育过程中的重要的功能。1987 年，他和 А.В. 谢列波里亚科夫合作，出版了《为资本主义服务的美国体育社会学》一书。书中全面地研究和列举了美国同行的学术成就，并尖锐地指出美国体育社会学的实质是在维护其国家的资本主义制度。该书出版后引起国际同行的高度关注和评价，不仅在一些东欧国家得到同行的赞许，即使在美国同行中也得到了很高的呼声。1984 年，巴诺马廖夫当选为国际体育社会学委员会的执委。苏联的另一位著名学者莫斯科中央体育学院的 В.И. 斯多尔亚罗夫（В. И. Столяров）教授，1991 — 1994 年间，继巴诺马廖夫之后当选为国际体育社会学委员会的执委。他擅长于学术研究的国际组织工作，曾担任社会主义国家体育社会学研究合作组织的协调人，负责各国之间合作研究的组织工作。他本人在体育社会学的宏观理论方面亦很有建树，他在 1988 年发表的《体育、文化和人文主义》中所阐述的观点，对体育社会学界产生了深远的影响。另一位苏联知名的体育社会学家是奥列格·米里什金（О. А. Мильштейн）教授，曾任莫斯科中央体育学院体育社会学和体育史教研室的主任，继巴诺马廖夫教授和斯多尔亚罗夫教授之后，成为苏联第三个在国际体育社会学界有影响的人物，1995 年他被选为国际体育社会学委员会的执委。1990 年北京亚运会科学大会他作为体育社会学分会的主席主持了报告会。

苏联解体之前，曾不定期举行由社会主义国家学者参加的国际体育社会学研讨会。1988 年在莫斯科首次出版了由社会主义国家学者撰稿的《体育的哲学—社会学研究》年刊（《Философско социологические исследования физической культуры и спорта（ежегодик）》Москва 1988 年）。该年刊的论文涉及面较广，但共同的特点是与社会实践联系得十分紧密。如奥列格·米里什金在《生活道路与个人在体育方面的积极性》这篇论文中，通过大量调查材料论述了人在对体育运动方面的积极性和态度的不同，能使人的个性心理逐渐产生变化，对体育运动积极性高的人，只要有条件就会主动地参与体育运动，在运动实践中体育也会不停地改造人的个性心理。人在一生中都会遇到各种各样的问题，由于体育对人个性心理的作用，最后可能致使人们选择了不同的生活道路。捷克斯洛伐克的米尔卡乌多娃（Я.Меpгаутова）在《学龄前儿童体育的形成》这篇论文中，通过大量的观察数据说明，体育活动在儿童社会化过程中的重要意义，为在幼儿园中如何进行体育方面的教育奠定了理论基础。

波兰华沙体育学院的Z.科拉吉克教授（Zbigniew Krawczik）自1994年在国际体育社会学学会任执委。他成为继霍尔教授（Andrzej Wohl）之后波兰体育社会学的学术带头人。他在体育与家庭的关系方面有较深入的研究。

奥地利在体育社会学方面有较好的基础。维也纳大学很早就设有体育社会学课程，奥地利另一所有体育专业的著名的大学——格拉兹大学也很早就将体育社会学列入研究目录。该大学的著名教授G.贝根哈特（G.Bernhard）对体育价值观念的研究，坚持了数年，并在研究过程中整理和创造了在实践中卓有成效的插图问卷设计。对体育社会学研究的方法学上有突出的贡献。维也纳大学体育史与体育社会学研究所的奥特马·韦赤（Otmar Weiss）教授于2000—2003年期间当选为国际体育社会学学会执委，他为人谦和，曾与国外同行合作发表多篇有关体育运动与大学生个性社会化的论文。

挪威体育大学的卡丽·法阿斯婷（Kari Fasting）教授曾任国际体育社会学学会主席。她在女性、种族和体育方面有许多研究成果。

英国劳夫波罗夫大学体育运动科学与管理系的约瑟夫·马奎尔（Joseph Maquire）教授在1996—2003年期间任国际体育社会学学会主席，他在体育运动和全球化的问题上有系列的成果问世，在同行中有较高的评价。

第五节 体育社会学在亚洲

日本是亚洲将体育社会学最早引入的国家。自20世纪50年代体育社会学引入日本后，日本的体育社会学界一直很活跃。1960年成立了日本体育社会学学会，现有会员二百多人。他们在与国际学术界广泛交流的同时，注意保持自己的研究特点：（1）注重体育社会学的基本理论研究。诸如体育社会学学科体系、基本理论和术语概念的研究。（2）注重体育社会学的微观研究。如儿童体育活动中的社会问题、老年人家庭妇女的体育运动问题等等。在微观研究中很注意将社会学研究与社会体育的管理联系在一起。近年来日本国内发表的论文，侧重理论研究和侧重微观实用研究的几乎各占二分之一。这一点在日本体育社会学的发展历程中，也可以得到证明。在日本体育社会学创始人之一菅原礼所列举的日本体育社会学代表著作中，相当一部分是与社会体育管理关系密切的社会学研究成果。

柳田享：社会体育　1951年
石井雄二：职场体育　1954年
文部省：社会体育认识的进化　1960年
江桥慎四郎：社会体育的进展　1971年
松岛茂善：社会体育　1972年

尽管日本早在20世纪60年代就建立了体育社会学的学术组织，但学术活动的持续性不够稳定。1991年重新组建了日本体育社会学协会（Japanese Society of Sport Sociology）,协会有会员四百多人，每年举行一次年会。学会出版刊物《日本体育社会学杂志》（The Japan Journal of Sport Sociology）。日本体育社会学界对国外成果的反应敏锐，引入的能力亦很强。一些中青年学者的研究成果也很有特色。如佐贺大学的金崎良山教授、小椋博教授，在日本青少年的体育生活方式问题上有较长期间的系统跟踪研究，积累了大量翔实的数据资料，在研究的设计和问卷的制作方面严谨规范，堪为青年学者的典范。

韩国也是开展体育社会学研究较早的亚洲国家之一。20世纪60年代前后，体育的社会学领域研究在韩国开始引起体育学者的注意。在这个时期内，诸如以青少年体育和余暇体育等为标题的论文开始出现在韩国体育学会（KAPHERD）的刊物上。“体育社会学”这一概念最早出现在1961年韩昌荣（Chang Young-Wan）写的《健康和体育教育导论》中。这本书介绍了“体育社会学”概念，并将其界定为体育科学研究的一个分支。第1部体育社会学著作《体育社会学》1973年由韩国教育部作为《体育资料汇编》的第11卷单独出版。这本书以介绍美国的体育社会学为主。一些韩国学者通过这本书的介绍开始了解体育社会学这一学科。国立汉城大学研究生院于1963年首先设置了体育社会学的硕士研究生培养计划，1983年又开设了体育社会学的博士学位方案。此后，体育社会学被引入其他大学的研究生课程。到80年代中期，韩国几乎所有大学都把体育社会学列入研究生课程。

随着开设这门课的大学数量增多，以及把体育社会学作为研究领域的学者数量的增加，针对韩国体育实践的一些研究成果陆续问世。然而，早期研究主要是一些社会调查，既没有清晰的理论框架，也缺乏严密的研究方法。

至80年代中期，随着学者对体育的社会学方面兴趣的增加，以及从事这一领域的学者数量的增多，热衷体育社会学研究的学者有了共享和交流信息的强烈需求，学者们深感建立体育社会学学术团体的必要。于是在国立汉城大学建立了体育社会学学术研究中心。从 1984 年起，该校以“体育社会学研究小组”(SSSG) 的名义定期举办讲座和会议。体育社会学研究小组 (SSSG) 的成立，宣告了体育社会学作为一门独立的学科开始在韩国吸引和寻求志同道合的同行们。体育社会学研究小组 (SSSG) 的这一努力在 90 年代初取得了成果，1990 年 8 月 18 日韩国体育社会学学会 (KSSS) 正式成立。

韩国体育社会学学会承担了国内外体育社会学学者交流网络的职能。在韩国体育社会学学会 (KSSS) 的赞助下，先后有十多位国际知名体育社会学学者来韩国作报告和出席专题讨论会，如北美体育社会学学会主席 (1980—1981 年) 瓦特伦大学的巴里·麦佛逊 (Barry McPherson) 教授、北美体育社会学学会主席 (1991—1992 年) 爱立诺伊斯大学的约翰·洛伊 (John Loy) 教授、北美体育社会学学会主席 (1999—2000 年) 加拿大多伦多大学的培特·多挪蕾 (Peter Donnelly)、国际体育社会学学会主席 (1991—1994 年) 挪威体育大学的卡丽·法阿斯婷 (Kari Fasting)、国际体育社会学学会主席 (1995—2002 年) 英国劳夫波罗夫大学的约瑟夫·马奎尔 (Joseph Maquire) 教授和国际体育社会学学会执委奥地利维也纳大学的奥特马·韦赤 (Otmar Weiss) 教授等。

除此之外，韩国体育社会学学会定期出版《韩国体育社会学学会会刊》，为研究成果的发表提供了园地，也直接促进了研究工作的开展。

现在，韩国许多开设研究生体育社会学课程的院校，都建立了自己的研究小组。韩国体育社会学者热衷于跟上国际体育社会学的发展潮流，因此，许多人加入了国际体育社会学 (ISSA) 和北美体育社会学学会 (NASSS)。据统计，目前在国际体育社会学学会的注册个人会员中，韩国的会员人数 (35 人) 仅次于美国。

汉城大学的林繁藏教授是韩国体育社会学的带头人，他多年卓有成效的组织工作使一大批青年学者从感兴趣到投入研究到成为小有成就的学者，因此在国内和国际同行中获得良好声誉。1991 年当选为国际体育社会学副主席。从 1991 年开始，韩国体育社会学 (KSSS) 承担了《国际体育社会学学会通讯》(ISSA Bulletin) 的出版工作，林繁藏教授一直担任这一刊物的主编。

从 1960 年到 1993 年，有 1294 篇体育社会学的研究报告和硕士、博士论文发表。其中 531 篇在韩国体育社会学学会 (KSSS) 的刊物上发表。这些论文的内容中涉及最多的是社会化、体育亚文化、体育团体、体育和教育、体育和政治、体育和经济、体育和社会阶层、研究方法论以及体育新闻媒介。

在这些论文中，大约 60%的论文是描述研究，39%是分析研究，1%是实验研究。这与北美和欧洲发表的论文有较大的差异。而欧美的论文中 32%是描述研究，31%是分析研究，35%是定性的试验研究。

在韩国越来越多的人为追求更好的生活质量而努力，人们认识到体育作为一种余暇活动对形成更好的生活方式具有十分重要的意义。体育已经真正成为社会成员人际互动和保持相互关系的一种社会活动。因此，旨在通过研究更好地发挥体育功能的体育社会学，就会愈发受到人们的关注。此外，韩国体育社会学学会也正在和继续为体育社会学研究提供良好的学术氛围和环境。

主要参考文献

1. 刘德佩. 体育社会学［M］. 北京：人民体育出版社，1990.
2. 陈兆复. 中国岩画发现史［M］. 上海：上海人民出版社，1991.
3. 课题组. 我国体育社会科学研究与发展趋势［M］. 北京：人民体育出版社，1998.
4. 林繁藏. 韩国体育社会学现状［M］. 北京：亚洲体育社会科学学术研讨会，1997.
5. Н.И.Пономарёв:《Возникновение и первоначальное развитие физического воспитания》Москва Издательство физкультура и спорт，1970.
6. А.Б.Серебряков Н.И.Пономарёв：《Социология спортаСША на службе капитализма》Москва Издательство физкультура и спорт，1987.
7. Философское общество:《Философско－социологические исследования физической культуры и спорта〈ежегодник〉》Москва，1988.
8. ISSA Bulletin 1990—1994.
9. NASSS Bulletin 1980—2002.

复习与思考

1. 体育社会学是在什么背景下产生的？
2. 体育社会学在美国的发展有何特点？
3. 苏联的学者对体育社会学的发展有过哪些贡献？
4. 体育社会学在日本和韩国的发展情况怎样？

推荐阅读书目

1. 刘德佩. 体育社会学［M］. 北京：人民体育出版社，1990.
2. 课题组. 我国体育社会科学研究与发展趋势［M］. 北京：人民体育出版社，1998.

第二章

我国体育社会学的历程

本章概要

由于历史的原因，使学者们的思想和视野受到极大的禁锢。直至20世纪80年代，我国体育理论界的创造性知识仍少得可怜，对体育社会学的认识仍处于十分幼稚的阶段。1981年，北京大学林启武教授在《新体育》杂志上发表了介绍《体育运动社会学》的知识性文章。1983年，林启武教授还编写了《体育运动社会学》，向国内同行介绍了美国体育社会学的概貌。天津体育学院是我国最早出现体育社会学研究集体的一所院校，1984年编辑印发了国内第一本体育社会学文集。沈阳体育学院研究生通过阅读苏联等东欧国家的体育文献，从另一渠道了解到体育社会学的学科性质、特点和基本理论，并首先将这些知识融入到自己的研究中去。20世纪80年代，我国学者对体育社会学的认识和理解，主要是经由美国、日本和苏联这三条途径进行的。

自1982年起，我国体育社会学学术团体陆续成立。1986年，国家体育运动委员会经过论证将体育社会学定为委管重点学科，在沈阳体育学院建立了我国第一个体育社会学教研室。1987年，国家体委在《关于加强体育理论建设的决定》中指出，要“有计划地加强体育社会学研究”。同年，经过评审国家社会科学基金会将《中国体育的社会学研究》列入了“七五”规划，在社会学学科中立项。80年代末，我国的一些学者开始在国外发表论文，将中国学者的成果介绍到国外。1990年6月，我国大陆第一本《体育社会学》专著由人民体育出版社出版。1995年，《国际体育社会学评论》将汉语列为副工作语言。1995年，我国学者刘德佩教授被选为国际体育社会学学会执委。

1976年，台湾省学者邱金松先生在台北正中出版社出版了《体育社会学理论与方法》一书。1977年和1992年，赵铁先生和王宗吉先生又分别出版了《体育社会学》和《体育运动社会学》。

我国学者在体育人口、体育社会、体育社团等体育社会学理论方面都有自己的建树。

体育社会学是在20世纪80年代才进入我国的，至今也只有二十余年的历史。尽管这一学科十分年轻，但由于在我国生而逢时，其发展速度却十分迅速。

第一节　体育社会学进入我国之初的背景

体育社会学产生于欧美西方国家，当它在20世纪50年代被日本学者引入亚洲时，由于正值百废待兴的新中国成立初期，尚无暇顾及新兴学科的建设，况且当时受到美国等西方资本主义国家的封锁，我们也难有渠道获得这一学科的完整信息。

我国高等教育相当长一段时间以苏联为模板，苏联体育高等教育的建制、课程设置、大纲、教材、教法，都直接影响着我们。尽管苏联国内早在50年代之前就有学者涉足体育社会学领域，但是50年代在苏联体育院校的课程中还没有设立这一学科。待到60年代苏联的体育院校将体育社会学纳入教学计划时，也正值中苏两党两国关系破裂，苏联从中国撤回专家，中止留学生的交流协定，我国自然也难以从苏方获得这一学科的动态。当苏联在七八十年代由莫斯科国立体育学院出面建立起的社会主义国家体育哲学-社会学研究合作组织，多次举行国际间的学术交流和合作时，我国和苏联以及东欧诸多国家的关系尚未正常化，我国的学者当然不在邀请之列。加之，这期间正是我国处于“十年动乱”，闭关锁国，排斥一切外来文化，体育社会学进入我国既无外部条件也无内部基础。

体育社会学的母体学科——社会学，进入中国并不算太晚，早在19世纪末就有学者将社会学的内容介绍到国内。[①] 解放前在一些大学里设有社会学系，社会学的教学和研究工作都卓有成就。但新中国成立后，由于受到苏联的影响，社会学在我国被取消。社会学在中国已没有一席之地，作为子学科的体育社会学，也就不可能从社会学那里得到任何学科的信息营养。基于以上种种原因，致使中国体育界时至20世纪70年代仍对体育社会学一无所知。

1976年“十年动乱”结束，1977年大学恢复高考，翌年体育院校开始招收研究生。荒芜了10年的体育学术领域，找不到像样的理论教科书，原来的体育理论教材基本是苏联五六十年代教材的翻版，与刚刚冲出思想藩篱的学子们的需

[①] 1898年我国近代启蒙思想家严复（1853—1921年）在《国闻报》上连续发表了介绍斯宾塞的社会学文章。

要相距甚远，探索国际上的学术动态，一时间成了我国学术界的重要工作。我国学者在研读国外文献时，发现国外发表的一些体育理论方面论文的理论基础和研究的角度与我们的思维定势大不一样，他们往往不是就体育自身的范围来探讨体育的问题，而是将体育与其依存的社会背景和关系放在一起进行分析和讨论，这些被称之为是体育社会学的研究往往能更全面、整体地揭示体育运动在社会中的运行规律。这些文献不仅拓展了我国学者的视野，也刺激了我国学者深入探究的强烈欲望。

1979 年经中央批准，中国社会学研究会正式成立。这标志着社会学在我国的科学地位重新得到确立。继而，一些社会学的教学和研究机构得到恢复，一批社会学的学术著作陆续出版，尤其是一些分支社会学的著作，如文化社会学、劳动社会学、家庭社会学等的问世，使体育界的学者深受震动和启发。体育是现代社会中的一个重要社会现象，在中国也应该建立体育社会学。可以说这些分支社会学著作的问世，为人们加速从社会学的角度研究体育起到了助推作用。

然而，二十七年的闭关锁国加之其间的十年的动乱，不仅使我国体育理论界的创造性知识少得可怜，也使学者们的思想和视野受到极大的禁锢。相当部分体育理论工作者基于对体育社会学这一学科的不了解而对这一学科抱有成见，一段时间错误地认为体育社会学就是体育社会科学的缩写而已，没有必要将其作为一个学科或院校中的一门课程去进行建设。一方面是无知的抱残守缺，一方面是探索新学科领域的强烈欲望，体育社会学进入中国之初，就是在这样的背景环境中发展的。

第二节 体育社会学在我国的产生和发展

体育社会学这一学科名称是在 1980 年前后进入我国的。体育理论界的一些学者最早从日本原版的体育学术著作《体育学大系（丛书）》中，看到了这一学科的名称和梗概。

而更多学者对这一学科的了解，则是通过国内各类刊物上发表的文章。1981 年，北京大学林启武教授在《新体育》杂志上发表了介绍《体育运动社会学》的知识性文章。林启武教授是新中国体育事业的开拓者之一。他抱着报效祖国的赤子之心，早年从泰国归来，自解放前的燕京大学教授，到解放后的北京大学教授，一直为中国的体育事业勤奋耕耘。他首先为我国引进了 6 人制排球和羽毛球等运动项目，贡献卓著。

由于他早年在海外学习期间有接触过社会学的经历，又有利用最新国外资料的便利条件，所以他成了我国体育社会学的启蒙者。1983年，应北京体育学院同行的请求，他不顾自己年事已高，又在参考美国体育社会学的基础上融入自己的理解，编写出版了《体育运动社会学》（内部油印稿），向国内同行介绍了美国体育社会学的概貌。该讲义分为14章，3万余字，涉及体育与生活、体育与组织、体育与文化、体育与宣传、体育与社会化、体育与社会分层等内容。

1982年，国家体委科研所搞体育情报研究的蔡俊五先生，通过德文文献研究，综合国外的信息，在当年《体育科学》第二期新学科介绍栏目中，撰文简要地介绍了这一学科，并根据自己的理解提出了在我国体育社会学要研究的问题，如“体育行政”“体育管理”“要研究以全体人民为工作对象的体育工作”“要研究体育如何丰富人们的文化生活，如何及时发现和培养攀登运动技术高峰的人才，以及如何在促进人们精神文明中发挥作用等一系列社会性问题”。从这篇文章中，我们既可以看到当年我国发展体育事业期望科学研究提供支持的迫切，也可以看到当时我们对体育社会学这一学科理解的幼稚和肤浅。

天津体育学院是我国最早出现体育社会学研究集体的一所院校。牛兴华、孔祥安、李树怡、苏连勇等同志，在探索体育社会学这一新学科的共同兴趣下，形成了一个老中青相结合的研究集体。他们的执著和投入为我国体育社会学的引入和传播做出了贡献。他们不仅在《体育科学》等刊物上发表文章，还在国内率先有计划地在教练员进修班中开设体育社会学专题讲座；1984年，编辑印发了国内第一本体育社会学文集，由于他们大多熟悉日语，所以文集中一些译文以来自日语的文献为主。

沈阳体育学院体育理论专业研究生刘德佩在研究生学习期间，通过阅读苏联等东欧国家的体育文献，从另一渠道了解到体育社会学的学科性质、特点和基本理论，并首先将这些知识融入到自己的研究中去。1982年，他在其学位论文《体育教师与体育教师的培养》的研究过程中，以体育社会学的观点和理论研究了体育教师社会特征、社会地位和社会贡献等。如在《体育教师社会媒介系数的研究》〔辽宁体育科技，1982（2）〕一文中，他通过社会学的现场测试研究，指出了体育教师在同等的条件下其“社会媒介系数”高于其他任课教师，因而对体育教师来说其自身对学生个性的形成的影响更大；在《我国高级运动员的社会构成分析》一文中，他首次分析了我国高级运动员的成长的社会背景和影响因素。这些研究将社会学的观点和理论创造性地用于我们面对的体育实践，最早迈出了用社会学理论来探索中国体育实践的脚步。1983年3月，刘德佩在《沈阳体育学院学报》第一期上发表了《体育社会学初探》一文，对体育社会学的对象、方法做了描述。该文认为，体育社会学的研究对象“从宏观角度看，体育社会学把体育作为一个不断发展变化的整体，来研究体育同其他社会现象之间的相互关系；从微观角度看，体育社会学又要探索体育与其参加者——人之间的相互关系”。这些观点被中国体育科学学会1987年在苏州大学举行的体育社会科学分科研讨会的同行所认同，成为大家共识的基础。

综上可见，20世纪80年代我国学者对体育社会学的认识和理解，主要是经由美国、日本和苏联这三条途径进行的。

学术研究组织对学科发展有着重要的意义。没有组成有效的组织就难以进行定期的广泛的学术交流。1982年，江苏省在省社会学会和体育科学学会的支持下，由厉鼎禹教授带头组织成立了中国第一个省级体育社会学学术团体——江苏省体育社会学研究会，研究会同时隶属于江苏省社会学会和江苏省体育科学学会，登记会员33人。该研究会多次组织学术报告会，有时还特邀外省的学者来会作学术报告。1985年2月，以研究会的名义编印了《体育社会学论文、调查报告选编》。该书编入了论文和调查报告10篇。研究会以小城镇的体育问题为中心课题，进行了大量的社会调查，开展了系统的研究工作。经研究得出结论，即小城镇是体育进入农村的关键环节。他们的这一研究成果，为后来乡镇体育的规划奠定了理论基础。该研究会在重视社会调查的同时，还将开展和改善农村体育工作为己任，组成小城镇体育技术咨询委员会组织体育专家下到乡镇指导，组织和动员城市大专院校等单位，捐赠各类体育器材，经维修后送往农村，改善农村的体育条件。这些社会工作不但极大地推动了农村小城镇体育的发展，同时也赢得了乡镇各界的信任，确保在社会调查实践中得到翔实的第一手材料。紧密联系乡镇的体育实际，成为江苏体育社会学研究会的一大特色。

继江苏之后，辽宁省在1986年也成立了体育社会学研究会，该研究会隶属于辽宁社会学会，注册会员53人，副理事长兼秘书长刘德佩。该研究会在组织会员从事体育社会学理论研究的同时，还以体育价值观的形成与变迁、体育人口、体育时尚等社会现实问题为主线展开了研究。辽宁体育社会学研究会成立后举行过3次大型学术报告会，除会员报告自己的研究论文之外，还多次邀请中外学者如中国社会学家赵子祥、日本社会学家宫内纪靖等到会做学术讲座。

1998年在广东社会学学会的支持下，成立广东体育社会学专业委员会，注册会员42人，广东社会学学会副会长吕树庭兼任主任委员。学会会员以珠江三角洲的特殊经济文化背景下的体育为对象，研究了体育在改革和发展中的各种现象。

中国体育科学学会是我国最大的体育学术组织。尽管它所辖学科很多，至今难以在学会中设立体育社会学学科的独立分支机构，但它一直关注和支持这一学科在我国的发展和进步。1985年8月，中国体育科学学会于福建永安市举行了全国体育哲学、社会科学学术报告会。国内从事这一科学领域的近百位学者出席了会议。这也是我国体育社会学论文首次在全国性的学术会议上亮相。刘德佩的《以社会学的观点看我国竞技体育发展的战略问题》和厉鼎禹等人的《浅谈发展小城镇体育的意义与方法》等文章，由于整个研究建立在社会学理论的基础之上，用社会学的视角来观察问题，给与会者以全新的感受，因而引起人们对这一学科的兴趣和重视。继而，国家体委在青海西宁举行的全国体育发展战略研讨会和1986年在沈阳举行的辽宁省体育社会学研究会成立大会暨全国体育社会学研究成果交流会上，都有一批初具水平、面向我国体育实践的体育社会学成果问世。

1987年，中国体育科学学会在体育科学理论学会中设立了体育社会学组。同年，在苏州大学举行了体育社会科学分科研讨会，研讨体育社会学、体育概论和群众体育学之间的区别和联系等问题。通过与会者的充分讨论，对体育社会学学科研究对象和范畴基本达成了共识，从而使学科发展的基础工程建设向前迈出了坚实的一步。

1988年，中国体育科学学会、辽宁社会科学院和辽宁体育社会学研究会在大连水产学院联合举办了第一期全国体育社会学讲习班，普及了体育社会学知识，培养了一批体育社会学研究和教学骨干。

1990年，中国体育科学学会在北京首钢举行了研讨会，就中国体育社会学的学科发展方向和风格问题，进行了热烈的讨论。一部分学者认为，中国应该建立批判性的体育社会学，学科产生的价值就在于其批判性；另一部分学者认为，体育社会学的研究具有批判功能，但不能将批判性作为该学科存在的主要价值所在。

1992年，中国体育科学学会在宁夏大学举行了全国体育社会学研讨会，会上交流了体育社会学的研究成果和有关民族地区体育问题的论文。与会代表在这次会议上讨论了编写体育社会学教学大纲、编写通用教材、扩大开设体育社会学课程的院系和建立全国性体育社会学学术组织等问题。

经过近两年时间的筹备，1994年6月，在福州举行了中国社会学会体育社会学专业委员会成立暨论文报告会，对十几年来我国体育社会学的研究成果进行了回顾和总结。学会成立之初注册会员55人，大家推选原福建省体委副主任何方生先生为主任委员，推选孙汉超、刘德佩、吕树庭、林文同、徐隆瑞、曹湘君、黄汉升、黄捷荣为副主任委员。中国社会学会会长袁方、顾问王康、国际体育社会学委员会（ICSS）执委克劳斯·赫尼曼（德国）、巴诺马廖夫（俄罗斯）、林繁藏（韩国）都向大会发来了贺电。至此，我国有了全国性的体育社会学学术组织。1994年《国际体育社会学学会通讯》（ISSN 0700-8090）第二期详细地刊登了中国体育社会学委员会成立的消息。中国社会学会体育社会学专业委员会成立以来，在福州、广州和北京等地，举行了5次学术年会。以《福建体育科技》的名义，先后出版了3本体育社会学专集。这一学术组织对联络、团结国内体育社会学同行和传播体育社会学信息做出了巨大贡献。

1997年，中国体育科学学会体育社会科学分会在北京举办了亚洲体育社会学学术研讨会。有来自国内外的60余篇论文参加了交流。国际体育社会学学会（ISSA）主席约瑟夫·马奎尔（Joseph Maquire，英国）应邀作了书面报告，副主席林繁藏（韩国）、执委刘德佩分别与会作了专题报告。

科研和教学是学科建设和发展的两个重要方面，而只有将学科纳入教学体系才能系统地批量地培养具有学科素养的专业人才。自1984年开始，在天津、沈阳一些体育院校陆续开设了体育社会学课程或讲座。自1985年，北京体院、东北师大、华东师大、华南师大、沈阳体院、杭州大学等院校分别招收培养了体育社会学方向的硕士生。自20世纪90年代中期开始，北京体育大学、上海体育学院和华南师范大学陆续开始了体育社会学博士研究生的培养工作。目前，我国培养高层次体育社会学研究人才的教育体系已具规模。

党和政府对我国体育社会学学科建设给予了极大的关心和支持。1986年，国家体育运动委员会经过论证将体育社会学定为委管重点学科，在沈阳体育学院建立了我国第一个体育社会学教研室。1987年，国家体委在《关于加强体育理论建设的决定》中指出，要“有计划地加强体育社会学研究”。同年，经过评审国家社会科学基金会将刘德佩负责的《中国体育的社会学研究》列入了“七五”规划，在社会学学科中立项，成为“七五”期间唯一得到国家社会科学基金资助的体育课题。

学术专著是学科发展和进步的重要标志。1990年是我国体育社会学研究获得巨大进步的一年，一年中先后有三本体育社会学专著问世。继刘德佩受国家社科基金资助出版的专著之后，徐隆瑞和梁向阳所著的《体育社会学》和黄捷荣等人所著的《体育社会学》也分别由人民体育出版社和广东高等教育出版社出版。据不完全统计，截止 2004 年底，我国学者出版体育社会学教材 3 部、著作 5 本，在国际学术会议和刊物上发表体育社会学论文 40 余篇。我国体育社会学的研究成果，在国际上已有了一定的影响。

第三节　我国体育社会学界与国际同行的联系

国际间的学术交流和对话，是学科发展与繁荣的前提之一。对我国体育社会学来说更是如此，这不仅因为这一学科的对象 —— 体育，是全人类共同面对的社会现象，国际同行的研究成果和经验会直接给我们以启迪和借鉴，而且因为这一学科在国际上的成熟度和发展水平都高于国内。

请国外学者来华讲学是我国体育社会学界与国际同行最早的联系方式。如日本的影山健先生和近藤義忠先生、英国的 J. A. Mangan、韩国的林繁藏先生等学者都曾应邀来我国作学术报告，向中国同行传递体育社会学知识和信息。这些面对面的学术讲座使我国学者能更准确地了解到国际同行的最新学术成就和学术动态。

稍后，我国体育社会学界的学者开始走出国门，与国际的同行进行交流。1984 年 12 月，我国学者在随中国冬季运动项目研修团访日期间列席了日本体育社会学会的年会，结识了日本同行。1986 年 11 月，由中国体育科学学会组建的体育科学代表团应邀参加了日本体育社会学学会的年会，与著名学者菅原礼以及其他学者建立了联系。1987 年 12 月，中国体育科学家代表团访问奥地利，我国学者与奥地利维也纳大学和格拉兹大学的同行举行了座谈，并签署了合作研究的协议，为后来进行的跨国研究项目奠定了基础。

20 世纪 80 年代末，我国的一些学者开始在国外发表论文，将中国学者的成果介绍到国外。《国际体育社会学评论》（International Review for the Sociology of Sport ISSN 1012-6902）1988 年第 1 期，发表了我国王真、陈安槐和钱跃庭三人合作的论文：《中国纺织女工的体育态度和参与状况》。1989 年加拿大的《社会与闲暇》（Loisir & Societe　ISBN 2-7605-0548-0）第 2 期刊登了我国刘德佩的《体育与中国城市居民的闲暇生活》。翌年，孔祥安和牛兴华等人在《国际体育社会学评论》1990 年第 2 期上发表了《中国体育社会学综述》。这些成果引起了国际体育社会学界对我国体育社会学的注意。同一时期，我国一些学者开始以高级访问学者的身份在国外进修体育社会学，并在留学所在国发表研究成果，如《苏联人民热爱中国武术的社会学分析》（刘德佩，苏联《体育镜头报》，1990 年）、《日本的竞技体育为何不振？》（吕树庭，日本《东北体育学研究》，1987 年）等。这些论文基本上是以客居国的体育现实为对象的，所以引起了留学所在国同行的极大关注。此外，在一些国际学术会议上也出现了反映中国体育社会学学科进展的报告。如 1995 年国家体委科研所的熊斗寅先生在德国科隆体育大学成立 75 周年的国际学术会议上，作了题为《中国体育改革的社会学思考》的报告。1996 年，北京体育大学卢元镇参加日本体育社会学学会第三届年会时，报告了题为《中国体育社会学进展及其基本特征》的论文。

1990 年 6 月，我国大陆第一本《体育社会学》专著由人民体育出版社出版。该著作出版后参加了第 11 届北京亚运会科学大会期间的书展，该著作被日、韩、新加坡、苏联和瑞士等国的学者购买带到国外，书中的部分内容被国外出版机构翻译成外文在海外发行。国际体育社会学学会的机关通讯刊物《国际体育社会学学会年刊》（ISSN 0700–8090），还在 1994 年总第 47 期上专门介绍了该专著的内容梗概。

苏联列宁格勒列斯达夫卡体育学院的资深教授巴诺马廖夫是苏联体育社会学界的权威性人物，1987 年开始与我国学者刘德佩建立联系。1989 年，刘德佩经时任国际体育社会学委员会执委的巴诺马廖夫教授的介绍，加入了国际体育社会学委员会。翌年，谭建湘赴爱沙尼亚参加国际体育社会学委员会的学术年会，也加入了该国际学术组织。后来，吕树庭、黄汉升、金育强、黄文仁、汤启宇、李晓英、张文健、赵立、刘平江等都陆续成为国际体育社会学学会的会员。2005 年沈阳师范大学体育科学学院又被批准为国际体育社会学会的团体会员。这些学者的加入，使国际同行对我国体育社会学界有了较为整体和全面的认识，也为国内学术界与国际同行之间建立了更为广泛的联系和沟通渠道。

国际体育社会学委员会（1994 年后更名为国际体育社会学学会）编辑发行的学术季刊《国际体育社会学评论》以工作语言英语刊登论文全文，同时用德、法、西班牙、俄、日、韩国语作为副工作语言刊登论文摘要。汉语是联合国规定的五大工作语言之一，可是在联合国教科文组织下属的国际体育社会学学会的刊物上确找不到汉语的影子，这显然是与我国在国际上的学术地位不相称的。自我国学者加入国际体育社会学学会发现这一问题后，就一直以纠正此事为己任，刘德佩利用在国外进修的方便条件，通过当面拜访和通讯等方式联络国际体育社会学学会的执委，陈述将汉语列入国际体育社会学学会副工作语言的理由，经过一年多的艰苦努力，终于在 1994 年国际体育社会学学会的年会上以多数票通过、接受了我国学者的提案的决议，自 1995 年《国际体育社会学评论》第 1 期，中国古老的方块字开始出现在该刊物上。《国际体育社会学评论》上所刊登的论文摘要的中文翻译和排版工作，一直由我国的学者义务担任，1996 年之前由沈阳体育学院体育社会学教研室负责，1996 年至今由解放军体育学院体育社会科学研究中心负责。从 1995 年至今，累计为《国际体育社会学评论》义务编辑 10 万多字，翻译审校中译文论文摘要 25 万字，为国际体育社会学的学科发展和刊物出版做出了自己的贡献。《国际体育社会学评论》将汉语列为副工作语言后，不仅有利于国内的学者通过这一国际权威刊物的窗口，了解世界上的学术信息和动态，同时也为世界华语地区的同行带来了方便。

由于我国体育社会学界在国际上的影响不断扩大和对体育社会学学科发展的贡献，1995 年末，国际体育社会学学会进行换届选举，我国学者刘德佩被推选为国际体育社会学学会第八届执委扩大会（1996 — 1999 年）委员。后来在第九届（2000 — 2003 年）和第十届（2004 — 2007 年）又继续当选。2000 年，刘德佩又被聘为《国际体育社会学评论》的编委。

我国一些研究体育社会学的留学生和访问学者如吕树庭、陆小聪、金育强、董进霞、张文健、于英等在国外学习期间，均与国外同行建立了密切的联系。

第四节　我国体育社会学的成就

我国体育社会学的主要成就，包括在国外已有理论的基础上对我国体育实际进行研究的成果和我国学者新提出的有关理论。目前我国体育社会学的理论成果虽然不多，但很具有针对性，对体育实践工作有明显的指导作用。

一、关于体育人口的理论

20 世纪 80 年代初，在统计评价各地群众体育开展情况时，启用了体育人口这一概念。人们意识到体育人口是一个意义重大、内涵丰富的社会参数，因此，体育人口问题也就成了学科研究的一个重点。

（一）体育人口的标准

体育人口被理解为经常参加体育锻炼的人的总和。但经常参加体育锻炼是一个十分模糊的概念，在统计上很难操作。有的学者提出了沿用国外“每周锻炼三次，每次不少于 30 分钟”为确认体育人口的标准。有的学者针对我国的实际，经研究认为，凡符合下列四项之一者，即可确认为体育人口：（1）大中小学生及学龄前儿童在教师指导下，每天活动 1 小时者；（2）成年人每周锻炼三次，每次不少于 30 分钟者，或每周参加一次旅行、野营、体育比赛者；（3）每天坚持做工间操、课间操者；（4）老年人参加体育活动，每周不少于三次，每次不少于 40 分钟者。这对体育人口的统计，提供了更可行的标准。

但是，我们对体育人口数量的把握还没能给予更准确的描述，体育人口的标准问题也是学科研究的难点问题。

（二）体育人口的分类

我国学者认为，体育人口是一个动态参数，其意义不仅在于对实质性的体育人口（经常参加体育锻炼的人口）的描述，尤其要重视非实质性体育人口（即从感情和物质上支持体育的人口）的功能性。因为经验和大量研究结果都证明，大多数实质性体育人口都经历过从非体育人口→非实质性体育人口→实质性体育人口的演变过程。这一理论的提出对预测和规划大众体育的发展有十分重要的意义。

（三）体育人口的质

体育人口的多寡，是衡量一个地区大众体育发展水平和规划大众体育的重要指标。但是，它本身又不是完整的，因为仅从数量上进行判断，还不足以揭示事物的本质。我国学者在理论上提出了有关体育人口质的概念，认为体育人口质的高低，取决于三个因素的比例：（1）实质性体育人口在体育人口中的比例；（2）有组织的体育人口在体育人口中的比例；（3）参加正式运动项目的体育人口在体育人口中的比例。这一问题回答了体育实际工作中的有关体育人口评估效价的一些问题。

（四）体育人口的社会流动

体育人口的生涯流动，是指人们一生不同时期在体育人口的分层中所处位置的变化情况。倘若占有大量体育人口生涯流动的材料，就足以揭示出体育人口流动以及体育社会变迁的某些内在规律。以这一理论，针对我国体育人口的研究成果，从规律上解释了我国中年人在体育人口中比例过低的现象。

体育人口的结构流动，是指由于某种社会原因所促成的大批量的体育人口，从某一区域向另一区域迁徙的现象。体育人口的结构流动，常常导致某一地区人们闲暇生活结构的改变。以这一理论针对我国体育实际的研究结果，从社会学的理论高度，指出了学校体育与社会体育之间相生共荣的关系。

（五）我国运动员的社会流动

运动员是体育人口中的特殊部分。针对我国计划生育政策和社会价值观念的变化情况，1985 年通过大量研究，指出了我国运动员社会流动的趋向：（1）各种职业向运动员水平流动的趋势逐渐减弱；（2）运动员父（母）与子代际间流动加剧；（3）低水平运动员向高水平运动员的垂直流动逐级减弱。我国运动员社会流动的这种趋势，预示了我国高水平运动队后续力量将面临着某种危机，同时也为改善我国高水平运动队的建设工作提供了咨询意见。

二、关于体育价值观念的论述

体育价值观念，即社会个体以自我为中心对体育存在评价的总和，是人们对体育这一社会现象的价值取向。体育价值观念是体育社会形成的最基本要素，是深入研究体育实际不可逾越的层次，因此，体育价值观念一直是学科的研究重点。

我国学者提出的有关体育价值观念形成因素的理论认为，体育价值观念的形成与人们的物质生活水平、闲暇占有量、社会时尚、社会宣传等诸多因素有关。这诸多因素间又是相互联系、相互制约的。从中可知，对于人们体育价值观念的形成，社会宣传是一个所需时限短、效果明显、能动性较强的因素，也是在实际工作中最易有所突破、有所作为的环节。关于体育价值观念形成因素的理论，为我们在体育价值观念形成多因素构成的“社会长链”中，找到了最佳介入环节，对《全民健身计划纲要》的设计和实施，起到了积极的作用。

三、关于体育工作者的论述

我国学者指出，体育工作者（体育教师、教练员、运动员）的社会劳动是一种以脑力劳动为基础，以体力劳动为外在表现形式的复杂劳动。他们的社会劳动价值，可以在许多方面表现出来，既有物化（凝结）在教育和训练对象身上的凝结性劳动，也有分布于全社会成员之中的服务性劳动。当前，我国体育工作者的社会声望与其社会作用不符的现实，是由“重文轻武”的陈腐观念、早期体育教师素质不高以及诸多历史原因的滞后效应造成的社会偏见和自身素质发展不全面等现实原因造成的。这一理论的提出，对社会确认体育工作者的社会作用和体育工作者自身加强修养、完善自身形象、提高声望具有双重作用。

四、关于体育与文化、艺术的论述

我国学者通过长期对蒙古族摔跤的社会学研究，认为体育受制于文化价值，是社会文化价值选择的结果；体育的民族性是由不同的文化模式造成的，是该民族文化价值的反映。这一观点为规划民族地区的体育发展，提供了理论依据。

我国学者指出，体育与艺术关系甚密，艺术是最早完整反映体育的社会现象之一。它唤醒了人对自身运动的美感的追求，并架起了人们从更高认识层次上去认识体育的桥梁，同时在现实社会中也正形成一个以表现体育为特征的艺术分支。这一论述形象地表述了体育与艺术的密切关系，为人们在发展体育过程中借助艺术的优势提供了理性视角。

五、关于体育社会的论述

根据亚社会的理论，我国学者提出了体育社会的概念。体育社会是现代社会中新崛起的一个亚社会。体育社会是以体育这一社会文化现象为媒介，相互维系在一起的社会人群。在价值观念的引导下，他们按一定的社会规范发生着交往活动，生产着具有体育文化特质的物质财富和精神财富，并利用和分享它们，从而形成了具有体育文化特质的社会行为模式。体育社会中，不同人群对体育社会作用的大小，呈离心向心律；不同人群参与体育活动时的心理表现，呈晕环律。体育社会概念的提出为人们从整体上研究体育确立了一个新的参考系。这些规律的归纳，对体育的规划、设计和实施工作均有着十分明显的理论指导意义。

六、关于体育的社会学特征的论述

体育的起源和发展具有多元性和复杂性，它具有时代的阶级性和永恒的大众性。体育是人类所独有的，以发展身心和满足自身高级需要为基本目的的一种社会文化现象。体育将伴随着整个社会文明的发展而发展。体育与劳动的本质区别在于：体育的目的终极是改造人类自身，劳动的目的终极是改造客观世界；人们参与体育时多是主动、无任何附加条件的，而参与劳动多是在由某种附加条件下才发生的，劳动不能代替体育。这一论述，在深层理论高度上，阐明了劳动和体育对人体生理作用的差异，在纠正人们对体育的模糊认识上增加了说服力。

七、关于球迷骚乱成因的论述

球迷骚乱是国外体育社会学十分重视的一个研究领域，但是，我国的球迷骚乱与国外的同类事件，有着不同的文化背景和不同的萌发原因。通过研究认为，我国发生的球迷骚乱基本上属于无预谋偶发事件。骚乱球迷的心理变化是按潜伏期——升温期——爆发期，呈规律性变化的。针对不同时期的心理征候，采取相应的措施是可能防止骚乱于未然的。这一论述对提高我国大型竞赛活动组织的科学性和成效性，防止骚乱发生，具有明显的现实意义。

八、关于体育与儿童早期社会化的论述

体育游戏在儿童的生活中占有十分重要的地位，体育游戏对儿童个性的形成、人格目标的选择和伙伴人际关系的建立，都具有显著的意义。对我国幼儿体育游戏的研究，结果进一步指出幼儿教育中体育性游戏的重要价值，为改善我国幼儿教育的内容体系和纠正我国幼儿教育中的某些不正确观念，提供了实证性材料。

九、关于我国体育团体的论述

我国学者经研究指出，中国体育社团具有民间性、非营利性、互益性和同类相聚性。当前其整体基础薄弱，具有官民二重性。我国体育改革的社会化方向，

必须将发展体育社团作为一项重要目标。

十、关于我国的体育社会问题

体育社会问题具有很高的公开性；它是寄生于体育文化的现象，它的产生与社会的体育价值观念和体育管理水平关系较大；体育社会问题是多层次的，大多发生在伦理层次、管理层次，但有时也可能上升为法律问题；体育社会问题比一般社会问题的危害要小。我国学者认为，竞技体育队伍的文化素质偏低问题，高水平竞技体育与学校体育、群众体育失衡问题和侵占体育场地设施问题是我国主要的体育社会问题。体育社会问题是社会舆论关注的焦点，也一直是体育社会学研究的热点，尤其每当一社会问题的典型事例出现时就更是如此。

十一、关于竞技体育的论述

我国学者认为，竞技体育与其他文化现象相比有着若干明显特征：竞争是竞技体育的灵魂；具有竞争规则和裁判手段；追求既定的功利目标；具有完整的组织体系和严格的规章制度。竞技体育可分为非正规竞技体育、组织化的竞技体育和商业竞技体育三类。竞技体育的社会价值在于其教育价值、政治价值、竞技价值和社会文化价值。

十二、关于体育文化的论述

体育文化是指有关人类体育运动的物质文明、精神文明的总和。大体包括体育认识、体育情感、体育价值、体育理想、体育道德、体育制度和体育的物质条件等。这是我国学者提出的不同于固有的“身体文化”（Physical culture）的全新概念。它更有助于我们从文化学的角度来认识体育。

十三、关于体育社会化的论述

体育社会化在一个时期曾是我国体育社会学研究的热点问题，先后发表有关文章三十余篇。我国大部分学者认为，体育社会化是指全社会都认识体育、关心体育、参与体育、支持体育的一个动态过程。它是全社会体育意识水平不断发展的过程，也是全社会体育意识发展到一定水平所达到的境界。这一观点的提出，从理论上进一步阐明了我国80年代初提出的“以革命化为灵魂，以体育科学化和体育社会化为两翼，实现体育腾飞”战略思想中关于体育社会化的内涵，为澄清某些理论上的片面认识（如，体育社会化即社会资助体育……）起到了明显的作用。也有人认为，体育社会化主要是指提高大众参加体育运动的社会化程度。还有人认为，体育社会化是指通过体育使人社会化，以及体育社会化是与现代社会化大生产相适应的现代体育生产、组织和管理的运行方式等多种观点。

第五节　体育社会学在台湾省的发展

在我国涉足体育社会学领域最早的当属台湾省学者。20世纪60年代末去美、英、加拿大等国留学的台湾学者，开始将体育社会学这一学科的信息带回岛内，首先在大学里开设讲座。

1976年，邱金松先生首先在台北正中出版社出版了《体育社会学理论与方法》一书。翌年，他又出版了《运动社会学》。这些著作对台湾省体育社会学的启蒙起到了重要作用，直到目前他的这些著作还作为岛内专业研究生入学考试必读的参考书。

1977年，赵铗先生在台北幼狮文化事业公司出版了《体育社会学》，全书共11章。书中对体育的历史背景和体育的哲学基础进行了分析，另外对体育与国防、体育与政治、体育与教育、体育与现代人的生活、体育与社会进步、体育与社会过程、体育与社会之间的关系分别给以论述。该书较为全面地介绍了美国体育社会学的成就和观点，并在这一基础上借鉴了中国学者如孙本文、江良规、陈果夫等的一些观点，进而融入作者自己的理解，对体育这一社会现象进行剖析。但是，这些分析多是解释一些现象，在理论上还显得肤浅和幼稚。尤其是由于作者自身所处的政治环境和立场所限，一些观点甚至是偏颇、荒谬可笑的。如他认为1944年苏军退出在柏林举行的盟军运动会的原因，在于苏联军方担心在运动会期间会与美、英、法等西方“民主自由”国家士兵的交往，将自由民主的风尚带入苏联，动摇其政权；他认为所谓“自由民主”国家的运动员教育文化水准很高，受过优良体育道德的培养，而所谓“共产极权国家”的运动员则是为了取得胜利而不择手段，是专门为参加竞赛而经过长期训练准备的“打手”等等。

1992年1月，台北银禾文化事业公司出版了王宗吉先生编著的《体育运动社会学》。由于王宗吉在日本筑波大学进修体育社会学，所以在他的著作中完整地体现了日本体育社会学的理论架构和观点。该书共设16章，分别讨论了运动的社会结构与技能、运动文化、运动团体、运动与组织、运动与政治及经济、运动与社会化、体育的社会结构与机能、体育的学习指导过程、运动的现状与未来、体育的省思与策划、日本人的运动观、运动团体的成立与特性、运动组织之历史及社会特性，探讨了终生运动与社区运动、运动政策与社会以及运动与商业主义等方面的问题。此外，作者还在书中用较大的篇幅介绍了当前国际和日本在体育社会学领域最引人瞩目的研究方向，如运动与种族、运动与暴力、运动与性别、运动与人权、运动与流行、运动与意识形态等的研究背景和梗概。

台湾省的台湾师范大学体育系、台湾体育学院、辅仁大学体育系等都招收体育社会学的硕士和博士研究生。70年代，按台湾省体育行政方面规划的《全民体育实施纲目》，为适应全民体育发展和培养体育专门人才的需要，根据各大学特点在一些大学中设立专门体育的研究机构。在台湾大学医学院设立运动医学研究所，在国防医学院设立运动营养研究所，在政治作战学校设立国防体育研究所，在师范大学设立运动生理和心理研究所，而体育社会学研究所则设在辅仁大学。

台湾体育社会学界积极参与国际上的学术活动，在一些国际学术会议上经常出现台湾学者的身影。在汉城举行的第一届世界体育社会学大会上，来自台湾师范大学的年轻学者林晨俞报告了题为《日本殖民统治时期（1895—1945年）台湾棒球和民族性的发展》论文。以棒球这一自日本引进运动项目为例，通过体育运动这一表面现象，分析了其背后涉及的政治、文化和民族的因素。

主要参考文献

1. 课题组. 我国体育社会科学研究现状与发展趋势［M］. 北京：人民体育出版社，1998.
2. 赵铁. 体育社会学［M］. 台北：幼狮文化事业公司，1977.
3. 蔡俊五. 体育社会学［J］. 体育科学，1982（2）.
4. 王宗吉. 体育运动社会学［M］. 台北：银禾文化事业公司，1992.
5. 江苏体育社会学研究会. 体育社会学论文调查报告选编. 1985.
6. 刘德佩. 体育社会学初探［J］. 沈阳体育学院学报，1983（1）.
7. ISSA：1st World Congress of Sociology of Sport Abstract Book July 2001.
8. ISSA Bulletin December 1994.

复习与思考

1. 我国体育社会学起步较晚，其间的原因是什么？
2. 目前我国都有哪些体育社会学学术组织？
3. 我国对国际体育社会学界的影响和贡献有哪些？
4. 体育社会学在台湾省的发展情况如何？

推荐阅读书目

1. 课题组. 我国体育社会科学研究现状与发展趋势[M]. 北京：人民体育出版社，1998.
2. 赵铁. 体育社会学[M]. 台北：幼狮文化事业公司，1977.
3. 王宗吉. 体育运动社会学[M]. 台北：银禾文化事业公司，1992.

第三章

体育社会学的性质与对象

本章概要

本章从新兴学科、社会学分支学科形成的途径、体育社会学是否具有双重学科属性等几个方面论述体育社会学的性质。并通过对社会现象与体育、确定体育社会学对象的前提条件的讨论，以及国内外学者对体育社会学研究对象描述的介绍，依据学科属性、学科目标和学科视角原则，论述体育社会学的对象。

作为一门学科，第二次世界大战后开始形成的体育社会学历史尚短，不能和一些较为成熟的学科相比，它的学科理论基础、学科目标、学科性质、研究对象、方法、领域、模式、概念等一系列基本问题仍处在探索和发展之中。

第一节　体育社会学的性质

研究一门学科的属性，意在揭示这门学科的特质，确立这门学科在学科之林中的地位与作用。体育社会学的学科性质不仅规定和影响着体育社会学作为一门科学的作用，还影响着体育社会学研究对象的确定。

一、体育社会学是否属于新兴学科

人们往往将新产生的、历史较短的学科称为新兴学科，但这是一般意义上的认识或称广义的理解。在学术研究领域，新兴学科是特指进行综合研究的新型综合性学科。在当代社会解决一些重大问题的过程中，社会科学、自然科学和技术科学相互渗透，产生了一些既不属于纯粹自然科学或技术科学，也不属于纯粹社会科学的新兴学科。如科学学、生态学、未来学、技术美学、工程心理学（亦称工效学）、青少年犯罪学等等。我们以生态学为例，它是由生物学、心理学、人口统计学、社会学、文化人类学等学科彼此合作，共同研究人类对于空间及地域环境的适应行为。这种新型的综合研究，打破了科学中研究对象的单一性与孤立性，以及学科间隔离封闭的状态，而走向多值的关系与多维的联系。据此理解，显然体育社会学是不属于新兴学科之列的。

二、社会学分支学科形成的途径对认识体育社会学学科性质的启示

社会学发展至今，不仅建立了指导人们从宏观上认识社会整体的基础理论（各个学派的研究成果），还建立了指导人们从微观上认识社会各领域的部门社会学（各分支学科），这就使社会学成为由众多学派、众多分支组成的庞大“家族”。那么，社会学的分支学科是如何形成的呢？主要有两个途径，见图3–1。

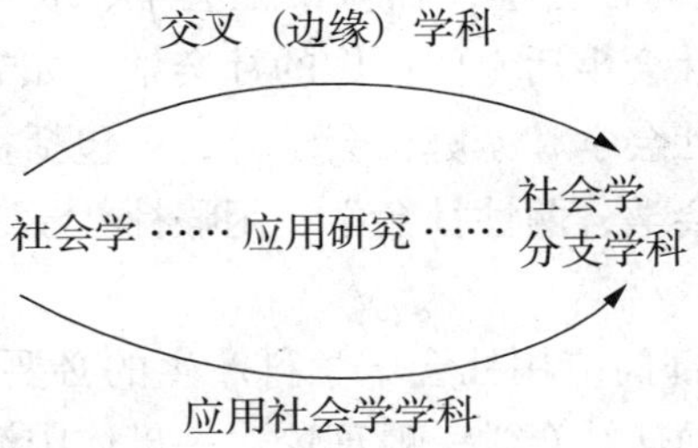

图 3–1 社会学分支学科形成的途径

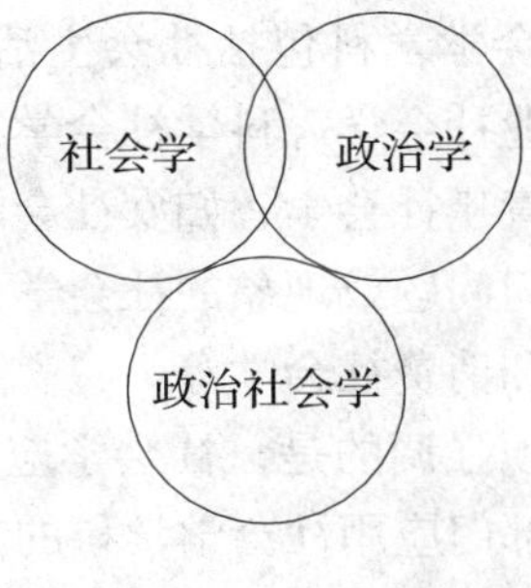

图 3–2 交叉（边缘）学科示意

（一）社会学与其他学科交叉而产生的边缘学科

进入 20 世纪特别是后半叶以来，经过百年锤炼的社会学有了长足的进步，其应用研究的发展迅速突破了旧有学科之间的既定界限，使社会学与其他学科交叉而产生了一些边缘学科或称交叉学科。如，社会学与政治学的结合产生了政治社会学（图 3–2）；社会学与教育学的结合产生了教育社会学；社会学与经济学的结合产生了经济社会学；社会学与历史学的结合产生了历史社会学；社会学与法学的结合产生了法社会学等等。这里需要强调的是，边缘学科均具有交叉性或二元性，交叉学科与边缘学科是外延完全重合的同一关系的概念，二者可以互相替代。我们以法社会学为例，法社会学的交叉性或二元性，表现在它的社会学性和法学性。法社会学的社会学性主要体现在法律研究视野上具有社会学色彩和在研究方法上运用了社会学的实证经验研究方法；法社会学的法学性则表现在它研究法律问题时基本上沿用了法律研究中的一套基本范畴，而不是将其全部推倒重来。因此，法社会学既可被称做交叉学科，也可被称做边缘学科。当讨论进行到这里的时候，显然我们可以做出体育社会学不是交叉学科或边缘学科的结论。因为体育社会学不是社会学与体育社会科学（体育学）交叉的产物，更不是社会学与体育科学交叉的产物。

（二）社会学通过对特定领域的应用研究而产生的部门应用社会学学科

在社会学的发展过程中，当社会学对社会生活的某一方面或领域的应用研究已基本上形成了一套专门的学科体系（包括专门的理论、方法和特定的研究对象）时，则相继产生了一些部门应用社会学学科。社会学应用研究所产生的部门应用社会学学科包括社会生活中专门领域的社会学，如城市社会学、农村社会学、工业社会学、科学社会学等；也包括社会生活专门群体的社会学，如老年社会学、青年社会学、妇女社会学、大学生社会学和家庭社会学等；还包括社会生活中专门问题或现象的社会学，如犯罪社会学、两性社会学、闲暇社会学、旅游社会学和消费社会学等。

必须强调的是，社会学应用研究是其部门应用社会学学科产生的必要前提。首先，部门应用社会学学科的专门理论必须从社会学一般理论这一母体中派生出来，但却不能直接地派生和分化出来，只有当社会学的一般理论赋予一定的应用特征时，才能转化为部门应用社会学学科的专门理论。而这一过程只有通过社会学的应用研究才能实现。其次，部门应用社会学学科的产生应该是社会需要的结果，但社会需要本身并不能产生部门应用社会学学科。比如，随着经济与社会的发展，社会向我们提出了许多用传统的体育理论和方法所无法解释、说明和解决的问题，但这些问题本身并不能构成一门学科，只有通过社会学的应用研究，将社会学的知识应用到体育生活领域中去，才有可能形成研究、解释、说明并试图解决这些问题的学科——体育社会学。综上不难看出，体育社会学是社会学应用研究发展的产物，是社会学通过对社会生活中的专门领域——“体育”的应用研究而产生的分支学科，属于部门应用社会学学科。

社会学分支学科的建立及其研究的展开，是社会学欲对社会进行精确定量研究的基本保证，它可以促使社会的内在联系由抽象的关系逐渐转化为数量上的直观，从而有可能从社会系统工程的角度对社会做出总体规划，提出科学的方案。

三、体育社会学的学科性质

（一）社会学与其他学科交叉而产生的边缘学科具有双重学科属性

如前所述，社会学与其他学科交叉而产生的边缘学科所具有的交叉性或二元性，决定了它的双重学科属性。以政治社会学和教育社会学为例，二者既然是双重学科属性，那它们为什么是社会学的分支而不是政治学和教育学的分支呢？关键在于它们的社会学角度（观点）和方法，这使得它们的学科性质更接近于社会学。我们从政治社会学与政治学、教育社会学和教育学的基本区别中便可以得知。政治学主要是从政治现象着手去梳理政治所涉及的错综复杂的社会关系、五光十色的人际因素和斑驳陆离的社会运动。而政治社会学则注重研究社会与政治的关系，研究政治的社会因素，它主要是从社会学的角度去解析政治现象，去分析政治系统和政治行为，以社会学的方法和原则渗透政治学，研究和观察政治现象，寻求政治现象的社会、文化、心理、经济、种族、社会地位等的基础。教育学主要是研究教育现象和规律的科学。而教育社会学则主要是依照社会学的观点，研究教育与社会之间关系的各种现象及其规律的科学。进而，我们也不难理解以弱智人为对象的特殊教育学之所以是教育学的一个分支，缘由它的教育学角度，即是应用教育学的理论和方法去进行研究的。为此，政治社会学和教育社会学相对于社会学它们是分支学科；相对于政治科学和教育科学它们是交叉学科。

（二）体育社会学是否具有双重学科属性

体育社会学的建立，是分支学科对主干学科的整体性、系统性和发展性原则的维护，是社会学理论发展的需要。体育社会学作为社会学应用研究发展的产物，具有部门应用社会学学科的属性已是不争的事实，为此，体育社会学作为社会学的分支学科已毋庸置疑。那么，它与体育科学有没有关系，或者说它是否具有双重学科属性呢?

1. 从体育社会学的产生看它的学科属性

当社会学的应用研究迅速突破旧有的学科界限而相继产生分支学科的时候，也正是由于现代社会的急剧变化，使体育与人类最基本的实践活动越来越远，体育中出现的问题日益增多的时候，传统的以教育理论为核心的体育理论知识遇到了来自现实的严峻挑战。于是，人们便开始将这些问题与社会广泛地联系起来以寻求新的认识途径。在人们试图从体育与社会的关联中去寻找解释、说明和解决这些问题的方案时，也正是一些社会学部门应用社会学学科相继问世的时期。这说明，体育社会学的产生不仅仅是社会学应用研究发展的产物，更重要的是体育自身发展的需要，是全面认识体育这一社会现象的科学 —— 体育科学发展的需要。这就奠定了体育社会学的体育科学属性的基础。

2. 从体育社会学史中关于学科属性的争议看它的学科属性

在体育社会学史中，关于体育社会学的学科属性也曾有过不同的看法。美国学者斯帕查（E. Spreitzer）和鲍尔（D. W. Ball）认为，体育社会学是社会学的一个分支学科，它作为社会学研究的一个方面，是构建社会学理论的一种手段，是以社会学的研究为第一义的。日本学者菅原礼则认为，体育社会学是体育科学的一门基础学科，它应用社会学的理论和方法，是以构建体育科学的理论为目标，是以体育的研究为第一义的。而另一日本学者竹之下休藏认为，体育社会学既是社会学的分支学科，也是体育科学的一门基础学科，是从社会学的观点，实证、客观地研究体育事实和问题的科学。应该说，这是同一社会学视野下的三种不同的学科属性认识。要让体育社会学脱离母体学科社会学，未免失之偏颇。但如果仅仅是将体育社会学作为构建社会学理论的一种手段，则体育这一社会现象就变成了社会学研究的实验场，体育社会学不可能形成具有体育特点的独自的理论体系，从而也就不可能成为体育科学序列中的一员。

3. 从体育社会学研究者的学科界别看它的学科属性

从世界范围来看，体育社会学是由社会学家奠基，而后引起教育学家的关注，最后经过体育界学者们的全面介入，才使其成为一门独立学科的历史，是不容置疑的客观事实。在后来体育社会学的发展过程中，虽然也有社会学等其他学科界别的学者参与，但对体育社会学学科发展的主要贡献得益于体育界学者们的不懈努力，这也是不容置疑的客观事实。

在我国，社会学分支学科的研究者也有一个学科界别的问题。比如，经济社会学的研究者主要来自社会学界，为此，社会学界一直把握着经济社会学的发展。经济学是个非常成熟的学科，有“经济学帝国主义”的说法，经济学一般“不屑于”向其他学科借鉴。再加之于社会学一直在论战和事实上的互相竞争——国内外、过去和现在都如此，所以经济学界对与社会学“交叉”而来的经济社会学轻易不染指。但我们不能因此而否定经济社会学的在具有社会学学科属性的同时，也具有经济学学科属性的事实。再比如，从学术组织来看，教育社会学既隶属于中国社会学学会，也隶属于中国教育学学会。教育社会学的研究者主要来自教育学界，并一直把握着教育社会学的发展，社会学者较少参与。我们也不能由此而否定教育社会学在具有教育学学科属性的同时，也具有社会学的学科属性。

体育社会学的情况基本与教育社会学相同。从学术组织来看，体育社会学既隶属于中国社会学学会，也隶属于中国体育科学学会（体育社会科学分会）。体育社会学的研究者主要来自体育界，并一直把握着体育社会学的发展，极少有社会学界的研究者参与体育社会学的研究（当然，体育社会学非常渴望在自己的研究队伍中增加一些受过社会学专业训练的人才）。同样，我们也不能因此而否定体育社会学所具有的社会学学科属性。问题是，难道我们就应该否定体育社会学所具有的体育科学的学科属性吗？体育科学难道不是客观存在的吗？体育界那么多的体育社会学研究者难道仅仅是在为社会学添砖加瓦，而全然不顾及对完善体育科学体系的努力和为体育发展乃至社会发展做贡献吗？回答是否定的。

4. 从体育社会学在体育科学中的地位与作用看它的学科属性

人们对体育现象的研究，涉及自然科学、人文社会科学两大学科群的许多学科，但是没有任何一个单独的学科能够独揽体育现象的研究。于是，各门学科对体育现象的研究便产生了各自不同的对象、概念、范式和理论，从而也就有了体育科学体系的形成与发展。在我国，如果说体育科学是关于体育的系统化的知识体系，是一个具有结构性、层次性特征的发展中的学科群，是不会有疑义的。按照于光远先生的科学分类观点，体育科学应该属于综合性科学。目前，不仅国内体育学术界，而且在国家颁发的许多文件和权威性杂志里都认为体育科学是一门综合性科学，只是对体育科学的分类尚不统一。但不管如何分类，都有体育社会学的一席之地（表 3–1）。

表 3–1 几种不同的体育科学分类

分类方法	内 容
二分法	自然科学类 社会科学类（体育社会学）
三分法	自然科学类 社会科学类（体育社会学） 运动技术科学类
四分法	自然科学类 社会科学类（体育社会学） 人文科学类 管理科学类
六分法	哲学方法学科群 人文社会学科群（体育社会学） 自然生物学科群 运动科学学科群 管理信息学科群 交叉边缘学科群

以上的列举并不是旨在穷尽所有的关于体育科学分类的观点，而是试图说明体育社会学在体育科学中的地位。体育社会学在体育科学中的地位，是由它的基础性决定的。体育社会学在体育科学中的基础性表现在它的社会侧面，即从社会学的角度去把握体育的社会关系、社会功能、社会结构和社会过程。

体育社会学在体育科学中的作用体现在两个方向或两个水平上，其一是体育社会学对体育科学体系自身的作用，而不是构建和发展社会学理论的作用。体育科学作为认识和研究体育现象的一个完整的综合性的知识体系，它需要体育社会学的知识去丰富它的知识体系，去完善它的综合性，唯一以社会学的眼光去认识体育现象的体育社会学应该具有体育科学的属性。正如体育社会学与社会学是种属关系一样，体育社会学与体育科学也同样是种属关系。其二是体育社会学对体育发展乃至社会、经济发展的促进作用，这是学科价值基础的体现。

至此，我们认为，我国的体育社会学既是社会学的分支学科，也是体育科学的一门基础学科，具有双重学科属性。它运用社会学的理论与方法，以构建体育社会学独自的理论体系为目标，坚持从理论上解释和说明体育现象的社会侧面，从实践上解决体育中提出的现实问题的研究方向。

第二节　体育社会学的对象

法国早期社会学家迪尔凯姆（Emile Durkheim）认为，一门学科的产生，必须有它的特殊对象，以及研究这种现象的特殊方法。否则不能称其为一门独立的学科。为此，体育社会学的对象问题是学科建设中不容回避的重要问题。这不仅仅是因为学科体系的构建需要明确它的研究对象，更重要的是它规定和影响着体育社会学理论体系的建构，避免学科理论的无序泛化。也正因为如此，自 20 世纪中叶体育社会学正式作为一门学科确立以来，国内外的研究者们一直都在探索着，试图给体育社会学的对象一个准确的定义。当然，这种探索还将会伴随着历史、社会的发展，科学的进步和人们认识的提高而继续下去。

一、社会现象与体育

社会学是研究社会现象的。尽管这种说法过于笼统，没能从对象上把社会学与其他社会科学区别开，但大的方向并无错误。所以，要明确体育社会学的研究对象，首先遇到的一个问题就是要从理论上弄清体育是不是社会现象。

（一）什么是社会现象

1. 法国早期社会学家迪尔凯姆的观点

法国早期社会学家迪尔凯姆认为，“所有‘活动状态’，无论固定与否，只要是由外界的强制力作用于个人而使个人感受的；或者说，一种强制力，普遍存在于团体中，不仅有它独立于个人固有的存在性，而且作用于个人，使个人感受的现象，叫做社会现象。”

我们根据迪尔凯姆在其所著《社会学方法的规则》一书中对社会现象的阐释，归纳出社会现象所具有的五个基本特征：（1）客观性。社会学研究的社会现象应该是事实上客观存在的现象，以排除那些事实上不存在，然而人们主观上却认为它们存在的现象。（2）社会性。强调社会现象的社会性，就是要排除把社会上发生的事情都看做社会现象的认识。（3）外在于个人意识的特殊性或独立性，以区分个人的生物有机体现象和心理现象。（4）强制性。（5）群体性和普遍性。

2. 国内的一种观点

如果说法国早期社会学家迪尔凯姆给出了社会现象的几个基本特征，国内有一种观点则阐明了社会现象的构成要素，即社会现象是由地缘、事实和意识三个主要因素构成的。地缘因素，是指社会现象的空间范畴，它包括人类活动的自然条件、生存环境和文化种类等。事实因素，是指社会现象的时间范畴，它包括人类活动的社会根源、表现形式和发展过程等。意识因素，是指社会现象的精神范畴，它包括人类活动的道德规范、价值取向和信仰等。这三个主体因素构成了人类活动的主要内容，规定了各种现象之间的关系，展示了社会发展的规律。

如果我们从上述三个主体因素中抽取一个共同因子的话，那就是人。在社会生活中，不管人们主观是否意识，人的社会行为都是在一定的经济关系、政治关系、法律关系、文化关系的互动网络中进行的，亦即在一定的社会关系中进行的，它构成了纷繁复杂且又变动不居的社会现象。

（二）为什么说体育是一种社会现象

1. 体育现象具备了社会现象的几个基本特征

当我们全面考察体育现象时，它具备了社会现象的几个基本特征。（1）从古至今，体育都是作为一种客观事实存在的，并随着社会的发展而发展。（2）在宗教生活中，信徒在出世之前，社会上早已有了宗教、信仰与教规。这一事实说明，宗教、信仰与教规是信徒个人以外的事物，它具有社会的性质。体育亦即如此，尽管它是人类所创造出来的，但却是外在于个人而独立运行的，是作为一种具有社会性质的现象而存在的。（3）个人的生物有机体现象是通过某些形态和动作表现而存在的。个人的心理现象只存在于个人意识之中和通过个人意识表现出来。体育现象虽然也涉及个人的生物有机体和心理意识层面，但却是外在于生物有机体和个人意识的。正如，生命的细胞是由氢、氧、碳、氮等原子构成的，但生命的属性却不可能回归到其中的任何一种，生命是一个整体，不可解析，体育存在于社会，却不存在于构成社会的各个成员之中。（4）体育现象具有强制性的特征。人们的很多观念和意识都并非是与生俱来的，而是在外界引导、影响、甚至强制的过程中，自觉不自觉地接受并逐渐形成的。体育现象的强制性特征，不仅表现为体育组织和体育群体中的规范对其成员的压力，还表现在体育作为一种教育的强制力。如义务教育中的体育课，家长和社会对于新一代健康体魄的期待等。从某种意义上，政府对体育发展的干预和控制也是一种强制力。（5）说体育是一种社会现象，是因为它是独立于个人而存在的一种群体性的普遍现象。

2. 体育现象具备了社会现象的三个构成要素

体育现象具备了社会现象应具备的地缘、事实和意识三个构成要素。（1）体育现象的地缘因素。从空间范畴看，它包括了体育活动的自然条件、社会环境和文化影响等。（2）体育现象的事实因素。从时间范畴看，它包括了体育的起源、表现形式和发展过程。（3）体育现象的意识因素。从精神范畴看，它包括了体育的道德规范、价值取向和体育意识等。

体育现象是人们社会行为的产物，是只有人类才能创造出来的一种社会活动，即一种社会交往、社会沟通、社会互动和社会竞争。体育不仅有它外在的身体活动形式以及设施、设备、器材等的物态体系，而且还有内在的价值观念和意识形态以及居于中间层次的规范和制度体系。体育在其发展的历史过程中，始终不是孤立的，而是在和政治、经济、文化、教育乃至宗教等的社会现象的互动中向前发展的，它具有明显的社会性特征。体育发源于社会，存在于社会，受制于社会，又影响着社会，促进着社会。至此，我们完全有理由认为体育现象是一种社会现象。

二、确定体育社会学对象的前提条件
——体育社会学中的体育

恩格斯说过，常识在日常生活中虽然是极可尊敬的东西，但一跨入学术研究领域就会遇到惊人的变故。人们对体育概念的探讨恐怕就具有这样的性质。为此，长期以来人们对什么是体育的问题进行了不懈的探索，时至今日仍可以说是仁者见仁，智者见智。在国内，自 20 世纪 80 年代有关体育概念的大讨论过后，人们对体育概念的探讨至今也没有停止过。这里我们虽无意专门讨论体育概念的问题，但又不能回避体育社会学中的体育所指是什么，于是专辟本小节加以说明。

1. 体育社会学中的体育，是作为一种社会现象的体育，是广义理解的体育

在以往的体育定义中，强调以身体练习为基本手段，达到增进健康和提高运动技术水平的目的的提法是正确的，但如果仅限于这一点尚不够全面。本书的观点，即体育社会学中的体育，是作为一种社会现象的体育，是广义理解的体育，它涉及生物、文化和社会三个层面。

生物层面：作为一种特有的行为方式，它有利于社会个体调节身心，增进健康和提高运动技术水平。

文化层面：作为一种具有独自体系的亚文化，它是对文化的发展与促进。

社会层面：作为一个整体，它具有政治、经济、教育等的多种功能，对社会与经济发展具有促进作用。

2. 体育社会学中的体育，是三元结构划分的体育

对“体育”概念的认识及其划分，曾经是一个众说纷纭的论题。我国体育理论工作者经过较长时期对“体育”概念分类的讨论，大大深化了人们对体育的认识。体育社会学中的体育，是指目前已约定俗成并在《体育法》中予以明确的三元结构划分（竞技体育、社会体育、学校体育）的体育。需要说明的是，这一划分方法并非是很科学的，因为它不符合逻辑学中对概念划分的规则。为此，有人称它是工作概念划分，即非学术的、工作关系视野下对体育概念的划分。尽管如此，较长时期以来，政府部门、媒体、大众，甚至学术界都基本认同这一划分。

还有一点需要说明的是对群众体育和社会体育关系的认识。本书的观点认为，基于学术研究的角度，“群众体育”与“社会体育”是内涵不同但外延相互完全重合的同一关系的概念。如果通俗一点说，“群众体育”是计划经济体制下的“老百姓体育”，那“社会体育”则是走向市场经济体制下的“老百姓体育”。因此，二者是可以互相替代的。在学术交流上，为了便于和国际接轨，有时也用“大众体育（Sport for all）”指代“群众体育”或“社会体育”，从而构成了三者间的互相替代关系。

本书各章中有多处涉及群众体育、社会体育、大众体育这三个名词概念，甚至在同一章中交叉出现。本书对这三个名词概念没有强求统一，不仅仅在于三者之间可以互相替代，还在于作者使用某一名词概念的意图。如，表述计划经济体制下的“老百姓体育”常使用“群众体育”，而表述市场经济体制下的“老百姓体育”常使用“社会体育”，当章节中对“老百姓体育”的阐述需要与国际接轨时，自然会使用“大众体育”来标记。这是因为，概念产生在特定的时空范围内，并且会随着历史、社会的发展，科学的进步和人们认识的提高而发生变化。当然，也不排除作者使用某一概念的习惯。

三、体育社会学的对象

（一）国外学者对体育社会学对象的描述

1. 日本学者竹之下休藏认为，体育社会学作为社会学的一个特殊的专门领域，同时也作为体育科学的基础部门，是从社会学的观点，实证、客观地研究体育事实和问题的科学。

2. 美国学者凯尼恩（G. S. Kenyon）认为，体育社会学是研究参与体育活动的人们的社会行为的规则性以及偏离这一规则性的学科。

3. 波兰学者沃尔（A. Wohl）认为，体育社会学是论述、研究体育以及与体育的社会功能相关连的社会现象的经验科学。它通过研究促进或者是妨碍体育发展的各种社会因素，阐明规定这种发展的法则，并在我们所期望的范围内，通过这种研究推进体育的发展。

4. 德国学者埃巴奇（G. Erbach）认为，体育社会学是研究身体文化和体育运动领域中的一般发展和特殊发展的辩证法（逻辑体系），研究身体文化和体育运动与其他社会现象的相互关系，研究接受身体文化和体育运动影响的人们的行为，研究从属于体育组织和体育群体的人，研究个人或者是基于一定规则参加体育活动的人们等的学问。

5. 日本学者菅原礼认为，体育社会学作为综合性科学的体育科学的基础研究部门，是以构筑体育科学的理论为目标，从社会学的观点去研究社会中的体育和体育中的社会问题的科学。

6. 美国小百科全书（1974年版）中对体育社会学的描述是：体育社会学是以体育运动作为一种制度，研究它的结构、内容、变革和发展。研究以体育运动为特点的社会行为、关系和作用，包括系统内的和其他社会系统的相互关系与作用。

7. 美国学者威尔伯特. M. 伦纳德亚认为，体育社会学可以看做是对体育运动领域中的社会结构和社会过程的科学研究。

8. 美国学者杰·科克利（Jay. J. Coakely）认为，体育社会学是社会学的一个分支，它把运动当做社会和文化生活的一部分来研究。这一领域中多数的研究集中在我们称为“有组织的竞技性体育运动”上，他们运用社会学的概念、理论和研究回答如下问题：

(1) 为什么在特殊群体中人们选择出特定活动（而不是其他的活动），并将之设计为竞技性运动？

(2) 为什么在特殊群体和社会中，体育项目以特定的方式被创造出来？

(3) 运动项目与运动参与是怎样被纳入到个人与社会的生活之中的？它们怎样影响关于“我们是谁”的判断？我们怎样和其他人联系？怎样解释这种联系？

(4) 运动项目和运动参与怎样影响关于身体、关于“自然的”和“非自然的”、关于男性和女性、社会阶层、种族和民族、工作、娱乐、健全和残疾、成就和竞争、愉悦和痛苦、越轨和遵从、敌对和暴力等观念的？

(5) 体育项目的组织和意义是怎样与社会关系、物质环境，以及群体、社会中的权力机制发生联系的？

(6) 体育运动与社会生活的重要方面比如家庭、教育、政治、经济、媒体和宗教有什么样的关联？

(7) 人们如何运用他们的有关体育运动的知识，哪些运动项目能够并应该作为这种知识的基础，改变它能使社会生活变得更公平和更民主吗？

（二）国内学者对体育社会学对象的描述

体育社会学的对象问题，是自20世纪80年代以来国内的体育社会学研究者们一直关注和探索的问题。这里选其若干有代表性的定义做如下归纳：

1. 刘德佩教授认为，体育社会学是把体育这一社会现象作为一个不断发展变化的整体，在外部以体育与其他社会现象之间的相互关系为对象，在内部以体育与人社会观念之间的相互关系和体育领域中的组织、结构、制度等为对象，研究它们相互作用和运动规律的科学。

2. 卢元镇教授认为，体育社会学是一门把体育这种社会文化现象作为一个不断变化发展的整体，在外部研究体育与其他社会现象之间的相互关系，在内部研究体育与人的社会行为、社会观念的关系，以及体育运动的结构、功能、发展动力和制约因素，用以推动体育和社会合理发展的综合性的科学。

3. 吕树庭教授认为，体育社会学作为社会学的分支和体育科学的基础学科，是从社会学的角度去研究体育与社会的关系，并把体育作为一种社会存在形态去考察它的结构、功能，以及研究体育中的社会问题的一门学科。

4. 毛秀珠教授认为，体育社会学是现代体育社会科学中一门重要的学科。它是社会学的分支学科，是新兴的边缘学科，以社会学的理论来研究体育运动的结构、本质及其与社会的相互关系。

5. 黄捷荣教授认为，体育社会学是研究体育运动形态的系统、结构、本质、特点及其体育运动主体 —— 人和其他社会现象相互关系的一门学科。

6. 台湾学者邱金松认为，体育社会学是以社会学的角度来研究体育的事实或问题的学问，或者说是根据社会学的态度、理论与方法来研究体育的事实与问题，并进而将其成果应用于体育的合理发展或问题解决上的一种学问。

7. 袁方教授主编的《社会学百科辞典》（1990 年版）中对体育社会学的定义：研究体育运动中的社会问题的科学。把体育运动作为一种社会现象进行调查研究，揭示出体育运动发展的客观规律，探讨体育运动的社会作用及体育运动与其他社会现象之间的关系。

以上是国内外学者们依据不同的国情条件、不同的学科背景、不同的知识积累和不同的研究视角，对体育社会学的研究对象，即对什么是体育社会学的问题所做的描述。这些颇有价值的见解，为人们进一步深入探讨体育社会学的研究对象奠定了重要的基础。

（三）本书对体育社会学研究对象的界定

王宁教授在其所著《消费社会学》一书中指出，研究对象是从某一学科的视角出发“建构”出来的。要确定一门学科的研究对象，重要的不在于“研究什么”和“不研究什么”，而在于根据什么原则和标准来决定研究的对象。王宁教授在该书中提出了三个原则，即学科属性原则、学科视角原则和学科目标原则。这对我们比较规范地界定体育社会学的对象非常富有启迪性。

体育社会学的双重学科属性允许它或者说使它能够在两个大的方向上思考它的研究对象问题。

1. 作为社会学的分支学科，主要探讨体育与社会的关系

如同其他社会学的分支学科（比如，政治社会学主要研究政治与社会的关系，教育社会学主要研究教育与社会的关系，家庭社会学主要揭示家庭与社会的相互关系）一样，体育社会学是把体育作为一个不断发展变化的整体，即作为一个社会的子系统，去研究它与其他社会系统（社会现象）的关系。因为社会是一个包含着很多因素的大系统，社会的发展过程是一个各种因素相互制约、相互作用的过程。无论政治、经济、教育，还是体育与文化艺术，都不是孤立地发展的，而是在社会这个大系统内相互依存、变化相关的。体育之所以被称作社会事实，是因为它的发展是社会变迁的产物，是伴随着思想、政治、经济、文化乃至教育等的意义从古延续至今的。所以，以社会学的观点透视体育现象，明确体育与其他社会现象的关系，寻求体育现象的政治、经济、文化等的基础，从而确立体育在社会发展中的地位与作用，是体育社会学的研究对象之一。

这种研究无疑会为以社会整体认识为目标，对社会实施“全息摄影”的社会学提供一个来自体育领域的参考信息。同时，这种研究也从学科视角上道出了它与体育哲学和体育史学的区别。这两门学科也研究体育与社会的关系。

体育哲学与体育社会学的区别。体育哲学的侧重点在于它在社会大背景下，以人的发展为主线，运用哲学（辩证唯物主义）观点，去揭示体育发展的一般规律。而体育社会学的侧重点则在于它在社会大背景下，以作为社会事实存在的体育为主线，运用社会学的观点，去揭示体育发展的社会结构和社会过程。

体育史学和体育社会学的区别。体育史学的侧重点在于它面向体育的过去，而体育社会学则面向体育的现在和将来；体育史学研究体育在各个社会发生、发展的规律，尽管它也会涉及社会的横断面，但研究的目的是纵向说明体育与社会的关系，而体育社会学则着重对现实社会的体育进行横断研究，尽管它也会涉及社会的纵剖面，但其研究旨在横向说明体育与社会的关系。

2. 作为体育科学的基础学科，主要是要从理论上解释和说明体育现象的社会侧面，从实践上解决体育中提出的现实问题

要从理论上解释和说明体育现象的社会侧面（从社会的角度去把握体育的社会关系、社会功能、社会结构和社会过程），就必须以构建体育社会学独自的理论体系为目标。这一目标就是学科目标中的学术目标。而运用社会学的观点、立场和方法着力去解决体育中提出的现实问题，则是学科目标中的实践目标。从而显现出它与以体育现象的管理活动为对象的体育管理学的区别，与以体育活动中的道德现象为对象的体育伦理学的区别，以及与以体育活动中的个人侧面为对象的运动解剖学、运动生理学、运动心理学，乃至体育方法学等众多学科的区别。

综上，我们可以将体育社会学的研究对象归纳如下：一是研究体育与社会的关系；二是研究体育的社会关系、社会功能、社会结构和社会过程。

- 体育的社会关系

体育的社会关系，是通过人们以体育为媒介的社会行为而结成的各种关系。它是构成体育社会的基础，也是体育社会学研究体育社会侧面的基础。它涉及地位、角色、互动、人际关系、合作、竞争、冲突、交换、社会网络、规范、价值、意识等。

- 体育的社会功能

体育的社会功能涉及体育的政治功能、经济功能、教育功能、外交功能、休闲娱乐功能等。

- 体育的社会结构

体育的社会结构涉及体育人口的结构（包括年龄结构、性别结构、阶层结构、区域结构等）；体育明星、体育工作者、体育教师、体育观众和体育的狂热者——球迷；体育群体；体育组织；家庭体育、单位体育和社区体育；体育制度和体育体制等。

- 体育的社会过程

体育的社会过程是由社会互动和社会竞争而导致的体育发展与变迁状态。它涉及体育社会化；体育的社会分层与社会流动；体育与社会控制；体育与社会变迁；体育变迁的形式、内容、特点；体育现代化；体育社会问题等。

如果连同体育社会学的学科性质也包括在内的话，则我们可对体育社会学的概念做如下表述：

体育社会学作为社会学的分支和体育科学的基础学科，是运用社会学的观点、立场和方法，把体育这一社会现象作为一个不断发展变化的整体，在外部研究体育与其他社会现象的关系，在内部研究体育的社会关系、社会功能、社会结构和社会过程，以推动体育与社会和谐发展的一门学科。

主要参考文献

1. 吕树庭，卢元镇. 体育社会学教程 [M]. 北京：高等教育出版社，1995.
2. 刘德佩. 体育社会学 [M]. 北京：人民体育出版社，1990.
3. 卢元镇. 中国体育社会学 [M]. 北京：北京体育大学出版社，2000.
4. 埃米尔·迪尔凯姆.社会学方法的规则 [M]. 胡伟，译.北京：华夏出版社，1999.
5. 袁伟民（执行主编 谢琼桓）. 体育科学词典 [M]. 北京：高等教育出版社，2000.
6. 杰·科克利.体育社会学——议题与争议 [M]. 管兵，刘穗琴，等，译. 北京：清华大学出版社，2003.
7. 安东尼·奥罗姆. 政治社会学 [M]. 张华青，等，译. 上海：上海人民出版社，1989.
8. 裴时英. 教育社会学概论 [M]. 天津：南开大学出版社，1986.
9. 郑杭生. 社会学概论新修 [M]. 北京：中国人民大学出版社，2003.
10. 王宁. 消费社会学 [M]. 北京：社会科学文献出版社，2001.

复习与思考

1. 社会学分支学科形成的途径有哪些?
2. 为什么说体育社会学具有双重学科属性?
3. 为什么说体育是一种社会现象?
4. 体育的社会关系、社会功能、社会结构和社会过程都包括哪些内容?
5. 体育社会学学科目标中的学术目标和实践目标是什么?

推荐阅读书目

1. 陆学艺. 社会学 [M]. 北京：知识出版社，1991.
2. 王宁. 消费社会学 [M]. 北京：社会科学文献出版社，2001.
3. 吕树庭. 再论群众体育与社会体育 —— 概念之间关系的梳理与辨析 [J]. 武汉体育学院学报，2006（8）.

第四章

体育社会学的学科视角与视域

本章概要

本章包括三个部分的内容。一是从体育社会科学和自然科学研究体育现象的视角引入，重点阐述社会学研究社会现象的学科视角和体育社会学研究体育现象的学科视角。二是阐述体育社会学的研究范围和包括方法论、宏观、中观、微观领域在内的体育社会学的学科视域。三是阐述体育社会学学科视角下的若干课题。

学科视角是科学共同体普遍认同的一种独特的观察事物的角度和思维方式，也可以看成是一种研究范式，它是对研究对象、研究方法、研究内容等的更高层次的概括和抽象。学科视域则是学科视角所能波及到的研究领域。

第一节 体育社会学的学科视角

一、体育社会科学和自然科学研究体育现象的视角

随着体育社会实践活动内容的不断丰富，社会科学与自然科学在体育领域的应用研究也越来越广泛，从而对体育科学体系的建构，对认识体育现象的本质与规律，特别是对促进现代体育的繁荣与发展起到了积极的推动作用。

（一）体育社会科学一些学科研究体育现象的视角

社会科学是科学体系中必不可少的重要组成部分。社会科学研究肩负着两个使命：一是提供理解具体问题的新知识并提供解决意见；二是为社会成员提供考察社会现象的主要形式。这两个使命的有机结合将有效地推动社会科学向着专业化与独立化的方向发展。社会科学的研究对象不仅受其研究使命的制约，而且还受到社会分工方式与水平、高等院校设定学科的需要等影响。近代以来社会科学的发展呈现为学科独立和专业化分工的格局，在本质上是社会科学发展的必然过程。但是，社会科学在自身建制化的过程中，由于过度强调职业标准的独特性、专业语言和理论体系的统一性以及研究调查的客观性和定量化，在一定程度上的确造成了与公众的隔膜。美国学者罗伯特. N. 贝拉认为："关心整体并不意味着把来自各个专业学科的事实加在一起。这类事实只有依据一种能包括各专业学科又能形成一种整体概念的参考系统来加以阐述，才会变得具有重要意义。这种概念不一定能简单地从寻常所谓的跨学科研究中形成。因为社会作为一个整体，它所涉及的知识不只是来自邻近学科的有用见识，而是完全超越学科界限的。"由于社会现象具有很强的综合性与复杂性的特征，所以，任何一种重大社会问题的解决仅仅依靠单个学科的知识是不够的，它必须建立在多学科、多视角的整合与分析的基础之上。但这并不意味着各个学科就没有必要存在独特的研究视角。体育现象的复杂性和综合性，要求体育社会科学各学科在解决体育的重大问题时，应在一定程度上削减它的学科边界存在的张力，在多学科或跨学科的领域对其做出一种积极的回应，以促成问题的解决。但对体育这一社会现象准确、全面的解

释和说明，则要依靠所有体育社会科学学科的个性，即坚持各自不同的研究视角，划清各自的学科边界，只有这样，才能使这种解释和说明更具体、更深入，综合起来才能更准确、更全面。

体育社会科学是研究体育与人、体育与社会相互关系基本规律的学科群。主要相关学科有体育哲学、体育史学、体育美学、体育伦理学、体育教育学、体育社会学、体育经济学、体育法学和体育管理学等学科。这些学科的学科视角基本上来自社会科学中各自的母体学科。这里仅以体育经济学、体育史学、体育美学、体育管理学和体育法学为例，来说明它们的学科视角。

经济学的学科视角，决定了体育经济学研究体育与经济的关系以及体育领域内的经济问题。主要涉及发展体育的经济条件、体育在经济发展中的地位和作用、体育经费的筹措与分配、体育产业及体育市场的培育与发展，以及体育经济效益的评价等。随着体育经济学研究的深入，还可能会进一步分化出体育产业经济学、体育赛事经济学等一些次一级的分支学科。

历史学的学科视角，决定了体育史学是根据体育发展的时序性，研究体育的产生与发展、进步与退化、分化与组合等现象，通过对体育发展与演进过程的研究，系统地认识体育发展的历史。

美学的学科视角，决定了体育美学研究体育美的本质、特征和美的规律。它涉及包括人在体育运动中的自然美与艺术美，体育运动对塑造人体美的作用，体育运动技术美、战术美的特征和规律，以及体育的审美教育等。

管理学的学科视角，决定了体育管理学主要研究体育部门在发展体育事业过程中管理活动的规律。它涉及体育管理的各种因素及其规律，体育管理的过程与特征，体育管理的基本职能、一般方法与原则等。

法学的学科视角，决定了体育法学主要研究体育法律规范和体育法律现象及其发展规律与运行机制。它涉及引发体育法律现象的实体——体育法，即专门调整体育社会关系的法律规范（包括它自身的内容与形式、制定与实施）；涉及因体育法介入社会生活所出现的各种法律现象（包括体育法律意识、体育法律关系、体育法律行为、体育法律秩序以及它们与其他社会现象的关系等）；涉及体育法及其社会调整的动态发展过程和其内在的规律与机制。

（二）体育自然科学一些学科研究体育现象的视角

自然科学是关于自然现象及其规律的科学。自然科学以实验方法作为主要研究手段，发现物质运动规律，揭示事物的本质，证伪某种假说。可重复性是实验方法的根本特征，就是说在相同的实验条件下重复此项实验，应该得出相同的实验结果，它决不会因人、因时、因地而异。因此，不能重复再现的实验结果，不能支持相关的科学理论。自然科学研究方法一般侧重于定量研究，采取数量化、形式化和程序化等方法求得理论的清晰性、精确性和预见性。比如，数学方法是自然科学最基本的方法，它是关于事物的数量关系和空间形式的科学方法，自然科学的每一门具体学科，离开了这个方法,就寸步难行。比之社会科学，定量研究使得自然科学充分展示了自身的精细、准确、清晰的优点，它的结论也更令人信服。然而定量研究方法也有它本身的局限性，比如过分注重事物量的方面，而忽视事物质的方面，它的结论带有更多的或然性，概括性不强，影响了对事物进行全面、普遍的了解。因此，自然科学研究方法在侧重于定量研究的基础上，也使用了一些定性分析方法，以弥补定量研究方法的不足。自然科学方法具有多层次性，且在每个层次里既有理论认识的方法，也有经验认识的方法。例如在基础科学理论研究的层次，研究者通过研究工具、仪器、设备作用于研究对象，获得关于研究对象的第一手事实材料，在此阶段，研究者使用观察、实验和模拟等方法。这些取得事实材料的方法和对事实材料进行加工和整理的方法即为经验方法。然后研究者把通过经验方法所获得的事实材料，再次通过科学抽象，使用归纳、演绎等逻辑方法和数学模型上升为科学理论。这个阶段所使用的方法即为理论方法。所以，自然科学研究方法呈立体网络状结构。

体育运动是一种人体运动，研究人体运动，必须充分利用机械运动、物理运动、化学运动、生物运动等已有的研究成果，也就是说要借助力学、物理学、化学的某些理论和方法。由于力学、物理学、化学与生物学的交融和渗透，产生了生物力学、生物物理学、生物化学等边缘学科。体育科学引入力学、物理学、化学的理论和方法，直接来自于生物力学、生物物理学、生物化学，从而又派生出运动生物力学、运动生物物理学、运动生物化学等体育的自然科学学科。

体育自然科学，是运用自然科学的基本理论和方法，研究体育运动与人的机体的相互关系，揭示人体运动基本规律的一个学科群。它包括运动解剖学、运动生理学、运动生物力学、运动生物化学和运动医学等学科。它们分别运用母体学科，如解剖学、生理学、生物力学、生物化学和医学等的学科视角，在运动员科学选材、运动营养与补剂、竞技违禁药物检测、运动伤病防治和康复、消除运动性疲劳、运动心理、高原训练影响等领域做出了成绩，广泛服务于高水平竞技体育。近年来，随着社会生活水平的提高，体育自然科学在运动饮料、健身器材等领域的研究也趋于活跃，为推动大众健身市场注入了新的活力。

二、体育社会学研究体育现象的视角

（一）社会学研究社会现象的学科视角

社会学的视角可分为一般学科视角（即区别社会学与经济学、法学、管理学等其他社会科学的视角）和具体研究视角（社会学内部各流派的研究视角）。社会学的一般学科视角，使社会学总是把某一社会现象放在社会整体与结构、社会关系与互动网络或社会历史的长过程的背景来加以观察和研究。社会学的具体研究视角，是指社会学内部各流派的研究视角，如社会行动论学派、结构—功能学派、冲突理论学派、符号互动学派、批判学派等。这里仅以社会行动论学派、结构—功能学派、冲突理论学派为例，来说明它们的研究视角。

1. 社会行动论学派的研究视角

社会行动论把个人作为基本的分析单位，集中分析了个体是如何行动或调整自我以适应彼此与社会。人们经常把韦伯看做是最早倡导社会行动论的人。虽然韦伯承认诸如阶级、党派、地位群体等社会结构的存在，但他认为这些结构是个体的社会行动的产物。这一立场盛行于美国的思想流派，并在符号互动主义中得到了最为系统化的发展。

社会行动论认为，社会行动本身就是社会互动。社会是由众多行动者由互动构成的系统。不同行动者在合作、竞争、冲突、交换等互动过程中逐渐形成了相对稳定的互动模式，在这种模式中，不同行动者以某种方式实现各自的权利和利益，而他们同时确认和建立了基本的共同生活准则（价值、信仰）。于是，社会就从这种互动模式中产生出来并得以维系。当然社会并不直接表现为各个单一行动者的互动的产物，在个人与社会之间，还有社会群体、社会组织和社会制度之类的中间环节。这些中间环节本身就是互动模式，同时它们又构成社会的子系统。此外，个人作为社会中扮演一定角色的行动者，又是社会的产物。每个行动者都是一个社会的自我，都会以某种方式进入社会的角色，人际互动之所以能够有条不紊地进行，是因为互动双方都遵循一定的角色规范而进行交往，社会对人的作用的过程即是社会学所说的“社会化”。

2. 结构 — 功能学派的研究视角

结构功能主义把社会看做一个复杂体系，它的各个组成部分协同工作产生了稳定和团结。根据这种观点，社会学总体上应该研究社会各组成部分之间以及与社会整体的相互关系。迪尔凯姆通常被看做是发展功能主义分析方法的主要的古典理论家。他的研究重点是社会整合和社会团结的一般问题，他分析了分工在团结形式上造成的社会后果，描绘了宗教在加强社会团结上的作用。迪尔凯姆划分了两种不同类型的社会结构，这两种社会结构反映了分工程度的不同和团结的主要形式的不同。他认为，以机械团结为基础的社会，分工极不发达，但是它有强烈的集体意识；以有机团结为基础的社会，它有高度发达的社会分工，结果是高度和广泛的相互依赖替代了强烈的集体意识作为团结的根源。一般来说，社会是从机械团结向有机团结进化的，但是，集体意识在有机团结中并没有消失。所有这些都可以作为功能分析法的古典实例来引用。深受迪尔凯姆影响的帕森斯和默顿是两个最著名的功能主义拥护者。

结构功能主义强调道德共识对于维护社会稳定和秩序的重要性。当社会的大多数成员分享一种共同的价值观时，这种道德共识就存在。功能主义者认为秩序和平衡是社会的常态。这种社会平衡建立在社会成员所分享的道德共识的基础上。例如，我们研究家庭这个特定结构的社会现象时，既要对家庭进行结构研究，又要对其进行功能分析。因为家庭除了是社会的一个构成性要素之外，它还作为一种社会制度、一种规范影响和制约着人们的行为，因而具有功能后果。在通常情况下，家庭通过对社会成员的规范作用有助于社会或社会某个局部领域的维系和巩固；而家庭功能失调则会给社会或其中某个局部领域的秩序和稳定带来危害。无论前者还是后者，都直接或间接地与社会过程和社会变迁问题发生关系。

3. 冲突理论学派的研究视角

功能论的前提预设是社会整体在协同作用的基础上构成一个有机整体和保持有秩序的运行，虽然冲突论也强调社会内部结构的重要性，然而，冲突理论家突出社会中分化的重要性，拒绝接受结构功能主义对共识的强调。为此，他们集中探讨权力、不平等和斗争的问题。他们倾向于把社会看做是追求各自利益的不同群体。不同利益的存在意味着矛盾是永远潜在的。某些群体将比其他群体获得更多的利益。冲突理论家考察社会强势群体与弱势群体之间的紧张状态，并试图理解统治关系是如何得以建立和维持的。

许多冲突理论家认为他们的观点源自马克思阶级矛盾的著作，但是我们认为马克思的社会理论与冲突论有着本质的区别。无论马克思对资本主义劳资冲突抑或对这个社会中阶级斗争的论述，都是其革命理论的一个组成部分，目的是为了实现推翻资产阶级的统治；而冲突论与其他一切西方社会学理论一样，最终目的是为了改良和维护现行资本主义制度服务。当代德国社会学家达伦多夫在其经典著作《工业社会的阶级和阶级矛盾》一书中，指出功能主义者只考虑了社会的一个侧面，即社会生活的那些和谐、共识方面。然而，同样重要甚至是更重要的是那些以矛盾和分化为标志的领域。达伦多夫认为个人和群体利益的不同产生了矛盾。马克思谈到的主要是就阶级而言的利益差别，而达伦多夫则把他们与权威和权力宽泛地联系起来。在所有社会中都存在握有权威的人与几乎被权威排斥的人、统治者和被统治者的分化。

当代冲突理论包括达伦多夫的辩证冲突理论、科塞的冲突功能理论、科林斯的分析冲突理论、卡普劳的形式冲突论等。虽然各种冲突理论不尽一致，但各种流派的冲突理论都把社会变迁作为研究中心，基本包括这样一些假设：（1）阐释冲突是如何起源于社会结构的本质，认为每种社会结构本身都埋藏着冲突的种子。（2）社会及其构成部分都处于一种流动状态，因此，冲突理论注意的焦点是干扰变迁过程的要素。（3）尽管冲突是社会结构所固有的，但它并不总是暴力性的和外显性的，它可以是潜在的、可调节的和暂时受控制的。（4）冲突可以暂时被镇压、调节、疏通和控制，但无论何时都不能一劳永逸地消除冲突。（5）每个社会都是以一部分社会成员对另一部分社会成员的强制为基础的。

（二）体育社会学研究体育现象的学科视角

在说明一种学科（研究）视角时，人们最容易犯的错误就是把对象体系和理论体系相混淆。学科（研究）视角并不只是依据对象体系来划分的，还要根据理论体系来进行划分，因为对象体系只是说明了某种研究视角的必要性，理论体系才能说明某种研究视角的可能性。体育作为一种客观存在的社会现象，只是为我们提供了对象世界，体育社会学学科（研究）视角的形成，主要取决于体育社会学是否基本形成了一套比较系统的概念、命题、假设、理论原理以及一个比较完整的相关分析框架。

1. 体育社会学的学科地位是在发展中确立的

从体育社会学的学科演进而言，早期的体育社会学研究多为社会学家的零散研究，直到20世纪50年代以前，体育社会学的研究也只限于体育与闲暇及体育与文化的关系方面的研究。20世纪50年代后，不论是竞技体育，还是大众体育在国际社会都得到迅猛发展，体育这一社会现象引起学术界的广泛关注，体育社会学的研究领域逐渐扩展到社会学研究的核心领地，如体育与政治和经济等的关系、体育群体、体育组织、体育社会问题、体育社会化等诸多领域。原波兰科学院体育科学委员会主席毕格纽·克拉夫契科与巴巴拉·克拉夫契科在《波兰体育社会学》一文中对西方体育社会学的总结中指出，20 世纪 60 年代后，体育社会学才真正独立起来，并在理论研究与经验研究上都获得了全面进展。西方体育社会学在 60 年代的研究主要集中在社会转型与农村体育、城市体育、精英体育的社会学问题等领域；70 年代的研究主要集中在体育职业化问题、政府管理体育的职能、体育组织的社会学问题及体育在现代社会中的作用等领域。20 世纪 80 年代以后，体育社会学的发展与体育发展的结合越来越紧密，随着体育社会学自身学科理论体系的逐渐成熟和研究成果的不断涌现，体育社会学的学科地位逐渐得以确立。

2. 体育社会学研究体育现象的学科视角

体育社会学是社会学应用研究发展的产物，是社会学通过对社会生活中的专门领域——“体育”的应用研究而产生的分支学科，属于部门应用社会学学科。体育社会学既然是社会学应用研究发展的产物，那它的学科视角就是社会学的观点、立场和方法，这是对体育社会学的研究对象、研究方法、研究内容等的更高层次的概括和抽象，也是区别体育社会学与体育经济学、体育法学、体育管理学等其他体育社会科学学科的研究视角。学科视角不同于一般的分析角度，它是一种独特的观察事物的角度和思维方式，是一种研究范式，具有较长时期的稳定性。而分析角度则是研究者个体对研究对象具体属性的选择性研究，或者是对研究过程的不同方面的选择性研究等，它具有不稳定性，可以随意转换。

体育社会学在运用社会学的观点、立场和方法，即体育社会学的学科视角在研究体育这一社会现象时，总是将其放在社会整体的大背景下去探讨体育与其他社会现象的相互关系，去探讨体育的社会关系和互动网络，去揭示体育发展的社会结构和社会过程。同时，体育社会学的学科视角在研究体育现象中的具体问题时，社会学的观点、立场和方法将会给出特定的分析框架和解决问题的思路与方法。例如，我们在研究体育群体时，社会学为我们提供了研究体育情境中社会互动、群体凝聚力、群体规范等的基本概念和社会（群体）测量方法。在解释体育游戏与运动竞技对参与者的社会影响时，社会学为我们提供了角色规范理论和社会化理论，使我们对体育社会化的研究成为可能。在研究体育组织时，社会学的结构功能论为我们提供了功能分析框架。如，职业体育组织的经济行动、政治行动和社会行动分别执行职业体育组织的生存与发展、达到特定目标、行动整合与模式维持的功能。相对于职业体育组织的结构功能框架来说，职业体育组织行动的合理性主要看它是否能维持职业体育组织的系统均衡。我们经常可以看到一些职业体育组织举办赈灾义演活动、到社区与球迷搞联欢活动等。从经济学的投入产出角度来看，可能是不经济的因而是不合理的活动，而从功能分析的角度去看，却有它的功能合理性。此外，在研究方法上，体育社会学也是直接援用社会学常用的一些研究方法对具体的问题进行定量分析。

第二节　体育社会学的研究范围与学科视域

一、体育社会学的研究范围

（一）领域与范围的细分

领域一词，“系指思想意识、学术研究或社会活动的范围”〔辞海（缩印本）.上海辞书出版社，1979：1848.〕，也可以说是“学问、研究等的专业部门或有关范围”（广辞苑. 第 3 版. 日本岩波书店，1986：2519.）。所谓范围，指“作界限解释，如活动范围、职权范围”〔辞海（缩印本）. 上海辞书出版社，1979：573.〕，也可以说是“区域、限度”（广辞苑. 第 3 版. 日本岩波书店，1986：1981.）。这里可以看出，领域与范围并无十分严格的界限，如果做一下必要的细分，则范围可以表示一般界限或区域，领域则多表示研究的专业范围。

（二）体育社会学的研究范围

在对领域与范围细分的基础上，从一般界限的角度，我们认为体育社会学除了把体育作为一个整体加以研究之外，其研究触角还可分别深入到三元结构的广义体育之中，即竞技体育、社会体育和学校体育。这就构成了体育社会学的研究范围。

二、体育社会学的学科视域

体育社会学的学科视域是指体育社会学的学科视角所能波及到的研究视域或研究领域，即体育社会学研究的专业范围，而不是如上所说的作为界限解释的研究范围。

（一）当代社会科学研究对象趋同与融合的趋势，扩大了体育社会学的学科视域

在社会科学中，以往流行的分类方式是按照学科来进行划分的，并且认为特定的学科的独立性是与特定的研究对象相联系的，研究对象具有排他性。但是，在具体的研究过程中，人们又发现往往许多学科在共同研究某一研究对象，或是共同研究这一研究对象所涵盖的若干具体内容（研究领域）中的一个。当经济学家、心理学家、人类学家、政治学家和社会学家都宣称他们的研究对象是“消费”时，他们都没有错，因为尽管“研究对象”看似一样，但各自的研究角度、立场和方法却不相同，由此才产生了消费经济学、消费心理学、消费人类学、消费政治学和消费社会学等不同学科。因此，学科与学科之间的区别不仅仅在于其研究对象的不同，还在于学科视角的不同，即学科视角的不可替代性和独特性。

从学科分化史来看，研究对象、研究方法、研究范畴、研究领域、研究内容、研究路线、研究主题等，在不同时期都曾单独或组合成为学科分界的标志。经验告诉我们，这些标志性的东西随着时间的推移不断发生变化。近半个世纪以来，社会科学各学科不断交叉、渗透，以往以研究对象、研究方法为分科模式的科学，如政治学、经济学、历史学、社会学、人类学等，其研究对象逐渐趋同，研究领域逐渐重叠，研究方法互相借鉴。社会科学出现了不可忽视的融合趋向，学科分化与交叉已成为一种重要趋势。费孝通先生曾对社会科学之间的关系作过精辟总结：“多科并存、紧密交叉、互相促进、共同发展”。

当代社会科学研究对象趋同与融合趋势表明，任何研究对象都不可能成为某些学科的世袭领地，体育社会学作为一种极具应用性的新兴学科，在当代社会科学研究对象趋同与融合的背景下，研究视域变得更加广阔，研究领域在不断拓展。

（二）体育社会学的学科视域划分

依据体育社会学的对象体系和理论体系，体育社会学的学科视域包括方法论领域、宏观领域、中观领域和微观领域四个层次。

1. 体育社会学研究的方法论领域

方法论是关于方法的基本性质、结构、类型以及合理性标准等内容的理论系统。体育社会学方法论是关于体育社会学研究方法的理论。体育社会学方法

论涉及相互联系的三个层次，即哲学方法论、一般社会学方法论和体育社会学方法论。

在知识领域，理论既是关于研究对象的描述和解释，又是关于研究对象的研究工具。也就是说，理论不仅是关于认识客体的客观属性及其运动规律的反映和表述，而且还是在已有的、被实践证明是正确的知识基础上向新的知识领域渗透的工具。从这个意义上说，理论就是方法。哲学作为理论的最高形式，无论是对自然现象的研究还是对社会现象的研究，都具有指导作用。哲学理论既是表述社会现象的最高理论，也是认识社会现象的最一般方法。马克思主义哲学的精髓是唯物辩证法，唯物辩证法是关于社会发展和社会认识的理论，它准确地反映了“在现实的历史过程中继承和否定的统一”和主客观因素“在社会认识中的相互关系”。因此，唯物辩证法在体育社会学研究中具有特殊重要的地位。具体地说，唯物辩证法是帮助研究者确定研究方向，制定研究提纲，编制研究程序和选择研究方法的最高原则系统。哲学方法论是体育社会学方法论的基础，对体育社会学方法论具有指导作用。体育社会学与哲学的关系，是具体的社会科学与哲学科学的关系，是特殊与一般的关系。在对体育社会现象的研究过程中，无论在理论前提预设上和在基本世界观和价值观的导向上，都受到一定哲学世界观的影响。因此说，哲学方法论是体育社会学方法论的基础。

对于体育社会学研究者来说，仅仅具备正确的思维方式是不够的，他还需要具有一般取向的社会学理论作为自己研究的出发点。一般社会学理论是体育社会学理论的方法论基础，一般社会学理论给出了社会学基本概念和概念间的关系，提供了社会学理论的结构框架及结构变量的相关分析。体育社会学理论的架构是在进一步分析由一般社会学理论给出的基本概念及其联系基础上得到的，体育社会学理论要给出研究者的是“具体变量”。

体育社会学方法论包括作为研究的基本原理的理论假设和价值观念，还包括研究者用来解释资料、引出结论的标准或准则。体育社会学方法论指导着体育社会学研究者提出假设，选择必要的论据来说明自己的理论观点。具体地说，体育社会学的学科方法论必须涉及以下几个方面：（1）体育社会学研究中理论与经验的关系问题。在这方面，人们既要研究社会学理论向体育现实经验的渗透，用社会学理论解释体育现实经验，又要说明体育现实经验对社会学理论的支持。（2）体育社会学理论的发现或形成问题。在这方面，人们要研究和论述体育社会学理论探索活动范围内的合理性标准和准则，分析和确定评价与接受理论的准则。（3）体育社会学理论的结构和功能问题。在这方面，人们要对体育社会学理论做出静态和动态的结构分析，揭示体育社会学理论的解释、预见等功能。

(4) 体育社会学的发展问题。在这方面，人们要研究体育社会学理论的演变与更替过程的合理性标准和准则。

综上所述，体育社会学研究者经过哲学方法论的指导、一般社会学理论的提示和体育社会学理论的概念分析，最终得到了关于体育社会现象的具体变量和理论框架。

2. 体育社会学研究的宏观领域

体育社会学研究的宏观领域，主要包括体育与社会的关系、体育在社会发展中的地位与作用、体育的社会功能。

随着当代社会的高度分化与社会变迁的加快，体育的组织化程度越来越高，体育的发展远远超出了单纯的身体运动的范畴，体育在社会生活中的影响力也越来越大。现代体育的发展在当代社会具有哪些功能？体育在社会发展中的地位与作用如何？体育与政治、经济、文化、教育、科学技术、大众传媒、宗教、艺术等的关系日趋密切说明了什么？这一系列问题越来越引起人们的关注。比如，重大国际体育赛事往往会与国家荣誉感、民族认同感结合起来，不论是赛事组织者还是赛事参与者的行为，都会受到政治因素的影响。政治对奥运会这类重要赛事活动的影响更为深刻，如果不进行政治方面的相关分析，我们就很难理解各国政府在奥运会中一掷千金的举动。再比如，现代社会的经济发展不但促进了大众的体育消费，也使得竞技体育的职业化变得更加普遍，职业体育成为现代社会中的高收入职业，一些职业运动员的收入超过社会平均收入的几十倍，甚至上百倍，体育运动在引导消费的过程中，创造了无数的财富神话，没有强大的经济基础，就不可能有现代的体育运动，体育运动与经济的联系已经越来越密切。

3. 体育社会学研究的中观领域

体育社会学对体育的社会结构与社会过程层面的研究构成了体育社会学研究的中观领域。

体育的社会结构包括体育人口的结构（包括年龄结构、性别结构、阶层结构、区域结构等）；体育明星、体育工作者、体育教师、体育观众和体育的狂热者——球迷；体育群体；体育组织；家庭体育、单位体育和社区体育；体育制度和体育体制等。

体育的社会过程是由社会互动和社会竞争而导致的体育发展与变迁状态。它包括体育社会化；体育的社会分层与社会流动；体育与社会控制；体育与社会变迁；体育变迁的形式、内容、特点；体育现代化；体育社会问题等。

比如，体育除具有生物学意义上的身体活动之外，还具有深层次的文化和社会意义，体育社会化就是对这一意义的一个诠释。还比如，体育人口反映了人们参与体育的亲和程度，是一项重要的社会体育指标。体育人口的数量与结构既是一定时期内社会经济发展水平的反映，也是社会经济因素作用于人口过程的结果。随着社会物质文化生活水平的不断提高，大众的体育休闲活动渐渐成为社会时尚，掌握体育人口的年龄分布、性别分布、阶层分布、地域分布等结构性特征，对于政府制订大众体育政策，促进体育人口的发展具有非常重要的现实意义。再比如，体育的发展是从社会生产方式的变更中得到动力的。为什么社会生产方式的变更必然要引起体育的变动呢？这需要体育社会学来说明。在整个社会变迁过程中，体育是如何发展或是如何变迁的呢？体育变迁的形式、内容、特点便成为体育社会学关心的课题。

4. 体育社会学研究的微观领域

体育社会学研究的微观领域，主要涉及人们的体育社会行为及其主观意义的层次，它包括地位、角色、互动、人际关系、合作、竞争、冲突、交换、社会网络、规范、价值、意识等。

体育社会学微观领域的研究，一般需要从主、客观两个方面对人们的体育社会行为进行分析。从主观的角度来说，人们的体育社会行为往往与人们的思想、情感、动机这些看不见的主观意识相联系，为此，这种研究必然和研究者的主观经验密不可分。从客观的角度来说，如果研究者的这种主观经验在社会中得到普遍理解和认同，则这种主观经验也可以说具有了客观性。由于微观领域的研究受人们主观意义的影响较大，为了客观地进行研究，我们在研究中经常需要把理论定义转换为可操作性的定义，合理的操作化概念是客观地分析主观意义的基础，同时也可以为不同体育社会行为间的对比提供依据。

第三节　体育社会学学科视角下的课题

伴随着体育实践的不断发展，体育社会学学科视角下的课题也越来越丰富，其中不少课题与体育经济学、体育管理学、体育史学以及体育心理学等学科出现了诸多交叉。比如，体育消费问题既是当前体育经济学研究的热点，也是体育社会学关注的课题。从体育社会学视角分析体育消费，并不仅仅是因为体育消费具有一些独特的非经济性特征，更重要的是因为体育社会学在研究体育消费时，有自己独特的理论框架和分析工具。比如，体育社会学运用社会学中的社会分层理论关注的是体育消费的社会阶层差异，社会上层和中上层的体育消费支出高于社会下层和底层，这是社会成员经济资源占有差异的表现。在人们对体育活动场所、体育消费价格选择的背后，隐藏着决定其经济实力的社会阶层差异，高尔夫等的高消费体育运动项目在某种意义上成了显示参与者身份地位的象征。如果说，中国的体育产业距离成长为支柱产业的路还十分遥远，那是因为它还缺少一个庞大的现代中产阶层体育消费群体来支撑其发展。因为只有现代中产阶层才能构成一个有钱、有闲、有体育休闲消费欲望的庞大群体。这相对于体育经济学所运用的供给需求分析、消费积累分析、投入产出分析等理论，显然是一种不同学科视角下的理论模式，尽管它们分析的对象是同一社会事实。下面对体育社会学视角下的一些课题作一下简要介绍。

一、体育与环境

体育与环境之间具有不可分割的密切关系，地理环境对地域文化和民族文化的形成具有重大作用，地理环境诸如地貌、气候等要素对地域环境要求较严格的体育项目的分布有着必然的影响，如滑雪、冰球、冲浪、帆船运动等。随着体育运动向大众化、大型化和生态化方向的发展，必须有足够的环境来适应。体育的大众化、生态化发展使人们将健身运动从单一的运动场馆转向广阔的大自然，使人们的运动空间也从单一的陆地生态环境转向海、陆、空的全方位立体环境，把许多问题带进平时人们很少去的地方，造成生态环境的退化。现代体育的推广对自然环境的影响引起了人们越来越多的关注，如大型体育场馆、高山滑雪、高尔夫球场、航空运动、水域项目、海滨冲浪和浴场等等。生态环境问题已成为发展体育过程中不可回避的重要问题。环境的时间、空间和承受力成了体育发展与生态环境平衡矛盾的焦点。现代的大型运动赛会所涉及的环境问题更是引起举世的关注。如第16届法国阿尔贝维尔的冬季奥运会毁掉了三十多公顷森林，数以万计的动植物失去了赖以生存的根基，造成严重的生态危机。为发展体育事业，去破坏环境，给人类带来危害，这是与现代体育理想背道而驰的。1992年联合国在巴西里约热内卢召开了生态环境与发展的全球性会议。大会对发达国家和发展中国家面临的主要环境问题及不同观点进行了阐述。1994年开始，所有奥运会及世界大赛的申办城市、主办城市都已同意采纳并执行环境保护计划。同年，挪威的利勒哈默尔在承办冬奥会时首次打出“绿色奥运会”的旗帜。1995年申办城市在申办2002年冬奥会时，正式列入环保计划。大型运动会对生态环境最清晰可见的影响就是对自然环境的大量使用。北京在2008申奥中提出了“新北京，新奥运”的申办口号和“绿色奥运、人文奥运、科技奥运”的三个主题。北京在2008年奥运会的申办纲领中，把绿色奥运作为申办主题。从理论上阐释体育与环境的关系问题对体育事业的发展和社会文明的进步都会具有深远的意义。

二、体育与宗教

体育与宗教的关系甚密，不同宗教形式在不同历史阶段和不同民族、国家和地区的体育发展过程中所起到的作用和影响是不尽相同的，由此形成了相互间的复杂性和多重性关系。一方面，由于体育和宗教在本质上的对立，宗教的存在在总体上对体育的发展起了扼杀和阻塞作用；另一方面，在某些特定的发展阶段和历史条件下，宗教教义中的某些派生因素，在客观上也对体育的发展起了积极的促进作用。这就使得宗教和体育之间产生了相互渗透的现象。在宗教活动中，包括了原始体育、民族传统体育的内容，而体育中保留了宗教的礼仪庆典以及宗教的思想观念。

古希腊宗教以奥林匹斯山诸神为代表的膜拜形成了奥林匹克运动。日本体育活动中仍保留着浓厚的原始宗教的仪式，如相扑比赛，在土裱上撒盐驱邪，祈祷神明保护，剑道练习有一整套礼节向神致意。日本人把体育的技击和打斗升华到“道”的高度来认识，追求形式与实质的统一，寻求对人的教化和启迪意义，如“剑道”“柔道”“空手道”乃至“茶道”“花道”等等。现代体育仍然显露着宗教的印记，如圣火传递、宣誓升旗、齐声放歌、万众起立、明星崇拜、狂热球迷、乞求保佑、看重巧合等，可谓是不胜枚举。现代体育是西方文明的产物，西方文明有着深厚的宗教基础。认真地追问体育与宗教的相互关系，探讨如何利用宗教教义中的某些积极因素，使之适应并促进现代体育发展等问题，仍然具有重要的现实意义，将有助于人们对体育的认识与理解。

三、体育与生活方式

随着科技的进步与经济的发展，人类物质财富极大丰富，劳动时间逐渐缩短，闲暇不断增加，人们的生活方式也发生着变化。生活方式的改变既可能给人们的生活与健康带来正面的影响，也可能会带来负面的影响。发达国家的经验表明，处在这一阶段的社会开始进入文化高度需求时期，这是由人的内在需求所决定的。我国在全面建设小康社会的时代背景下，人的生活状况已经成为社会注目的焦点。人们对体育的兴趣爱好、体育习惯和体育行为是生活方式的重要构成因素，体育运动不但可以丰富人们闲暇的活动内容，扩展人们的生活空间，而且对促进人们运动能力的提高和身心健康也发挥着不可或缺的作用。人们的生活习惯、闲暇、生活节奏、生活消费等都与体育息息相关。为此，体育生活方式不仅只是一个概念的问题，人们健康生活方式的形成还需要有政策、法规、组织、经济等方面的保证。大众体育政策法规、社区体育组织建设、体育社团管理、体育经营设施的经营与管理等领域的研究，都会对现代体育生活方式的形成起到促进作用。

四、体育与科学技术

随着体育向现代化、社会化、国际化方向的发展，科学技术在现代体育的发展中发挥着越来越重要的作用。汽车大赛、空中跳伞等许多新兴运动项目就是在现代科技的作用下产生的，新材料、新制造技术被广泛运用到体育场馆、器材、服装等领域，极大地改善了体育运动的物质条件。可以说，科学技术对竞技体育和大众健身运动的发展都起到了非常积极的推动作用。科学技术在体育领域的广泛应用，也给现代体育提出了许多新的问题。科学技术的发展导致运动训练与比赛对高科技产品的依赖性越来越大，高科技在体育领域的运用让人们很难判断奥运会到底是人的比赛还是国家科技实力的展示和较量，人们不得不对体育的本质进行重新思考。科学技术作为一把双刃剑，在体育领域产生的负面作用也日趋严重，药物的滥用对运动员在身体上与心理上都存在伤害。对身体的危害可使运动员患上难以治愈的疾病，重则甚至可导致死亡；在心理上可加大运动员的心理压力，以至一生难以摆脱负罪感。兴奋剂等现象不但会损害了运动员的身心健康，也破坏了公平竞争的竞技秩序。这些问题涉及伦理道德、法理法规等诸多层面。随着社会、经济和科技的发展，科学技术在体育领域的渗透力必然会越来越大，新的问题还会不断涌现。

五、体育与大众传媒

现代社会对竞争精神的推崇导致了竞技体育的流行。而体育热又推动了体育传媒的迅速发展，使体育栏目成为报刊、电视、广播及互联网等传播媒体必不可少的栏目。现代化手段的应用，使传媒对体育的报道快速而及时，为体育与大众之间筑起了桥梁，缩短了体育与人们之间的社会距离。借助传媒，体育更加透明、公开，体育的魅力获得了尽情展示，吸引了越来越多的观众与听众。体育媒体业的超速发展为体育赞助与体育广告提供了崭新的舞台，为推动体育产业的发展起到了举足轻重的作用。在体育与大众传媒的结合过程中，商业性、功利性逐渐加强，过度的商业性操作也给体育带来了许多不利的影响，许多赛事被大众传媒所控制，大众传媒过多地从其商业利益对体育赛事进行运作，给大众带来了许多不便。如在选择报道对象时，过分强调其新闻性和娱乐性，或在转播时间上只考虑大广告客户的要求和利益，迫使体育迎合大众传媒自身的需要。体育与大众传媒的有机结合无疑是一种进步趋势，但体育与大众传媒在整合过程中仍有许多问题值得进一步研究。

六、体育与暴力

运动场是否是暴力的发源地已是一个长久的话题。从社会学习理论的角度来讲，每个人，尤其是儿童青少年都有一种模仿他人行为的强烈倾向。攻击性行为同样可以由学习模仿而来。史密斯通过实验证明，冰球比赛中的攻击性行为是模仿的结果，年轻运动员通过观看比赛，认同对其他运动员的攻击性行为，进而学会应用攻击。运动员从其他运动员身上，看到攻击性行为带来的好处和利益，而并未因此受到处罚，从而大大强化了攻击性行为。而从本能理论的角度来讲，攻击性是人与生俱来的、独立的、本能的心理倾向，它可以被调控，通过发泄得到满足。攻击导致攻击驱力的清除、释放或宣泄，打击对方的运动就是一种被压抑的攻击驱力的释放或宣泄的替代过程。为此，有些学者认为，体育具有消除社会暴力的安全阀作用。体育暴力问题不仅涉及运动的直接参加者，体育观众也极易受到集群效应的影响，而自发地产生狂热行为，并进而产生球场暴力。英国就是球迷骚乱的多发国家之一，为控制球场暴力事件，英超于 1992 年提出泰勒报告，规定于 1994 — 1995 赛季开始所有超级联盟的足球场地必须全部配有座椅。20 世纪 90 年代初，英超投入巨资对足球场地、设施进行了改建。为了控制体育竞赛中的暴力行为，各国政府与体育界的专家、学者都提出了许多建设性的意见。今后，如何制止体育竞赛中的暴力行为问题，还将是体育社会学研究长期关注的课题。

七、体育职业化

20 世纪 50 年代以来，职业体育在全世界范围内得到迅猛发展，以 NBA 为代表的美国职业体育成长模式及以英超为代表的欧洲职业体育成长模式都取得了巨大的成功。80年代以后，中国、日本等国家的后发型职业体育组织也迅速成长起来。我国的体育职业化改革始于80年代末，国家体委开始实施运动项目管理体制改革。足球、篮球、乒乓球、排球等项目相继实行了职业化改革。在职业化改革的过程中，政府在竞技体育中的行政职能逐渐弱化，市场机制逐步健全，竞技体育的资源在一定程度上得到了重新配置。随着中国体育职业化改革的不断深入，新旧体制间的冲突暴露得越来越明显，职业体育组织与电视媒体机构在转播权上的利益协调问题及职业体育组织的后备人才培养机制问题，都在制约着职业体育组织对经营渠道的进一步开发。产权结构创新诱发了利益群体间的矛盾，协会与俱乐部间的冲突日趋明朗化与公开化。中国职业体育组织的制度建设尚不完善，一些俱乐部忽视对组织文化的培育，过分依赖物质激励，导致了俱乐部的收支失衡。在经济利益的诱惑下，“假球”“黑哨”等丑恶现象随之蔓延，职业化改革中出现的诸多新问题、新挑战，都需要我们在理论上予以解答并拿出对策。

八、妇女体育

社会与经济的发展，为妇女创造了越来越多的社会岗位与就业机会，不论是国际上，还是在国内，妇女的社会地位在过去的一个世纪里有了显著改善。妇女在承担社会建设责任的同时，其体育参与行为也已成为竞技体育、大众体育不可或缺的有机组成部分。围绕妇女体育的开展，不论是竞技体育，还是大众体育，整个社会的参与程度都有所提高，妇女体育的社会价值正在不断地显现出来。目前，妇女体育的研究经历了从生理上的两性差异，到文化上的两性差异，以及区域和国际间比较的发展过程。随着社会的发展，妇女体育不仅是一个大有作为的发展空间，妇女体育研究也将是一个大有作为的课题。

主要参考文献

1. 吕树庭，卢元镇. 体育社会学教程［M］. 北京：高等教育出版社，1995.
2. 卢元镇. 体育社会学［M］. 北京：高等教育出版社，2001.
3. 李培林，等. 转型中的中国企业［M］. 济南：山东人民出版社，1992.
4. 王宁. 消费社会学［M］. 北京：社会科学文献出版社，2001.
5. 朱红文，冯周卓. 社会科学方法论研究的意义和视角［J］. 求索，2003（5）.
6. 炎冰，宋子良. “交叉学科”概念新解［J］. 科学技术与辩证法，1996（4）.

7. 苏君阳. 关于我国社会科学研究中几个基本问题的思考 [J]. 天津社会科学，2005 (1).
8. 贝拉. 为新的现实构筑新的框架 —— 作为大众哲学的社会科学 [J]. 国外社会科学，1986 (6).
9. 罗时铭. 体育管理学 [J]. 体育文史，1995 (4).
10. 于善旭. 体育法学 [J]. 体育文史，1997 (1).

复习与思考

1. 什么是体育社会学的学科视角？它的特点如何？
2. 体育社会学的学科视域和体育社会学的研究范围有什么区别？
3. 学科与学科间的区别取决于什么？
4. 体育社会学研究的中观领域都包括哪些内容？

推荐阅读书目

1. 翁锡全. 体育·环境·健康 [M]. 北京：人民体育出版社，2004.
2. 王宁. 消费社会学 [M]. 北京：社会科学文献出版社，2001.

第五章

体育文化

本章概要

体育文化是人们在社会实践活动中所形成的体育活动方式、所创造的体育物质产品和体育精神产品上，体现出来的人的创造能力和智慧的总和。体育文化是人类所特有的、社会化的、意识化的体育特质的总和。体育文化的运行规律主要表现为：体育文化的积累与传递、传播与渗透、融合与冲突。中国传统文化观念，对中国体育文化的发展有重要的影响，既有促进了中国体育文化发展的一面，也有制约中国体育发展的一面。我国对外体育文化交流过程中，在国际层面上，应积极推动建立“体育交流新秩序”；在国内层面上，应加强管理，努力扩大我国民族体育文化在世界上的影响。

在社会的基本构成要素中，有一个引起社会学家普遍关注的独特方面，即社会文化。社会文化渗透到人们社会生活的各个领域，对人们的社会生活及整个社会的运行产生极大的影响。研究文化现象和社会文化在社会结构中的作用及其与社会发展的相互关系是社会学的重要任务之一。

第一节　体育文化的构成与特性

一、体育文化的含义

关于文化的定义，迄今已有一百六十多种（由美国学者克罗伯总结出来）。从社会学角度理解，文化大体上可以划分为广义文化和狭义文化两大类。广义文化，是指人类所创造的物质财富和精神财富的总和。狭义文化，是指人类所创造的精神财富的总和。

什么是体育文化？运用历史唯物主义的大历史观，从文化哲学的高度，我们可以将体育文化分成三个层面：第一层面的体育文化是，除去人本能动作和纯自然之外的全部活动及其创造物，从这个意义上来说，体育文化是人化了的身体运动及其创造物，体育文化是人的文化，体育文化是“人”创造的身体文化。第二层面，体育文化是在不同社会文化背景下产生的，不同的文化背景有不同的体育文化，是与不同社会的人的不同生活方式及其活动成果浑然为一体的。在这个意义上，体育文化即是“社会化”的一部分。第三层面，体育文化作为人类社会的精神生活方面，是人的体育意识领域的特殊性问题，专指体育的精神产品、价值观念等，在这个意义上，体育文化具有“意识性”。

综上所述，体育文化是人们在社会实践活动中所形成的体育活动方式、所创造的体育物质产品和体育精神产品上体现出来的人的创造能力和智慧的总和；而真正成为体育文化的基干成分的东西，是人创造的体育运动和体育精神领域的活动和产品，其核心是体育意识、体育思维方式和体育价值观念体系。体育文化是人类所特有的、社会化的、意识化的体育特质的总和。体育文化是社会可以分享、可以习得和承传的财富。体育文化现象也体现着人类创造的智慧之光，是人的本质力量对象化的产物。包括人类在体育社会实践中所创造的体育物质财富（如体育场地、器材、服装等）、体育运动（竞技体育、社会体育和学校体育等）和精神财富（体育思想、观念、意识等）。人们对体育文化的研究内容主要集中在体育价值观念、体育知识、体育道德、体育规范、体育习俗等精神领域的东西。

二、体育文化的特性

认识体育文化所具有的特性，对于正确认识和分析体育文化现象具有重要意义。体育文化具有如下特性：

1. 象征性 体育文化的象征性，是指一切具体的文化现象都只不过是一定文化类型的反映或象征。例如，太极拳是中国文化的象征，相扑是日本文化的象征，蒙古式摔跤是蒙古民族文化的象征，等等。具体的事物或现象只是对于人类具有某种特殊意义的文化的反映或象征，而不能直接等同于某种文化。

2. 复合性 体育文化的复合性，是指任何文化现象都是一系列具有内在联系的文化现象的组合，它主要体现在这样两个方面：一方面，围绕着某一社会活动，会产生一系列相关的文化现象。如奥林匹克运动，就包括了奥林匹克精神、奥林匹克仪式、奥林匹克建筑、奥林匹克组织等奥林匹克文化现象。另一方面，任何一种文化现象都不可能孤立地存在，它总要和别的文化现象组合在一起，构成一个复杂的文化系统。如体育与其他文化现象，与社会的政治制度、科学技术水平都有着不可分割的联系。

3. 多样性 体育文化的多样性，主要是指不同国家、民族、社会集团、社区都有其独特的体育文化。如中国体育文化、欧美体育文化、日本体育文化，等等。

4. 共享性 体育文化的共享性，是指文化具有为一个群体、一个社会乃至全人类所共享的特性。从共享性可以导出文化的其他诸种特性，如文化具有渗透性和扩散性、传递性和继承性，以及文化的习得性。正因为文化具有扩散性和继承性，文化才能为他人、后人所共享；同时，正因为文化具有共享性，才能得到传播和传递。文化的共享性与物质财富的共享是不同的。某一物主将他的东西拿出来与人共享，他对该物的拥有量就会减少。而文化的共享却不会导致原有文化资源的减少。

5. 创造性 体育文化，不论是物质形态还是精神形态，都不是天生的，而是在人类共同生活中衍生出来或创造出来的。纯自然的东西不是文化，只有经过人们加工改造过的自然和精神产品才是文化。例如，石头不是文化，石狮子就是文化；人类的性别有男女之分不是文化，但如何做男人和女人就是文化；人的本能动作不是文化，编成“消肿舞”“土风舞”就是文化等等。

有无文化是人类区别动物的根本标志。文化是为了满足人类的共同生活需要，在一定的物质生活的基础上，通过人们的改造自然和改造自身的时间活动衍生或创造出来的。一言以蔽之，文化是一定的物质生活条件在人们的观念形态及其创造物上面的反映。这就是文化的本质。

三、体育文化的构成

体育文化是一个具有特定结构的复合整体，从不同的角度，可以对体育文化的构成作不同的分析。

根据体育文化所包括的内容的性质，可以将体育文化划分为以下三层结构：

1. 外层。即物质层。是经过人类作用的第二自然物，是在自然物上打上的人类意志和活动的印记。它所反映的是人类认识和改造自然的能力、技术水平。如将一个小土丘改造成越野跑的障碍。

2. 中间层。即心物结合层。是指人类的精神产品，是人类精神产品的非物质形式的对象化。它们离不开一定的物质载体。如体育组织、体育制度、体育理论等。有人将这一层次的文化称为制度文化。

3. 里层。即心理层。包括人的体育的价值观、心理状态、思维方式、审美情趣、道德情操、宗教情绪、民族精神等，有的学者将这一层文化称为“深层文化”，它们是文化研究所关注的最主要的内容。

根据体育文化所包括的内容的复杂程度和范围的大小，可以将体育文化划分成如下三层结构：

1. 体育文化特质。是指一种体育文化区别于其他文化的最小单元。如中国人的刀、剑、空竹等。文化的差异是通过文化特质体现出来的。

2. 体育文化结丛（文化丛）。是指若干功能上相互整合的体育文化特质群。因为文化特质往往并不是孤立存在的，它与其他的特质又有密切的联系。在人类历史上，一种文化特质产生出来以后，伴之而来的会产生许多相关的文化特质。如，日本民族最初有了相扑，随着相扑文化的出现，就出现了一组以相扑运动为基础的包括了许多相扑文化特质的文化丛。如相扑场地、相扑服装、相扑头饰、相扑动作等等。又如，各个民族的体育活动的比赛方式，也都是有多种文化特质组合而成的文化结丛。

3. 体育文化模式。是指互有关联的体育文化特质和体育文化结丛的构成方式及其稳定特征。它构成了某个民族或地区的特定的体育活动方式的基础。它可以指一个国家或民族的文化模式，如日本体育文化、中国传统体育文化等；也可以指一种具有独特特征的地域性文化，如我国的蒙族地区体育文化；也可以指一种更大范围的跨民族地域体育文化，如西方体育文化、东方体育文化等。

每一个民族都有自己独特的体育文化，这种文化犹如一个人的思想和行为模式，多少都具有一致性。

第二节 体育文化的运行规律

体育文化作为社会的一个子系统，具有相对独立性，并且具有它自己独特的动态进化过程。这一过程主要通过两个方面体现出来，一是在纵向上，文化具有它自己的积累与传递机制；二是在横向上，文化具有自己的传播与渗透机制。

一、体育文化的积累与传递

文化的积累与传递，是文化系统运行的基本形式之一，也是文化运行的一条基本规律。每一代人都是在前人所积累起来的文化成就的基础上，吸取原有文化的积极成果，同时总结新的认识和新的实践经验，创造出新的文化成果，然后再把这些成果传递下去。人类社会的文化就是这样一代一代地积累起来，再一代一代地传递下去。

文化的积累、传递与创造是社会不断发展的根本条件之一。如果没有文化的积累、传递与创造，那么人类可能永远停留在原始阶段。

由于文化能够不断地积累和传递，因此它具有极强的历史继承性。每一社会文化都有两个来源：既有对历史上文化成果的继承与保留，也有根据现实社会条件的创造与发展。文化的发展和进步就是这两者有机的结合。任何社会都不可能割断自己文化的发展历史，都不可能全部抛弃自己以前的文化遗产。

但是另一方面，文化归根到底是受社会存在及其发展所制约的。任何时代对以前的文化遗产都不会无条件地原封不动地兼容并蓄，而一定会在现实的生产和生活基础上，依据社会发展的需要对其进行加工改造，并有选择地继承与吸收。所以，文化的积累与传递有它的两重性。一方面它具有自己的历史继承性；另一方面它具有一定的选择性。

二、体育文化的传播与渗透

文化的传播与渗透，是文化在横向上的运动形式。它是文化系统运行的另一种基本形式。

文化不仅能世代相传，而且能在不同的社会、不同的民族之间传播与渗透。文化的传播与渗透是在一种文化与外部文化的接触中产生并实现的。任何一个国家和民族都不可能长久地孤立于世界各国家和民族之外，它必然要与其他国家或民族进行交往，也就必然要接触外部文化。因此，不同民族、不同社会之间的文化传播与渗透是必然会发生的。

文化的传播与渗透不仅有其必然性，而且还有其合理性。文化具有共享性，文化中的优秀成果更是全人类的共同财富。我们应该而且只有向别的民族学习一切优秀的文化成果，才能使自己的文化获得更快的发展。

当然，外来文化并不都是优秀的和有价值的，其中也有糟粕和腐朽的东西，因此我们在向外来文化学习时，一定要注意鉴别，取其精华，去其糟粕，这样才能保证我们的文化健康发展。同时任何其他民族的优秀文化只有为本民族所接受、所融合，才能发挥出其积极功能。因此，即使是对外国优秀文化成果的学习也不能简单照搬。

三、体育文化的融合与冲突

文化的运行除了有以上两种基本机制以外，还有文化融合、文化冲突、文化同化等具体的运行形式。

文化融合是指不同文化在相互接触和相互接受影响以后所产生的一种文化现象。由于文化具有扩散、传播和渗透的功能，故两种文化在接触过程中必然会互相影响和渗透。这种影响与渗透一般不会是对他种文化的全盘接受，也不会是将他种文化“吃掉”或称“同化”掉，而只会是部分地接受他种文化的影响，并将这种影响融进本民族的文化系统之中，成为本民族文化的有机组成部分。

一般来说，任何文化都是一种文化的融合，因为任何文化都会受到外来文化的影响。但是，不同民族对外来文化的态度是不一样的。有的民族善于向别的文化学习一切优秀成果，善于讲这些成果融进本民族的文化之中，但又不失自己本民族文化的个性。这种开放的和善于学习的民族能够得到更多发展的有利条件。

在文化融合过程中有一种“同化”现象。文化中的同化现象一般并不是指整个民族的被同化，而是指某一个体或群体从一种文化融进另一种文化之中的变化过程和变化结果。如中国人移民至美国，日本人在中国定居等等。同化的过程在较大程度上要取决于不同文化之间的差异。在文化之间的差异很大的情况下，同化就十分艰难。移民自身一般不会被同化，通常只是他们的子女或再下一代子女才会被同化。

许多文化差异大的移民群体都不会被完全同化。如美国的大多数移民群体都保留着他们原文化的基本的习俗和观念。

一个较小的民族被一个较大的民族同化的特例也是存在的，如中国东北的女真族，如今已基本上融进了汉文化之中。

文化冲突是指不同文化在相互接触和影响过程中，原有文化和外来文化之间所发生的矛盾与对抗。不同民族、不同国家的文化往往会在价值观、行为规范、风俗习惯等方面存在很大的差别甚至对立，当这些文化在相互接触和发生影响是，就必然产生撞击，发生冲突。例如，当中国实行开放政策以后，西方文化大量涌进中国，西方文化中不少东西与中国原有文化存在很大差别甚至格格不入，金钱至上与道义至上、个人主义与集体主义、竞争与谦让等等，这些互相对立的观念在接触中必然会发生撞击与冲突，并在人们的思想与行为上反映出来。这种文化冲突在社会由封闭走向开放的过程中表现得最为明显。

文化冲突的结果大体上会出现两种情况：一种是导致对外来文化的彻底拒绝。伊朗国王把列维推行全盘西化，遭到伊斯兰教的强烈反对，结果伊斯兰革命成功，西方文化被拒之门外。另一种结果是导致“适应”，在冲突与对抗过程中，外来文化逐渐被接受，并融进本民族文化之中，冲突也就趋于缓和。如20 世纪 80 年代西方的迪斯科舞、摇滚乐传进中国后就曾发生从反对到接受的变化。

文化冲突最激烈的形式是战争。文化输出、文化渗透也会被一些政治家当做其进行国际政治斗争的重要手段。美国政治学家亨廷顿就鼓吹未来的冲突是文明冲突。

第三节 中国传统文化与中国体育文化

一、中国体育文化与中国传统文化融为一体

任何文化的发展变化都不是孤立的，都有着内在的统一性和整体的一致性。体育文化也不例外，任何一种体育文化如果不和一定文化模式相适应，就不会被该文化模式所接纳。中国体育文化与中国文化传统模式融合为一体。如果文化模式不发生变化，体育文化模式亦不变。相反，体育文化亦会随文化模式的改变而变化。

二、中国传统文化对体育文化的作用

在中国体育文化中，我们不难看出中国传统文化模式对它的作用。中国几千年的传统文化，形成了民族的心理，并以其强大的传统惯性影响至今。中国封建社会以儒、佛、道三者合流组成文化体系，以儒治世，以佛治心，以道治身。道家的体育养生思想以老庄为代表，主张“静以养生”，提倡养生要听任自然，顺应人性的自然，孔子也认为静者寿。中国古代流传着静、清、安、保、制、节的传统养生思想。战国庄子的必静必清，吕不韦的不得擅动，汉朝嵇康的修性保神和安心全身，隋朝孙思邈的早起夜卧忌远行，唐朝司马承祯的安外居静和遗形忘我，宋朝蒲虔贯的形要小劳而无致大疲，明朝周履靖的起脚转身，觉汗方已。这些主张可以看出我国体育文化思想的主静倾向。

在中国养生思想中，我们可以看到中国传统文化的基本特质。对中国传统文化的基本特质，我国一些近代的思想家曾经有过不少精辟的论述。如康有为1898年指出，中国往昔处于“一统之世”，占支配地位的观念一贯是静、隔、散、防弊，西方先进已处于“竞争之世”，占支配地位的观念则与中国截然相反，是动、通、聚、兴利。

中国体育文化的内涵也蕴含着中国传统文化的理念。孔儒讲“同”，讲“中庸之道”，不偏不倚。老庄哲学思想中，以“道”为本，使人的行为与“大道”融为一体，取消人的思维活动与肢体活动，无数个富于个性的人，被铸造成千人一面。我国封建社会后期的理学，提出“存天理，灭人欲”，扼制人的个性发展。强调人修身养性，与天理合而为一，即“天人合一”，人要服从天理而修正自己。在中国封建社会占主导地位的佛教，愚弄、控制人们的思想和精神，折磨乃至消灭个体，求得超凡尘世的精神世界。

中国传统文化的特质，主要是在儒家思想中得到最集中的体现。具体地说，就是儒家的以“仁”为中心的道德体系和以“礼”为中心的教化体系。中国传统文化强调社会的人格，强调伦理道德，不太重视人的独立性，把人变为道德的工具。这与西方所强调的独立个性的人文主义完全不同。[①] 中国人的价值判断是与善连在一起的，凡符合道德原则的就是好的，西方民族的价值判断是与真连在一起的，只有符合真的原则才是好的。

中国传统文化观念，对中国体育文化的发展有重要的影响，在某种程度上促

① 王和. 传统文化与现代化［J］. 中国社会科学，1986（3）.

进了中国体育文化的发展，在某些方面也制约了中国体育的发展。中国体育文化的博大精深，外国人对中国体育文化的仰视，以致使中国体育文化传播于世界，使我们感到一种无比的民族自豪。另一方面，中国体育文化也按照中国文化的模式铸造着每一个人，形成中国人性格的共性特点：拘谨、内涵、随和、谦虚、自强不息、爱国主义、重义轻利、协和万邦和缺乏取胜、冒险、拼搏的阳刚之气。在我们的体育教育中，强化“集体”教育，缺乏个性教育，强化“服从”教育，缺乏“创造”教育，体现了以“仁”为中心、以“礼”为中心的中国传统文化的核心。

第四节 体育文化的融合与国际社会

一、体育文化的融合是不可回避的一种趋势

中国传统文化的特质使中国的体育文化打上了中国传统文化的烙印。但是，随着现代化的交通工具和现代化传播媒介的出现，使世界各个民族文化、地区文化之间的时间和空间的差距大大缩小，文化融合已不可避免。

随着世界文化融合的发展趋势，世界各国不同的体育文化也在走向融合，体育文化一体化的趋势正在形成。在各国主办的奥林匹克运动会上，除了开幕式和闭幕式上，可以看到民族文化的特色，其他方面几乎只能说是人类的文明，很难说出是哪个民族的文化了。当然，每一个民族的体育文化都理所当然地变成世界体育文化的一个组成部分。隔离和封闭，拒绝外来体育文化的影响，拒绝参与世界体育文化的融合，变得愈来愈困难，甚至可以说几乎是不可能的了。

近代世界体育文化是在不断的碰撞、争论中，经过不断的磨合而被确立下来的。开始时，各国均强调各自体育文化的优势，并试图以本国的体育体系取代他国的体育文化，随着争论的深入，人们逐渐理解了他国体育的内涵，并且看到了本国体育文化的不足，逐步走向各国体育文化的融合。“近代体育确立的过程证明这样一个事实：体育是中性文化，它可以超越政治、民族等障碍，为各国人民所接受，也正是各民族间体育文化的交流与融合，促进了体育自身的发展。”①

二战后，由于社会主义、资本主义两大阵营壁垒分明，“冷战”阻碍了东、

① 张象，等. 世纪世界文化［M］. 成都：四川人民出版社，1994：421.

西双方体育的正常交往，因而，各文化圈内的体育合作成为体育交流的主基调，多数社会主义国家摒弃原来的西方体育模式，以苏联为范本，建立新的体育文化。苏联的新体育文化在东欧、中国、朝鲜等国扎根。以苏美为代表的两大体育文化体系竞相称雄。20世纪80年代以后，中国体育文化逐步走出苏联体育文化的模式，一方面向中国传统体育文化回归，另一方面向中国体育文化与世界体育文化融合的趋势发展。

但是应该警惕的是，第二次世界大战后，美国的各种文化，包括体育文化，似乎成为世界范围的主流文化，而其他民族的文化都成了非主流的“边缘文化”。在体育领域，西方体育文化对中国体育文化的替代是我们需要十分警惕的。体育文化不应是替代，而应是融合。

二、体育文化在交流中所呈现的特点

当今世界，跨国交流日益频繁，在种种交流亦或传播渠道中，体育文化交流对国际关系的影响是不可小视的。体育文化具有直观性、趣味性、竞争性、大众性等特点，其受众面极广，影响面极大，不能不引起人们的关注。

1. 极广的受众面。体育文化以其直观、无语言障碍、无思想障碍、竞争性、趣味性等特点吸引不同民众的兴趣。一场世界杯足球赛，现场观众和电视观众可达2.5亿人口，是其他任何活动所不可比拟的。

2. 较强的影响力。体育文化对人们政治情感、社会情感、民族情感有较强的影响力。它的激励、教育效果很快显现，而且强度较大。

3. 内容多、范围广。体育文化通过大量各种各样的正式或非正式的体育比赛和其他体育文化交流形式，将各种体育文化进行充分的交流，其发出信息的能量是相当大的。而其他任何一种文化也很难像体育文化那样进行如此大规模、大范围的交流。

4. 传播阻力较小。体育文化往往被认为是中性的，所以，体育文化在各国之间传播阻力小。

5. 体育文化与政治的关系隐蔽。文化与政治的关系乃是国际关系中的一对核心范畴。而体育文化与政治的关系是以间接的方式互相作用。可借助体育文化因素，实现直接外交所不能达到的目的。

三、体育文化交流对国际社会的影响

正是由于体育文化具备以上特点，所以，体育文化交流对国际社会发挥着影响。

（一）积极的影响

1. 以体育文化为载体，加强了世界各国人民之间的了解和对异域文化的领悟，促进了文化上的融合，为国家之间建立友好的外交关系奠定良好的群众基础。体育成为人类交流的一种美妙的语言，通过国际体育比赛和体育文化交流，使不同文化之间人民的了解日益增多，隔阂在不断减少。

2. 有利于各国取长补短，特别是一些文化欠发达国家，可以通过学习和引进外国体育精品，提高本民族的体育素质和体育水平。奥林匹克运动会呼吁世界和平的声音传遍整个世界，也引起全人类的共鸣。这些体育文化在人们思想意识中的潜移默化所起的作用是不可忽视的。体育文化的交流也有利于促进本土体育文化与先进文化技术的最佳结合，使之在世界体育领域占有一席之地。

3. 体育文化传播与交流在一定程度上促进了国际经济的发展。国际体育文化传播与经济二者之间是相互依赖的。首先，国际体育文化传播有助于外贸经济的发展。一方面，体育本身就可获得巨大的商业利润；另一方面，由于体育文化交流的需要，会带动相关产业的国际贸易的发展及其技术水平的提高。其次，国际体育文化传播也是开拓和巩固国际市场的有力武器。可口可乐、柯达公司、索尼公司等企业，不惜重金资助世界性体育比赛和电视节目，并以其一系列制作精良的广告成为公众心目中的世界名牌产品。

4. 跨国体育文化交流，有利于一国树立良好的国际形象。通过体育文化向世界展示本国的各方面情况，并使本国的良好形象扎根于世界人民心中，有利于建立良好的外交关系。中国就曾努力通过承办亚运会、申办奥运会、举办世乒赛等体育活动，将本国改革开放成果，以及中国人民勤劳、友好与爱好和平的心愿传播给世界其他国家，树立了良好的形象，国际威望日益增强。

（二）消极影响

1. 跨国体育文化交流会对其本国、本土体育文化产生深远影响。而这个规律是：经济实力、社会进步程度与本土体育文化所受的影响成反比。在体育文化交流中，美国等中心国家本土体育文化所受影响最小；第二世界国家本土体育文化一方面受到中心国家的影响，又同时影响着发展中国家；而发展中国家的本土体育文化则会受到最大的影响。当然，不可否认，这种影响包含积极的、进步的影响。但会使得许多国家，特别是发展中国家对在现有的体育文化中，保存和加强他们自己的体育文化构成重重困难。发达国家与发展中国家之间的体育文化交流基本上是一种单向交流，发达国家实际上将体育文化作为其输出其价值观念的重要途径，在潜移默化中影响他国民众。这给发展中国家民族体育文化的生存和发展带来了严峻挑战。“一个民族的落后和不发达不仅仅是难能勾勒出社会经济图画的统计指标，也是一种心理状态”，[①] 而体育比赛和体育文化对发展中国家影响就是在影响其民众心理状态，进而阻碍其发展。

2. 发达国家体育文化在商业上的统治。发达国家综合国力强，体育赛场、运动员的身上等到处充斥了可口可乐、麦当劳、耐克的广告。于是，穿耐克鞋，吃麦当劳，喝可乐成为一种时尚。实际上，可怕的不是产品本身，而是民众在意识上对于西方文化的盲目认同。这种商业性肤浅的文化对各国的民族文化同样带来了前所未有的威胁。

3. 科技水平的提高一方面促进了体育文化的交流，另一方面也产生了一些不利于发展中国家的影响。以前政府可以有效地控制国内的大众传播媒介。然而，科学技术的不断进步，却使政府对于跨国文化输入的控制能力大大减弱。电视、国际互联网，政府已无法阻止自己的国民接收外国的文化信息，国家几乎失去了控制能力。相反个人对传播媒介的控制力增强，自主选择性增大。所以，思想、价值观、道德观等不可抗拒地传播，使体育文化西方化难以抗拒。同时，发达国家信息传播技术先进，发达国家可以将自己的体育文化通过更快捷的手段传播给更广阔范围内更多的大众，而发展中国家则可望而不可及，这势必会增强发达国家对其他国家的影响。

四、有关我国对外体育文化交流的思考

随着世界经济“全球化”的日益推进，随着体育文化交流的增强，特别是西方体育文化向发展中国家的大量输入，使得世界范围内出现了推崇西方体育文化为当今世界“主流体育文化”，忽视甚至贬斥民族体育文化的现象。我们应当看到，“文化的个性与独立，是一个民族、一个国家的立身之本。消泯了一种文化

[①] 李述一，李小兵. 文化的冲突与抉择［M］. 北京：人民出版社，1987：211.

的特性与形态，就丧失了这个文化群体在人类社会中的存在地位与价值”。[①] 因此，充分发挥体育文化交流的积极作用，同时采取措施抵制其不利影响，对于保持各国特有的体育文化传统、维护国家主权、建立更为和谐的国际关系是至关重要的。因此我国在体育文化交流中，应当考虑以下问题。

（一）从国际层面上看，应积极推动建立“体育交流新秩序”

1. 应将“尊重他国主权”明确规定为体育文化交流中各国必须遵守的一项基本原则，并通过国际公约确定体育文化交流的规范和规则。坚决反对国际体育交流中不均衡的“单向交流”的局面，反对以经济和金钱左右国际体育文化交流的局面，给发展中国家更多的主持和参与国际体育事物的权利，使各国能够平等、友好地进行体育文化交流。

2. 加强合作与协商。交往与合作是当今国际社会的大趋势。世界各国在体育文化的交流与合作中，一方面可以寻求共同的发展与进步，另一方面可以在合作中寻求理解、协商，以期建立合理的体育交流秩序。

3. 发展中国家应进行适度斗争。因为发达国家与发展中国家在建立怎样的国际体育交流规则问题上存在利益上的冲突，所以，发展中国家必须进行适度斗争才能求得体育文化交流的合理规则，真正实现体育文化多样化。

（二）从国内层面上看，应加强自身管理，提高自己的体育文化水平，扩大自己在世界上的影响

1. 大力发展本国生产力，提高科技水平。这是关键，是根本，然而又是一项长期且艰难的工作。对于一个国家来说，经济技术实力是其体育文化交流的基础。没有经济实力作后盾就无法繁荣本土体育文化，与外来文化相抗衡，更不用说向国外输出自己的体育文化。

2. 在体育文化领域，加强本民族体育文化的传播，保护自己民族的体育文化。

3. 利用国家政权的行政力量，并制定相应法律法规，大力发展民族体育文化，合理融入外来体育文化，努力将中国体育文化推向世界。

4. 在吸收外来体育文化精华的基础上，扶植和弘扬民族体育文化。可加强资金投入和建立专项体育文化基金，为民族体育文化发展创造良好的外部条件。并应注意协调、多层次地发展国内体育文化。除此以外，可通过舆论宣传，体育评论等，正确引导大众的体育观念，提高大众的民族体育意识。

---

① 肖海鹰．“全球化”与“中心论”不是文化发展的未来路标［N］．光明日报，1998-10-15.

体育文化交流对国际社会的影响是不可忽视的，其积极影响和消极影响的巨大作用，使我们既不可将之拒之门外，又不可敞开大门来者不拒。一方面，我们应积极扩大和利用其积极影响，促进国与国之间交流与融合，促进国际关系的协和发展。另一方面，又要大力发展民族体育文化，增强大众的民族体育意识，使各国体育文化共存共荣。

主要参考文献

1. 吴增基，等. 现代社会学［M］. 上海：上海人民出版社，1998.
2. 王和. 传统文化与现代化［M］. 中国社会科学，1986（3）.
3. 露丝·本尼迪克特. 文化模式［M］. 北京：华夏出版社，1987.
4. 赵剑英. 世纪之交的中国文化［M］. 南宁：广西人民出版社，1994.
5. 夏之放. 转型期的当代审美文化［M］. 北京：作家出版社，1996.
6. 李述一，李小兵.文化的冲突与抉择［M］. 北京：人民出版社，1987.

复习与思考

1. 何谓文化？何谓体育文化？
2. 体育文化有何特性？
3. 体育文化在运行中可出现几种形式？

推荐阅读书目

1. 司马云杰. 文化社会学［M］. 济南：山东人民出版社，1988.
2. 李述一，李小兵. 文化的冲突与抉择［M］. 北京：人民出版社，1987.

下篇

第六章

体育与人的社会化

本章概要

人的社会化是社会学的一个重要概念，是指社会个体从生物人成长为社会人的过程。在这个过程中，人们学习社会知识，遵守社会规范，适应社会生活。社会个体在社会生活中要经历不同的社会化阶段。体育在人的社会化过程中发挥着重要作用，主要体现在促进人的身心发展，培养合作、进取、顽强的意志品质等方面。通过学习基本生活技能、遵守社会规范、培养社会角色，使人在不同时期掌握必需的生活技能，按照社会规范约束自己，扮演相应的社会角色。人的社会化与体育社会化是两个不同的概念，在学习中要注意加以区别。

第一节 人的社会化

一、社会化的含义与研究角度

（一）社会化的含义

关于社会化的概念，学者们从不同角度进行过研究，得出的结论也不尽相同。郑杭生在他的《社会学概论新修》中对“社会化”的定义是：“所谓社会化就是指作为个体的生物人成长为社会人，并逐步适应社会生活的过程。经由这一过程，社会文化得以积累和延续，社会结构得以维持和发展，人的个性得以形成和完善。”①

“社会化就是一个人获得自己的人格和学会参与社会或群体的方法的社会互动过程。”②

“社会通过各种教育方式，使自然人逐渐学习社会知识、技能与规范，从而形成自觉遵守与维护社会秩序和价值观念与行为方式，取得社会人的资格，这一教化过程即社会化。”③

美国著名的社会心理学家 E. 弗罗姆（E. Fromm）曾对社会化作出如下定义：社会化诱导社会的成员去做那些要想使社会正常延续就必须做的事，是使社会和文化得以延续的手段。④

因此，所谓社会化就是指作为个体的生物人，通过社会交互作用，学习社会文化，适应社会生活，成长为社会人的过程。具体讲，社会化包括两个方面的含义，一是个人在社会中通过学习活动，掌握社会知识、技能和规范，取得社会成员的资格；二是个人积极参与社会生活，适应社会环境，再现社会经验。因而，人的社会化是个人学习社会和参与社会的统一。

---

① 郑杭生. 社会学概论新修［M］. 北京：中国人民大学出版社，1999：103.

② 戴维·波普诺. 社会学［M］. 李强，等，译. 北京：中国人民大学出版社，2001：142.

③ 宋书伟. 社会化. http: // www. yixia. net / text / 14422 / 4_4. html

④ 肖川. 教育发展研究，2001（4）：54.

（二）研究社会化的角度

1. 个性发展角度

即从人的个性发展角度对社会化进行研究。

人是世间最高级的智慧生灵，其个体既是一种社会存在，也一种生物存在。这两种存在，都是物质存在，都会影响或决定人的意识和行为。我们需要从这一唯物主义的立场出发，应用和发展行为科学，从人的群体生活、人的生物存在、人的心理情感等方面，全面地研究人、理解人、认识人的个体，揭示其社会意识和非社会意识产生的内在规律，从而应用这些规律于社会主义的社会管理和公有制管理的实践。

人的个体的不少心理、意识、行为，包括非社会化的意识和行为，均具有生理性、生物自发性。如果是这样，我们或许可以研究、推测人的个体，特别是新一代人的个体会自发产生的意识和行为及其发生的规律，并据此研究提高人的个体，特别是新一代人的个体的社会化程度的方法和途径。

心理，可以说是介于人的生理与人的思想意识之间的一种人类现象，它以情感引起大脑皮质兴奋，从而有形或无形地影响、制约人的言行。人的思想要受人的心理的影响，人的心理又受到人的处境、情感的影响。科学家还发现，人的情感、心理状态，也是人大脑一定部位的大脑皮质兴奋的外在反应，这种兴奋甚至可以用电子探针直接触发。看来，人的某种情感、心理状态，不但可以因人的处境、情感而形成和变化，也可以由其他人类已知和未知的方式来触发。

在人的意识、言行的来源上所呈现的这些十分复杂的状况，对我们研究人的社会化，从而明确对人的心理行为进行社会引导的途径，将会有新的启示和重要的价值。

人是社会发展中最积极、能动的因素，人又是受思想支配的。正如恩格斯所指出："就个别人来说，他的行动的一切动力都一定要通过他的头脑，一定要转变为他的愿望和动机，才能使他行动起来。"在强调制度建设的今天，人们认识到，在一定物质条件下，仅有好的制度或较好的制度，没有自觉或比较自觉的人来执行制度、遵守制度，制度也会走样或完全流于形式。即使立法，如果只有法律条文，没有人严格执法，没有人自觉或比较自觉地守法，法也会形同虚设。

2. 文化的角度

即把社会化看做文化积累、延续、传递的过程，认为社会化的实质是社会文化的内化。

从文化的角度研究社会化，离不开文化的结构研究，即物质层面、制度层面和精神层面的社会化。

在物质层面，人的社会化体现在适应社会发展，主动接受物化的社会现实。

在制度层面，人的社会化体现在人们在习得文化的过程中，接受社会教化，遵守社会规范的实践。

在精神层面，人的社会化体现在观念的变化，即按照社会要求去调整自己的思维方式和行为方式。

3. 社会结构的角度

即侧重于人与社会关系中的社会方面，认为社会化就是要使人变得更具有社会性。

以上三种不同的研究角度代表了研究者从社会心理学、文化人类学、社会学等不同学科立场、方法出发研究社会化问题的不同理论倾向。随着社会化研究的深入和社会化含义的扩展，目前，对社会化问题的研究出现了一种融合趋势，即把三者结合起来，从不同方面、不同角度对社会化这一问题进行综合研究。由过去相对独立，甚至互有分歧的社会化研究，逐渐变为相互联系、相互补充，融为一体的社会化理论。

二、社会化的意义

（一）个人方面

首先，只有经过社会化的个人才能适应社会生活，参与社会生活，在社会环境中独立生存。

人的社会化过程是社会个体学习社会知识、认识和遵守社会规范，逐渐适应社会生活的过程。在这一过程中，需要人们学习自己尚不熟悉的事物甚至放弃已有的行为习惯。如上大学、参军以及知识青年上山下乡、退役运动员的重新择业和离退休人员生活方式的变化等，都不同程度地要求他们为适应新的社会角色需要，通过不断学习，建立新的角色意识。

其次，社会化还有利于个人适应社会生活的变迁。

人类社会在进化过程中，要求社会个体适应自我存在的空间中各种变化。大多数人的一生中都会经历社会地位和生活环境的变化，有的人由于不能顺利应付这种变化而出现各种问题甚至罪错，有的人则由于具备较强的适应能力而取得了成功。这种适应能力的获得，是不断学习的结果，是在社会生活中按照社会要求，从习俗、法律、知识、语言等多方面，不断认识、模仿、遵从，将这种社会要求内化为自身素质的过程。

（二）社会方面

社会化有助于社会的正常运行。社会的正常运行（良性运行），需要社会个体遵从社会规范。在尝试了不同的行为后果之后，那些为社会认可的行为被保留下来，并得到强化。其他的实践活动则在不断的修正过程中按照社会需要得到取舍。

人的社会化有助于社会文化的延续与发展。在不同的社会化场所和社会化阶段，人的社会化都首先要学习特定的社会文化，这种学习过程是继承已有的社会文化的过程，并在学习过程中向这些文化注入现实的印记。

人的社会化有助于维持社会正常秩序，保持社会稳定。社会稳定是建立在人们对社会生活中各种社会现象综合评价的基础之上的。社会主流文化的引导和经普遍的社会认同而形成的强势文化，使得社会丑恶现象与不正之风难以形成气候，良好的社会公德和道德规范不断受到推崇。

三、社会化的条件

（一）人类具有超越本能的能力

动物在进化过程中，形成并遗传下来的固定行为叫本能。本能包括与生俱来的欲望与满足这类欲望的生来就会的行为方式，如鸡孵蛋、鸟筑巢之类。人类则具有超越本能的高级神经活动，在适应自然中能动地改造自然。

这种超越本能的能力使人类能够根据社会需要和人的发展的需要去实践那些从感情上说不愿为之但从理性上看又必须为之的事情，或者从眼前看可不为之但从长远看必须为之的事情。

（二）人有较长的依赖生活期

人类在成长中有一个生理上不能独立生活的童年时期，这是人接受广泛而深入的社会化的基础条件。人生下来的初期，生活几乎完全不能自理，要依赖父母或其他养育者的关怀与照顾，这就决定了一个人开始就要在一定的社会中生活，耳濡目染地接受现实社会规定的生活方式，人在生理上与心理上的成熟，从乳儿期一直要延长到少年期甚至青年期，特别是人脑的结构，要到十三四岁才基本成熟，进行较完备的高级脑力劳动，积累大量的知识，为承担社会所赋予的事业奠定坚实的基础。

这种较长的依赖生活期使人类得以在受到庇护的环境中安全地度过蒙昧、不能自理和无法安排自身行为的阶段，并在此阶段学习生存和生活的基本技能。

（三）人有较强的学习能力

人与其他动物相比，在学习能力上相差很大。一般动物也有学习与积累知识的能力，但仅限于模仿，没有抽象思维，没有创造力。人则具有抽象思维与创造力，学习与积累知识是在加速的状态下进行的。通过实践使知识内化为自己的思想、动机和行为，形成独特的见解，认识事物的本质，有计划、有目的地从事一定的活动。这种学习能力是接受社会化的重要条件之一。

（四）人有语言的能力

学习与语言是密切相关的。语言是人类特有的现象，是劳动的产物。它是客观事物在人类头脑中形成的表象概念和思想的外部表现。人可以通过口头和文字语言传达信息，沟通思想，学习社会知识、技能和规范，达到社会化的目的。

这种语言能力使人类结成群体，相互交流，将人类文明中的成果延续下去，促进人类的进化。

第二节　社会化的内容、过程与途径

一、社会化的一般内容

（一）学习掌握基本生活知识和劳动技能

从出生后两年的简单模仿开始，至 4 岁左右的有意识地模仿家长和他人的言谈举止，以及后来学校教育中的知识、技能学习，使得社会个体逐渐掌握了基本的生活知识，并通过运用这些知识，掌握基本的劳动技能。人由个体无知到有知的质变，再由知少到知多的量变，均是社会化的结果。因此，家庭、学校及同伴等不同社会化场所，促成了社会个体的社会化。

（二）内化社会的行为规范

不同社会具有不同的行为规范，社会个体在社会环境中的适应过程，就是一个不断学习社会的行为规范，并将其内化为自己的自觉行为的过程。在这一过程中，原有的与自己所处的社会环境不协调的行为方式、观念，都要在社会化过程中加以改造，才能融入现实社会中。说“改造”，是表明这一过程带有强制的性质，谈到“内化”，才可能成为自觉行为。

（三）确立和培养自我观念和人生目标

社会个体对“自我”和“他我”的认识，是一个渐进的过程。4岁左右开始，“他我”意识逐渐形成。此后在家庭、学校和社会教育下，自我观念相对稳定，并形成自己的人生目标。

自我观念的形成和人生目标的选择，是在社会化过程中不断完善和修正的，是以社会对其成员的要求为参照系，社会个体在与其他社会成员的比较和对社会现象的价值判断的过程中逐渐完成的。

确立和培养自我观念和人生目标，就是要把人们对自己的认识与社会规范协调一致，使人们经过社会化以后，从外在行为到内心世界尽可能地合乎社会的需要。

（四）促进个性的形成

个性是指一个人的整个心理面貌，即具有一定倾向性的各种心理特征的总和。[①] 个性具有稳定性和可塑性的基本特征，因而其形成受后天环境的影响较大。不同的社会个体在社会化过程中形成和发展起来的个性虽然存在着差异，但也存在着共性，即从整体上符合社会的价值标准。若不然，社会将通过各种途径，或诱导、或强制其成员在坚持个性和遵从社会共同价值标准的选择上，以社会共同价值标准为自己的终极目标。在这个意义上说，人的社会化过程促进了个性的形成和发展。

（五）培养社会角色

社会角色是指与人们的某种社会地位、身份相一致的一整套权利、义务的规

---

① 叶奕乾，祝蓓里. 心理学［M］. 上海：华东师范大学出版社，1996：35.

范与行为模式，它是人们对具有特定身份的人的行为期望，它构成社会群体或组织的基础。[①]

社会生活中的个体，实际上扮演着不同的角色，这些角色构成了一个“角色集”或曰“角色丛”。无论是自我意识还是他人判断，这种角色扮演实际上在孩提时代就已经开始并逐渐被强化。

社会个体的角色认同或角色扮演，是建立在其对某一角色的理解基础之上的，并且总是处在不同的角色地位。如一个学生，可能是班长、学校运动队成员，当然还是儿子（女儿），还是顾客、乘客……即处在角色丛中。不同角色要求有不同的行为方式，否则即为“角色错位”。“君君、臣臣、父父、子子”则是对角色的要求。某一类角色的行为具有相似性，且具有社会规定性（道德、习俗），角色差异则是由于个人对角色的不同理解或“角色扮演技能”的差异造成的。

在学习社会文化的过程中，道德规范是贯穿知识传授的始终的。同时，在学习社会知识、遵守社会规范、适应社会生活的过程中，社会个体不断地受到社会角色要求的教化。

二、社会化的过程与类型

（一）基本期社会化

人的基本期社会化所处的年龄跨度较大，一般认为从出生到 30 岁左右均属于这个范畴。

在基本期社会化阶段，人们要完成基本知识和基本技能的学习，认识和遵守社会规范，承担社会角色和确立人生目标。这一过程是在家庭、学校、社会及同伴群体的影响下，经过多次强化（家庭、学校），反复比较（社会、同伴群体），逐步完成的。

（二）成人的继续社会化

1. 继续社会化的概念

继续社会化是指社会个体为了适应社会生活，不断学习的过程。因此被称做

---

① 郑杭生. 社会学概论新修［M］. 北京：中国人民大学出版社，1999：139.

“生命历程中的社会化”。[①] 在社会学著作中，继续社会化主要指具有社会生活资格的成人，不断学习、接受新的文化内容及适应角色变化的过程。[②]

2. 继续社会化的必要性与必然性

由于社会个体在离开家庭和学校之后，所处的社会环境发生了变化，必须通过不断的学习，去适应变化了的环境。尤其在当今社会发生巨大变革的时期，新的知识、新的信息不断涌现，即便在同一生活环境中，也要求人们继续学习，否则将落伍。在现实生活中，不断学习和适应新的环境，是社会个体生存和发展的必然需要。

3. 继续社会化的条件

首先，是社会提供的社会化环境。在离开家庭、学校之后，为人的继续社会化提供了适度的竞争环境，这是一种“不进则退”的环境。其次，是社会个体的生存与发展的自觉要求。无论是家庭教育，还是学校教育，在一定程度上都与社会需要存在着差距，缩小差距的主要渠道就是不断学习，通过学习将家庭教育和学校的书本知识转化为实践能力，将遵守规章制度转化为维护社会规范。第三，是社会发展所形成的压力。体力劳动的逐渐减少和脑力劳动的比重增加，从农业生产劳动向工业化过渡，从粗放型生产向集约化生产的转变，对全体社会成员提出了更高的要求。

（三）再社会化

1. 再社会化的概念

再社会化的含义包括两个方面：广义上是指在生活急剧转变中，一个人放弃原来的生活方式而适应另一种对他来说全新的生活方式的过程。狭义的理解则专指强制的教化过程。它的教化对象是那些有越轨行为，危害社会利益的人。[③] 美国学者戴维·波普诺在他的《社会学》中指出，再社会化是“有意忘掉旧的价值观念和行为模式，接受新的价值观与行为”[④]。按照这一观念，再社会化可能发生在任何人群中。

---

① 戴维·波普诺．社会学［M］．李强，等，译．第10版．北京：中国人民大学出版社，2001：163.

② 郑杭生．社会学概论新修［M］．北京：中国人民大学出版社，1999：133.

③ 同②：131–132.

④ 同①：166.

2. 再社会化的适用人群

一般说来，再社会化要求社会成员放弃自己已有的价值观念和生活方式，重新学习社会知识和社会规范，形成新的价值观念和生活方式。因此，再社会化的适用人群一方面是特指那些有越轨行为、危害社会利益的人。这一人群主要包括那些在社会生活中犯有罪错的人。另一方面，再社会化还涉及那些因生活环境发生急剧变化，必须重新学习才能适应这种变化的人群。较为明显的例子如军人、退役运动员的情形。

（四）反社会化

在我们每个人的成长历程中，对于合理的社会规范、习俗和纪律的认同和遵从无疑是十分必要的，学校因而成为人的社会化的重要场所，成为一种重要的社会机构。但任何事物都有一个度，超过了这个度，事情就完全可能走向反面。

人的社会化过程，始终存在着两种可能，即正向和反向发展（或正常发展和非正常发展）。反向发展（或非正常发展）即为"反社会化"。

当人生正值童年和少年时，应该展示出生命的灿烂、跃动、纯真与生机勃勃，然而，我们从孩子身上看到了过多的沉重、愁苦或老于世故，他们过早地学会了三思而后行，学会了顾左右而言他，学会了察言观色、见风使舵，让人感受不到他们初生牛犊不怕虎的冲撞力，感受不到童言无忌的单纯与可爱。

"你为什么总和别人不一样?"稍有棱角的孩子，大概都受到过这种责难。一味地从成人的需要出发，不该问的不能问，不该知道的不能知道，不该做的不能做。当孩子们面对一个问题时，他最先考虑的不是自己内心真实的想法，而是按照成人世界的标准来回答。一个从小就不会用自己的头脑去判别、不会用自己的语言去表达的人，的确很难指望他去开拓、去创新。

在青少年问题研究上，一直存在一个被称为"死结"的问题。这个"死结"指的是青少年具有天然的反社会化人格，正是这种天然的倾向，使青少年成为社会问题和各种麻烦的制造者。这种反社会化人格结构表现为好动、冲动、感性丰富而理性脆弱、凭感觉行事、模仿力极强，同时又蔑视传统、反抗权威、无视规则、背叛秩序。这样一种人格结构塑造了有悖于社会传统的价值观念，如果缺乏正确的引导，一旦形成行为习惯，极容易导致令人忧心忡忡的未成年人问题。习惯上人们经常把青少年问题看成是一种环境问题，是各种社会客观条件诱发的结果，而"死结"理论却认为，青少年自身的生理和心理特点，也就是一个人在其人生必经的青少年阶段所体现的必然的人性特点才是青少年问题的最终根源，而这种人性特点就是天然的反社会化人格特征。随着年龄的增长，阅历的丰富、理性的成熟，这种反社会化人格会逐步与正常社会趋同，也就是我们经常所说的“棱角被磨没了”，其社会危害性也就减弱甚至消失了，但也有一部分人会“病入膏肓”，但是深入骨髓的东西并不需要在表面上得到体现，内心的抗争意识完全可以以顺从的方式呈现给外部世界。在逐步成年后，结合特定的条件，就能构成对社会的严重危害。[①]

反社会化心理过程的形成，源于社会个体对所处环境的不适应、抵制或错误理解，也可以认为是社会教化的缺失所致。

三、社会化的途径

个人社会化的途径主要是经过社会教化和个人内化两条途径来实现的。

社会教化一般是指社会通过社会化的机构及其执行者实施的社会化过程，具体机构包括家庭、社会团体、社会组织、大众传媒、监狱、劳教场所等。

现实社会中，社会教化主要在家庭和学校进行。它贯穿一个人从出生婴儿到青年期。至于监狱和劳教场所，则是由于社会个体的基本期社会化不完全，出现违反社会规范的罪错，被强制进行的社会教化。大众传媒是现代社会的产物，它对人的影响是多元的，在人的社会化过程中起着越来越重要的作用。

不可否认的是，在众多的大众传媒中，电视、网络对青少年社会化产生积极影响的同时，也带来了一些消极影响。

传统社会里，未成年人的社会学习和教育主要依靠家庭和学校，而在现代社会，这一社会化过程则交由媒体来完成。孩子们多数是在电视机前度过童年的。在当今社会，大众传媒的影响与家庭、学校和同龄群体的影响一样，已经成为影响未成年人社会化的重要因素。著名电视专家雷蒙·威廉姆斯说过，电视改变了我们对于现实的认识，从而改变了人与人之间、人与社会之间的关系。美国研究人员发现，1 岁至 3 岁的儿童看电视越多，到了 7 岁时，注意力不集中的情况就越严重。电视帮助人们形成了新的社会生活情境，这种情境与现实环境不同，人的社会角色与特性因此也发生了改变。孩子同样可以看到电视中呈现的关于大人世界的描述，所以变得越来越“早熟”，儿童时代与成年人时代的界限因此变得模糊了。从社会化角度来说，电视不只是学校和家庭作用的补充，有时内容更与学校和家庭教育的相反。从某种角度说，电视削弱了父母和学校的影响力。儿童

[①] 申度. 破解“青少年反社会化人格”的死结难. http: // www. jfdaily. com, 2004-06-16.

从 1 岁以前就会对电视发生兴趣，特别是注意电视广告和经常反复播出的电视主题曲。到 3 岁时大致已经能看懂儿童节目。在电视业较发达的国家和地区，儿童从 3 岁起平均每天要看 2~3 小时电视。少儿看多了暴力电视镜头，常常会误以为暴力情况反映社会现实，以为暴力是解决冲突或达到一般手段不易获得的目的的直接方式，当成问题的唯一解决方式。暴力镜头对少儿有暗示作用，少儿长期耳濡目染后，比较容易在类似的生活情境中表现攻击行为。大众传播学借鉴了心理学家艾伯特·班都拉的模仿理论，认为儿童通过观察媒介内容，与其中某些角色或行为认同，并意识到在某些情境下模仿会有有益结果，那么当这种情境出现时，儿童会发生模仿行为。这种模仿行为可以通过媒介不断强化，形成长期行为。所以，我们不仅要看到电视传播的显性效果，更要考虑到其长期的、隐性的效果。电视对儿童的认知发展、人格发展都会产生重要影响。

信息社会的标志——“计算机”，已成为一种生活用品，而且在未来的日子，它势必成为一种生活必需品，极大地改变人们生活方式和交往方式。无论是在拥有计算机的人群中，还是在上网的人群中，青年人都占绝大多数，青年所具有的文化与其父辈所拥有的文化已经有着很大的不同，呈现出一种断裂性变化的局面。文化传承上的断裂变化导致的一个直接后果就是：青少年的价值观与其父母长辈的价值观有很大不同，表现出价值观的多元性，追求时尚，崇拜明星（影视明星、体育明星），混淆了“正确”与“错误”之间的界限。[①]

个人内化的基本形式主要包括模仿学习、主观认同、角色扮演、自我强化等。

第三节　体育在人的社会化中的作用

一、体育与人的基本期社会化

（一）学习基本生活技能

人类的基本生活技能与体育有着紧密联系。走、跑、跳、投、攀登、爬越等在人类的生活中和在体育活动（游戏）中均频繁出现，甚至难以区分二者何为体育（游戏），何为生活行为。如婴儿的蹒跚学步就是从最初手脚并用的爬行开始，过渡到站立、行走的，这个看似简单的行为，与体育（游戏）中各种动作的习得

① 陈昌凤. 电视媒体对未成年人之社会化的影响. 新华网，2004-12-13.

却存在着某种必然的联系。而体育游戏的趣味性，强化了参与者行为的持续，进而使他们领会了其中的乐趣。如孩童的追逐游戏、“跳房子”，跳猴皮筋，由于加上了一些用于限制或激励游戏进程的“规则”，使这些原本出于“玩”的目的参与其中的孩子们，由于有同伴的参与使自己有了情感上的依赖，这种依赖使得游戏成为日常生活必不可少的内容。成人认为“游戏是孩子们的天性”，也是指在游戏中，儿童既满足了好奇心和情感寄托，又充实了孩提时代的生活，同时，无意识地还接受了某些教化。

我们做过的许多游戏都需要首先掌握游戏的“玩法”，其中不外乎与走、跑、跳、投等基本活动技能相联系。而当成人刻意去要求儿童学习生活中的这些技能时，却往往由于其不在体育的环境中而受到拒绝或效果不佳。体育游戏中带有的竞争性，满足了儿童争强好胜的心理和对游戏的依赖性，如果家长有意识地引导子女通过游戏将一些事情尽可能地做得更好，并对他们的进步予以鼓励，他们就会希望这些鼓励重复地出现。于是，在学习各种基本生活技能的时候，儿童会用在体育游戏中得到的体验，在生活中去模仿，这时就出现了我们所期望的从小就养成认真习惯的儿童群体。这对独生子女具有重要意义，因为独生子女的性格特征包含的任性、不合群和缺乏自制力，令众多家长头疼，且无能为力。如果体育游戏能在哪怕是表面上为儿童摆脱这种特征，进而能有效地在生活技能上有所长进，则是体育的功能之一。事实上，不乏事例说明，参与体育的独生子女与不参与体育的独生子女相比，体育已经在很大程度上改变了他们的那些不良性格特征。

因此，在人的基本期社会化期间，体育能促进人的基本生活技能的习得。

（二）教导社会规范

日常生活中发现，四五岁的儿童，已经不满足于同父母间的嬉戏玩耍了。多么新奇的玩具，也不再能较长时间地拴住他们了。只要有条件，他们就会千方百计地找到同龄伙伴，和他们一起进行成人们看起来似乎枯燥无味的、但却令儿童们神往的各种游戏。

在这些游戏中，能同时吸引众多伙伴参与，又能使玩兴长久不衰的当属体育游戏了。

体育游戏总会给孩子们带来新异的刺激，体育游戏进行时的情景经常发生着变化，游戏的结果又常常是难以预料的。这些变化，往往又是孩子们在游戏的过程中通过自身的各种努力产生的。因此，参加游戏的孩子们为了使伙伴们能经常、持续地在一起游戏，便不断地发挥着他们丰富的想象力，创造出更多的能与同伴共同分享的游戏形式（这些游戏大多是将一些正式的体育项目进行改造得来的，因为他们大多数人难以接触到有着正式体育场地设施和器材的体育活动），并乐此不疲。

体育游戏首先以它的规则对孩子们进行社会教化。使他们认识到游戏规则的意义和培养遵守规则的习惯。这一过程将他们引导到对社会规范的认识和对社会约束的理解。

心理学的研究成果表明，儿童的自制能力不强，他们很难掩饰自己情感、控制自己的行为。在情绪高涨、兴高采烈的情形下，这种现象更为明显。体育游戏恰恰是在儿童的这种状态下，对儿童的自我约束进行教化的，这种社会教化的体验和经验对儿童的影响是明显的。

如果说儿童在体育游戏中学会遵守规则还属于被动的话，那他们在体育游戏中尝试制定规则，已经蕴涵着相当多的主动的成分了。这时，他们已经不仅考虑自己在游戏中的得失，而且考虑到参加游戏的同伴的利益和他们对规则认可的可能性了。也就是说，儿童们这时已经能从更深的层次上理解规则的功能，并在自己的实践中运用它们了。这一过程对儿童以后在认识、理解和遵守社会规范方面，具有十分深刻的意义。

在一些成年人从事的正规运动项目中，运动规则对儿童社会化的效果就更明显了。如儿童们在一块空地“约定”的足球场，尽管没有标记边线、底线和球门（高度），但并不妨碍一场热烈的足球比赛。这是依靠隐约的道德感和心理控制力，将关于球场的“边界”记在心里，而不会因为场地不规范产生争执。可以说体育游戏已经教会儿童从道德的高度去理解规则（规范）了。

体育游戏对儿童社会化的效果，还取决于儿童在社会心理方面表现出的特殊性。儿童成长的过程中，由于人格发展的需要，便产生极强的“趋群”性。要实现“趋群”的需要，首先必须“合群”，而“合群”又要求不随心所欲，必须遵守规则。这一连串的过程都体现在体育游戏中。

社会规范对儿童们来说，似乎并不是必然要遵守的。因为他们的行为多是在成人的呵护下产生的，即便是遵守某些诸如“尊敬师长”“爱护公物”等社会公德，也是在成人的多次强化中形成的。但是，体育游戏中的各种“规则”对儿童们来说却关系到能否被接受参加游戏，能否使游戏持续和表现自我，这是不能违反的，他们会自觉遵守而不需更多的强化。

由于习惯于各种体育游戏中规则的约束，当儿童们面对社会生活中的各种规范的时候，就能潜移默化地遵守并提醒自己的伙伴共同遵守，直至他们步入成人社会。因此，体育游戏对儿童社会规范的适应与认同具有积极意义。

体育游戏对儿童社会化的作用，还表现在培养他们的社会价值目标和社会角色感的体验上。[①]

（三）培养社会角色

在独生子女群体中，上一代人所经历的生活方式和人际交往形式已经难以再现。孤独、任性、不合群甚至“社交恐惧”，造成了现阶段独生子女的性格特征。

体育的重要特征之一是竞争。除了竞技体育中无处不在的激烈竞争外，体育游戏和一般体育活动中都或多或少地存在着不同程度的竞争现象。这些竞争包括游戏（活动）参与者之间和参与者自身在体育实践中克服困难的过程。

在不同的体育游戏中，参与者所扮演的角色不尽相同。能使游戏顺利进行并在其中尽兴，成功地履行各个角色的义务和责任逐渐成了儿童们的自觉行动。这种角色认同的积极意义在于它促使儿童实现了一种可以被认为是成年人才能持有的理性自觉性。这种自觉是主动的，尽管其初衷未必是为了遵守某些角色规范，但其结果却造成了社会需要的具有“主动接受约束”的人。因为他们意识到，这种约束能使自己和他人在同样的环境中共享社会提供的一切。而试图摆脱这种约束的结果则是要么无法得到游戏伙伴的认同，要么受到社会规范的强制约束。青少年的罪错往往发生在不能自持或无视社会规范，表现在他们不能正确定位自己在社会生活中的角色。

体育在培养社会角色中的作用，在于可使参与者从游戏中的角色开始，到了解运动项目规则，以及在体育活动中努力实现自己所扮演的角色要求（中锋、后卫、主力、替补、组织者、参与者等），在适应体育活动中的角色要求的过程中，将这种体验移植到社会生活中，有助于他成功扮演社会角色。而在参与体育活动的过程中，合作、竞争、“胜不骄、败不馁”，是一般社会角色都需要的品质。

于是，体育游戏中的角色扮演为其参与者提供了一个模拟社会角色的重要场所，也为他们在社会生活中成功扮演社会角色提供了一种经验和体验。

二、体育与人的继续社会化和再社会化

（一）适应社会环境

社会个体在成长过程中，多数会经历角色变化的问题。如果说进大学了却了

① 刘德佩. 体育社会学［M］. 北京：人民体育出版社，1990：130.

家长和大学生的一个心愿的话，大学毕业后的就业已成了他们的一块“心病”。对家长来说，对子女的就业期望倾注在让他们考上“理想的大学”并一直延续到他们的就业选择。近年来大学生就业难，使家长和子女都面临“两难”的抉择。一方面共同选择先上大学，尽管对相当多的家庭来说，供养一个大学生可能要耗尽全家的积蓄甚至牵扯到亲朋好友，但他们仍然义无返顾地坚持这一选择；另一方面，当大学毕业后许多人不能如愿地找到理想的工作，几年的投资得不到回报，对众多家长和大学生来说，无疑是一种不小的打击和挫折。

在高等教育由“精英教育”向“大众教育”发展的情形下，社会在学历与能力之间的选择上常常倾向于后者，导致近些年大学毕业生“就业难”。加上大学生们“眼高手低”，不愿屈就，又加重了就业压力。

人们的自我角色期望常常与实际角色存在着差距，导致心理落差，表现出消沉、抑郁或自暴自弃。这是由于人们在自我设计时往往过于理想化，对社会赋予的实际角色不情愿地被动接受，其结果可能导致玩世不恭，常常应付于某一角色。

参与体育活动的过程中，经常有各种形式的比赛，无论是优秀运动员，还是普通人群，都有过这样的体验：比赛中失败的几率远远高于成功，赛场上扮演“配角”的次数多于“主角”。多次的失败和失败后的再次努力，为这些运动参与者们提供了适应“失败”的心理承受环境。他们不断地将获得成功的希望寄托在下一次的比赛中，并为此而不懈努力。

在这一过程中，他们通过比较自如地对待各种不利的结果而增强了适应性，对“失败乃成功之母”有了更深刻的体会，对诸如顺利与不顺、成功与失败、主角与配角有了自己的诠释。

（二）缓解社会压力

现代社会的特征之一是激烈的竞争性。升学、就业、升迁等等，形成了一个充满竞争的环境，处在这一环境中的人们承受着巨大的社会压力。学校学习期间的考试、升学压力，择业时为获得“好工作”的压力，为获得职务升迁、职称晋级、待遇提高时的压力以及家庭生活、处理人际关系时面临的种种压力，使许多人处于紧张、焦虑甚至抑郁的“亚健康”状态。一些人不能承受生活、工作中的这些压力，往往表现出自暴自弃、厌世甚至暴力行为。青少年厌学、离家出走、大学生自杀和由于工作关系、家庭关系紧张导致的职场暴力、夫妻离异等等，已成为社会问题。

体育活动能够在一定程度上缓解人们因生活、工作带来的压力，在轻松愉快或紧张激烈的体育活动和比赛后，使人获得痛快淋漓的放松，忘却一时的烦恼，减轻了压力；观看比赛过程中的呐喊助威、指点赛事，能够宣泄人的不满情绪。至于谈到体育能使青少年朝气蓬勃、老年人焕发青春、沉沦者奋发崛起……更是突出了体育的社会教育价值。因此，研究者们不约而同地认为体育具有“社会安全阀”的作用，对缓解社会压力具有积极意义。

（三）改善生活方式

生活方式是指人们在社会生活中各种生活活动形式的总和。健康的生活方式需要有健康的生活内容去填充，体育要成为生活方式的内容之一，需要有一定的条件，即有钱和有闲，同时还需要有体育活动的空间，此外，人们的体育观念也是决定其是否参与体育活动的重要因素。2005 年，我国 GDP 超过 18 万亿元人民币，人们收入总体上呈不断增长的态势；双休日和春节、“五一”“十一”三个长假，使城市居民有近 1 / 3 时间在休假，教师和学生还要加上寒暑假；体育健身场所近些年也得到改善；在生活条件改善的同时，人们开始关心自己的健康和生活质量，选择体育作为手段来实现这一目的逐渐成为时尚。

2000 年 7 月，由世界休闲理事会正式批准通过的《休闲宪章》第 2 条和第 8 条指出：“在保证生活质量方面，休闲同健康、教育一样，同等重要，各国政府应当确保公民得到丰富多彩的高质量的休闲与娱乐机会。”“教育机构必须尽最大的努力，促使人们了解休闲的本质及其重要性，以及如何将休闲知识融入个人的生活之中。”

当前中国人休闲生活还存在五大问题：其一，休闲观念落后，表现为“主动工作、被动休闲”；其二，休闲时间增多，但休闲质量较差；其三，休闲支出不平衡，城乡差别大；其四，休闲方式单调，选择睡觉、打麻将、无事发呆的消极休闲人群仍过大；其五，对个人休闲状态，多数人不满意。[①] 对“有休无闲”和“不会休闲”的状况需要引导，适宜的体育活动能带给人们身心愉悦的体验。这种体验能造就一批“运动成瘾”者，这些人又能对旁观者起到示范作用，唤起人们在闲暇参与体育活动，“主动休闲”，提高休闲质量，丰富休闲内容，取代消极休闲方式，使体育成为生活中的重要组成部分。

在体育改革过程中，国家体委提出了“六化”“六转变”，即体育活动由福利型转变为消费型，实现群众体育生活化；体育赛事由一家办转变为大家办，实现参与竞赛普遍化；体育组织由行政型转变为社会型，实现体育组织的社会化；

---

① 宋振远，张景勇. 中国第一个“休闲小康指数”昭示生活方式的变迁. 新华网，2006-05-02.

体育锻炼由经验型转变为科学型，实现体育锻炼科学化；体育运作由事业型转变为产业型，实现运作机制产业化；体育工作由人治转变为法治，实现体育管理法制化。

体育的本质属于生活，在现代社会它更应该靠近生活，而逐渐远离生产，进入家庭休闲和人们的生活方式。在一些国家称我们的社会体育、身体锻炼等为“生活体育”，这是很确切地表达了当代体育的特征的。[①]

让体育成为我们的一种生活方式，不仅是为了提高我们的健康水平，也是一项重要的精神文明建设工程。

第四节　我国体育理论界关于体育社会化的各种观点

在分析体育与人的社会化问题时，需要弄清楚“人的社会化”与“体育社会化”的区别，二者是两个不同的概念。首先，人的社会化是社会学中的重要概念，指的是作为个体由生物人成长为社会人，并逐步适应社会生活的过程，这个过程贯穿人的一生，讲的是人的成长和发展。体育社会化则是体育领域讨论的关于社会参与体育管理、实现由国家办体育向国家与社会共同办体育，进而以社会办体育为主的管理方式的转变过程，讲的是体育的发展变化过程。其次，在对“社会化”一词中“化”的理解上，都可以认为是一个变化过程，人的社会化强调阶段性，体育社会化侧重于某种“程度”。

一、通过体育进行的社会化

通过体育进行的社会化，是指由参加体育运动，培养社会规范、价值、态度，并将其内化了的掌握技能和发展社会性的个体社会化过程。[②]

这一观点强调了体育在人的发展过程中的不可或缺和不可替代的重要作用。在现代社会，伴随人的成长中最多的内容恐怕可以说是体育了。因为从儿童的游戏到学校教育中的体育课、课外体育活动，再到青少年的爱好，体育总是伴随其间，并造就出强健的体魄、健美的体形和健康的心理。许多人也通过体育获得了人生“顺”与“不顺”的体验和经验。这一过程实际上是一个社会个体逐步适应

---

① 卢元镇. 将“体育生活化”变成现实［N］. 中国体育报，2005-01-22.

② 吕树庭，张辉. 体育社会化的两个侧面. 体育与科学［J］. 1989（3）：29.

环境的过程，一个不断学习的过程。

二、全社会办体育的体育社会化

体育社会化的含义，是对原有的体育体制中，国家“办”体育并“管”体育的现象，导致社会参与体育的积极性被忽视和抑制，体育发展的后劲不足提出的一个概念。体育社会化反映的是社会办体育和全社会参与体育的程度。最早出现在 1987 年 8 月在北京密云县召开的全国体育发展战略研讨会上，会议提出了“以革命化为灵魂，以社会化、科学化为两翼，实现体育腾飞”的思想。

体育本身就具有很强的社会属性，体育的产生和发展正是来源于社会的需要。离开社会的广泛参与，体育就失去了生存和发展的基础和条件。

1995 年 10 月，八届人大四次会议通过的《国民经济和社会发展“九五”计划和 2010 年远景目标纲要》指出：要“形成国家和社会共同兴办体育事业的格局，走社会化、产业化的道路”。这是国家第一次将体育社会化、产业化写入跨世纪的纲领性文件中，明确地指出了体育事业改革发展的方向和道路，为 21 世纪我国体育走社会化、产业化道路奠定了重要的理论基础和法律基础。

与此类似的提法如“后勤社会化”“教育社会化”“社会化服务”等等。

三、体育大众化角度的体育社会化

体育大众化角度的体育社会化，是强调体育的普及程度。2002 年生效的《奥林匹克宪章》的“基本原则”中第八条指出：“运动是人类的权利，每个人应有机会依其需要参与运动。”1978 年联合国教科文组织颁布的《体育运动国际宪章》第一条指出：“参加体育运动是所有人的一项基本权利。”在经济发达国家，无论其竞技体育水平如何，大众体育都在政府和社会的共同努力下得到了较广泛的普及，其特征是体育场馆数量多、分布广，体育人口比例大。体育的发展，需要有更多的人参与其中，使体育成为公民日常生活的一部分，成为人们善度余暇、消遣娱乐的重要内容。

从普及的意义上说，要使更多的人了解体育的基本知识，学会科学锻炼身体的方法，养成锻炼身体的习惯，终身受益。《中华人民共和国体育法》和《全民健身计划纲要》的颁布，从制度上为所有公民参与体育活动提供了保证。

参与体育活动可以让人充满活力，而体育比赛则可以促进人与人之间的了解。群众性体育活动每前进一步，社会的文明就会更进一步。另外，对体育知识的学习和体育实践，有助于提高人们对体育比赛的欣赏能力。外行看比赛就只能专注于输赢，而内行看比赛则多是在欣赏运动艺术。人们在观看比赛时的不文明行为，出现不恰当的观看场面，常常是由于缺乏对运动项目的了解造成的。

四、生产社会化角度的体育社会化

生产社会化是缘于家庭作坊式的生产满足不了社会需要和维系家庭经济来源的时候，家庭间的联合成为必然，逐渐形成了集约式的生产。同一类产品的生产依靠这种联合，在原材料采集和产品的储存、运输、销售等方面组成了联合体，既扩大了生产的规模，也解决了生产能力不足和效率低下的矛盾。

与此相应的体育社会化，是指体育活动由个别的、随意的和散在的活动，转变为有组织的、系统的活动。有组织的体育活动可以使参与者增加参与的频率。因为这种组织对成员具有一定的凝聚力和约束力，在某一体育活动组织中，可以增进人际关系，相互交流；系统参加某类体育活动，可以使锻炼者的身体机能和运动技能得到发展。因此，我们在公园、广场常可以看到，在某一时刻，人们从四面八方相聚在一起，或做操，或跳舞，或是加入到其他各种形式的锻炼队伍中，边活动，边交谈，其乐融融。

在本章最后还需要提到的是，由于体育这一社会文化现象不可能脱离社会，一些社会问题在体育中也时有发生。体育对人的社会化的影响也存在着正向和反向发展（或正常发展和非正常发展）两个方面。反向发展（或非正常发展）即为“反社会化”，这方面的例子不难列举。如体育比赛中的不正之风、“假球”“黑哨”、球场暴力等等，对青少年的负面影响不可低估。因此，在体育与人的社会化这一问题上，应强调体育对人的社会化的正向发展（正常发展）的影响，减少反向发展（非正常发展）的影响。

主要参考文献

1. 郑杭生. 社会学概论新修［M］. 北京：中国人民大学出版社，1999.
2. 刘德佩. 体育社会学［M］. 北京：人民体育出版社，1990.
3. 戴维·波普诺. 社会学［M］. 李强，等，译. 第10版. 北京：中国人民大学出版社，1999.
4. 吕树庭，张辉. 体育社会化的两个侧面. 体育与科学［J］. 1989（3）.
5. 章志光. 社会心理学［M］. 北京：人民教育出版社，1996.

复习与思考

1. 人的社会化的含义是什么？
2. 体育在人的社会化中有何意义？
3. “体育社会化”与“人的社会化”有何区别？

推荐阅读书目

1. 吕树庭，卢元镇.体育社会学教程［M］. 北京：高等教育出版社，1995.
2. 卢元镇. 体育社会学［M］. 北京：高等教育出版社，2001.

第七章

体育群体

本章概要

本章首先围绕着群体的一般性理论，回答社会学视角下群体的内含和特征，进而对群体结构的要素——地位、角色、规范、凝聚力进行分析，并说明群体具有的独特功能。其次围绕着体育群体的共性特征、结构、功能进行分析。最后讨论不同类型的体育群体的微观结构和发展现状。

人们的许多基本生理需要与心理需要的满足，都要依赖于他人，体育运动作为人类文化活动形式之一，也是如此。我们与他人一起打球、赛跑、嬉戏，大量的体育活动必须依靠群体形式方能进行。因为群体现象的普遍存在和不可或缺性，以至于那些喜欢独处者往往容易被贴上“孤独者”的标签，甚至被认为有偏离行为。正是由于社会群体在生活各个领域中的重要意义，因而就成为许多学科包括体育社会学研究的基本课题。

第一节 社会群体概述

一、社会群体的含义

（一）社会生活必定是群体生活

人类之所以要群居，有三个方面的原因：一是生产上的需要。个人不可能孤立地进行生产活动，人类的物质生产活动从一开始就是社会性活动。无论是无分工的早期社会生产，还是当今有严密分工的文明社会的生产，人们都必须联合起来共同生产劳动，并交换劳动产品。二是安全上的需要。人类最初结群是为了共同预防和抗拒自然界、野兽和其他社会集团的侵犯。在和这些“侵犯者”的斗争中，人们逐渐认识到群体的力量和作用。现代人的人身安全、职业安全、财产安全，也都只有在群体生活中才能得到满足。三是精神上的需要。没有群体生活，人们们无法进行情感交流，就会产生孤独感。经心理学家们研究，人与群体一旦处于隔离状态，就会心理失常，处于抑郁状态。人们的社会交往和尊重需求的满足也离不开群体生活。人的自我实现需求包括信仰、情操、态度、价值观念等，也都只有在群体生活中才能发生、表达和交流。总之，人们要在社会中生存下去，就必须要满足这些基本需求，就必须在交往中形成的人类群体中生活。群体生活作为人类生活的基本特征和活动方式，既能满足人们的工具性需要，也能满足人们的表意性需要，对人类生活具有重要意义。

（二）社会群体是社会学的分析单位

从社会结构看，个人不是社会学分析的单位，因为抽象的个人是不存在的。“物以类聚，人以群分”。世上只有结成某种关系、落实到某一群体中的具体的个人，我们每个人的个人身份是由它隶属群体塑型和界定的，所以社会群体才是社会学分析的具体单位，只有将个人作为群体一个成员来进行研究才具有社会学意义。

（三）社会群体的定义

社会群体是从英语中 Social Group 翻译过来的。在英语中，Group 有群、团体、集体等意思，所以也有人将它翻译成社会团体或社会集团，但把它翻译成社会群体更符原意。

社会群体这一概念是社会学的一个基本概念。社会学上所指的社会群体应该是狭义的群体。因为只有从这个意义上理解和使用才能更严格、更科学，也可避免与社会、社区、社群在概念上的重复和混淆，同样这也有助于我们从不同角度、不同层次认识社会。

社会群体是人们直接的社会关系的简单结构形式。我们把社会群体定义为：由若干社会成员通过一定的社会关系（一系列的相联系的地位和角色的组合），并按照某种互动方式（合作、竞争）进行共同活动（共享一套具有独特意义的价值观和规范，有内聚力、能把众多的个人行为转变为一种一致性的群体行为）的人类基本社会结合体。

上述界定对社会群体这一概念给予了很多限制，无非是说社会群体不是社会中的所有的“群体”形式。让我们来做一下区分。首先，社会群体并不是偶然聚集起来的一群人。在社会生活中，由于各种际遇，人们凑在一起的现象是经常发生的，比如在大众娱乐场所经常会聚集起为数不少的人。当公共场合发生某些事件后常常会聚集一伙有兴趣者。但这些都不是我们所说的社会群体，因为在上述情况下，人们是偶然聚在一起的，他们之间没有由互动形成的社会关系，这类群体可以称为偶遇群体（聚集体）。

另外，统计群体也不是社会学意义上的社会群体。统计群体是社会对具有某种共同特征、甚至相同身份的众多社会成员的称谓，比如大学生群体、农民工群体、老年人群体等。这些所谓“群体”同样没有持续的互动和社会关系的支撑，实际上它们是同一类人的代名词，他们之间没有共同的活动或生活。这种群体在统计学意义上可以反映某类社会成员的状况，而用于社会分析，但是并不能用于分析人们日常的、实际的社会生活。

（四）社会群体的特征

讨论社会群体的特征是进一步了解社会群体的需要。我国学术界大都从群体的人数、规模、结构等方面描述群体特征。以研究行为和组织著称的霍曼斯则从群体成员的活动、互动、情感和规范四个方面来揭示群体的特征。这对研究群体具有参考意义。

作为社会群体，一般来说，它具有下列五个方面的基本特征：

1. 有一定数量的社会成员。至少两人（含两人）以上，且群体中人与群体之间有明确的成员关系。这表现在群体内成员与群体外的人可以通过某种标志明显区分开来。如可从服饰打扮、姓氏、徽记、证件等区分开来。

2. 有较持久的社会交往和较稳定的社会关系。群体成员之间有频繁持续的互动，并具有相对固定的独特的互动方式。

3. 有较一致的活动目标。作为一个群体，必须有比较一致的活动目标。这目标可能是一个，也可能是几个，但一定要有群体成员一致确认的目标。目标是群体活动的宗旨，它也是较持久的社会互动和较稳定的社会关系的前提。没有目标，互动不能发生，关系也不能建立。群体目标在众多场合下，能够变成个人的自觉行动。目标一致，群体的凝聚力就增强。

4. 较明确的行为规范。社会群体中的成员，他们的社会互动，他们的共同活动，不仅以一定的时间作保证，而且都是遵循一定的行为规范的。没有一定的行为规范的约束，共同活动就难以步调一致。这种行为规范，有的是成文的规章制度，但更多的是未形成文字的、约定俗成的规则。社会成员有相同的目标，有共同利益和共同行为规范，在群体压力之下就能调整自己与群体规范不符的行为。群体规范既是群体存在和发展的维系力量，又是群体间区别的重要标志。

5. 有一致的群体意识。群体意识又称群体归属感，通常称“我们感”。归属感就是成员在很大程度上认为自己属于某个群体。一旦群体意识建立起来，群体成员就与别的群体人员有了明确的区别感。

二、社会群体的类型

所谓社会群体分类，就是根据一定标准将现实生活中的群体划分为不同的类型。由于人们对社会群体的含义理解不同以及研究角度的不同，因而分类方法也不同。它是一种“弹性”的描述性分类，内容上可能有交叉和重叠。

（一）根据群体的组织化程度，把群体分为非正式群体和正式群体

这一分类法起始于美国哈佛大学教授梅约。

正式群体就是人们根据一定的组织目标或组织原则而建立起来的群体，群体成员的地位与角色都有严格的规定，即在正式群体中，人们的个人行为与组织目

标一致，如工作班组、领导班子等。

非正式群体是指那些没有正式组织形式、结构松散，或虽有正式组织形式但属临时性，人员不固定的，根据自己的兴趣、爱好和因多种需要自发形成的群体。如临时性调查组、旅游伙伴、朋友群、“沙龙”等。

（二）根据群体形成原因，把群体分成血缘群体、地缘群体、业缘群体、趣缘群体和志缘群体

1. 血缘群体，因婚姻和血缘关系而结成的群体。基本形式为家庭。

2. 地缘群体，因长期居住在一起而结成的群体。基本形式为邻里。

3. 业缘群体，因某一职业或工作的联系而结成的群体。基本形式为作业班组。

4. 趣缘群体，因人们兴趣相同而结成的群体，如游戏群体、娱乐群体、俱乐部等。

5. 志缘群体，因人们的志向或信仰相同结成的群体。一般不独立存在，存在于各种党团组织和宗教组织之中。

（三）根据人数特征，可将社会群体分为大群体和小群体

1. 小群体通常指有两个人以上到 20 个人以下参与共同活动的群体。

2. 20 个人以上的群体可称大群体。

（四）根据同类意识（利益、感觉），把社会群体划分为内群体和外群体

这是美国社会学家萨姆纳的区分法。他在 1906 年出版的《民俗论》一书中首先将群体划分为内群体和外群体。并用“内群体”和“外群体”来描述由团员身份所产生的“我们”和“他们”两种感觉。内群体就如同一群人所围成的一个圆圈，个人置身圈内的感觉，如同在家里一样。内群体可以滋生“同类意识”，并分享由共同的经验而发展出“我们感”。外群体是个人觉得非自己所属的、由另一群人围成的圆圈。它使我们感到明显不同于自己的他人所形成的群体。外群体到处围绕我们，如果你是青年人，则你的外群体是老年人；你是白人，则你的外群体是有色人种；如你是病人，则外群体就是健康的世界。我群的群体成员资格是通过群体界线予以定义的，界线把整个世界分成了“我们”和“他们”。有些群体界线是有形的，并为符号、礼仪和习俗所强化。比如，家族的族徽、旗

帜、制服，大学生的校徽，都是群体界线符号，人们可以依此确定他们所属的群体。在这里我们必须强调一点，在区分我群和他群时，切莫走入心理定势和先入为主的误区，如不要认为“所有长头发的人都是嬉皮士”“所有犹太人都是奸诈、贪婪的商人”，总认为他群没有我群好。分析我群和他群可发现许多社会伦理问题，也可揭示群体如何塑造人们的许多行为方式。

（五）根据个人对群体的归属性将群体分为三种类型

1. 隶属群体。隶属群体是个人依附的群体，即个人归根到底所属的群体。如国家、民族、社区、阶级、阶层等。隶属群体都是大的集团。国家是地域性集团，民族是一种文化共同体，阶级与阶层都是利益集团。

2. 首属群体又称初级群体，有时也译成直接群体。它是美国社会学家库利在1909年《社会组织》一书中提出来的。他认为从个人的成长角度来看，最初人们是从一些直接的、人数不多的、亲密的交往过程中形成一些简单的社会关系，由这些初级的社会关系结合起来的群体，称为首属群体或初级群体。具体形式有家庭、邻里、生产班组、游戏娱乐群体。这些群体规模小、关系比较亲近、交往频率高，交往关系具有面对面的直接性，还有强烈的群体认同感。

3. 次属群体又称次级群体。继库利提出“首属群体”概念后，美国社会学家帕克将“其他群体”称为“次级群体”，与“首属群体”相对应。次级群体就是人们有目的地通过间接的社会联系而结成的群体，其成员很少甚至没有直接交往，相互关系具有“匿名性”。其具体形式有社团、政党、企业等组织。

三、群体的结构

群体中有规律的、稳定的行为模式，被广泛地称为群体结构。人们在一起呆得时间足够长，几乎总会有社会结构的产生。最初可能只是一些陌生者的集合，但当他们相处一段时间后，他们就会形成统一的规范、地位、角色系统。例如，在高中学生的同辈群体中，社交能力最强的成员可以主持聚会，而智力最好的人可能会最大程度地影响群体其他成员的意见。通常群体结构主要包括四个方面：地位、角色、规范和凝聚力。

（一）地位

地位（status）指的是在某一群体中某一确定的社会位置。例如，女性、老人、律师、父亲，都可以用来当做地位的例子。列举所有的地位似乎是一件很难的事情，而我们熟知的大多都与性别、婚姻状况、年龄、教育、种族、宗教信仰和职业等相关。

群体中有两种主要的地位类型。在一个人的生命历程中作为个人努力与否的结果而获得的地位被称为自致地位（achieved status）。现代社会中的绝大多数职业，从企业管理人员、医生到擦鞋匠、垃圾工，都是自致地位。某人所拥有的被指定的、并且通常不能被改变的社会地位被定义为先赋地位（achieved status），包括种族、民族、年龄、性别和某些家庭内的地位，如作为长子或者是作为一个孙女的家庭地位。

（二）角色

“角色”一词本是戏剧中的一个专有名词，原意为演戏的人化妆打扮后所扮演的戏剧中的人物。美国社会学家米德首先将这个词运用到社会心理学中，认为社会也是个大舞台，社会中的人就是它所扮演的各种角色的总和。20世纪二三十年代一些学者将它引入社会学，进而发展成为社会学的基本理论之一。

角色（role）是对群体中处于某一社会位置、具有某一特定身份的人的行为期待。按拉尔夫·林顿（Ralph Linton，1936年）的说法，一个人占有的是地位，而扮演的是角色。每一次高度结构化的社会互动中，社会都为其提供了一个“剧本”，用以指导分配给不同社会成员的不同角色的扮演。角色的学习就是要领会某一特定身份被期待的或是必需的行为，换言之，即把握好对具有某一身份的人的“规范”，并按照“规范”的期待表现角色的行为模式。

（三）规范

群体规范是指群体所确定的行为标准。这些标准为群体每个成员所公认，而且是每个成员必须遵守的。群体规范可能是群体内部正式规定的，但大部分是在群体中自发形成的，并且能潜移默化地影响个人的行为。

群体规范的形成受模仿、暗示、从众、服从等心理因素的影响。群体存在的重要条件之一是它的一致性，这种一致性表现为群体成员在行为、情绪和态度上的统一。在群体成员彼此相互作用的条件下，会产生一种类化过程，即彼此接近、趋同的过程。这是由于相互模仿、受到暗示、表现出顺从所造成的，在此基础上形成了群体规范。群体规范一旦形成，就会反过来对群体发生作用。

群体规范的基本作用表现为以下两点：一是维系群体的作用。群体的存在形式是它的整体性，而这种整体性就表现在群体成员的行为、感情和认知的一致性上。二是认知的标准化作用。在日常生活中，每个人的看法是不一致的，但是当他们一旦结合成为群体，就会在判断和评价上产生一致的意见。即使有个别人持不同意见，但由于规范的压力和个人的从众性，也势必使其与规范保持一致。这种统一成员意见看法的功能，就是群体规范的认知标准作用。

（四）凝聚力

群体凝聚力也称群体内聚力，指群体吸引其成员，把成员聚集于群体中并整合为一体的力量。群体凝聚力的发展一般表现为三个层次。第一是人际吸引，群体中尚未形成规范压力，或者成员尚未了解、接受规范；第二是成员对规范的遵从，把个人的目标与群体的目标相结合，自觉接受群体规范的约束，并在此基础上与其他成员建立更深的关系；第三是成员把群体的目标自觉地看成自己的目标，并将群体规范内化为自身的行为准则。各成员因此对群体有强烈的认同感与归属感，产生高度整合的一致行动，这是群体凝聚力的最高层次。

群体凝聚力的因素包括成员个人、群体自身以及环境等方面。

(1) 从个人和群体的心理互动上看，群体自身是否对其成员具有吸引力和成员是否感受到这种吸引力，都对群体凝聚力发生重要影响。如果一个群体对其成员确实具有魅力，而其成员又自觉地意识到这一点，就可能诱发出成员对群体的忠诚感，从而增强群体凝聚力。

(2) 从个人和群体间的利益关系看，这两种利益能否保持一致，也影响着群体疑聚力的状况。成员与群体、成员与成员之间的关系必须遵循互惠性原则，即共同获得利益，才有可能长久维持。

(3) 从成员在群体中的关系结构看，这一结构是否遵循一致性原则和互补性原则，也直接影响着群体凝聚力的高低。一方面，如果成员在年龄、职业、社会地位、文化背景，尤其是志向、兴趣、爱好等认知态度方面具有某种一致性或相似性，成员间的吸引力就强。另一方面，如果成员在性别、年龄、性格、气质和能力等方面可以恰到好处地相互补偿，形成明显的互补关系，往往也会增强群体的凝聚力。这种时候，成员之间会发现缺了谁都不合适。

(4) 从群体成员与其领导的关系看，群体成员是否了解和信任其领导的才能，领导资格的取得是否具有合法性，甚至领导个人是否具有魅力，这些都对群体凝聚力有很大影响。具有权威的领导和成员对此权威的认同、拥护，是增强群体凝聚力的必要条件。

(5) 从群体与其环境的关系看，如果一个群体内部尚不存在分裂性因素，当其面临环境的巨大压力与威胁时，其凝聚力也会大大增强。古代楚汉相争时，名将韩信背水结阵，就是利用这一原理，增强军队的凝聚力而打败敌军的。

四、群体活动对个人行为的影响（群体的社会助长和干扰作用）

在群体情境中，群体对其成员的影响力和作用力是巨大的。德国心理学家勒温的群体动力理论（也称“场”理论）主要研究并回答了这个问题。“场”是借用物理学中的“磁场”的概念。他认为，人的心理、行为取决于内在需要和周围环境的相互作用。当人的需要未得到满足时，会产生内部力场的张力，周围环境因素起着“导火线”的作用。根据“场”理论，勒温提出了他著名的行为公式：

B=f（P，E）

B表示行为，f表示函数关系，P表示个人，E表示环境，即人的行为是个人与环境相互作用的函数或结果。

社会群体活动中，个体的活动效率往往因为群体的影响而出现增量或增值现象。这就是社会助长作用。反之，群体影响阻碍个人的活动效率，这就是社会的干扰作用。群体对个人活动效率的影响，表现为三种形式：一是相互竞赛，二是群体合作共做，三是他人在场观看。这三种形式都会出现社会助长或干扰作用。

群体对个人的行为作用主要表现在以下方面：

1. 竞赛效应

由于竞赛者之间你追我赶，从而起了相互助长作用。赛场竞争越激烈，相互间的差距越接近，助长作用也越明显。我们不难观察到，运动员破纪录、创造好成绩，个人的表现力往往是被竞争对手“逼”出来的。所以，适当搞一些团体竞赛是提高活动积极性和效率的有效手段。

当然，有时竞赛也能产生消极作用。落后者易丧失信心而自甘落后，成功者易产生自满情绪而放松努力奋斗，对这些人会产生过分的压力，滋长不合作态度或对他人产生冷漠态度。

2. 共做效应

在群体共同活动中，由于成员间的相互激励作用，可能比一个人的单独活动更有效率。同样做一件事，一个人干，速度既慢又易疲劳，几个人合作起来共做，则干劲十足，干得又快又好，这就是社会助长。当然，任何事情都是相对的，都可能走向事物反面——社会干扰。由于彼此责任不明，相互依赖、推诿，共做只会起到减量和减质作用。有时还会出现一种“趋中”或“社会标准化”现象，也就是常常突出地表现为个人的抱负或愿望向群体平均水平回归的倾向。因为离开群体大多数水平（平均数）太多或太少，都可能受到冷遇或指责，认为太卖力会太累，落后又怕被人瞧不起，还是中游最稳妥。

3. 观众效应

在既非与人竞争又非群体共做的情况下，如果有旁人在场观看，也会影响个体的活动效率。一个运动员或演员，在独自训练或排演时可能成绩平平。但若在大庭广众之前，在观众掌声和鼓励之下，会如同换了一个人一样，能发挥出最佳水平。当然有些群体成员在大众面前的表现，与私下不尽相同，特别对观众不甚了解时更是如此，其行为最容易受到社会干扰，表现最多的为踌躇和反常。这种在公众场合的怯场现象，称为社会顾虑倾向。每一个群体新成员在新来乍到，与其他成员不熟悉之际，常备感孤独和拘谨，即使平时是个能言善辩的老手，也会在公众场合显得腼腆而害羞。

4. 压力效应

当群体成员或整个群体受到外部环境压力时群体的凝聚力就会增加。我们平时常说的“变压力为动力”就是这个道理。就群体成员个人来说，当他遭到突然灾难、变故等压力时，常规处理问题办法就失效了。他首先要弄清环境压力的真实情况，观察他人压力面前的反应，以确定自己该如何反应。出于这些考虑，他会主动调整自己的态度和行为，积极地与其他成员相互沟通和互动。这使群体成员间关系更密切，互动频率比平时更高，群体的凝聚力就会迅速得到增强。

第二节 体育群体概述

体育群体是从社会学狭义群体的角度进行定义的，因此不涉及广义的社会群体。

一、体育群体的含义

社会学同行认为，在一定的场所集合一定的人群不一定能称之为群体。比如运动会，参加运动会的人群只能被称为集合体而不能称之为体育群体。再如，清晨在公园或广场进行身体锻炼的人们不论集聚了多少人，也不能称之为体育群体。前者人们的集合与人们之间的交往互动是一时的，经过式的，非稳定性的；后者人们进行身体运动的目标与内容是不一致的，而且可以说几乎不存在相互作用和共同协力的关系。那么，什么是体育群体呢？为了避免抽象的论述，这里先以足球队为例进行一下说明。

首先，足球队的组成是为了实现特定的群体目标——共同合作，一致对外，与其他学校足球队进行竞赛性较量，这是足球队作为一个群体之所以成立的内在依据。

其次，足球队的成员是由于对特定的体育运动项目——足球具有共同的兴趣而自愿走进球队成为其中的一员。队员间通过日常训练中面对面地接触和联系，逐渐形成了球队内特有的相对稳定的、持续的、频繁的互动关系——队友关系，成员之间的互动关系呈现出合作或竞争等特征。这种互动关系是由足球运动项目的群体地位结构特点所决定。如占据不同地位的角色——队长、主力队员、替补队员；边锋、中锋、后卫、守门员等。

再次，为了维持球队的训练秩序，保证训练与竞赛的顺利进行，还会制定出成文或不成文的队规，队规便成为所有队员训练行为的准则和规范。群体成员规范行动的结果，会增强群体的凝聚力，而且，某一成员自觉遵守规范的行为，会使全体成员产生“我们也应该这样做”的连带意识。

通过以上的分析可见，所谓体育群体不单单是指人们的集合，而是指在集合基础上实现的社会行为交换过程中产生的。故将体育群体作如下定义：“体育群体是以体育实践为主要目地自发的或人为的组织起来的具有结构性特征的人们的集合。”

以体育实践为目的体育群体必须满足下列条件：

(1) 一定数量的成员；

(2) 具有不同程度的共同感兴趣的运动内容或目标；

(3) 具有持续而稳定的相互作用；

(4) 群体内部地位结构的角色分化；

(5) 成员经常参加群体的统一活动；

(6) 制约成员行为的群体规范；

(7) 统一行动的连带意识。

无论是在大众体育领域，还是在竞技运动领域，或是在学校体育领域，有组织的或松散的体育群体的形式是多样的。

二、体育群体的分类

对体育群体进行分类可以使我们深入理解体育领域的社会结构，有助于我们认识各类群体的结构特征，也有利于针对不同群体的结构特点进行有效组织与管理，实现群体目标，提高群体活动的效率。对体育群体进行分类可以采用不同的分类标准。

（一）以群体的形成原因为依据进行分类

以此分类可以将体育群体分为基础群体与功能群体。

所谓基础群体，是指以血缘和地缘为媒介自然形成的体育群体。如家庭、邻里的体育爱好者群体，村镇的孩子们的体育游戏群体等。

所谓功能群体，是指为了达到特定的目的而人为地、有计划地组织起来的群体。如学校的运动代表队群体、社会上的户外运动俱乐部群体等。

（二）以群体的规范程度为依据进行分类

以此分类可以将体育群体分为正式群体与非正式群体。

所谓正式群体，是指根据一定的章程或文件，按照一定的程序组织起来的，得到某级社会组织明确承认的体育群体。例如，学校教育中以班级为单位的体育学习群体、高水平竞技的运动队群体、企事业单位的业余运动队群体等。

所谓非正式群体，是指人们在共同的体育活动中自然形成的群体。它是在人们的共同爱好、利益、感情与友谊的基础上自发形成的。例如，孩子们的体育游戏群体、网球爱好者群体、钓鱼爱好者群体等各种各样的体育锻炼和体育娱乐群体等。

（三）以群体的活动性质为依据进行分类

以此分类可以将体育群体分为游戏群体、学习群体、竞技群体、锻炼群体和娱乐群体（表 7–1）。

表 7–1　不同类型体育群体的特征差异

类型 要素	游戏群体	学习群体	竞技群体	锻炼群体	娱乐群体
成员	儿童	学生	学生或运动员	成人	成人
指导者	成员共同	教师	教练员	指导者	成员共同
目标	无明确目标	接受教育	获得胜利	获得健康	获得快乐

续表

要素＼类型	游戏群体	学习群体	竞技群体	锻炼群体	娱乐群体
活动计划的确定者	成员共同	群体外部的教师	群体外部的教练员	群体外部的指导者或成员共同	成员共同
活动内容的选择者	同上	同上	同上	同上	同上
人与人之间的关系	水平关系	指导与被指导关系	指导与被指导关系	(无特定的指导者时)水平关系	水平关系

三、体育群体的功能

体育群体的功能是指群体这一组织形式对参与者行为和群体活动所产生的影响作用。这种作用具体表现在以下方面：

（一）工具性功能

体育运动的许多集体性项目如篮球、排球、划船等单凭个人是无法成立和实现的，必须借助于群体的形式和群体成员的共同参与，群体成为此类项目的基本构成要素之一，是必不可少的工具和手段，产生着助长或弱化作用。对于集体性项目而言，群体这一要素的结构质量（凝聚力水平）直接决定着一支队伍的竞技实力，由于群体凝聚力而产生的战斗力问题成为竞技运动理论和实践领域十分关注的课题之一。

群体对参与体育运动的群体成员而言，也具有行为助长作用，即群体的努力与单独个人的努力相比，其效率更高。体育群体对其成员运动行为的助长作用通常是通过群体行为所具有的同化效应、竞赛效应、共做效应、观众效应、压力效应而产生的，具体表现为可以强化群体成员运动行为的积极性、持久性、稳定性和创造性。但有时也会产生行为干扰作用，如偷懒、趋中、焦虑等现象。如何科学利用群体的工具性作用，创造良好的群体氛围和群体活动环境，提高活动效率是值得学校体育、大众体育、竞技体育领域深入研究的课题。

（二）表意性功能

以群体的形式参与体育运动与以单独个体的形式参与体育运动相比，前者具有提供情感支持和自我表达机会的功能。运动队的成员在经常性的互动过程中会产生密切的关系，这是他们在运动场外的友谊基础；户外运动俱乐部的成员在集体性探险活动中相互关心和帮助，会导致友谊的产生和维持；老年健身群体的成员在交流中会弱化和消解孤独感，产生归属感，扮演领导者的老年人可以在体育群体中重新找到曾经拥有的成功感；儿童的游戏群体可以为他们提供接触社会的舞台和展示才能、表达自我的机会，这些功能在大量相关的实证研究成果中得到了进一步的证实。因此，积极推进体育运动的组织化进程，扩大体育群体的数量，优化体育群体的结构，发挥体育群体的表意性功能，促进体育参与者的身心发展，应成为各级政府十分重视的一项工作。

第三节 体育群体的微观分析

一、体育学习群体

（一）体育学习群体的内涵

人们出生以后，先是经过家庭、幼儿园等的保护和学习，掌握最基本的文化和行为方式，而后经过各种社会群体的教化，逐渐成长为社会的一员，而执行社会教化任务的主要机构就是学校。在学校中，为促进学生的身体发育成长而设置的制度化教育活动，称之为体育（狭义）。从社会学的角度，可以将体育理解为通过身体活动进行的社会化过程。

若从群体理论的角度，可以将体育视为以班级这一群体为基本单位，由社会化的执行者——体育教师和接受教化者——学生之间的相互关系及学生与学生之间的相互关系构成的教育活动。具体构成这种关系的群体，可称之为体育学习群体。

所谓体育学习群体，是以学习体育知识、技能、技术，发展身心为主要目的，人为地、有计划地组织起来的具有结构性的功能群体。

（二）体育学习群体的特点

体育课中的班级群体与其他课程中的班级群体相比，包含大量的人际互动关系，具有三大特点，即角色分化、规范共有和社会化。

首先，在体育学习群体中，全体成员都要在群体活动中承担角色，而且这种角色是分化的。例如，篮球教学时，通常将班级学生进行分组练习或比赛，比赛时，学生被分配到不同的位置：前锋、后卫、中锋，主力队员、替补队员、啦啦队员等，每个学生所承担和扮演的角色是分化的，因而角色体验也是不同的，他们必须遵循群体利益最大化原则，在规则允许的范围内，尽其所能地扮演群体中的某一角色。就个人而言，每个人都期待着最适合于自己的角色，并被编入能引起兴趣的群体结构中去。一旦明确并获得了群体中的某一角色，成员就可以清楚的把握住自己应该做什么。反之，如果不在群体中承担角色，则个人在群体中的地位就要发生动摇，甚至导致学习积极性的丧失。

其次，体育学习群体成员行为规范共有。这里所涉及的规范是指被群体成员公认为最正确的、最有价值的行为方式。体育学习群体独有的运动规则为群体成员的行动提供了共同的价值向导和行为标准，具有高度的统合力，可以强化群体成员之间伙伴意识，提高班级群体的凝聚力。从这个意义上说，规范的价值是不容忽视的。

第三，体育学习群体成员在运动学习过程中，不仅要学习知识、技术和技能，增进健康，还要通过群体成员之间的深入互动体验，发展适应社会生活的能力。

（三）体育学习群体的结构

日本教育社会学者片冈德雄认为，构成教学的基本要素有三个，即学习主体、学习内容和人际关系，学习主体是在人际关系中掌握和获得学习内容的（表 7–2）。

表 7–2　学习群体结构

输　入 （学习主体的行动） →	教学的群体过程 （班级的群体结构） →	输　出 （班级的成果）	 （学习者的成果）
相互作用 活　动 心　情	完成课题的功能 维持群体的功能	生产性 凝聚性	学　力 积极性

└→ 群体的文化 —— 群体规范 ↑

日本学者桥本正一的学习群体结构理论则试图从学习指导的角度理解教学过程。他认为，教学即是“老师教，学生学的教授学习过程”，其基本结构是“体育教学 = 运动学习过程和群体过程”。

对于教育活动而言，群体不仅是手段，也是内容。学生是在群体生活中学习和掌握对事物的看法、思维方式、行为方式、养成生活态度和初步确立人生观的。

（四）体育学习群体中的学习形态

体育学习群体的学习形态是以人际关系为特征，包括指导者（教师）与被指导者（学生）之间的关系、群体成员之间的关系、小群体与小群体之间的关系等。

在指导者与被指导者之间的关系中，教师是否属于群体成员呢？严格地说，教师不属于群体内的成员，但又不完全被排除在外，无论是班级群体、还是小群体的学习活动，教师的指导具有重要的作用。班级群体成员的异质性。因为它是由家庭环境、生活经历、性格、态度、身体发育程度、运动能力等各不相同的学生组成的。在指导者与被指导者的关系中，指导者一定要把握好管理班级的指挥权。

在群体成员之间的关系中，班级群体成员间通过商量确认教师提出的任务，然后制定出大家共同遵守的学习规则，并通过协力完成任务。这种群体学习，不仅能够促进成员之间的友好关系，增强成员们的满足感和归属意识，也能够激发学生的学习欲望，有利于掌握知识、技术和提高运动能力。在学习过程中由于运动能力等方面的不同，学习群体内会自然产生地位分化，形成以若干威信高并具有领导能力的成员为中心的人际关系。和谐的人际关系有利于学习效率的提高。

体育课中的班级群体，由于受设施、器材、时间等的限制，常常要划分成几个小群体（或称之为小组），以提高学习效率。小群体（或下位群体）之间的关系主要表现为竞争与协力的关系。在竞争关系中，如果小群体之间的能力水平差距太大，则学习效果不明显。为此在划分小群体（小组）时，要尽量缩小它们之间的差别。在协力关系中，应强调团结、友爱、互助、互谅的水平人际关系，小群体不仅是学习手段，有时还是教材的一部分。例如，在组成篮球队进行比赛时，一个队的人数虽然可以编制，但应限定双方的人数，人与人之间的相互关系也必须限定，即要遵守篮球的竞技规则，前锋、中锋、后卫各司其职，互相配合，与对方竞争。从这个意义上说，按篮球教材要求组织的学习小群体，既是教学手段，也是教材的内容。

二、运动竞技群体

（一）运动竞技群体的内涵

所谓运动竞技群体，是以运动训练和比赛为中心，以提高运动竞技水平、在竞技中获胜为目标，以自愿为原则，人为地、有计划地组织起来的具有结构性的功能群体。运动竞技群体包括职业运动队和业余运动队。运动竞技群体作为体育群体的下位概念，属于正式群体和功能群体。

（二）运动竞技群体的结构

1. 运动竞技群体的基本要素

构成运动竞技群体的基本要素包括成员的需求、群体规范、征服对象（竞争目标）和运动技术。

各要素之间的关系：群体成员遵从群体规范，形成群体内的态度，当成员的态度被其他成员认知、承认和期待的时候，则产生了群体内成员的角色分工。群体规范越是适宜，则群体凝聚力越强。成员运动技术水平越高，则征服对象的可能性越大。进而，成员的态度和运动能力与接受他人的尊敬程度相应地形成了在群体内的地位，并由这个地位与角色构成了群体内了各种人际关系。

如图 7–1 所示，成员的需求和群体规范是调整群体内关系和提高群体战斗力的要素；运动技术和征服对象是群体在与外部环境对应中解决问题时的必要因素；征服对象和群体规范是超越每个成员而与群体的整体性相关的要素；运动技术与成员的需求是每个群体成员所拥有的个性要素。运动竞技群体结构要素之间的有机联系维持着群体的存在与发展。

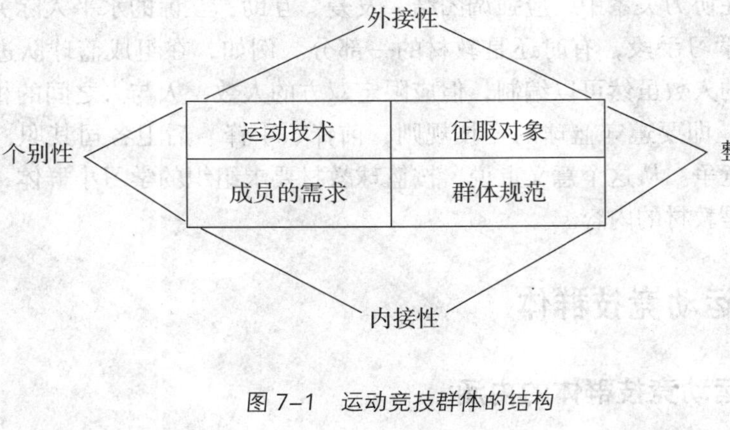

图 7–1　运动竞技群体的结构

2. 运动竞技群体的结构分析

以成员的需求为视点，则会发现成员需求的异质性。

体育运动具有鲜明的竞争性，会给对竞争需求高的成员带来较多的成功体验。但如果荣誉体验限定在部分能力强的成员身上，则易引起多数成员的需求不满，从而导致群体的分化。如何解决这一问题，是研究运动竞技群体的课题之一。

以群体规范为视点，则会发现竞技群体规范的优先性。

竞技群体规范，一方面通过成员的认可而促成群体的连带关系，另一方面通过同一价值标准整合全体成员。群体规范主要是依靠群体内地位居高者得以维系，但当群体内地位低的人产生不满，并且这种不满的压力大于规范的统制力的时候，规范将被变更，群体将会解体或是发生变化。因此，如何避免群体内不满现象，提高群体的凝聚力和战斗力，也是重要的课题。

以运动技术为视点，则会发现运动技术的重要性。

在竞技运动比赛中，运动技术水平越高，获胜的可能性越大。高超的运动技术水平与先天素质有密切关系，成员间素质差别是客观存在的。因此，如何正确对待个体差别，发挥每个成员的特长，做到“寸有所长，尺有所短”，提倡相互学习，优势互补，提高群体的整体竞技力是又一项课题。

三、大众体育群体

（一）大众体育活动点（非正式群体）

我国大众体育的最基本群体形式是存在于社区的活动点。这些活动点的群体多为非正式群体。它与一般的正式群体不同，没有严格的组织形态、复杂的内部结构及分化的功能，又不必规定成员的人数，而是在共同地域空间圈内生活的前提之下（较频繁地使用共同的公共设施），在人们相互认识（直接或间接）的基础上，由于观念、爱好、兴趣等一致而自发形成的结伙关系。例如常见的“晨练队”“健身娱乐秧歌队”等。

1. 大众体育活动点的特征

(1) 自发性

大众体育活动点多是由于居住在相近的生活圈，通过频繁的直接或间接的交往并在自愿结合的基础上自发形成的。它既非上级安排、领导批准、单位认可、街道同意，也不需社会组织的“正式”承认。大多是在自然交往基础上，由于对某项运动持有共同的认知和需要、兴趣相投、相互有好感而自然形成的。一般都经历了潜存期、聚集期、形成期三个阶段。小群体初期形成往往是以某个人或某几个人在对某一运动上表现出异常的喜爱，或已取得某些效益并对他们周围的人形成影响为契机的，然后通过相互交往产生影响的辐射，并不断同化、聚集逐渐演变而成。

(2) 同质性

大众体育活动点的成员表现为同质性特征。表现之一为同一群体成员的年龄相仿，多为同辈人所组成。成员同质性的另一个表现是所从事的职业及在社会地位系谱中所处位置的相近，即同类相聚。产生这一现象的原因是多方面的，其中最主要的原因有两个，一是与中国计划经济体制下的单位现象的自然延续有关。由于计划体制中的大单位、小社区的普遍存在，人们的居住区域与业缘紧密相关，居住区域的分配与职业和在职业中获得的社会地位直接挂钩，从而导致以业缘为媒介而形成的社区成员的同质性较大。原因之二是年龄标签往往成为人们相互认同的纽带。

(3) 心理相容性

由于大众体育活动点的群体都是因某种共同的目的而自愿结合起来的，因此，群体内部往往具有强烈的情绪共鸣和高度的心理相容，彼此反应积极，情感融洽，较少出现尖锐的矛盾和冲突，具有较为一致的群体意识和行为。即使有少数人的意见分歧，但往往能够在大多数人的同化下达成共识，群体活动过程中内部容易调整。

(4) 有中心人物

一般大众体育活动点的群体中都有一或两个中心人物，他们在小群体中起着指挥、调节和榜样的作用。这种中心人物的产生既不是传统的行政权威的产物(与职位高低无关)，也有别于伦理权威（不以年龄大小而任)，而是自然而然地依靠个人为小群体解决问题的实力而形成的，这些实力包括组织能力强、有号召力、有奉献精神、有社交能力、有获取社会资源的优势等。权威的位置是通过对小群体的影响力而获得，虽然没有明确的选举程序，但群体成员的认同是权威人物诞生与存在的基础。通过调查显示，几乎所有的锻炼群体都是以不等的规模围绕着一些大大小小的影响力范围不等的权威人物为中心而存在着。中心人物的去留往往直接影响到小群体的存亡兴衰。

(5) 流动性

由于大众体育活动点的群体都是建立在自愿结合基础之上的，一般没有强制性的纪律约束，更没有完整的自治章程，成员与成员之间、成员与小群体之间的契约化程度很低。愿者留之，厌者弃之；合则聚，不合则散。因此，群体的成员结构往往容易变化。另外，多数运动小群体往往缺乏长远明确的目标，行为动机比较浅近，活动过程变异性大，因此群体结构松散，呈现出成员流动多、变化大的特点。

2. 大众体育活动点的类型

⑴ 运动保健小群体

群体成员的聚合往往是出自于对身体健康的共同追求，动机来源于防病、治病。他们在群体活动中，传递各种运动疗疾的信息，互相授受各种传统的、现代的运动疗法，相互鼓励，战胜疾病，获得健康。

⑵ 运动娱乐小群体

群体成员的聚合更多的是出自于消磨闲暇的需要，按照共同的喜好选择闲暇生活内容运动，达到调节情绪、轻松身体、娱乐身心、玩味生活的目的。

⑶ 情感交往小群体

此类群体是在朋友圈子的基础上发展起来的，成员以共同的身体活动为中介，彼此间存在着牢固而深厚的情绪依赖心，互相非常信任、理解和坦率，具有高度的亲密感。它是社区人们感情生活的重要场所。

大众体育活动点群体的存在形式之所以多样化，主要是因为形成群体的主客观原因是复杂的。除了观念相同、兴趣一致等因素外，人们的居住区域、社会地位、身体健康状况等也都可以成为人们相互认同和群体生成的原因。

3. 大众体育活动点的功能

⑴ 信息沟通功能

大众体育活动点的群体是人们逸离工作领域后，继续了解别人、了解社会的一个窗口。人们在以运动为媒介构成的小群体中，可以自由地互通信息、交换情报、沟通各方面的联系。大量的社会信息诸如体育新闻、市场信息、生活方式的变化等等，往往首先在这样的小群体里迅速传递。运动小群体内的信息具有面广、量多、传播快的信息沟通功能。

⑵ 情感沟通功能

大众体育活动点群体的交往活动具有沟通个人与个人、个人与群体感情的作用。由于运动小群体富于浓厚的感情色彩，彼此心理相容，互谅互认，友好相处，人们在这里既可以感知别人的温暖，又可以得到别人的友谊和支持。运动小群体的活动对于调节人们之间的感情具有积极意义。

(3) 满足心理需要的功能

大众体育活动点为满足不同人群的需求提供了平台。如老年人特殊的生理与心理特点，以及与社会生活、社会组织的相对疏远，使他们更容易产生反孤独需要，更具有强烈的安全感、归属感的需要。如同一个人失去的越多越感到失去对象的珍贵一样，他们也有强烈的自尊心和自我确认的需要。在运动小群体中，可以通过不同的途径和方式在不同程度上满足这些需要，这一系列心理需求的满足对于老年的心理健康发展无疑具有十分重要的意义。

(4) 维持健康、延年益寿的功能

人们通过群体性体育活动的参与，有益于减少疾病，增进健康，延年益寿。

（二）大众体育俱乐部

体育俱乐部是由 18 世纪初英国上流社会盛行以社交为目的的各种政治俱乐部、文学俱乐部演变而来，是上流社会的体育沙龙。19 世纪随着英帝国的全球扩张，将这种上流社会的俱乐部文化带到世界各地。

这些体育俱乐部大多数是公益性的社团组织，以健身娱乐为主，采用会员制，管理人员以业余兼职为主，可称之为业余体育俱乐部。至 19 世纪末，西方国家的体育俱乐部已经成为大众参与体育活动的重要组织形式。

1. 大众健身俱乐部的内涵

大众体育俱乐部是以体育爱好者自发性、自主性的结合为基础，为增进健康和促进相互间的协调和睦而进行的持续性体育活动的群体。

近年来，随着我国体育体制改革的深化，出现了各种形式的大众体育俱乐部。以北京市为例，北京市体育俱乐部经历了三个发展阶段，一是 20 世纪 70 年代的萌芽阶段，这一阶段形成了由群众自发组成的健身队伍为标志的北京市体育俱乐部的雏形（如北京市长跑俱乐部的前身为 70 年代的 25 名老年人组成的长征长跑队）；二是以 1992 年全国足球工作会议为标志的形成阶段，在这一阶段，北京国安足球俱乐部等职业性俱乐部的诞生，标志着北京市体育俱乐部进入了规范化管理阶段；三是以 1995 年 6 月 28 日国务院正式颁布《全民健身计划纲要》为标志的发展阶段。目前北京市近 60 个运动项目的协会中 50%以上有俱乐部组织。

2. 大众体育俱乐部的类型

我国大众体育俱乐部大致分为两类：

(1) 营利性健身休闲俱乐部

如高尔夫俱乐部、保龄球俱乐部、台球俱乐部等。这种俱乐部由于是经营性的，参加者除了有这方面的兴趣和爱好外，每年必须交纳高额会费或门票费。由于这种俱乐部费用较为昂贵，局限于少数有闲阶层。

(2) 非营利性体育健身俱乐部

这类俱乐部主要是面向大众的，收取费用比较低，旨在满足大众体育健身需要。俱乐部运转所需费用主要来自会费、企业赞助和体育、教育、文化等部门的拨款或优惠政策。在我国这类体育俱乐部占主体。

在西方发达国家，大众体育俱乐部是开展大众体育活动的基层组织，一些国家还制定相关法律法规：只要有 5~7 人以上，通过其共同的爱好、兴趣，以体育活动为目的，在开展活动的同时，制定自己的章程，各个成员并遵守其章程，遵守国家的体育法令，即可申请成立俱乐部。凡经注册即可受到法律保护，并得到部分经费资助。俱乐部在体育联合会的协调安排下，可享有免费使用公共体育设施、聘请体育辅导员等优惠条件。

由于我国的大众体育俱乐部发展历史很短，经验不足，相关政策还很滞后，因此，就有必要通过了解国外的俱乐部的先进经验，加以借鉴。通过对国外的发达国家大众体育俱乐部的剖析，对我国大众体育俱乐部存在的不足，进行进一步的改善。

3. 大众体育俱乐部的功能

(1) 为大众健身提供健身场所

大众体育俱乐部是社会各界或民间自愿兴办、自愿参加，而且自我管理、民主决策，具有鲜明的社会性、公益性、自由性和民主性，向全社会男、女、老、少敞开大门，且手续简便，活动丰富，所以能最大限度地吸引广大群众来参加体育活动，使体育的健身、观赏、娱乐等功能得以充分发挥。大众体育俱乐部对经费、场地、器材等条件要求不高，向会员收取少量会费，参加的人数多，而又能维持开支能长期运行，适合我国国情。长跑、游泳、健身操、武术等健身项目，简单易学，效果好，深受广大群众喜爱，对他们很有吸引力，易持久开展。而且以热心健身活动的业余兼职人员组成理事会和担任俱乐部负责人，工作也容易开展起来。

(2) 为政府节省资源

大众体育俱乐部主要是由社会各界举办，其开办和维持日常活动的经费基本上都是自己筹措的，并且自己管理，自负盈亏，加上业余体育俱乐部的管理人员基本上都是义务的，所以为政府节省了大量财力和精力。

(3) 增强人们体质，丰富文化生活，促进精神文明建设

开展健身活动的各种体育俱乐部，通过绳毽、武术、健身操、钓鱼、高尔夫等各种活动，为各种层、各种年龄的广大群众增强体质、丰富精神文化生活、改善心理状态提供了有利条件，人们的健康水平明显提高，一些常见病、多发病得到了有效控制。越来越多的人通过锻炼，生病少了，医疗费用少了，工作、学习精力充沛了。青年和中年人由于生活工作压力以及工作时间的限制，没有更多的时间去进行爬山、骑自行车等野外锻炼，因此他们多半会选择在下班后到健身房，进行健身操、器械训练来提高身体素质。

主要参考文献

1. 戴维·波普诺. 社会学[M]. 第10版. 北京：中国人民大学出版社，1999.
2. 安东尼·吉登斯. 社会学[M]. 第4版. 北京：北京大学出版社，2003.
3. 郑杭生. 社会学概论新修[M]. 第3版. 北京：中国人民大学出版社，2003.
4. 社会学教程编写组. 社会学教程[M]. 北京：北京大学出版社，1986.
5. 李宁. 群体心理学[M]. 广州：暨南大学出版社，2001.
6. 范克新，肖萍. 团体社会工作[M]. 北京：社会科学文献出版社，2001.
7. 徐西森. 团体动力与团体辅导[M] 台湾：台北心理出版社，1997.
8. 吕树庭，卢元镇. 体育社会学教程[M]. 北京：高等教育出版社，1995.
9. 刘德佩. 体育社会[M]. 学. 北京：人民体育出版社，1990.
10. 卢元镇. 体育社会学[M]. 北京：高等教育出版社，2005.
11. 曹继红. 城市社区老年运动小群体的社会学剖析 [J]. 沈阳体育学院学报，1999(2).
12. 任海，王庆伟，韩晓东 [M]. 国外大众体育. 北京：北京体育大学出版社，2003.

复习与思考

1. 如何发挥群体在大众健身锻炼中的行为助长作用？
2. 如何组建一个社区健身俱乐部？
3. 体育教学中如何建立良好的师生互动关系？
4. 运动竞技群体的结构要素有哪些？在运动队管理中如何处理好各要素之间的关系？

推荐阅读书目

1. 刘德佩. 体育社会学[M]. 北京：人民体育出版社，1990.
2. 李宁. 群体心理学[M]. 广州：暨南大学出版社，2001.
3. 任海，王庆伟，韩晓东. 国外大众体育［M]. 北京：北京体育大学出版社，2003.

第八章

体 育 组 织

本章概要

本章主要介绍社会组织的基本原理、我国社会组织的类型及改革开放以来我国社会组织的分化、我国各类体育组织的作用及运转情况；简要介绍国际体育组织、日本和美国的体育组织情况。

体育组织是体育事业管理和体育活动开展的重要载体，对体育组织的研究是体育社会学研究的一个重要领域。社会组织的基本理论和方法是体育组织研究的基础。

第一节 社会组织概述

社会组织是次级群体的表现形式，是社会结构的要素之一。组织化程度是社会复杂性与进步性的标志，现代社会是高度组织化的社会，研究社会就离不开对社会组织的研究。

一、社会组织的含义

（一）社会组织的概念

对社会组织一般有两种理解：一种是广义的组织，即泛指一切人类共同活动的群体，包括初级群体和次级群体；另一种是狭义的组织，即相对于初级群体的次级组织形式，也称之为正式社会组织。我们这里所提到的组织，主要是指正式的社会组织。

组织于 20 世纪 60 年代成为社会学中的一个独立的主题。但对于什么是社会组织，一直众说纷纭。被西方社会学誉为现代化组织社会学创始人的马克斯·韦伯认为，组织是一个法人团体，是一个用规章制度限制外人进入的一个封闭的团体。斯科特和米切尔认为："正式组织是在有权威和领导的条件下，为了一个共同目标合作共事的一群人协调活动的系统。"美国著名的社会学和和管理学专家理查德.H.霍尔认为，组织是由相对明确的边界、规范的秩序（规则）、权威级层（等级）、沟通系统及成员协调系统（程序）的集合体；这一集合体具有一定的连续性，它存在于环境之中，从事的活动往往与多个目标相关；活动对组织成员、组织本身及社会产生结果。

我们认为，正式社会组织是指人们为了达到共同的某种目标，将其行为彼此协调与联合起来所形成的社会团体。[①]

① 郑杭生. 社会学概论新修 [M] . 北京：中国人民大学出版社，2003：192.

（二）社会组织的特征①

社会组织作为一种复杂的社会群体，具有以下几个方面的特征：

1. 具有特定的目标和目标体系

组织成员之所以结合在一起就是为了实现某一特定的共同的目标。现代社会组织的目标往往不是一个简单的目标，而是具有一定层次的目标丛或目标体系。

2. 组织成员角色化

“组织作为一个系统，每一个职位都有其自己的表述为职责和权力的明确的能力和范围”。组织成员的行为都应与其所处地位的角色分工相适应，根据角色安排去行动。

3. 具有严格的规章制度

为了有效地组织成员的活动，完成组织目标，每个组织都有其严格的规章制度。一个组织的规章制度反映了组织的正式结构，它明确规定了组织的性质、目标、任务、机构、纪律、管理方式、成员资格、成员的权利和义务等内容，同时组织章程也规定了组织成员所处的地位和组织成员的分工合作关系以及相应的行为准则和奖惩手段，使成员之间相互配合、相互协调，以便全面有效地完成组织目标。

4. 具有权力分层体系和科层化管理体制

作为一个复杂的分工系统，要有一个领导中心即权力中心。权力中心根据各种需要把权力划分成若干部分和层次，分配给所属的各职能部门，从而形成一个有机的权威体系。与此相应，现代组织普遍实行科层化的管理体制以领导、控制和协调因专业分工和权力分配而处于不同职位上成员的活动。一般来讲，组织分工越细，对组织管理的科学化要求越强。

5. 要具备一定的物质条件

社会组织要开展活动，就需要有一定的资金、活动场所和相应的设备体系。例如工厂要有厂房、机器、原料，医院要有病房、药品、医疗设备等等。如果缺

① 张敦福. 现代社会学教程 [M] . 北京：高等教育出版社，2004：115.

乏足够的物质条件，组织活动就难以顺利开展，组织目标就难以实现。

二、社会组织系统的构成要素[①]

组织作为一个系统，它的构成要素一般包括四个方面，即组织目标、组织结构与设计、组织文化和组织内的群体。

（一）组织目标

组织是人们实现目标的工具。组织目标是一个复杂概念，它既是组织拥有者的目标，也可以是组织成员的共同目标。

组织目标的含义很广泛，它通常指使命、目的、对象、指标、定额等，有时也指任务的合法化与正规化，还可以是组织所完成的具体项目，如某一厂家所追求的生产定额、某一所学校的招生计划等。同时，组织目标还可以被看成是要求组织去满足的一系列要求，如雇员的满意程度、符合政府或社区要求的目标、满足顾客的要求等等。这样，组织目标就有两个层次上的差异，在广义层次上指正式的、抽象的、长期的目标，这是各个组织之间相互区分的标志；狭义层次是各组织中的实际工作目标，即具体的可操作性目标。

组织目标的类型主要有：主要目标、次要目标、短期目标、长期目标、平衡性目标、改进性目标、显性目标和隐性目标。

（二）组织结构

所谓组织结构，是指组织内部正式规定的、比较稳定的相互关系形式。传统组织理论认为，组织结构的特征包括组织的稳定、明确的相互关系形式、清楚的职权和严格的沟通渠道等。他们强调结构的客观性、非人格化和形式化等概念，组织结构被认为是最重要和持久的特点。现代组织理论则开始重视结构与环境之间的关系，相信灵活的结构形式能更好地适应环境的需要，也更有效率。

组织结构的分化通常有两种形式：水平分化（horizontal differentiation）和垂直分化（vertical differentiation）。水平分化过程是指组织将要完成的总任务划分为各种子任务，并将他们分派给组织中的各单位和单位中的个人。垂直分化则是指组织的等级和层次结构的确定，以利于有效地整合与控制。通过这两种分化过程就使组织逐渐地走向规模化和复杂化。

[①] 于显洋. 组织社会学[M]. 北京：中国人民大学出版社，2001：94-199.

（三）组织文化

组织文化是指组织成员在长期的相互作用和相互影响过程中所形成的共同的价值观体系，它包括组织成员共有的人生观、思想意识、价值观念、理想、信念、期望、态度和行为准则的总和。组织文化是组织成员所共有的一种价值观体系。组织文化是在组织形成发展的过程中不断成熟起来的，如果不能与不断变化的社会环境的要求一致的话，也会成为组织进一步提高效率的阻碍因素。

（四）组织内群体

群体是指为实现共同目标的两个以上保持持续性相互依赖、相互作用的个人组成的社会单位。群体是构成组织的基本要素，任何组织成员都是在群体内进行活动并实现各自的目标的。群体作为组织的次一级单位，与组织设计和结构有着密切的关系。

根据不同的方法可将群体划分为不同的类型，其中有：

(1) 功能型群体。组织设立功能型群体目的是为了持续地满足某种必不可少的、经常重复出现的常规性需要，它的最典型的特征是成员之间建立了严格的上下隶属关系和正式的职位规范。

(2) 项目型群体。项目型群体也是大型组织中常见的一种群体类型。与功能型群体不同，项目型群体不是直接同组织的基本目标相联系，而是同某个具体的项目相联系，建立项目型群体是为了在预定时间内、按照预定的质量标准或效率完成某项具体的工作任务。项目型群体通常不是常设群体，它的存在取决于工作和任务的完成情况，一旦工作完成了，群体也会自动解散，其工作人员返回原来的群体或工作单位当中。

(3) 兴趣—友谊型群体。兴趣—友谊型群体是大型组织中普遍存在的一种组织形态。这种群体通常由具有共同信仰、共同利益、共同兴趣和爱好的个人组成。

三、社会组织的分类

（一）社会学家对社会组织的分类[1]

根据组织的社会功能分类。美国社会学家、结构功能主义的代表帕森斯（T.

[1] 张敦福. 现代社会学教程[M]. 北京：高等教育出版社，2004：117-118.

Parsons）把社会组织划分为政治组织、经济组织、整合组织和文化维系组织四大类。

根据组织对其成员的控制方式进行分类。美国社会学家艾·爱桑尼在《复杂组织比较分析》一书中把社会组织分为强制性组织、功利性组织和规范性组织三大类型。

根据组织目标与受益者的不同关系，布劳将社会组织分为互利组织、营利组织、服务性组织和公益组织四类。

除以上三种分类方法以外，还有其他分类方法，如美国社会学家凯普劳根据组织规模把社会组织分为小型、中型、大型、巨型四类组织。

（二）我国社会组织的分类

在我国，社会组织体系的分类通常有以下几种方法：

1. 以产业为标准，分为第一产业组织、第二产业组织、第三产业组织。

2. 以机构编制为标准，分为国家机关编制的组织、国家事业编制的组织、国家企业编制的组织。

3. 根据法人身份，我国社会组织可分为机关法人、事业法人、企业法人、社团法人（据《民法通则》的规定确定）和民办非企业法人（1998 年《民办非企业单位登记管理暂行条例》予以确立）。法人是具有民事权利能力和民事行为能力，依法独立享有民事权利和承担民事义务的组织。简言之，法人是具有民事权利主体资格的社会组织。在我国根据政府的行政管理，社团和民办非企业单位，通常被称为民间组织。

4. 20 世纪 70 年代以来，随着国际社会非政府组织及非营利组织的迅速发展，现代社会科学还将社会组织分为政府组织、营利组织、非营利组织三大类，它们分别是政治领域、经济领域和社会领域的重要组织形式。非营利组织的集合人们也将它称为第三部门。在我国第三部门主要包括事业单位、社团和民办非企业单位。但由于我国处于社会转型的过渡阶段，非营利组织的内涵与西方的概念也有很大的差异。因此有学者提出运用这一概念分析我国的现实并不适用。

四、我国社会组织结构的分化

我国正处于社会转型期，社会组织结构的分化和整合既受社会转型的影响，同时各类社会组织结构的变化和调整对整体社会制度的变革具有决定性的意义。

（一）改革开放前我国“总体性社会”组织结构的特点

改革前，中国社会是一个分化程度较低、分化速度缓慢、具有较强同质性的社会。其主要表现：社会的政治中心、意识形态中心、经济中心重合为一，国家与社会合为一体，资源和权力高度集中，使国家具有很强的动员和组织能力，但结构较为僵硬、凝滞。这种结构形态被称为“总体性社会”。

社会的组织类型和组织方式简单划一，都是按照相同的模式建构和按统一的方式运行的，所有的社会组织，不管是行政的、事业的或经济的、政治的，均由政府控制和管理，均有一定的行政隶属关系和行政级别，并据此从政府那里获得按计划分配的资源。同一类、同一级组织在内部结构、社会地位以及行为方式上没有什么不同；不同类别、不同等级的组织之间虽然在资源获得的多少、权力大小、专业职能等方面存在着一定的差异，但在行为方式和制度框架上没有显著的不同，在与国家的关系上所有组织都缺乏独立利益和自主权。

整个国家和社会资源高度集中的结果，使得每一组织除从国家获取所需资源外，没有任何获取资源的渠道。组织之间缺乏横向联系，要素和资源很难横向流动，这就使各类组织一方面高度依赖国家，另一方面，由于条块体制的分割而成为某种“自足”的“功能齐全”的“单位”。

（二）改革开放后我国社会组织结构的分化

改革开放以来，随着我国政治、经济体制的改革，社会自由流动资源和社会自由空间的出现，我国传统的社会组织结构正在逐步分化。社会组织由一元向多元化方向发展，并出现了大量新型的经济组织和民间组织。

1. 政府组织方面的分化

“行政一体化”逐步发生改变，政府向地方分权。政府组织的职能部门和管理方式发生了变化，政府组织把具有经济管理职能的部门与纯行政部门分离开来。政府将部分行业管理的职能转移给新型组织，利用中介组织对经济事务实行间接管理，政府的职能日益集中于宏观管理和政策调控。

2. 单位组织的分化

单位的自主性增加，目标集中于自己的专业目标上，原来承担的社会化服务则日益转移给社会，单位成员对单位的依赖性减弱。单位的所有制结构发生转化，出现许多新型的经济组织，如民营公司、私营企业、外资企业以及金融、证券、股份有限公司等多种所有制形式并存。

3. 出现了大量的中介组织、民间组织

它们是介于政府与企业之间的组织，例如各种行业协会、企业管理协会、研究会等。另一种是介于国家（政府）或企业与个人之间的社团组织形式，例如个体劳动者协会、消费者协会、农民协会以及各种学会、联谊会、志愿者协会等等。①

第二节 体育组织

体育组织是体育次级群体的表现形式。现代体育的一个主要特点就是体育的组织化特征，体育组织在现代体育中扮演着非常重要的角色。

一、体育组织的概念

对于体育组织的界定有不同说法，如日本学者把体育组织定义为：一个具有相同的目标和任务的体育群体。

徐隆瑞先生对体育组织的界定：人们为了合理、有效地达到体育目标，有意识建立起来的社会团体或单位。一般是以规则、制度限制他人进入的一种社会关系，较之体育群体，有明显的区别。它通过一系列的体育活动，充分发挥自己的职能，来满足社会生活对体育的需求。

我们认为体育组织是人们为了达到体育或相关目标，满足社会对体育的需要，将人们的行为彼此协调与联合起来所形成的具有相对的独立形式的社会团体或单位。

二、体育组织的分类

对体育组织可以从不同的角度进行分类。

1. 从体育组织主要作用的不同领域，可以划分为竞技体育组织、社会体育组织、学校体育组织。

① 社会发展课题组. 当代中国社会结构的变迁. 管理世界，1991(1).

2. 从组织的性质和社会功能的不同，可以将其分为体育行政机构、体育事业单位、体育企业组织、体育社团、体育民办非企业单位。

3. 从体育组织的影响范围，可以分为国内体育组织、国际体育组织。

三、我国体育组织体系简介

（一）改革开放以来我国体育组织的分化[①]

1. 我国原有体育组织体系的状况

20世纪50年代，我国学习苏联的体育模式，逐步建立起高度集中的行政型体育管理体制。从体育组织体系结构看，国家建立了自上而下的行政管理系统，政府在体育管理中处于主导地位，体育社团数量少，而且大多是行政部门开展工作的一块牌子。由于体育事业被作为一项纯福利性事业，也就不存在体育经营组织。因此，体育组织体系主要是由行政机关和事业单位两种组织类型构成。这种体育组织体系结构最基本的关系是行政隶属关系，主要特征是:

(1) 将体育训练、竞赛、科研、教育、场地设施等各个领域、各个层次的控制权和应由社会组织承担的职责集中于体育行政部门。

(2) 单一的纵向关系，只提供纵向联系的途径。

(3) 自上而下的运作过程。以行政指令计划方式，通过各级工作机构来开展体育工作。

(4) 条块分割，各自形成相对封闭的系统。

(5) 职能多元化。体育行政部门既“管体育”，也“办体育”，同时还“干体育”。体育事业单位“大而全”、“小而全”，既对外服务，又“自我服务”。

(6) 经费来源渠道单一，主要依赖国家拨款。

2. 改革开放后我国体育组织的分化

改革开放以来，随着国家整个政治经济体制的变革，我国体育改革也迈出了较大的步子，体育组织体系开始发生分化。这些分化主要是:

(1) 体育行政部门开始逐步简政放权、转变职能，把部分管理权限和承担的责任下放和转移到有关事业单位和体育社团。

---

① 续川. 我国体育组织体系分析. 体育文史，1996(5).

(2) 群众性体育组织迅速发展，开始积极发挥作用，承担起组织开展群众性体育活动的责任和社会义务。行业体协有较大发展，成为开展职工体育的主力军。老年体协、农民体协、残疾人体协、少数民族体协等也都健全组织网络，积极开展工作，对不同人群体育活动开展起到重要的组织作用。一些群众性体育项目协会日趋活跃，逐步形成依托社会、自主管理、自我发展的机制。

(3) 单项协会逐步向实体化发展，在项目管理和活动开展中发挥作用，减轻了行政部门的工作压力，拓宽了办体育的路子。

(4) 体总的组织建设有了很大发展，逐步形成网络。部分地方体总承担起实质性工作，成为体育行政部门的得力助手。

(5) 体育事业单位自主权扩大，逐步改变对行政部门的依附状况，资金来源多元化，自我发展活力增强。

(6) 职业足球俱乐部、业余体育俱乐部（包括俱乐部的雏形——企业、高校办运动队)、各种经营性的健身娱乐俱乐部、民办武术馆（校）等一些新兴体育组织形式开始出现。

（二）我国各类体育组织概述

1. 体育行政组织

我国体育行政组织是指主管我国体育事业的各级体育行政机构，由国家体育总局，各省（自治区、直辖市)、市、区（县）等各级体育局构成，是管理我国体育事业的主要组织系统。其中大部分县级体育行政机构，由于政府机构改革已与教育或卫生部门合并，也有的被撤销，改为由事业单位或社团组织来开展当地体育活动。

行政机构是国家的代言人，以为社会提供公共物品和服务、满足社会的公共需求为已任，组织资源主要来源于国家税收的转移投入。体育行政组织的目标主要是贯彻国家体育方针，对体育事业进行宏观管理和协调，为社会提供公共体育产品和服务，满足社会对体育的需求。

由于我国处于社会主义初级阶段，社会主义市场经济体制尚不完善，当前乃至今后相当长的一段时间内我国政府在体育事业发展中仍将发挥主导作用。这种主导作用主要体现在以下几个方面：

(1) 制定体育事业发展的中、长期规划及体育政策。体育政策、规划属于纯粹的公共产品，只有政府才能够代表、协调各方利益，平衡和促进各地区体育事业的发展，因此体育政策、规划的制定，是体育行政机构的主要职能之一。

(2) 深化体育管理体制改革。我国处于快速社会转型和经济体制改革的深化时期，社会事业的管理体制和运行机制的改革将不断深入。在我国现实国情下，体育事业改革的深化还需要依靠政府的主导作用。我国《2001—2010年体育改革与发展纲要》中明确提出，进一步深化体育改革，理顺各类体育组织之间的关系，充分发挥各类组织的作用。

(3) 不断增加对体育事业的公共投入，引导社会投入，建立多元化的体育投资渠道，以直接、间接等多种形式提供公共体育产品和具有较强的正向外部效应，而市场提供存在失灵的准公共产品，满足社会基本的体育需求。

受我国社会主义初级阶段的国情所限，我国各地区体育事业的发展还很不平衡，体育事业的整体水平还需进一步提高。随着我国社会、经济的发展，人们的体育需求会日益增强，因此，不断增加财政投入，引导社会投入，构建多元化的体育投资渠道，增加面向大众的体育基础设施的建设、公益性体育指导员的培养，增加对农村、老少边穷地区体育事业的投入等，以不断满足社会的基本体育需求，增强人民的体质和健康水平，促进体育事业与社会、经济的协调发展。

(4) 培育和完善各类体育市场，形成开放竞争的体育市场体系。在我国市场经济的培育和建设是由政府来推动的。市场经济的发展依赖于一定的社会基础条件，如良好的法律秩序、清晰界定的产权、完善的要素市场和流通体制等制度安排。而这些社会基础条件在市场和社会组织力量不发达的情况下，还需要政府来培育和建立。现阶段在我国体育事业发展中，政府在市场主体的培育、市场体系的建设、加快国内市场与国际市场的对接等方面还将发挥积极作用。

2. 体育事业单位

体育事业单位主要包括各级各类学校、业余体校、运动学校、体育科研所、社会体育指导中心、体育新闻出版单位、体育博物馆、公共体育场馆等。

在我国，事业单位是社会事业的主要组织载体。改革之前，我国公共事业领域采取的是高度集中的管理体制，各类事业单位的经费来源，主要是依靠国家的统一拨款，具体运作都由政府部门事先做出安排，在经营目标、运作方式上长期处于一种陈旧、单一、僵化的状态，造成事业单位长期缺乏应有的活力、效率低下。为克服这一弊端，80年代中期以来，我国采取了扩大事业单位的自主管理权，推行行政首长负责制，针对不同类型的事业单位采取不同的经费供应措施，引进竞争机制等举措促进事业单位的改革和发展。体育事业的改革也是如此，一方面，扩大了体育事业单位的管理自主权，另一方面改变单纯依靠政府包办体育的模式，改革经费供给模式，积极拓展社会资源的渠道。如公共体育场馆，由过去的事业型开始向经营型转变，实行独立经济核算，开展多种经营，不少场馆由“吃皇粮”变为“交公粮”。体育场馆的修建改造也出现了多种集资、合作形式，吸引国内外资金，进行经营性开发。随着社会主义市场经济体系的初步确立和新一轮政府机构改革的基本完成，我国公共部门体制改革的战略重点正在转向事业单位管理体制。

3. 体育企业组织

主要指以营利为目的的生产体育产品的工厂、经营性管理的体育场馆、体育娱乐市场的经营单位、企业化管理的体育俱乐部、体育中介机构、体育事业单位兴办的第三产业等。

现代社会日益分化和多元，人们难以单一依靠政府来满足多元化的体育需求，商业体育已成为社会中的一部分。这一发展与城市化、工业化、交通的进步和通信技术、资本资源的可取得性、阶级关系有关。[①]

近年来，随着人们生活水平的提高，我国体育事业的发展，以体育健身、竞赛、培训、娱乐、表演等为内容，面向社会提供服务的体育经营活动日益丰富，经营项目和经营规模不断发展。体育经营活动的开展，促进了体育的社会化、产业化，增强了体育的活力与发展的后劲。同时，健康有益的体育经营活动对丰富广大人民群众的生活内容、提高生活质量、促进社会主义精神文明建设发挥了积极作用。随着我国社会主义市场经济体制改革的深入，体育产业化进程的加深，体育健身娱乐市场、竞技体育竞赛表演市场等会日益吸引社会资源的投入，体育俱乐部、企业性的体育组织在体育事业发展中会发挥越来越大的作用。当前，由于我国处于社会转型时期，市场经济体制还不完善，体育企业组织还存在着产权不清晰、市场运作不规范、政府与市场的定位不准确等问题。

4. 体育社团

(1) 体育社团的概念

1998 年国务院新颁布的《社会团体登记管理条例》第二条规定：“社会团体，是指中国公民自愿组成，为实现会员共同意愿，按照其章程开展活动的非营利社会组织。”据此规定，可认为体育社团是指经各级体育局审批并经各级人民政府民政部门依法核准登记成立由各级体育局作为业务主管单位的体育协会、学

---

① 杰·科克利. 体育社会学——议题与争议 [M]. 管兵，等，译. 北京：清华大学出版社，2003：458.

会、研究会、联谊会、基金会等非营利性社会组织。

(2) 体育社团的分类

体育社团数量巨大，类型各异，从不同的角度可以有不同的分类方法。

①卢元镇先生从性质和构成主体的角度将体育社团划分为：1) 竞技运动类社团。为了提高运动技术水平而成立的体育组织，单项运动协会、运动俱乐部属于这一类。2) 社会体育类社团。为了开展社会体育活动，满足群众健身、健美、健心、社交要求设立的体育组织。3) 体育科学学术社团。为了开展体育科学研究的学术活动而建立的社会团体，在我国以体育科学学会及其分会的形式出现。4) 体育观众社团。为了组织观众、管理球迷成立的体育组织。5) 体育娱乐享受型社团。一种以社团名义出现的高级消费俱乐部，会员要高价购买会员证，享受俱乐部提供的各种待遇。

②从体育社团成立方式上可以分为：自上而下成立的，是指由政府发起成立的；自下而上成立的，是指由群众自发成立的；也有介于两者之间，有群众基础，政府引导成立的通常称为混合型。

③从体育社团的影响区域及范围可以分为：全国性体育社团、地方性体育社团。

④黄亚玲将体育社团分为：会员制（互益性、公益性、协调型）体育社团和非会员制（基金会）体育社团。

⑤我们还可以从体育社团的公共性（组织行使政治权威或组织受政治权威约束的程度）角度，将体育社团分为官方体育社团、半官方体育社团、民间体育社团。

不同的分类方法，主要是为人们不同的研究目的服务的。这些不同的分类，也给了我们关于我国体育社团的总体印象。

(3) 我国体育社团的发展历程

新中国成立后，我国体育社团发展大致经过这样几个阶段：

①新中国成立后，各类体育社团的建立。在1949年10月成立的“中华全国体育总会筹委会”的基础上，1952年6月中华全国体育总会成立。中华全国体育总会在省、自治区、直辖市和各市、地、州、县设体育分会，在厂矿、机关、学校、农村各乡（人民公社）、城市街道等基层单位建立体育协会，中国人民解放军体育运动委员会作为它的团体会员。到1953年已基本建立起全国到地方的体育总会及分会的组织体系。各地方体育分会和基层体育协会的建立，在新中国成立初期大大推动了群众性体育事业的开展和体育运动水平的提高。为了适应参加奥运会等国际体育活动的需要，中央体委成立后，20世纪50年、60年代以来

相继成立了许多体育单项协会组织。

②1957 年以后，高度集中的体育行政管理体制形成，体育社团管理职能弱化，全国性体育社团主要是对外交往的招牌。国家体委成立后，体育社会组织管理系统的功能和作用逐渐削弱。在这一时期，集中型的体委一家办体育的模式形成，社会组织体系“虚化”，中华全国体育总会、各单项体育协会及其向下延伸的地方体育总会及各单项协会，都附设在相应的体育行政管理部门之中，与体育行政部门合二为一，自身并没有实际的体制和机制内涵。文革期间行业体协受到冲击，基本处于停滞状态。

③1978 年以后中国体育社团的迅速发展。改革开放和社会主义市场经济体制的逐步建立，使中国社会发生了巨大地变化。社会“自由流动资源”和“自由活动空间”出现并不断的扩大，这一阶段我国社团“多头管理”的管理体制也为大量社团的成立提供了便利条件。社团组织开始复苏并迅速发展。1978 年以后为体育社团迅速发展的阶段，全国各地各级体育社团迅猛发展。

④80 年代中期以来，体育协会的“实体化”改革，使体育社团在体育事业的管理、体育活动的开展中发挥着重要的作用。所谓“实体化”是一个比较形象的说法，主要针对计划经济体制下，体育社团与政府职能部门合一，并没有专职的干部、编制和独立的管理职能和经济核算，社团的牌子主要是为了对外交往和业务工作上的便利，没有实质的体制和运行机制。实体化主要目标是使其成为具有社团法人身份、具有一定的管理职能和管理权利、经济独立核算、项目专业化、系统化管理，建立起适合自身的运行机制和管理体制。“实体化”的主要目的是为了适应市场经济体制的要求，通过社团这种民间组织的“由虚转实”拓展事业发展的资金来源渠道，由以往政府一家投资为主转变为政府、社会投入、社团自身提供服务等多种途径获得项目发展的资源，从而增强体育事业的自我发展能力；转变单一依靠行政手段的僵化的管理方式，转变以往政府以比较僵化的行政手段直接管理运动项目情况，使运动项目的管理由政府直接管理逐步转变为由社团进行统一和专门化管理，促进本项目群众性体育活动与竞技体育的衔接，增加体育事业的活力和发展潜力。实体化改革使体育社团在体育事业的管理、体育活动的开展中发挥着重要的作用。

(4) 目前我国体育社团的主要特征

我国体育社团与西方体育社团有着不同的发育路径和社会环境。我国大多数体育社团是由政府发起成立的，与西方体育社团在具有雄厚的群众基础上自发成立不同。加之我国处于社会转型和经济体制转轨时期，社会物质基础薄弱，在社会事业管理中，政府发挥着主导作用，社会组织并不成熟。因此，我国体育社团不同于西方体育社团，民间性、自治性、独立性较弱。各类体育社团在资源的获得、组织运作方式，管理模式上差异巨大。①官方体育社团在组织权威、资源获得、组织管理网络等方面对政府的依赖较强，发挥着政府体育事业管理的代言人的作用，组织的管理体制、运作模式、运作手段等方面行政化色彩较浓厚。②群众性体育社团发展较快，数量巨大，但由于拥有的社会资源、管理制的管理水平等方面的差异，发展较不平衡，政府对此类体育社团的管理多、扶持少。

5. 体育类民办非企业单位

体育类民办非企业单位是指由企业事业单位、社会团体、其他社会力量和公民个人利用非国有资产举办的，不以营利为目的的，以开展体育活动为主要内容的民办的中心、院、社、俱乐部、场馆等社会组织。

可以从事以下业务：

(1) 体育健身的技术指导与服务；

(2) 体育娱乐与休闲的技术指导、组织、服务；

(3) 体育竞赛的表演、组织、服务；

(4) 体育人才的培养与技术培训；

(5) 其他体育活动。[①]

截至 2003 年底，全国在民政部门登记的民办非企业单位共有 12.4 万个，比上年增加 11.7%，其中体育类 2682 个。民办非企业单位，呈宝塔型分布，越往基层，民办非企业单位的数量越多。体育类民办非企业单位主要是运用专业的知识和技能服务群众，服务社会，促进社会体育事业的发展。

还有一些政府机构和人民团体也参与体育活动的组织和开展，如教委、共青团等，这里不再展开论述。

第三节 国外体育组织

体育是当代社会最重要的社会现象之一，在世界范围内不断地发展和传播。其组织与结构错综复杂，涉及面广，不同的国家有很大的差异。

① 《体育类民办非企业单位登记审查与管理暂行办法》(2000 年 11 月 10 日国家体育总局、民政部令第 5 号发布)

一、国际体育组织 ①

百年来，在奥林匹克运动的推动下，一个全球性的体育组织体系在20世纪形成，这个体系的核心就是国际奥委会、各国奥委会和国际单项体育联合会“三大支柱”。国际奥委会负责领导协调；国际单项体育联合会负责各种技术性事务，如组织比赛、制定竞赛规则等；国家和地区奥委会则负责在本地区开展各种活动、组队参加奥运会等。正是有了这个跨国家、跨地区的组织网络，世界体育才在20世纪有了突飞猛进的发展。

1. 国际奥委会

国际奥林匹克委员会简称“国际奥委会”，是一个非政府、非营利性的国际体育组织。建立于1894年，由世界著名的国际体育活动家、国人皮埃尔·德·顾拜旦发起成立。国际奥委会依照《奥林匹克宪章》领导奥林匹克运动，为奥林匹克运动会及其五环会徽的专管机构，它保留对奥运会及与之有关的各种象征的一切权利，这些象征包括奥林匹克五环、奥林匹克旗、奥林匹克会歌、奥林匹克格言、奥林匹克圣火和火炬等。奥林匹克象征是奥林匹克运动的重要财政来源之一。国际奥委会保留奥林匹克象征的商业权利。然而，各国家奥委会有权发展他们自己的象征，并在他们自己国家的范围内对这些象征进行商业性利用。

国际奥委会是领导奥林匹克运动和决定有关奥林匹克运动问题的最高权力机关；它与其成员国或地区，以及国际单项体育组织相互承认。其第一负责人即国际奥林匹克委员会主席，由奥委会全体会议选出，另设副主席4人，委员6名。

国际奥委会在1981年得到瑞士联邦的正式承认，成为具有法人资格的国际组织，从而结束了其长达87年的“法律真空”的身份。自1981年开始，一系列奥林匹克的相关组织相继问世，如各大洲的奥委会协会（非洲国家奥协、泛美体育组织、亚奥理事会、欧洲国家奥协、大洋洲国家奥协）及奥运冬季和夏季项目联合会，各方面的利益得到协调，奥林匹克运动三大支柱之间重新出现了同舟共济的局面。也是在这一时期，国际奥委会开始积极与各种官方与非官方国际组织，如联合国教科文组织、世界卫生组织、联合国儿童基金会、国际环境保护组织等密切合作，并寻求各国政府体育部门对奥林匹克运动的支持。

① 詹姆斯·托马，劳伦斯·查理普. 国际体育管理 [M]. 王艳，等，译. 北京：人民体育出版社，2000：2-62.

2. 国家奥委会

负责在各自的国家发展和维护奥林匹克运动，它们被期望独立于其国家政府之外，直接对国际奥委会负责。国际奥委会对国家奥委会的要求是广泛的，主要包括：在全国体育活动范围内宣传奥林匹克主义的基本原则，尤其是促进奥林匹克主义在学校的体育教学计划中传播；负责建立致力于奥林匹克教育的机构，特别是关心全国奥林匹克学院、奥林匹克博物馆的建立以及与奥林匹克运动有关的文化活动；保证《奥林匹克宪章》在本国得到遵守；促进运动技术水平以及群众体育的发展；组织培训班培训体育管理人员，保证这些训练有助于传播奥林匹克主义的基本原则；尽力采取行动反对体育运动中任何形式的歧视和暴力；禁止使用国际奥委会和国际单项体育联合会禁止使用的药物和方法。

国家奥委会的任务：组成、组织和领导各自代表团参加奥林匹克运动会和由国际奥委会赞助的地区的、洲际的或世界性的综合体育竞赛；为本国代表团成员提供装备、交通工具和食宿（包括保险）；对本国的代表团成员的行为负责。

国家奥委会的权力由国际奥委会明确赋予：在国际奥委会赞助的所有综合体育竞赛中，唯一享有代表各自国家的权力；有权在各自国家选定适合于举办奥运会的城市，有权向国际奥委会提出明确的建议和意见。

3. 国际单项体育联合会

国际单项体育联合会是国际体育组织的三大支柱之一。它比国际奥委会和国家奥委会更年复一年地引导着体育的发展。国家奥委会在它的国家内发展体育并促进奥林匹克运动。然而，正是通过国际单项体育联合会，体育才更具有竞争精神。国际单项体育联合会通过它在各国的国家单项体育联合会而站在体育竞赛最前沿。

国际单项体联的一般目标：发展国家联盟组织和地区协会之间的协作关系，并鼓励组织竞赛活动；确保用国际单项体联的规则指导国际单项体联各成员国和地区之间的竞赛活动；防止加盟国际单项体联的各加盟组织和竞赛活动在种族、宗教及政治联盟方面的差别和歧视；审批国际单项体联成员的参赛资格和竞赛规程；加盟各国家奥委会承认的国家联盟组织；调停和（或）裁决国际单项体联各成员（即国家单项体协）之间的争端；在国际奥委会的特殊职权范围内，就准备场馆、批准装备和执行职务等方面的问题与奥林匹克运动会组织委员会进行协作；为创纪录的运动成绩设立规则，并作证明。

所有奥林匹克计划的运动项目中，有许多项目都希望有一个国际单项体联。

如果没有国际奥委会在《奥林匹克宪章》的基础上承认的一个国际单项体联，那么这项运动可能不会被列入奥林匹克计划。

目前，国际奥委会承认的单项体育组织及其所辖项目可列入奥运会比赛的共29个。国际奥委会承认的国际单项体育组织还有国际棒球联合会等10个组织。但这些组织所辖的项目尚不是奥运会项目。国际单项体育组织也只有在国际奥委会承认后，它所辖的项目才有可能被列入奥运会比赛。

二、国外体育组织简介

我们选取了两类不同的体育管理体制：政府主导型、社会组织管理型的国家，对他们的体育组织进行简单介绍。

（一）日本体育组织[①]

1. 政府组织

日本政府管理体育事业的最高机构是文部省体育局，都道府县和市区町村的教委则设有保健体育科。政府对体育的管理方式主要是宏观管理、制定政策法规、对体育的发展进行监督以及在不同的体育组织之间起信息沟通与联络的作用。文部省体育局下设大众体育科、竞技体育科和体育科。为了监督和控制日本体育事业的发展，日本文部省还设立了保健体育审议会，其职责是以咨询报告书的方式向政府汇报体育发展的状况，并对日本体育事业的发展提出意见，影响政府的体育管理行为。它不仅是日本体育的咨询机构，同时也是重要的决策机构。

2. 日本体育协会和日本奥委会

日本体育管理的事务性工作主要由以日本体育协会和日本奥委会为首的社会体育团体承担。日本体育协会是日本最重要、最有影响力的体育组织，是与文部省体育局联系最为密切的组织，日本文部省的体育事务主要是通过日本体育协会得以贯彻、实施的。日本体育协会的主要工作职能是贯彻政府的体育政策，承担政府大量的事务性工作，如培养社会体育指导员、举办国民体育大会、开展体育科学研究、推动青少年体育的开展以及进行国际体育交流等。日本体协下属的市区町村体协管理着37.04万个社区体育俱乐部。日本体协还管辖着52个单项体

---

① 林显鹏. 国外大众体育发展. 体制篇. 中国体育咨询网.

联、日本企业体联以及大学生、高中生和初中生体联，这些体联也管理着成千上万个不同项目、不同部门的体育俱乐部。

日本奥委会原是日本体育协会的一个部门，1989年从日本体育协会分离出来。它的主要任务是为参加国际大赛选拔和训练运动员，其执委会受辖于文部省。

总而言之，日本政府对社会体育团体并没有像其他西方国家那样给予较多的自治权。

日本的行政管理为三级管理体制，即中央政府、都道府县政府、市区町村政府。在日本体育管理体制中，不论是政府管理系统，还是社会团体管理系统均分为三级管理。

3. 日本的职业体育协会

日本有各种职业体育协会，如相扑、棒球、高尔夫、拳击等，1990年由各单项职业体育协会的代表共同成立了日本职业体育协会。日本职业体育协会的主要工作任务：研究和发展日本的职业体育运动；对为职业体育做出贡献的人进行奖励；获取和发布有关职业体育的国内外信息；发布与职业体育有关的书籍等。日本职业体协在文部省同意的情况下以企业的性质出现，但政府从始至终对其进行指导和监督。

（二）美国体育组织[①]

1. 美国竞技体育组织

(1) 政府的作用

美国国会1978年颁布的《业余体育法》明确阐明，政府不介入竞技体育的管理。美国政府在竞技体育方面基本上不进行直接的资金投入，而是充分运用市场机制筹集资金，推动竞技体育的发展。

(2) 美国奥委会

美国《业余体育法》赋予美国奥委会唯一的监督和管理列入奥运会及泛美运动会比赛项目的体育事业的管理职能，并在国际体育活动中代表美国。美国奥委会每年要向美国国会和总统提交一份书面报告，汇报美国体育发展的情况。因此，美国奥委会是美国管理体育事业最重要、最具影响的体育组织。美国奥

① 林显鹏. 国外大众体育发展. 体制篇. 中国体育咨询网.

委会完全靠自己的无形资产筹集所需经费。其行使其权威的最重要的工具就是，它可以确定哪一个组织可以作为列入奥运会和泛美运动会比赛项目的国家级管理机构。没有纳入上述两项大赛的运动项目的组织可以自由选择是否隶属于美国奥委会。美国奥委会的政策由其会员组织（单项协会、美国业余体联、青年基督教协会等）投票决定。几乎所有参加国际比赛的运动队及活动管理的责任均由美国奥委会及其所属的国家级单项协会承担。此外，美国奥委会的职能还包括：管理 3 个奥林匹克训练基地（即科罗拉多奥林匹克训练中心、普莱西德湖奥林匹克训练中心、加利福尼亚奥林匹克训练中心）；筛选美国申办国际大赛的城市。

(3) 美国的单项体育协会

包括国家级协会、州单项协会和市单项协会。单项协会负责组织各级别的单项体育比赛，对所属项目的体育俱乐部实施登记注册管理。在美国，国家级单项协会组织的比赛较为规范和具有权威性，地方单项协会组织的比赛，其影响力和水平远不及美国大学系统组织的各类比赛。

(4) 美国的大学生体联

它是目前除美国奥委会以外最重要的体育组织，它是美国奥委会的会员组织。美国大学生体联及其所属会员组织负责美国大学系统各项目的联赛组织工作。美国大学运动队的竞技水平代表了除职业体育以外的美国竞技体育的最高水平，美国参加国际大赛的运动员主要来自大学。

(5) 垄断经营的美国体育联盟

以美国篮球联盟（NBA）、美国冰球联盟、美国橄榄球联盟为代表。长期以来各运动队的所有者利用这些组织去限制彼此在运动员、体育迷、媒体收入和出售许可商品等问题上的竞争程度，它们也使用这些组织去消除来自其他运动队——它们企图在它们的体育项目中另外组建运动队或联盟。任何体育联盟的业主们都愿意将其比赛的转播权作为一个整体来出售，然后平分从全国媒体合同中的收入。运动队的所有者将垄断媒体策略与其同体育场馆所签合同中的排他性条款结合起来，将当前的职业体育联盟排除在美国的《反托拉斯法》之外的做法，大大提升了特许权的价值。这些联盟在许多重要的方面是有区别的。这些区别非常复杂，举例来说，联盟之间与电视网以及主要的有限电视签订的合同、与各自联盟中运动员协会之间的合同规定等都有不同。[①]

① 杰·科克利. 体育社会学——议题与争议[M]. 管兵，等，译. 北京：清华大学出版社，2003.428–432.

2. 美国大众体育组织

(1) 政府

尽管美国政府在竞技体育方面不设置专门的机构，不进行直接的资金投入，但在大众体育的管理方面却承担着重要的职能。美国各级政府在大众体育管理方面主要承担各类体育健身与休闲资源的组织和管理，以向人们提供尽可能多的参与体育的机会。

美国联邦政府 70 多个政府机构在各自的管理领域内，承担大众体育的管理职能，这些职能主要包括：

- 利用土地和水资源进行体育休闲活动用途的规划和管理；
- 对州与地方政府提供拨款，这些款项主要用于对场地和设施进行规划和开发；
- 组织各种休闲活动；
- 制定法律法规，在各类组织间起信息沟通与联络作用。

美国各州的体育休闲管理机构设置比较复杂。在美国 50 个州的户外运动管理机构中，21 个州设置了专门的休闲体育管理机构，其余各州则设置了综合性管理机构，除管理体育与休闲活动外，还负责森林、公园等事务的管理。此外，50 个州都设有“州总统健康与体育委员会”。州政府在休闲体育管理方面的职能主要包括：制定体育和休闲方面的法规、对地方的休闲工作进行监督、提供休闲体育场地设施的服务、与联邦政府机构在休闲体育方面进行信息沟通与合作。

美国基层大众体育的管理职能主要由市政府、县政府、市镇和乡政府等地方政府承担。在美国，80%以上的地方政府机构设立了公园与休闲委员会，其余分别设立了公园委员会和休闲委员会。公园与休闲委员会是社区体育休闲的综合管理机构，社区体育是其最主要的管理领域。此外，它还管理社区的音乐、美术、戏剧等其他文化休闲活动，其主要任务是：动员社区中一切可利用的体育资源，向社区内所有成员平等地提供体育休闲机会；了解和研究社区成员对各种体育的需求和兴趣，在此基础上，与有关社会体育团体合作，制定社区体育活动计划，组织和引导社区体育活动，使其良性运行；在社区政府各部门、社区体育官方机构、各种体育协会和俱乐部等社会团体及其他有关组织之间进行联络，促进合作和信息沟通，并通过财力、人力、物力等多种管理手段，最大限度地满足社区居民的各种体育需求。

公园与休闲委员会承担的具体工作包括：根据联邦、州的法律及社区地方法令，组织引导本社区的大众体育活动；向人们提供官方的公共休闲体育场地设施、竞技体育场地设施及社区休闲中心，并组织和监督社区的体育活动；有权任命合格的体育专家负责某一专业领域的工作；向上级汇报财政预算，接受用于大众体育的赞助、赠款、礼品及其他援助，向市长定期进行社区体育的情况汇报。

(2) 社会体育团体

在美国大众体育管理中，社会体育团体发挥着关键性的作用。美国有206个全国性体育协会、102个全国性学术团体。许多协会都有地方分会，地方分会又构成体育总会，体育总会一般由两级组成：一级是执行委员会（Executive Committee），包括主任、副主任、司库和秘书，他们是总会日常工作的承担者；另一级是指导者委员会（Board of Directors），该委员会成员的来源十分广泛，包括各协会的领导人、俱乐部代表、会员及体育爱好者等代表社区体育各种利益的群体。该委员会是一个咨询机构，然而它对社区体育政策，尤其是财政和场地设施方面产生重要影响。它能及时地反馈社区体育信息，作为各利益群体的代表，他们需对各种社区体育计划、社区体育的运作进行评价，对决策提出有价值的建议。他们一般都是在社区体育方面最有经验的人士。体育总会和各协会管理着大量的俱乐部，他们是美国大众体育事务性工作的承担者。

美国的体育俱乐部与欧洲有所不同。欧洲主要依托于社区，美国则呈现出多样化的特点。美国不仅有社区、学校、企业、军队体育俱乐部，而且还有大量的旅馆俱乐部、社区健身中心、大学休闲中心、医院体育康复中心等。据不完全统计，美国注册的俱乐部共有2.1万个。

另外，美国还有许多自愿组织，如美国童子军、青年基督教协会、美国青年俱乐部、美国营火少女团等，他们是社区青少年体育活动的主要组织者，同时也为社区体育提供志愿服务。

主要参考文献

1. 郑杭生. 社会学概论新修[M]. 北京:中国人民大学出版社，2003.
2. 张敦福. 现代社会学教程［M］. 北京：高等教育出版社，2004.
3. 于显洋. 组织社会学［M］. 北京：中国人民大学出版社，2001.
4. 杰·科克利.体育社会学——议题与争议［M］. 管兵，等，译. 北京：清华大学出版社，2003.
5. 詹姆斯·托马，劳伦斯·查理普. 国际体育管理［M］. 王艳，等，译. 北京：人民体育出版社，2000.

复习与思考

1. 我国各类体育组织间的关系及发展趋势?
2. 体育社团的作用及发展趋势?

推荐阅读书目

1. 于显洋. 组织社会学[M]. 北京:中国人民大学出版社,2001.
2. 杰·科克利. 体育社会学——议题与争议[M]. 管兵,等,译. 北京:清华大学出版社,2003.

第九章

家庭体育

本章概要

家庭是社会的细胞，家庭的功能和社会的发展变化是息息相关的，在不同的社会秩序、不同的国家体制、不同的生产力水平、不同的文化背景、不同的经济发展水平的条件下，家庭的功能不尽相同，它随社会的发展而变化。家庭体育作为特定社会群体的一种文化活动，不但直接影响到家庭成员的身心健康，对下一代认识体育、参与体育具有社会化的作用，而且有助于促进家庭和社会的稳定。具体说，家庭具有凝聚功能、社会化功能、强身健体功能、医疗保健功能、休息娱乐功能、学习知识功能和美化生活功能等。

第一节 家庭概述

一、家庭的产生与发展

家庭是社会的细胞，是社会的子系统，是人类最早的社会关系之一，也是基本的社会生活单位和普遍的社会制度。家庭是个历史范畴，不是从来就有的，也不是一成不变的，而是人类社会发展到一定历史阶段的产物。

家庭是以血缘关系和婚姻关系为纽带构建的一种社会组织形式，是贯穿于人的一生，影响人最早、最多、最直接的环境。家庭是在人类社会产生之后相当长的一段时间才出现的。在人类社会产生的初期，人类的关系形式是群居血亲杂交。家庭演变的历史分为：血缘家庭、普那路亚家庭、对偶家庭、一夫一妻制家庭。在270~300万年之前，家庭还没有出现，在氏族原始群内部是无规则的性交关系。一切男子属于一切女子，一切女子属于一切男子，不同辈分之间、兄妹之间存在性关系，这一时期是家庭产生之前的血亲杂交时期。大约在150万年之前，也就是人类处于蒙昧时代的中期，开始出现了血缘家庭。血缘家庭是在同辈内部发生两性关系的婚姻，其优点是克服了不同辈分的直系血亲之间的两性关系。普那路亚家庭是一个婚姻集团，是由若干兄弟和他们的妻子或若干姐妹和她们的丈夫组成的，共享其夫或共享其妇的婚姻集团称普那路亚家庭，又叫群婚制家庭。随着生产力的进一步发展，人类从蒙昧时代进入野蛮时代，生产生活可以以家庭为单位进行，从客观上要求两性关系相对稳定。群婚必然要被个体婚姻所替代，于是产生了对偶家庭。对偶家庭的产生结束了人类血缘亲属的婚配，是人类迈向文明的一大步。到了野蛮时代的中、高级阶段的交替时期也就是母系氏族社会晚期，生产力的发展使农业和手工业分工的扩大和交换的巨大发展，特别是金属工具的普遍使用，个体劳动日益盛行，男女分工明确，促进了一夫一妻制家庭的产生。它的产生是人类文明时代的标志之一。

从整体上看，封建社会的传统文化在我国影响最大，因此历史上的家庭也主要是封建传统家庭。主要特点是：婚姻不自由、父权夫权制、一夫一妻与一夫多妻并存。新中国成立后，我国于1950年3月颁布了第一部《婚姻法》，使家庭进入一个新的历史时期：废除包办婚姻，实行婚姻自由，反对父权夫权制，维护真正的一夫一妻制。

二、家庭的结构

家庭的结构也叫家庭的类型，是家庭关系的整体模式。根据代际关系和亲属关系立场把家庭分为：核心家庭、主干家庭、联合家庭、单身家庭等。

（一）核心家庭

核心家庭是夫妻和未婚子女所组成的家庭，也包括夫妻二人家庭、夫（或妻）与未婚子女所组成的家庭。核心家庭是典型的小家庭，是现代社会的主要模式。

（二）主干家庭

主干家庭是夫妻和一对已婚子女所组成的家庭，也就是民间所说的三代同堂。主干家庭的特点是有两对夫妻但处在两代人的位置上。家庭有两个中心，一般有三代人。在我国农村这种家庭结构相当普遍，但在城市主干家庭的规模在逐步减少。

（三）联合家庭

联合家庭是父母和多对已婚子女共同居住生活的模式，或兄弟姐妹婚后不分家的模式。这种家庭在我国封建社会较多，特别是有权贵有地位的人一般都有自己的大家庭。在现代社会联合家庭已经开始消亡，但在一些少数民族中也有偶存。

此外，随着社会的不断发展，人们观念开始发生新的变化，出现了一系列“联合国”式家庭、单身家庭、丁克家庭、空巢家庭。并且这些结构的家庭队伍在迅速壮大。

三、家庭的功能

家庭的功能和社会的发展变化是息息相关的，在不同的社会秩序、不同的国家体制、不同的生产力水平、不同的文化背景、不同的经济发展水平的条件下，家庭的功能不尽相同，它随社会的发展而变化。这种变化只能使家庭的某种功能增强、减弱或外移，但它不可能在人类社会的家庭灭亡前消失。

（一）夫妻性爱功能

作为生物个体，人类的性欲是通过家庭来完成的。家庭在保证夫妇情欲满足的同时又通过法律、道德、社会舆论限制了家庭之外的各种性行为，对维护社会秩序起到了重要的作用。在当代社会，虽然世界不同国家和地区及不同民族关于性的态度和行为大不相同，但是就整个人类社会而言，家庭这种满足性爱的功能不仅仅在调节人类的生物性的秩序，更重要的是在调节人类的社会秩序。

（二）情感互动功能

家庭是成员之间以生物本能的血缘关系为基础而产生相互依赖、相互依恋、相互寄托情感的空间。家庭成员的情感交流最为直接、频繁、深厚。主要表现在这几个方面：第一，家庭成员间表露和交流内心深层的情绪、感受及相互理解，形成共同的情感基础。第二，家庭成员通过彼此关爱来消融社会生活中带来的苦恼、挫折、压力等，调节成员的心态，缓和个人与社会的关系。第三，通过共同的娱乐活动，调节身心、恢复体力。和睦温暖的家庭可以协调社会关系。

（三）生育功能

社会人口再生产是以家庭为单位来完成的。家庭的生育功能主要是生殖、抚育及教育。科学的生育及国家的生育制度是新生人口质量的保证，而对未成年人的抚育和教育则是家庭功能的重中之重。从生活常识到行为习惯的养成，从技能培训到人生理想的形成都无不与家庭有着密切的关系。家庭的生育功能是保障社会正常代谢和良性运行的重要环节。

（四）经济功能

家庭的经济功能主要表现在生产与消费两个方面。以家庭为单位进行生产是封建社会及封建社会之前社会生产的主要形式。当今社会，以家庭为单位的生产已不再适应高度发展的生产力的需求。但在我国农村，仍然以家庭为单位进行农业生产。现代社会家庭消费功能大大增强，虽然有一部分生活资料转移到专门的服务机构，但没有改变以家庭为单位的基本消费状况。家庭是现代社会的消费主体。

（五）保障功能

家庭的保障功能主要是对老年人和丧失劳动能力的人的生活保障及对未成年人的义务抚育，即父母有抚育子女成人的义务，子女有赡养老人的义务。现阶段随生产力的迅速发展和社会保障体系的日趋完善，赡养老人的功能有所下降，而抚育子女的功能在逐步增强。

除上述功能外，家庭功能还有继承功能、地位功能、政治功能、宗教功能等。

第二节 家庭体育

一、家庭体育的概述

（一）家庭体育产生的背景

最初提及“家庭体育”这一名词是从教育的角度去理解的，根据大教育的基本理念，教育包括学校教育、家庭教育、社会教育三个基本方面。教育包括体育，自然把家庭体育纳入到家庭教育的环境下去探讨，更多的是注重对子女的体育教育问题。鉴于家庭比学校、工厂有更大的囊括性和辐射性，家庭可以接纳活动在社会任何一个角落的社会成员，于是学者们把目光投向了家庭体育。从终身体育思潮的角度出发研究家庭体育。认为家庭体育是终身体育的起点和归宿。一个人一生是从家庭走向学校，步入社会，最终返回家庭，其中有 4 / 5 的时间是在家庭生活中度过的，为此，可以说家庭体育才是终身体育的最好保证。1995 年 6 月国务院颁布实施《全民健身计划纲要》后，学者们开始关注家庭体育，认为“家庭”是社会细胞，是实施全民健身最基本的出发点和落脚点。

当生产力发展到一定程度，人们生存和安全需求得到满足的同时，必然在闲暇通过文体活动开辟更为广阔的生活空间。体育社会化是历史的必然，体育进入家庭是社会发展的必然。家庭体育所表现出的意义和作用是明显的，家庭作为社会细胞，是社会的基本组成单位，是社会成员进行社会活动的载体之一。家庭有着其他社会组织不能取代的作用，她与国家、民族及整个人类社会兴衰都息息相关。在家庭这个单位里有丰富的亲属、亲族的亲情活动，有成员间共同的经济活动，还有带有深厚情感的社会活动。家庭体育开展的程度、力度、效果将直接影响到群众体育的普及与推广。

当前，我国正处于一个由传统的农业型社会向现代化的工业型、知识型社会转化，由计划经济体制向市场经济体制转轨的关键时期，经济增长、人民生活水平提高、闲暇增多、人们的生活方式开始发生变化。从传统的依附型、单一型、生存型、消除疲劳型向现代的自主型、多样型、发展型、享受型方向变化。与此同时，现代社会发展的负产物——文明病开始蔓延，生活节奏加快使心理疾病增多，各种精神疾病困扰着人们的生活。在这样一个大的社会环境下，传统意义上的家庭功能已经开始发生变化，即家庭的生育功能、生产经济协作功能、赡养老人功能下降，而家庭的精神生活功能、教育功能及社会化功能在逐步提高。在这一背景下研究家庭体育的价值、地位、作用、功能、意义、消费、内容和形式等，对于全民健身及社会的繁荣稳定和发展具有重要的意义。

（二）家庭体育的概念

“什么是家庭体育？”对这一问题的探讨，不同学者从不同的角度进行了研究，对家庭体育的解释，学术界主要有如下四种不同的观点：

第一，是家庭成员观。主要从家庭成员角度来研究问题，强调活动的主体，并对参与家庭体育的成员的人数也有一定的限定，即两人或两人以上，对于从事家庭体育的场所不做限定。蔡明传在《现代家庭体育的社会学分析》〔福建体育科技，2001（12）〕中认为：“家庭体育是以家庭成员为活动主体，为满足家庭成员自身需求，以两人或两人以上的家庭成员为单位进行直接或间接的体育活动。”

第二，是活动空间观。主要从活动的对象和活动空间来研究问题，即涉及活动的主体以及活动的场所，重点强调场所，对从事家庭体育的成员的人数没做要求。周传志在《我国家庭体育发展探析》〔体育学刊，2002（7）〕中认为：“家庭体育是以家庭成员为活动对象，以家庭居室及周围环境为主要活动场所，根据居室的条件与成员的爱好和兴趣，利用属于自己的时间选择健身内容与方法以达到身心健康的目的，促进家庭和睦与社会稳定发展。”

第三，是活动目的观。主要侧重家庭体育的目的，对参与体育活动的家庭成员人数及场所不做要求。袁益民在《城市家庭体育活动形式的调查》〔南京体院学报 2001（10）〕中认为：“家庭体育主要是由家庭部分成员参与的旨在增进家庭成员健康，活跃家庭气氛，娱乐身心，以家庭为单位的体育活动。”

第四，是教育观。主要认为体育是教育的一部分，那么家庭体育就是家庭教育的一部分，强调家庭体育对教育的影响。王则珊在《家庭体育保健》一书中认为：“家庭体育是家庭生活中的体育活动，它包括：父母或其他年长者在家庭里对儿童和青少年进行体育教育，家庭成员在家庭生活环境中的体育活动及家庭成员在各自工作，学习劳动单位的体育配合。”张亚辉认为，家庭体育是家庭体育环境对家庭成员的体育教育影响和家庭成员之间的相互体育教育影响，主要指父母或其他年长者在家庭内自觉地、有意识地对子女进行体育教育，促进他们的身心全面发展。

基于以上四种观点，我们对于家庭体育的认识已有一个宏观的轮廓。从对家庭体育的不同界定上看，家庭体育反映了以下五个方面的本质：

（1）时间　家庭体育的时间应是除工作之外的余暇。

（2）地点　任何场地包括居室及周围、公共体育场馆、野外等。

(3)形式 两人以上。

(4)目的 消遣娱乐、强身健体、延年益寿、提高生活质量、增进和睦、学习技能、培养下一代。

(5)内容 任何项目。

家庭体育属社会体育的范畴，受到社会经济状况、体育场馆设施以及社会、政府对体育的关心程度等外部条件的制约。

二、家庭体育的基本功能

家庭体育作为特定社会群体的一种文化活动，不但直接影响到家庭成员的身心健康，对下一代认识体育、参与体育具有社会化的作用，而且有助于促进家庭和社会的稳定。具体说，家庭具有凝聚功能、社会化功能、强身健体功能、医疗保健功能、休息娱乐功能、学习知识功能和美化生活功能等。

（一）凝聚功能

通过家庭成员经常共同参加体育活动，可以促进成员间的相互交流，有利于消除代际隔阂、融洽关系、增进情感；有利于在互相尊重的基础上，促进家庭的和谐、平等与民主；通过家庭凝聚力的提高促进社会凝聚力的增强。

（二）社会化功能

人们对体育的态度和行为并不是与生俱来的，而是社会化的结果。有的学者在经过实证研究后指出，国外学者凯尼恩关于“进入某种特殊活动（体育）的社会化，是角色志愿者通过社会体系内重要他者的影响而成为（体育）角色者的过程”这一理论观点，同样适用中国的国情。因此，家庭作为社会化的机构，它所展开的体育活动对下一代认识体育、参与体育具有重要的社会化作用。

（三）提高夫妻生活质量功能

通过体育锻炼使夫妻的体质得到更进一步的提高，夫妻在运动中共同分享体育带给人们的乐趣，对夫妻的情感及家庭成员的再生产质量的提高具有重要的意义。

（四）强身、医疗、保健功能

家庭体育的特征之一，就是身体活动性，而经常在一定负荷下进行的身体活动有助于强身健体，增进健康。如果说，前一个功能主要受益者是指家庭成员中的青少年儿童，那么医疗保健功能主要受益者则是家庭成员中的高龄者或患有某种慢性疾病的家庭成员。

（五）休息娱乐功能

社会发展到今天，出现了越来越多的文化娱乐场所和设施，人们的休息和娱乐逐渐走向社会化。但人的一些心理上和精神上的需要，还要依靠家庭来满足。家庭体育作为消遣娱乐的一种手段可以实现轻松的气氛、与亲人团聚的欢乐、感情的交流、体力的恢复和情绪的调节，进而满足人们这种心理上和精神上的需要，因此它具有休息娱乐的功能。

（六）学习知识功能

家庭成员通过参加各种体育活动或观看各种体育比赛，可以学到或进一步了解到有关自然科学（如体育对人体健康的影响）的知识、社会科学（体育与社会、经济、文化、教育的关系等）的知识、社会生活（规范、礼节、道德、人际交往等）的知识，同时还可以进一步掌握不同的体育运动技能。

（七）美化生活功能

美的需要，是一种精神需要。人们在基本满足了必不可少的生理需要之后，就产生了审美的需要。现代科技的高速发展，一方面大幅度提高了劳动生产率，使人们从简单劳动走向了复杂劳动；另一方面使人们的身心活动从多层次、多形式向单一、呆板的范畴发展，使人们的活动空间变小，各种“文明病”随之而生。因此，现代人需要回归自然，需要追求自然美，包括精神上、形体上和各种感观上的美。家庭成员在共同进行体育活动特别是在山川郊野进行体育活动时，可以通过体育的美学效应，陶冶情操，享受远离社会竞争和人际纠葛而带来的意境，从而激发人们对生活的热爱和对美的追求。

三、家庭体育的基本特征

家庭体育是以血缘关系为纽带，以共同的爱好为前提，把家庭成员结成运动伙伴关系，它不同于学校体育中的人与人之间的社会关系。

（一）家庭性

家庭体育，既然是以家庭成员为单位进行的体育活动，它的最基本的特征之一就是家庭性。因为任何一个单独的家庭成员在与无血缘关系、婚姻关系或收养关系的家庭外成员一起活动的体育活动均不能构成家庭体育。

（二）身体活动性

家庭体育既然是以家庭成员为单位进行的体育活动，它就不能脱离体育的基本特征——身体活动。因此家庭体育的第二个基本特征便是身体活动性。

（三）自娱自乐性

自娱自乐、满足自己和家人的精神需要，是当代人自我价值观念更新的一个标志，也是家庭体育的一个基本特征。家庭体育与竞技体育和学校体育不同，竞技体育和学校体育是把参与者置身于一定的范畴，为特定的社会性目的（或为争荣誉、或为完成某项任务）而从事的体育活动。而家庭体育则是家人在劳动、工作、学习之余，为了与家庭团聚、松弛身心、消除疲劳、增进健康、融洽关系、消遣娱乐、治疗疾病、增进感情等而进行的体育活动，自娱自乐性很强。

（四）业余性

家庭体育一般是家庭成员在完成了职业劳动——工作、学习以后进行的体育活动。家庭体育的这种业余性，反映了家庭体育是家庭物质生活与精神生活的一种补充。

（五）差别性

由于各个家庭文化背景、经济收入、成员兴趣爱好等存在着差别，所以在家庭体育活动的频度、内容和空间选择上，在活动的组织形式上，在消费水平上，也是千差万别的，因此体育体现出家庭体育的另一个基本特征——差别性。

四、影响家庭体育开展的因素

家庭体育是近年来随着人们生活水平提高而出现的一种新的生活和消费方式。一个新生事物从其萌芽到发展壮大总会受到一系列陈旧的、传统的客观因素的限制和影响。体育是一种文化现象，它的发展必然要受古老中国深厚的文化底蕴、中国国情的影响。

（一）对体育生活产生直接影响的是人们对生命的认识，静以养生的理念已扎根人们的心灵深处。在一定程度上限制了参加体育活动的积极性，制约着家庭体育向着现代人的健康理念发展。

（二）经济条件是影响家庭体育活动的重要因素。体育生活，特别是体育消费，在一定的程度上反映了一个家庭、个人或社会群体的经济实力。对于体育的投入是人们的生活水平提高到一定的层次、在基本生活满足后的一种高层次的生活需要，是一种经济行为。当前在我国，特别是在农村，人们的收入和生活水平还不足以更好地涉足体育消费。

（三）高速发展的现代社会及激烈竞争机制，造成劳动者身心疲劳压力大，这是影响从事家庭体育的另一个因素。

（四）体育知识的匮乏，无人指导是影响家庭体育的另一个主要因素。我国家庭体育急需有人指导。目前我国从事体育活动无人指导的占 71.27%。与发达国家相比，我国社会体育指导员的数量还相当有限，家庭体育几乎无人指导，即使在有条件的地方一般只是临时请体育教师或教练员暂时代替。1996 年全国城市体育人口为 8737 万人，需要社会体育指导员 18.7 万人，到 1997 年我国仅有社会体育指导员 6 万余人。我国每 20389 人中有一名社会体育指导员，而日本每 2000 人中有一名社会体育指导员，是我国的 10 倍。

（五）场地器材的问题。没有一定的场地器材的保证而从事家庭体育是不现实的，因为家庭体育讲究的是休闲，是一项运动，是一种心境、一段时间。如果没有适应现代人的体育场地器材作保证，让大家天天跑马路也是不现实的。要从事家庭体育必需要解决场地器材的问题。

（六）时间的影响。随着社会发展竞争的日益激烈，我国城镇职工每年工作 2697 小时，每周工作 51.7 小时；比美国人每年 1934 小时，每周工作 37.2 小时，每年多 763 小时，每周多 14.5 小时。我国北京、天津等城市职工拥有 2~3 小时 / 天闲暇，而美国人拥有 4~5 小时 / 天的闲暇。中国学生比美国学生每周学习时间长 15~20 小时。我国家庭成员大多处于紧张状态，需要以家庭体育来休闲娱乐、缓解压力。时间仍是困扰人们从事家庭体育的一个重要的因素。

五、开展家庭体育的意义

体育的最终目的是通过一定的手段使人们的身体、心理更健康。家庭以其特殊的组织优势来参与体育运动。这种参与是其他任何社会组织不能取代的。家庭体育的广泛开展对于社会的发展具有重要的意义。

（一）家庭体育是贯彻《全民健身计划纲要》及“全民健身一二一工程”的基石。开展家庭体育有利于推动全民健身事业的顺利发展。家庭体育与全民健身相互作用、相互影响，全民健身为家庭体育的顺利开展提供了良好的条件和氛围。

(二) 开展家庭体育有利于建立文明健康的现代新生活方式，促进社会主义两个文明的建设，对净化社会风气起到良好的推动作用。体育进入家庭使家庭生活中出现“三多三少”的新风貌，即参加体育活动人数增多，体格健壮身心健康的人数增多，勤奋自强、劳动致富的人数增多；而参加迷信、赌博等“六害”活动的人数减少，体弱多病、不良心态、有行为障碍的人数减少，懒惰消极、投机取巧的人数减少。家庭体育是家庭美德建设的形成点。

(三) 开展家庭体育有利于降低家庭成员的发病率，降低医疗费用，减轻家庭负担。随着生活水平的提高，我国居民生活方式由生存型、消除疲劳型向享受型方向转化。家庭体育已成为现代人们休闲的核心，健身已成为现代家庭的文明标志和象征。人们已开始新概念的投资，即花钱买健康。健身、健美、娱乐、休闲已成为现代家庭的主流。另外随着科技进步带来许多负产物，如“文明病”，各种的精神病患者迅速增多。仅上海有75万心理、精神病患者，其中多为工作学习生活压力过大所致。有人认为人类已从“身体疾病时代”进入“精神病时代”。各种营养品的增多，交通的便利使“小胖子”“豆芽菜”迅速增多。各种疾病，如糖尿病、高血压、心脏病、胃病、肾损坏等疾病迅速蔓延。这一切严重影响着家庭生活质量和社会的稳定。迫使家庭成员为了健康，坚持体育锻炼。走出医院，走进健身房，降低了医疗费用，减轻了家庭负担。

(四) 开展家庭体育有利于现代人走出楼房扩大交往、愉悦身心、调节情绪、和谐社会关系。体育不但能强身健体，而且通过对机体的刺激使心理更健全，这种使心理健全功能与体育的规则的平等性相结合可以调节社会群体间的关系，进而影响到人与人之间的人际关系。2003年经对银川市家庭进行调查研究发现，有65%的人认为体育活动及身体是否健康对人际关系有影响；80%的被调查对象认为体育活动对家庭成员之间的关系有促进作用。这主要是因为他们在从事体育运动的过程中，与家庭成员一起运动非常愉快（占95%）。通过体育活动可以缓和家庭成员间的矛盾。在家庭成员之间发生小矛盾时，尝试着通过体育活动来解决的占被调查总数的26%，其中84.6%的人认为效果很好。所以家庭体育的意义远远超过了体育活动在家庭的本身，它对家庭成员之间及与社会群体之间关系的改善与促进、情操的陶冶有重要的作用。

(五) 开展家庭体育有利于活跃体育产业市场，提高国民经济增长率。现代社会，人们的生活水平在不断的提高。从经济学的角度来看，人们从事家庭体育的过程是一个消费过程。现代人对于从事体育的消费抱有两种心态：其一，是从事体育活动的消费，如培训、服装、书刊、门票、器材等。其二，是把从事体育活动当成现代生活消费的一部分，要求体育场地、器材、环境的休闲化与人性化，体育用品、服装的品牌、质量都要求有较高的档次，来体现个人的身份与社会地位。如有些人建造的家庭游泳池、家庭健身房，并不仅仅是为了从事体育活动，而是满足人们对现代生活的一种追求方式，且越来越流行。这对于国民经济的增长起到了巨大的推动作用。澳大利亚体育与观光部在1998年年报中指出，当有规律参加体育活动的体育人口增加10%时可给社会带来59020万澳元的经济利益，增加40%时可给社会带来2360820万澳元的经济利益。难怪美国前总统卡特说："体育活动是最可期待的抵押性投资。"

（六）开展家庭体育有利于提高家庭人口再生产的高质量和物质生产的高效率。家庭人口生产即遗传与生育，父母的健康状况、身体质量、孕期保健、是否是遗传疾病的患者或携带者，都直接影响子女的身体状况。世界许多国家都以法律的形式明令禁止近亲，有遗传疾病患者结婚生育。如日本的《优生保护法》、奥地利的《民法》、我国的《婚姻法》。这些法律的实行大大提高了子女的身体质量，减少了各种不健康婴儿的出生。

第三节　我国家庭体育现状及发展趋势

一、我国家庭体育现状

（一）家庭体育的内容

家庭体育的内容，主要是指家庭成员在体育活动中采用的体育运动项目，它是人们进行身体锻炼和身体娱乐的手段，并可以反映出人们运动行为的选择倾向。随着社会的不断进步，特别是随着改革开放的到来，在主旋律基础上的多元化文化选择，不仅影响着人们思想观念和行为方式，也影响着人们的体育活动，使之在运动项目的选择上呈现出传统与现代并举，健身与娱乐同行，商贸、旅游与体育联姻的新格局。

从性质上看，家庭体育的内容有：有氧运动的耐力性锻炼方法；肌肉的力量性锻炼方法；伸展运动的灵巧性锻炼方法；户外体育与娱乐活动；休闲与观赏活动；医疗体育及运动处方；营养保健与心理卫生知识；家庭健身器械等。

从具体项目上看，我国家庭体育活动内容呈多样化的发展趋势，如张召棋对我国22个省的抽样调查显示了我国家庭体育的内容情况（表9–1）。

表 9–1 我国家庭体育内容的构成与选择

类别	项目	第 1 选择（%）	综合选择（%）
田径类	耐力跑、越野跑、变速走跑等	24.02	60.57
球类	羽毛球、乒乓球、网球等	22.59	62.99
健身类	太极拳、气功、各种医疗操等	12.38	58.27
体操类	广播操、健美操、器械体操等	9.98	52.16
娱乐类	秧歌、舞蹈、迪斯科等	3.88	47.62
水冰类	游泳、滑冰、滑雪等	8.83	35.13
民族类	武术、摔跤、赛马等	6.58	28.78
素质类	俯卧撑、举石锁、掰手腕等	4.21	35.14
职能类	民兵三项、狩猎等	1.92	20.46
其他类	旅游、登山、棋牌等	0.69	59.30

注：张召棋，我国家庭体育的现状与发展趋势. 体育科学，1993（5).

从中可以看出田径类及乒、羽、网等小球类是我国居民从事家庭体育的主要活动内容，这主要是因为，田径类的项目不需要很大的经济投资，我国的人均收入并不高，而且不需要专用场地，方便、实惠；羽毛球等小球类所需场地要求不高且方便。

家庭体育在内容的选择上，受不同地域、不同气候、不同的民族和文化传统、不同的经济发展水平的影响。南方和北方不同、少数民族与汉族不同、落后地区与发达地区不同。但总体上来说，我国家庭体育活动内容相当广泛，几乎囊括了所有的体育及休闲项目。一些新的体育项目开始进入家庭，如旱冰、垂钓、攀岩、划艇、蹦极、保龄球、高尔夫球、赛车等等。从中我们能看到家庭体育有着广阔的前景和美好的未来。

（二）家庭体育的活动空间

家庭体育的活动空间，主要指家庭成员进行各种体育活动时所占据的空间位置和必不可少的活动场所。体育活动的空间有自然空间的和人造空间之分，山川、江河湖海、高空属于自然空间。而家庭居室内和体育场馆设施以及公园广场等属于人造空间。受经济的制约，我国公共体育设施、人均体育场馆占地面积相对较少。家庭成员在自家的居室周围和体育场馆进行活动是家庭体育的主要活动场所。如刘江南对穗、深、港家庭体育活动空间调查数据（表 9–2）说明，居室周围、公园广场、体育经营设施等是从事家庭体育的主要场所。

表 9–2　穗、深、港家庭体育活动空间比较　N=3953 人

活动空间	穗	深	港
家庭内	242（13.9%）	116（10.16%）	67（8.1%）
房前屋后	264（15.2%）	237（20.16%）	75（6.9%）
公园广场	358（20.6%）	181（15.8%）	84（7.8%）
单位设施	59（3.4%）	76（6.6%）	94（8.7%）
公共设施	168（9.7%）	102（8.9%）	241（22.4%）
体育经营设施	425（36.2%）	304（26.6%）	394（36.5%）
山川湖海	217（12.5%）	126（11.6%）	103（9.55%）

注：体育科学，1999（3）.

另外，随着我国节假日的延长和余暇的增多，家庭体育开始由人造空间走向自然空间，到野外进行体育活动成为人们生活消遣的一种方式。高山、沙滩、江河湖海、草原、丛林等已成为我国居民节假日的首选，越来越受到人们的青睐。

（三）家庭体育的活动时间

人们生活的时间结构是由“生理必需时间”“工作时间”“余暇”三部分组成的。我们可以把在支配余暇的生活称为余暇生活。对于余暇的支配是对一个人的爱好、兴趣、生活方式、生活规律等方面的反映。也反映了社会的物质文明与精神文明程度。人们通过余暇生活来松弛身心、缓解压力、宣泄情感，满足自己身体的、心理的、社会的、审美的多种需要。

家庭体育的活动时间一般多是在余暇内进行的。2003 年万益民通过对银川市 1200 户家庭的体育活动时间情况调查研究发现：银川市民每周参加 2 次以上体育活动的人占调查总数的 58%（即每周天天锻炼的占 17%、4~5 次的 8%、2~3 次的占 33%），每次锻炼半小时以上的占调查总数的 61%（即 30~60 分钟的占 47%、1~2 小时的占 1%、2 小时以上的占 4%），而且每天锻炼的时间多选择在清晨和晚上 87%（清晨 67%，晚上 20%，下午 9%，中午 4%），这与工作压力大，生活节奏快有一定的关系。这说明银川市体育人口（是指经常从事各类体育活动的群体。这里所谓的经常活动是指每周有 2~3 次参加体育锻炼，每次锻炼 20 分钟到半小时以上）还是比较乐观的。

（四）家庭体育消费

体育消费是现代生活的重要组成部分，它是居民在物质生活基本满足的条件前提下，所引发的适应更高层次的消费方式，是一种伴随对体育功能作用的主观认识基础上的新型消费类型。现代社会高效的生产方式和快节奏的生活方式造成人们身心的高度紧张与疲劳，因而追求身心健康及个性协调发展将成为本世纪人们生活的重要组成部分。随着人们生活水平的提高，消费观念也在发生深刻的变化，“花钱买健康”“花钱买休闲”已成为一种时尚。体育消费必然进入人们的日常生活，并呈多样化、高层次化、国际化的发展趋势。它作为一种发展与享受性的消费，在居民生活消费结构中的比重日益提高。

在市场经济条件下，我国消费的商品化、市场化、多样化及国际化的发展趋势，使人们的生消费由低层次消费向高层次消费转变，由抑制性消费向个性化消费转变，由此也大大促进了体育消费。体育消费作为生活的一个重要组成部分，是社会发展到一定阶段和商品经济发展到一定程度的产物，是人们在基本生活条件得以满足的前提下所引发的较高层次的需求，是反映人民生活水平的一项重要指标，是体育走向市场及市场接纳体育的结果。

所谓的家庭体育消费，是指家庭成员在体育活动方面的货币支出量。张召棋在对我国 22 个省、市、区 9291 户家庭体育的抽样调查中，报告了如下的家庭体育消费情况：“1991 年，我国家庭体育消费户均为 154.69 元，城市家庭户均为 191.55 元，明显高于农村的户均 120.20 元。”总体上来说，我国户均家庭体育消费水平还很低，这与整个体育消费水平不高是密切相关的。国家体育总局公布的《中国社会（群众）体育现状调查结果》中所报告的居民体育消费情况如下：“1996 年，我国城乡居民以家庭为单位全年体育消费在 100 元以下的，占总数的 58.3%，100~200 元的，占总数的 27.8%，201 元以上的占总数的 13.9%，说明我国城乡居民体育消费水平还很低。”而且，由于我国各地区经济发展水平的差异，家庭体育消费相对是比较高的。如，有调查资料表明：1996 年前后，广州市的家庭月人均体育消费水平约为 35.78 元，深圳市约为 69.55 元。如果以一般核心家庭（三口之家）为单位来计算其全年体育消费，广州市应为 1288.08 元，深圳市应为 2503.80 元。再如 2000 年吕树庭等对番禺市的体育消费情况入户调查，结果显示，番禺市 2000 年以家庭为单位的月平均体育消费已达 135 元，全年应为 1620 元。2003 年，万益民对经济相对落后的宁夏银川市调研发现，银川市人均年收入 7056 元，恩格尔系数为 30.7%。根据恩格尔定律，当用于购买食品的费用达到收入的 65%时开始出现娱乐消费，当达到 50%以下时这类消费呈现稳定、持续增长。这说明银川市民有一定的经济条件进行体育消费。银川市平均每个家庭每年用于体育服、鞋的消费为417.65元，拥有运动服2.23件，鞋3.37双。每年用于体育器材的消费为165.66元，用于体育书籍报刊的消费为75.90元，用于培训、观看比赛、表演等方面的消费为151.66元。

由于我国家庭体育消费者在总体上还处在较低的水平上，我国家庭所拥有的体育器材、书刊等的数量也十分有限。

（五）家庭体育动机

社会心理学认为：动机是使生活主体趋向一定目标的内在动力，它隐藏在行为的背后，是行为的动因。在朱永贤主编的《心理学大词典》中，动机被定义为：能引起、维持一个人的活动，并将该活动导向某一目标，以满足个体某种需要的念头、愿望、理想等。两种定义说明了动机是由内在需要而产生并通过行为来实现的内在导向。人们对某事物的动机反映对某事物的态度。需要是家庭成员从事体育活动的主要原因，有什么样的需要就有什么样的动机。根据家庭背景、文化背景、身体状况、性格类型、职业类型、爱好兴趣等的不同，家庭成员对从事体育活动的动机有所不同。

综合目前所掌握的家庭体育的资料，对家庭成员参与体育的动机选择依次是：增进健康（或强健体魄、增强体质）→消遣娱乐→松弛身心（或缓解压力）→融洽社会关系（或社会交往）→治疗疾病。

除此之外家庭体育的动机还有：从运动中获得乐趣增强自信心、形体健美或减肥、陪家庭成员运动、长期养成的运动习惯、学习一技之长、体弱多病、与家人团聚、把从事运动当成一种现代人生活消费方式的体现等等。

（六）家庭体育的形式

家庭以其不可替代的血缘关系和亲情优势凝聚着家庭成员的关系。体育活动需要对参与者进行组织，作为一个社会机构或国家机构，这种组织是需要对人力、物力、财力等方面做出投入的。而家庭凭借这种天然的关系能随时根据不同情况和需要组织家庭成员进行体育活动。

人的社会属性决定了人们的社会互动性。人们在日常家庭生活中与家庭成员接触多，关系密切，为体育进入家庭创造了良好的内部条件。家庭内的体育组织形式与家庭的结构有一定的关系。一般情况下，三口之家的核心家庭多是全家一起去活动；而联合家庭全家一起活动的情况很少见；单亲家庭成员多是父（母）和子（女）一起活动；丁克家庭与空巢家庭成员多是与配偶一起活动；与兄弟姐妹一起活动是多子女家庭成员从事体育活动的主要组织形式。另外，在家庭与外部的联系中，与同事、朋友一起活动最多，其次才是经常与家庭成员一起活动。

人们渴望与家人一起活动，但在具体的体育实践中因诸多因素（有社会因素、家庭因素、个人因素）导致家庭成员不能如家庭成员期望的那样在一起活动，而使个人在从事体育活动中占很大的比重，其次是与同事、朋友一起活动，最后才是与家人一起活动。如万益民对银川市1200户家庭成员的现实组织形式与希望组织形式进行调查比较研究（表9–3）。

表 9–3 个人期望与现实的活动组织形式比较

	和家人一起	朋友一起	自由组合	个人	营业场所	社区
希望形式	66%	14%	7%	6%	4%	3%
排序	1	2	3	4	5	6
现实形式	27%	23%	7%	40%	1%	2%
排序	2	3	4	1	6	5

二、我国家庭体育的发展趋势

家庭体育作为一个特定的社会群体的体育活动，它的兴起与发展不可能是突发式的，而是一个渐进的过程。从宏观上来说，家庭体育的发展受社会的政治、经济、科技、教育、文化等大环境的直接或间接的影响；从中观上来说，家庭体育的开展受整个体育环境和社区环境的直接或间接的影响；从微观上来说，家庭体育的开展受家庭内环境，如经济收入、家庭成员的群体意识、共同的闲暇、共同的体育爱好和兴趣等影响。

2020年前是我国经济和社会发展的关键时期，按目前的发展水平，到2020年，“我国人均GDP将达到5000美元，而GDP总量可以超过日本，仅次于美国居世界第二位。如果按购买力计算，则GDP总量可能接近当时的美国”（国务院发展研究中心报告）。在这种背景下，人们的消费水平大幅增长、消费观念将产生更大的转变。同样，我国的家庭体育将有一个长足的发展，其趋势为：

（一）体育文化进一步被广大居民接受，越来越成为大众文化中重要的一部分。人们把体育活动作为家庭日常生活的必不可少的内容。

（二）家庭体育的内容和形式更加多样化，人们的观念开始向着健康、休闲、享受方向转化，侧重调节心理、联络感情、享受生活。

（三）对家庭体育有较大的投资，家庭体育消费的投资额在逐步增大，体育人口将逐渐增多，购买体育器材，参加体育培训，进行体育旅游等对于体育消费的刺激将越来越大，体育消费市场前景乐观。花钱买健康，买快乐将逐渐成为人们余暇生活的新潮流。

（四）家庭结构的变化，使核心家庭增多，以核心家庭成员为主体的家庭体育活动将成为未来家庭体育的主力军。

（五）各种组织化的家庭体育竞赛活动和家庭体育娱乐活动将更加受到人们的青睐。

（六）随着体育场馆建设发展和体育健身娱乐市场的兴起及生产力的发展，家庭成员从事体育的场馆和闲暇将会大大增多。

（七）家庭体育将更为科学化，从技术指导、体育保健、运动处方到体育用品、运动营养都将更为科学化。

（八）家庭体育与单位体育、社区体育的结合将更加紧密，成为社区体育的重要组成部分。

（九）家庭体育存在的地域性和城乡差异性将会逐渐缩小直至最后消失。

（十）中国社会城市家庭网（是由可能组成联合家庭的几个独立核心家庭之间所组成的一种特殊的社会组织，具有特殊的结构和功能）的出现，将会使多个家庭联合进行体育活动呈现出网络化的发展态势。

三、发展我国家庭体育的对策

为了使家庭体育向着科学、健康、合理化的方向发展，从国家的宏观政策，到体育行政部门，到社区到家庭，都要引起全方位的重视，力求使家庭体育规范化、制度化、人文化、科学化。

（一）国家方面

1. 通过制定政策法规来刺激和引导家庭体育的发展。国家应创造条件加强家庭政策研究，确定家庭政策在国家总体政策中的位置，并制定出家庭体育的相应政策。因为政策法规是家庭体育能顺利得以实施的保证。没有相应的政策法规出台，家庭体育将始终处于社会的游离状态。我们需要通过制定适当的政策法规来刺激和引导家庭体育的发展。如美国现行的《青少年运动的11项国家级标准》中，对家庭成员的背景、家庭运动基本原则、实施具体方法、父母及子女的责任与义务都作了具体、详细的规定。这说明美国在家庭体育具体操作和管理上做到协调统一的发展。因此我们有必要考虑如何从长期的、发展的、能高效发挥的角度来规范和正确引导家庭体育的发展。

2. 国家应加大投资力度，改善体育场馆等体育基础建设，提高人均体育场地面积，增加体育人口，回收经济利益。鼓励个人、社会团体、企业人对体育场馆及设施的建设并给予政策上的优惠和倾斜。

我们必须认识到对体育的投入是对经济的间接投入。我们需要投入的是场馆器材、政策法规、对家庭体育的指导和引导。我们回收的则是，由场馆器材、体育消费带来的巨大的经济利益和人们身体素质的提高所带来的高效的工作方式。欧洲各发达国家大众体育之所以走在世界的前列，除了其综合国力强大之外，有一个值得注意的因素是家庭对体育的投资。家庭对体育的投资成为欧洲各发达国家对体育投入的主体。因此我们必须要加大对家庭体育的投资力度，以期回收更大的利益。

3. 国家应充分发挥媒介宣传作用，大力宣传体育，引导家庭成员树立正确的体育价值观，走出医院，积极参与体育活动。

（二）体育行政部门方面

1. 把家庭体育作为全民健身计划的切入点，纳入社区体育发展规划中，有计划地开展形式多样、内容丰富的体育活动，促进家庭体育的普及与发展。

2. 充分利用城市“家庭网”，以家庭为单位举办运动会、家庭式的体育野营等活动形式来刺激家庭体育的发展。

虽然家庭体育已逐渐被人们所接受，但家庭体育和学校体育、竞技体育一样要通过举办运动会等形式来检验和刺激促使其更快的发展。据统计，每举办一次家庭体育比赛，从事家庭体育的人口便大幅度地提高。为了刺激家庭体育的发展，日本从 1997 年开始举办家庭海上运动比赛。1999 年世川体育基金会公报对日本家庭体育活动类型做了详细的统计，在接受调查的人群中，有 32%的人是与其家庭成员共同参加体育活动的。这一统计数字在 1996 年为 27.4%，统计中与家庭成员共同参加体育活动的女性要高于男性。在参加体育活动的人群中，74.5%的人是与其配偶一起参加活动的，52.5%的人与其子女一起参加体育活动，8.4%的人与其兄妹一起参加体育活动的。韩国则通过“家庭式的体育野营”等 9 种活动项目来促进家庭体育的发展。

3. 要进一步发展体育产业，大力开发体育健身、休闲、娱乐市场，研发适合家庭体育活动的配套设施，使家庭体育更为科学化，为家庭体育活动创造更多更好的活动空间。

4. 各级体育行政部门应定期举办家庭体育培训活动，或把家庭体育的指导活动合理地推向市场。

（三）社区方面

1. 把家庭体育当成促进社区文明建设的手段之一，通过开展家庭体育搞好社区文明建设。要充分利用体育特有的功能，使家庭体育与文明家庭结合起来，使社区体育与文明社区建设有机结合起来。

2. 改革社区传统的服务模式，由政府办转向由企业或依靠社会来办，开拓新的社区服务领域，把家庭体育纳入社区服务范围，为家庭提供多层次、多功能、多形式的服务。

（四）家庭方面

1. 树立正确的健康观和体育价值观，必须认识到对体育的投入增大就预示着对医疗投入的减少。

2. 根据家庭的实际情况，选择适合家庭成员的活动项目、活动强度、活动时间场所等。

3. 家庭应重视对下一代的体育教育，或通过对家庭体育活动来培养孩子兴趣、爱好、体育习惯及勇敢、果断、吃苦、耐劳的意志品质和强烈的竞争意识。

主要参考文献

1. 潘允康. 家庭社会学[M]. 北京：中国审计出版社，2002.
2. 宣兆凯. 现代社会中的婚姻与家庭 [M]. 北京：中央广播电视大学出版社，1989.
3. 谢军. 21 世纪中国家庭体育的发展趋势与对策 [J]. 体育科学，1999，6(2).
4. 叶展红. 关于开展家庭体育的构想 [J]. 广州体育学院学报，1999，6(2).
5. 范宏伟. 21 世纪我国家庭体育发展思考 [J]. 湖北体育科技，2003，3(1).
6. 张召棋. 我国家庭体育的现状与发展趋势 [J]. 体育科学，1993 (5).
7. 万益民. 我国学校体育与家庭体育的若干关系探讨 [J]. 西安体育学院学报，2003，11 (6).
8. 潘允康. 中国城市婚姻家庭[M]. 济南：山东人民出版社，1987.

9. 刘永东. 香港家庭体育的现状与发展对策研究［J］. 天津体育学院学报，1998，12（4）.
10. 刘江南. 穗、深、港家庭体育比较研究［J］. 体育科学，1997（4）.
11. 蔡明传. 现代家庭体育的社会分析［J］. 福建体育科技，2001，12（6）.
12. 周传志. 我国家庭体育发展探析［J］. 体育学刊，2002，7（4）.
13. 田雨普. 值得高度重视的独生子女体育教育问题［J］. 哈尔滨体育学院学报，2000（1）.
14. 杜　勤. 深、港、穗家庭参与体育活动的特点［J］，体育大观，1997（6）.
15. 王则珊. 家庭体育保健［M］. 北京：海潮出版社，1990.
16. 郑杭生. 社会学概论新修［M］. 北京：中国人民大学出版社，1994.
17. 文　彦. 知识经济与生活方式创新［M］. 成都：四川辞书出版社，1999.

复习与思考

1. 请你谈谈什么是家庭?
2. 试述家庭的功能与结构。
3. 什么是家庭体育？开展家庭体育有何意义?
4. 简述我国家庭体育的发展对策。

推荐阅读书目

1. 潘允康. 家庭社会学［M］. 北京：中国审计出版社，2002.
2. 宣兆凯. 现代社会中的婚姻与家庭［M］. 北京：中央广播电视大学出版社，1989.

第十章

单位体育

本章概要

本章主要介绍单位体制及其形成的背景，讨论单位体育的基本结构与内容，单位体育的功能、特点及其存在的问题。并以对单位体育发展的简要历史回顾为基础，从单位体育与社区体育的紧密结合以及单位体育自身的完善与发展两大走向，较为客观地展望单位体育的未来。

这里所说的“单位”，不是指计算长度、重量、时间、温度等的标准量的名称，而是指对作为具有中国特色的社会结构的重要组成部分的机关、团体、企业和事业部门等的一种统称。所谓“单位体育”，也就是这些部门所开展的群众性体育活动。

第一节 中国的单位现象——单位体制

一、单位体制

（一）单位体制的定义

单位制是我国社会结构的重要特征之一，也是我国现代城市特有的一种社会现象。单位是我国各种社会组织所普遍采取的一种特殊的组织形式，是我国政治、经济和社会体制的基础。所谓单位，是指在城市社会中按照一定的社会分工组织起来的肩负政治、经济、文化等多种功能的社会集团。它是城市社会的基本细胞，影响着城市的功能形态、文化生活、建设和管理等各个方面。

单位体制形成于社会主义初期对中国社会重新组织的时期，国家通过相对分散、独立的单位组织或单位制社会有效地控制了社会成员和社会资源，并以此为轴心发展出一套完整的社会功能、社会结构、社会生产和分配体系。与此相联系，我国的社会福利体制亦带有浓郁的单位制色彩，表现为以单位福利或企业福利为主导的特点，也就是说单位具有福利共同体的性质，“单位体制”构成了国家进行资源分配和进行统治、管理社会的主要组织化结构，构成了整个社会调控的基层体制，单位体制为社会管理机构对各种社会力量的调节和控制提供了新的制度架构。在单位体制下,我国个人对单位、单位对国家的依附，形成“个人—单位—国家”之间的依附链条，也导致了“国家—单位—个人”的纵向控制链条。

在单位体制的概念下，单位也是分析的对象，但分析的重点是以社会的制度结构来说明单位的功能、行为和特征。因此，可以将“整个社会的运转不得不依靠单位组织形式的结构”定义为“单位体制”。

综上所述，我们可以把单位体制定义为，国家以单位为主要工具进行社会资源分配和实现社会控制的一种社会组织和管理体制。

（二）单位体制的基本内容

单位体制作为城市社会的基本组织制度，其基本内容主要包括以下几个方面：

1. 任何单位都被赋予了不同的行政级别。在一般的情况下，单位的级别越高，权力就越大，拥有的资源、利益和机会也就越多。

2. 单位对个人及其家属发挥着保障就业、劳保福利、分配住房、解决子女入学、出具各类证明等多方面的功能，从而是个人归属于单位、依赖于单位，单位对于个人具有较高的权威性。

3. 党和政府对城市居民的行为控制，主要通过一个个单位来实现。单位的所有行为不是对某一个人负责，而是对整个国家、党和单位成员负责，要服从于党和国家的需求，要执行党和国家的路线、方针、政策。由于单位拥有控制资源和分配的权力，个人又不能寻找新的发展空间，于是通过依附于单位求得生存与发展便是顺理成章的结果。

对于单位体制的基本内容，我们也可概括性地描述为：个人归属于单位，而单位成为国家对社会进行直接行政管理的组织手段和基本环节。一切微观社会组织都是单位，控制和调节整个社会运转的中枢系统由与党的组织密切结合的国家行政组织构成。在单位体制下，所有基层单位都表现为国家行政组织的延伸——社会的整合依靠自上而下的行政权力，单位成为行政机构的内部组织形式。国家的意志按照行政隶属关系下达到各个单位，再通过单位而贯彻到全社会。离开了单位，社会就无法正常运转。

二、单位体制形成的背景

任何一个社会的存在都需自觉或不自觉地利用整合方式来达到社会正常运转所需的稳定度。一个健康繁荣的社会都必然有一套行之有效的整合体系，有各种各样整合社会资源的具体方式。当一个社会缺少或者失去其赖以存在的社会整合方式时，这个社会势必会走向崩溃、解体。反之，当一个社会有着一系列可供自己选择的社会整合方式时，这个社会就可以充分调动、使用社会资源，且如果社会对之运用得合理，就能使这个社会得到快速而有效的发展。一般来说，社会越发达，社会整合方式的类型也就越多，但一个国家在不同的历史时期由于政治经济的需要会采取不同的整合模式。新中国成立至改革开放前的相当一段时间，我国城市的社会整合基本上是通过单位体制来实现的。

单位制是新中国成立以后我国社会中普遍实行的一种组织制度、政治制度和社会制度。这种制度的实施，一方面满足了社会和政治整合的需要，另一方面也满足了在社会资源匮乏情况下建设社会主义的经济需要。从新中国成立到改革开放前的相当长一段时期内，我国城镇社会中实行了近乎清一色的单位制，“单位”成为国家统治序列中的一个重要环节，借助单位制使许多反映国家意志的原则、政策、法规得到了有效的实施。无论是各种政治运动的决策、“阶级斗争一抓就灵”的指示，还是50年代后期动员两千多万城市职工返乡务农，都充分体现了单位制的组织效能。足以可见，我国单位体制的形成是有其独特的社会背景、政治背景和经济背景的。

（一）社会背景

1. 经验的惯性

中国共产党在实现“从农村包围城市”夺取了全国政权之后，工作重点转移到了城市，但是我们党并没有城市社会管理的经验。面对如何将广大人民群众组织起来进行社会主义建设的问题，我们党只有从自己过去的军事组织经验中去寻找。在战争年代，中国共产党形成了一套特殊的管理体制，即“公家人”管理，对以中共党员为核心的公职人员，包括党群团体、军队、政治机构和公营企事业中的成员，一律实行供给制，其范围扩展到衣、食、住、行、学、生、老、病、死、伤残等各个方面，依照个人职务和资历定出不同等级的供给标准。这套管理体制使我们党和军队保持了强大的战斗力，取得了革命的胜利。新中国成立后，虽然将实行多年的供给制逐步改成了工资制，但“公家人”管理模式通过单位制度得到延续。不仅如此，在“大跃进”时期，我们党还将这一社会管理形式推广至全国，在城市和农村掀起人民公社运动，试图将所有的人都纳入集生产、交换、分配和人民生活福利为一体的新型社会组织——人民公社内。

2. 现实的压力

新中国成立后，中国共产党面临着一个从晚清时期开始整个中国政治解体与社会解组相结合的“总体性危机”。一方面，晚清之后，中国陷入外强入侵与军阀混战连绵不绝的混乱境地，中央政权日渐萎缩，现代化的步伐步履维艰；另一方面，传统的社会秩序遭到破坏，整个社会陷入前所未有的混乱局面，民众的力量处于“一袋马铃薯”的状态，不能完全凝聚起来。要结束混乱状态，恢复社会秩序，使中国经济、政治发展步入正常轨道，首要的工作是将全社会组织起来，构筑有效的组织体系，因而单位制度便成为当时选择的最佳方式。

3. 理想的要求

经过百年的屈辱和战乱，新生的中国满目疮痍，资源稀缺，且又人口众多。但是，为了急切证明社会主义的优越性，早日进入共产主义社会，背负着沉重的赶超压力。因此，全国自上而下要一盘棋，要尽快摆脱落后的局面，要在尽可能短的时期内建立自己的工业化体系，要快速发展，要赶上并超过发达国家的水平。这是我们的美好愿望，而要实现这一理想，必须要有强有力的动员机制和资源配置机制，将全国庞大的人口和有限的资源集中起来，所以对单位制的选择成为理所当然。

（二）政治背景

社会学家韦伯将所有的统治形式区分为两种最基本的类型，即依仗利益状况进行的统治和强制性（命令）的统治。这两种基本统治形式，可以为分析我国的统治形式和与此相关的社会结构提供一个基本框架，进而，也可以看出我国单位体制的政治烙印。

所有的统治都需要一定的工具或手段来实现。对于权威的或强制性命令的统治来说，主要是通过国家的“组织化”机构，即那些官僚机构以及其他各种法律和暴力机构。对于利益的统治来说，则依赖于财产或资源的垄断性占有。在社会主义社会中，权威的、强制性命令的统治和依仗利益的、建立在交换基础上的统治合为一体。在我国的传统社会主义社会中，国家实现统治的组织就是我们通常所讲的“单位组织”，它既包括国家行政机构或官僚机构，也包括社会中的企业组织和其他经济组织。它们转化为国家实现目标的一种组织化手段，同时也是国家实现统治的一种组织化形式。因而，人们不将中国的社会组织称之为“组织”，而是称之为“单位”，皆因为“单位组织”的实质是维持国家统治即命令统治的手段或工具。在这个意义上，中国社会的“单位组织”不仅仅是组织化的政治控制手段，也不仅仅是分配社会资源的制度，其本身就是整个社会统治结构的一个组成部分。

随着新中国的建立，中国共产党一方面为了粉碎旧的政治势力对新政权的抵抗，另一方面要控制私人经济，以实现生产资料国有化，从而改变长期落后及整个社会一盘散沙的局面。政府也就依然采取战争时代的集权模式对社会进行管理，组织群众进行资本主义改造运动，通过对社会主义公有制的确立，把分散在各行各业的人们联合起来，集中一切可以集中的力量来进行社会主义建设。单位作为社会活动的基本单元，逐渐获得了其完整的表现形式，成为强有力的党和国家的代理者，不仅负责分配一切生产生活资料，而且帮助政府控制整个社会的秩序和稳定。可以说，个人不是生活在社会中，而是生活在单位中。因此，当政府具备一定的实力控制整个国家资源时，依靠自上而下的渠道构建的单位体制也就自然地生成了。这是中国独特的制度结构特征。

（三）经济背景

社会主义革命作为中国现代化挑战的政治反应，实现国家的工业化一直是党和政府的基本政治目标，但同时，中国社会在经济和社会发展水平上又处于极为落后的状态。因此，在20世纪50年代初期发动的工业化过程中，这一矛盾导致了党和政权组织直接推动的对社会大规模重组过程。在“革命后的”社会中，那些与市场经济相联系的社会关系和社会组织形式很快丧失了合法性。为了进行“有组织的现代化”战略——依靠国家的强力和再分配体制，把城市社会纳入到现代化进程中。我国在新民主主义革命胜利后，很快对经济完成了社会主义改造，建立了以公有制为基础的经济制度。国家高度集中地占有几乎全部资源的深层制度，使得通过单位体制分配和使用社会资源成为一种可能的选择。而落后的社会经济水平，严峻的国际、国内形势，以及革命历史的传统，使得单位体制的建立成为现实。

三、单位体制下的单位功能

过去计划经济条件下，我们常称社会为“社会主义大家庭”。其实在计划经济条件下，单位就是城市社会的基本生产和生活的单元，人们的物质生活和精神生活的过程皆与之休戚相关，具有全方位的生存和活动的功能，是城市职工的“家园”。中国城市社会的单位结构及单位功能的全面性，造成了城市居民物质和精神生活的全面单位化，形成了对单位的全面依赖性。

（一）安抚功能

计划经济时代，单位是社会和国家安抚功能分解的载体，国家和社会的安抚功能必然要最终落实到单位身上。国家把许多安抚民心、稳定民心的责任分解到单位，依靠单位体制来维持整个政治结构和社会结构的严密性。

（二）联结功能

单位是国家与社会的联结点，是个人走向国家、社会的重要通道，也是城市职工参与社会政治、经济、精神文化生活的主要方式。个人在社会和国家政治生活中的变迁必经单位这个“中介”的塑造、证明、落实才能得以实现，党和政府通过单位向社会底层推行其政策和法令。

（三）供给功能

单位的供给功能主要体现在单位是职工生活的经济资料、精神文化资料，甚至政治生活资料的主要来源和活动的发生地，是人们生活存在的载体和依托者。计划经济时期，个人要想在社会中立足，几乎是不可能的。要想在社会中实现个人价值，只能通过单位这一载体。

（四）动员功能

单位作为人们社会经济生活、政治生活、精神文化生活的主要场所，可以有组织地进行一系列的连续不断的宣传动员，使单位成员更加自觉地按照社会的政治、经济、文化生活准则、规范来活动，个人要通过单位的塑造与扶持。

（五）保护功能

单位作为社会控制体系的基元，担负着对其成员抚慰的无限责任。个人生存与发展的资源基本上都是从单位中索取，一旦进入一个单位，则意味着获得了充足的、持久的保障机制。在法制尚未健全的社会，个人的名誉、利益、权利等等都需要找一个能够得到保护的场所，这个场所就是单位。大多数成员被组织到不同的单位组织中，并由单位组织给予他们社会行为的权利、身份和合法性，满足他们的各种需求，代表和维护他们的利益，控制他们的行为。

（六）证明功能

单位是社会价值取向和国家意志的最终执行者、落实者，个人正是通过这个功能而使个体有组织地参与社会、国家的政治、经济、文化生活，使自己的各项权利、义务得以落实和实现。正因为如此，单位对于个人具有无限的证明功能。个人的身份是由单位赋予的，而单位的身份是由国家赋予的。个人需要单位的身份赋予才能完成社会化的过程，这就是单位的证明功能。所谓证明，就是证明其身份和行为的正当性和合法性。社会成员外出处理公务需要单位证明，结婚、离婚需要单位证明，出差住旅馆也需要单位证明。

第二节 单位体育的基本结构与内容

一、单位体育的概念及基本特征

（一）单位体育的概念

在社会转型时期，单位组织仍然是理解中国社会结构，特别是城市社会结构的一个重要视角。这说明，在市场经济条件下单位体制会依然存在，只是原有单位体制的特点会发生一定的变化。但单位作为个人安身立命的空间和实现个人社会化的通道，仍然会在城市社会整合中发挥重要的作用。从这一社会组织结构变化的特点来看，尽管在我国经济体制和经济结构发生重大变革的社会背景之下，我国的群众体育格局也发生较大的变化，但单位体育仍然是我国群众体育不可或缺的组织形式和基本形态。

所谓单位体育，一般是指在机关、团体、企业和事业单位，以职工为主体所开展的形式多样的群众性体育活动。它是在职工自愿的前提下，利用业余时间进行的，旨在提高广大职工的健康水平、丰富其业余文化生活，乃至促进单位文化建设的一种群众性体育活动。

（二）单位体育的基本特征

单位体育是在工作关系、劳动关系等基础上形成的一种群众体育形态和组织形式，它受制于单位的性质、制度、规模和效益等，并具有如下几个基本特征：

1. 单位体育是我国原有政治和经济体制的产物，受社会政治和经济变革的影响。基层单位的职工体育活动是单位组织与职工自发的合力的产物，具有较强的凝聚力和影响力。一般，群众体育开展得好的单位，在某个地区、行业系统里会享有较高的知名度。

2. 单位体育易受我国竞技体育的成就和国际、国内重大体育赛事的影响，形成阶段性高潮，具有一定的时尚性。例如，中国在奥运会上“零”的突破、女排五连冠等，催发着单位员工参加体育锻炼的积极性和主动性。

3. 行业、系统的竞赛活动是单位体育发展的杠杆和推进器。许多单位在工会的组织下，通过吸纳体育专才（外资和合资企业由人事部直管）成立各种类型的运动队，利用工作之余和节假日与外单位进行交流比赛，并代表单位参加行业、系统的竞赛活动，有力地促进了单位体育的发展。

4. 由于单位的行政管理体制，使得单位体育活动的开展受领导和管理层人员的影响较大。单位的体育场地设施建设、体育活动项目的选择和体育活动的开展，在一定程度上可以反映出长官对体育的态度。一般，领导和管理层人员喜欢的体育项目往往在单位中会得到较好的开展。

5. 许多机关、企事业单位都设置了员工体育俱乐部或体育活动室，有条件的工矿、企业单位还在室外建造了体育运动场所。有些外资或合资企业单位凭借自身的经济实力，在单位附近租借了体育场地，供员工进行体育活动或举办运动会。

6. 单位员工体育活动的时间大多集中在午休或下班后，体育活动场所成为单位员工休闲娱乐、交流信息和联络情感的“运动吧”。

7. 单位体育的排外性很强，外单位人员和社会闲散人员一般很难参与其中。有些单位还允许员工携带子女或亲属在节假日到单位进行体育活动。

8. 由于单位的管理具有垂直性的特征，大多又是国家实行社会控制的基本细胞，因而体育的方针政策能够得到较好的落实，尤其是机关、事业单位和国有企业单位。

二、单位体育的基本结构与内容

（一）单位体育的基本结构

结构反映了事物的构成特点和排列方式，是事物的外在表现形式。单位体育的基本结构往往体现在职工体育行为的特征方面，是体育行为在时间与空间上的组合。根据职工体育行为发生的场所及特征，我们可以把单位体育分为单位内体育和单位外体育。单位内体育是指工作在同一个单位的职工之间开展的各种类型的体育活动。主要包括体育锻炼、体育休闲、体育竞赛、运动队训练、体育学习等。单位内体育活动的特点是，所有参与者的就业场所相同，是利用本单位及周边的体育设施所开展的体育活动。单位外体育活动是指不同单位的职工之间开展的体育交流活动。单位外体育又分为行业体育和区域性单位体育两种。行业体育的特点是，所有参与者的所属单位的行业相同，主要是系统内的体育竞赛及展示活动。区域性单位体育的特点是，在一定的区域内，各企事业单位之间开展的各种体育交流活动，尤以竞赛为主。单位体育的基本结构见图 10–1。

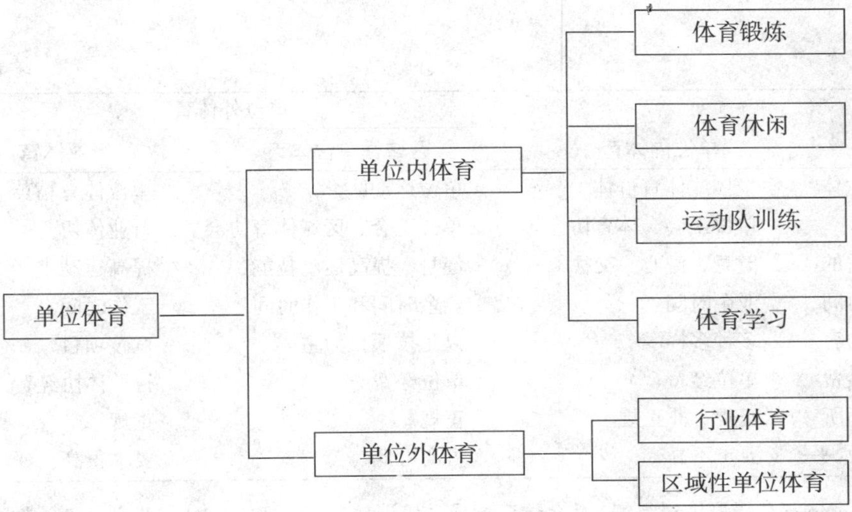

图 10－1 单位体育的基本结构

（二）单位体育的基本内容

单位外体育的基本内容主要包括行业体育活动和区域性单位体育活动两种。行业体育具有纵向的特点，可分为全国、省、地、县级行业体育，以开展系统内的体育竞赛活动为主。有的行业还比较系统地开展高水平的运动训练与竞赛工作，成为我国竞技体育体制的有效补充形式，如铁路系统的火车头体协等。区域性单位体育主要是在一定区域内各单位之间所进行的体育交流活动，这一类活动的目的是增进单位之间的友谊、丰富职工的业余文化生活、提高运动技术水平，体现了身体锻炼与文化的融合。

单位内体育主要是在本单位工会的组织下，通过建立单位运动队、体育俱乐部或体育协会，开展经常性的体育活动，通过组织体育竞赛，举办体育知识与技能学习班等途径来发展单位体育。单位内体育与单位外体育的异同见表 10–1。

表 10–1 单位内体育与单位外体育的异同

	单位内体育	单位外体育	
		区域性单位体育	行业体育
1. 活动范围	单位内，范围小	不同行业，同地区	同行业，跨地区
2. 活动形式	以锻炼为主、竞赛为辅	以比赛为主、锻炼为辅	比赛

续表

	单位内体育	单位外体育	
		区域性单位体育	行业体育
3. 参与主体	全体或体育群体	单位运动队	单位体育精英
4. 组织者	单位工会、体育协会等	单位工会、区域体育协会	行业体协
5. 活动目的	健身、健心、交往	健身、提高运动技能	提高运动水平
6. 活动时间	业余时间	业余时间和工作时间	工作时间
7. 活动内容	多种多样	以竞技项目为主	竞技项目
8. 活动经费	单位经费	单位经费	行业体协经费
9. 活动场所	正规、非正规	正规	正规
10. 技能水平	要求不高	可高可低	要求很高

注：国家体育总局群体司组编. 社会体育指导员培训教材（一级）[M]. 北京：高等教育出版社，2003：14.

三、单位体育的管理体制

（一）单位体育的领导体制

单位领导体制是单位领导关系和领导结构的问题，它规定了单位管理机构的设置及其隶属关系，具体来说，它主要规定了单位中行政领导、党组织和群众组织的地位和权限。

领导与管理不同，领导是一种变革的力量，而管理则是一种程序化的控制工作。领导能带来有用的变革，而管理则是为了维持秩序。

领导与管理的区别主要体现在三个方面：（1）领导具有全局性，管理则具有局部性；领导侧重于战略，管理则侧重于战术。（2）领导具有超前性，管理则具有当前性。（3）领导具有超脱性，管理则具有操作性。

相应地，领导体制也不同于管理体制。（1）领导体制与管理体制规范的内容不同。领导体制规范单位由谁来领导，管理体制则规范单位由谁来管理。（2）领导体制与管理体制调整的关系不同。领导体制调整党委与行政的关系，即党委统一领导单位工作，支持行政领导独立负责地行使职权，管理体制则调整行政组织内部关系，单位的行政领导作为法定代表人，对外代表单位，对内管理相关业务。（3）领导体制与管理体制保障的权力及权力主体不同。领导体制保障政治权力，实现政党的利益，管理体制则保障行政权力，实现行政组织的利益。（4）领导体制与管理体制所采取的决策方式不同。领导体制按少数服从多数的原则和“集体领导、民主集中、个别酝酿、会议决定”的要求决策，管理体制则可以采取会议决策，也可以由负责人作出决策。

单位体育的领导体制所体现的是单位体育的管理机构的设置及其管理主体。从一个具体的单位体育管理部门来看，它对本单位的体育行使着管理的职能，是管理的主体；但对整个国家和社会的体育管理的职能部门来说，它又是被管理者，是管理的客体。

单位体育的管理包含了政府和社会对单位体育的管理以及单位内部的管理两个层次。政府对单位体育的管理主要通过各部委体育主管部门和体育行政管理部门进行管理。社会对单位体育的管理体系包括中华全国体育总会所属的行业体协和中华全国总工会及地方工会。共青团、妇联等群众组织对职工体育中的青年和妇女人群的体育活动也有宏观和具体指导职能。

（二）单位体育的管理体制

单位体育的管理体制是指单位体育管理的组织机构设置、地位、职责和内部权责关系及其相关的规章制度的总和。是实现体育总目标的组织保证。

单位体育管理体制不但反映了“单位体制”下的社会结构的特点，也深深地印刻着计划经济时代我国体育管理体制的烙印。目前的单位体育的管理体制主要包括行政组织和社会组织两大类，即国务院领导下的政府机构和社会组织相结合的体制。行政组织主要是国家体育总局及省、市、区（县）各级体育局，各行业设立的体育工作主管部门。社会组织又分为群众组织和社团组织两种，群众组织主要是指在工会等人民团体设立的体育职能部门（工会体育部或文体部），社团组织主要是指各行业体协和各级工会职工体育协会。行业体协在所属部委的领导下，作为中华全国体育总会的团体会员，负责本系统的体育工作。它们既属于群众团体，又是开展本系统职工体育工作的职能部门。职工体育协会是指在民政部门注册，由地方总工会主管的群众性体育组织和非营利性的社团法人组织。

1. 工会对单位体育的管理

我国的单位体育管理历来是以工会为主，通过工会设立的相关职能部门负责单位体育工作的开展。全国总工会体育工作的职能机构经过几次名称的变更之后，于1992年9月，为适应单位体育发展的需要，并使组织名称与工作内容相一致，改称全国总工会宣传教育文化体育部，下设体育处。各省、自治区、直辖市总工会管理单位体育的机构，除个别设为体育部外，绝大多数隶属于宣传部。为进一步推动单位体育事业的发展，目前有18个省、自治区、直辖市成立了“职工体育协会”“大型厂矿企业联合会”和“职工体育基金会”。

基层的机关、事业、企业单位的体育一般都是由工会负责的，有的单位是在工会中指定专人负责，有的单位通过建立从属工会领导的基层职工体育协会，具体负责本单位的职工体育工作，有的单位是在基层工会委员会中设立体育部（或文化体育工作委员会或文体部）机构来负责单位体育工作的开展。

2. 体育行政部门对单位体育的管理

国家体育总局作为国务院的体育行政主管部门，统一领导、规划、协调、监督全国的体育事业发展。国家体育总局及地方各级体育局，通过其职能部门负责对单位体育的方针、政策、制度、规划的制定，运用宏观调控手段，在面向全民的基础上，加强对单位体育工作的指导、配合、协调，充分发挥各级工会对单位体育的组织作用，体现出单位体育管理以工会为主的原则。

3. 行业体协对本系统各单位的组织管理

行业体协主要是由企业构成，以同类企业为基础，自成体系。我国从20世纪50年代起，一些行业陆续建立了体育协会。80年代，随着人们对体育需求的不断提高，行业体协也进入了一个快速发展的阶段。到目前为止，全国各级行业体协已发展到四千多个，专职干部四千多人，兼职干部两万多人。行业体协具有雄厚的经济实力、较完善的组织机构、较好的体育设施、较为专业的体育干部队伍等。通过行业体协组织本系统的体育工作，易于管理、协调，便于开展工作。行业体协是推动单位体育工作开展不可忽视的力量。单位体育的管理结构见图10–2。

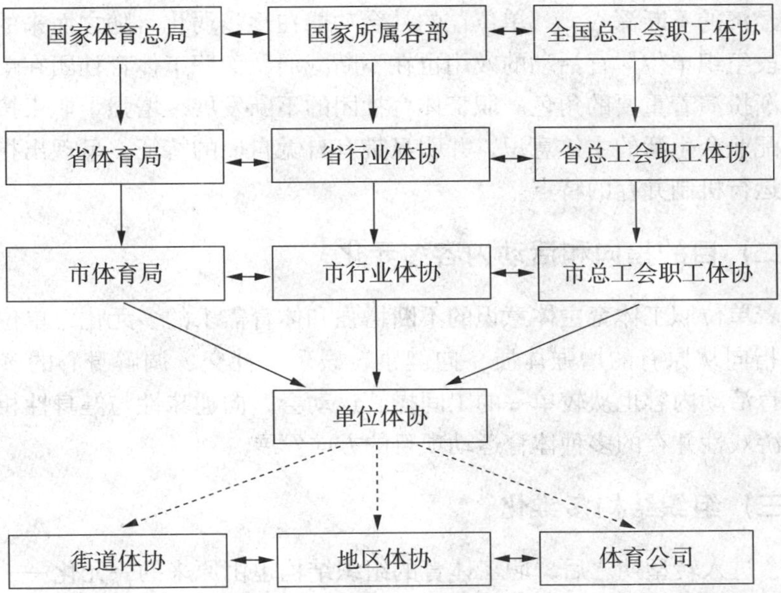

图 10－2 单位体育管理体系示意图

注：修改于薛留成，等.企业职工体育管理体制改革的模式选择 [J] .武汉体育学院学报，2006，(4)：15.

第三节 单位体育的功能、特点及存在的问题

一、单位体育的功能

依据单位体育的基本结构，单位体育具有健身娱乐功能、团结凝聚功能、提高单位知名度的功能、对外联系与协调的功能、促进单位（企业）文化建设的功能。

二、单位体育的特点

(一) 指令性与非指令性运行机制并存

在计划经济时代，单位体育的运行机制基本上是属于指令性的，即体育活动

多依托单位行政系统进行组织和控制，如单位运动会、广播操、“达标”等。随着市场经济的不断深入，“单位”的社会功能在逐步弱化，随之而来的单独依靠行政手段组织单位体育活动的效用也在不断减弱，而职工体育社团在单位体育活动中逐渐扮演着重要的角色。职工体育社团的不断发展，增强了职工按照自己的意愿支配业余生活的主体意识，并明显带有自觉自愿的特征，呈现出指令性与非指令性运行机制并存的特点。

（二）目的指向和活动内容多元化

随着单位职工体育主体意识的不断增强和体育需求的多元化，单位体育活动的目的指向从原有的增强体质，向健康、娱乐、社交、调解身心的多元方向发展。体育活动内容也从较单一的工间操、运动会，向趣味性与健身性相结合、竞赛性与游戏性并存的多种体育运动项目的方向发展。

（三）组织结构多维化

社会进入转型期之后，职工体育的组织结构也由原来的一元化——工会部门的体育组织向多维化，即项目人群、地方体协、行业体协、社区体协等的组织方向发展。

（四）活动经费差异化

我国正处于计划经济向社会主义市场经济转型的过渡时期，单位体育活动的开展也带有鲜明的转型特点，呈现着发展及活动经费投入的差异性。领导重视，效益好的单位，其经费投入就相对多一些，体育工作开展得就相对好一些，反之则相反。

（五）与企业文化建设相结合

在现代企业管理制度下，我国单位体育的开展具有与相应企业文化建设相一致的特点。一方面，作为企业文化有机组成部分的单位体育必然会受到单位文化的制约；另一方面，企业的文化建设也会为单位体育的发展提供适宜的土壤。在企业单位，体育与企业文化建设的结合，是单位体育发展的一个重要趋势。

三、单位体育存在的问题

在前面的论述中，我们已经充分肯定了单位制的历史功绩。但改革开放以来，单位制在中国社会运行中也暴露出不少固有的弊端：一是单位职能的泛化不仅导致效率低下，单位办社会也导致了社会空间的萎缩；二是单位制形成了个人—单位—国家三者间的依附链条；三是单位具有相对封闭性，资源不能有效、合理的配置和流动。

单位制的这些弊端，以及受经济、社会和体育发展水平的制约，致使单位体育还存在如下几个方面的主要问题。

1. 目前，单位的体育管理机构设置基本保持着计划经济年代的样子，相应的制度建设和运作方法方面也没有实质性的改变，有关体育的体制和制度改革未能与单位整体的改革同步进行。在单位体育的组织管理上出现多头管理的现象，由于缺乏相互协调，有时出现少管、不管的现象，纵向上的行业体育协会出现虚化现象，基本上没有发挥其应有的作用。在单位内部，体育管理制度和约束机制不健全导致单位体育的开展受人为因素影响较大，单位体育的开展经常随着单位的总体目标和单位领导对体育工作重视程度而变化。

2. 单位体育的封闭性仍未打破。我国单位体育虽然开始突破传统模式的封闭性，着意于纵向和横向发展，陆续出现与其他企业、事业单位联合，或与社区体育交叉的新趋向，呈现出网络化的趋势，但还缺少制度去规范单位体育组织与其他体育组织的合作，更少有体育中介组织来协调各方利益，解决合作中出现的问题。所以，大部分单位宁愿让体育场馆设施闲置，也不愿对外开放。

3. 单位体育设施及活动经费不平衡，无法保障多数人的体育权利。单位体育开展得好坏，经费投入的多少，往往与经济效益和单位领导对体育的态度密切相关。单位经济效益不同，领导对体育的态度不同，体育设施建设及开展体育活动的情况就不同，出现了明显的差异性。此外，单位资源对内不对外，多数社会人的体育需求难以在单位拥有的体育资源中得到满足。

4. 人们的单位意识一时难以改变，还存在等、靠、要的思想。长期以来，单位制造就了单位成员的依赖性人格，人们的单位意识根深蒂固，在较短的时间内难以改变。因此员工的自我投资意识薄弱，体育尚未真正走进员工的生活，单位体育以单位成员的自我组织和自我管理为主要形式的局面难以形成。

5.单位的体育人口较少，体育消费量不多，体育场馆设施普遍存在数量不足、质量较差的问题，已成为制约单位体育发展的瓶颈。

6. 一些合资特别是外资企业单位，由于经济利益的驱动，管理层表现出忽视职工体育活动的倾向。

第四节 单位体育发展的历史回顾与展望

一、单位体育发展的历史回顾

在这里，我们概括地将单位体育发展的历史凝缩为计划经济体制下的单位体育与社会转型和经济体制转轨过程中的单位体育。

（一）计划经济体制下的单位体育

形成于计划经济体制下的单位体育是我国群众体育的主流和主要组成部分，人们习惯称之为“职工体育”。这一时期的单位体育主要是以行政管理的方法为主，以机关、事业单位和国营企业单位的工会组织为职能部门，在国家政权的指令下开展体育活动。单位体育被当做是职工福利事业的一个组成部分，体育活动的开展基本上是一项指令性的计划，职工参与体育活动也是在完成一项任务，是在实践一种福利措施。单位体育的活动的内容比较单调，大多是工间广播操、竞技运动项目的比赛或“达标”等。当时的单位体育，难以突显职工的主体意识，体育活动往往和政治活动相互关联，体育活动的方式也显得僵化、呆板，违背了职工参加体育活动的“自愿性”原则，不能激发职工的体育兴趣和体育健身娱乐的积极性和主动性。而且人们的体育需求基本上是依靠工作单位所开展的体育活动来满足，其特点是非生产性、非专业性、福利性和行业系统活动的跨地区性，难以保证经常性和普遍性。“院墙式”的管理，使得单位的体育设施不对外开放，体育资源也得不到充分的利用。

（二）社会转型和经济体制转轨过程中的单位体育

在我国社会转型和经济体制转轨时期，单位体育发生了不少变化，使得这一时期的单位体育带有明显的市场经济的烙印。从 1995 年 5 月 1 日起，全国职工实行周休 2 天制；同年 6 月 20 日，国务院正式颁布了《全民健身计划纲要》，此后，又相继推出了“亿万职工健身活动”“亿万青少年健身活动”等“五个亿”的健身工程，从政策角度出发，极大地促进了单位体育的开展，具体表现为：

1. 经济与社会的发展、人民生活水平的提高、闲暇的增多，特别是人们生活观念的变革，使得单位成员比以往任何时候都更加关注自身的健康问题，关注体育给健康带来的益处。

2. 单位体育的活动内容开始由单一走向丰富多彩。

3. 单位的体育场地设施得到一定程度的改善。

4. 社会交往和应酬的增加，诱发了单位成员体育活动空间的扩展，从而促进了社会体育的发展。

5. 随着职业体育俱乐部的发展，一些经济效益比较好的大型企业单位开始支持和赞助各类体育比赛，或组建代表本企业的俱乐部。这一举措，在推动我国体育竞赛市场发展的同时，也促进了本单位的企业文化建设和职工体育的持续开展。

6. 一些知名企业，在经济建设的同时，也非常注重企业文化的建设，并把职工的体育活动纳入到企业文化建设之中。如中国—新加坡联合开发的苏州工业园区，每年举行一次中外企业体育交流比赛，并形成制度。如深圳港资的松辉化工企业，结合企业生产的特点，经常组织职工的体育健身与休闲活动，并请专家讲授体育与健康的知识、技能。

7. 随着社区体育的不断发展，单位体育开始走向社区、融入社区，体现了单位职工体育需求多元化和生活空间转移的要求。单位和社区本着互惠互利的原则，共同开展各类丰富多彩的群众性体育活动，促进了体育资源利用的最大化。

二、单位体育发展的未来展望

展望未来单位体育的发展，它有两个大的走向，即一是走向社区与社区体育紧密结合；二是单位体育自身的完善与发展。

（一）与社区体育紧密结合[①]

1. 单位体育与社区体育结合的必然性

我国社会转型和经济体制转轨引发了城市社会管理体制的变革,从而松动了几十年根深蒂固的“单位体制”，使单位自身发生了明显的变化，即单位利益独立化、单位与员工契约化、单位功能专业化。单位制的变革和单位功能角色的转换，要求单位体育的发展必须走与社区体育相结合的道路。

第一，单位体育与社区体育的结合，是单位功能分化的要求。随着单位功能的分化，就必须将单位的社会功能移交给社会，单位承载的一些社会生活职能正

[①] 注：主要依据黄丹的观点。

在逐渐分离给社区，这其中就包括计划经济体制下福利型体育外移于社会。

第二，单位体育与社区体育的结合，是保障平等享有体育权利的要求。以往单位体育开展得好坏，在很大程度上取决于单位的经济效益和领导人的态度，导致冷热并存的现象发生，部分员工并未真正享受到自身的体育权利。单位体育与社区体育的结合，不仅可以为单位成员提供必要的体育场地设施、体育服务等，以满足其对健身的需要，而且还可以为居住在社区的其他成员提供体育服务，保证广大的人群平等享有体育权利。

第三，单位体育与社区体育的结合，是人们体育需求多元化和生活空间转移的要求。以往的单位体育还不能满足成员多元化的体育需求，而单位的弱化和社会功能的外移，使在单位外参与体育活动的人数不断增多，并逐渐向居住地所在的社区转移。

2. 单位体育与社区体育相结合的作用

单位体育与社区体育相结合的作用体现在以下三个方面：

(1) 促进社区居民利益社区化，使“单位人”向“社区人”转化

计划经济体制下的单位作为福利共同体，包揽一切。人们的利益、社会网络和社会支持都是以单位为中心建立起来的，单位意识强、社区意识弱。单位与社区合作，共同为居民提供“身边场地、身边组织、身边活动”，将会使居民享受体育的权利在社区得到体现，增强居民对社区的认同感和归属感，转变人们的单位意识，促进“单位人”向“社区人”转化。

(2) 有利于体育资源共享和合理配置

在计划经济体制下，体育资源作为单位福利的一部分，只对内不对外，设施利用率低，维护成本也高。而且在单位外参与体育活动的人数不断增多，逐步移向居住地所在社区附近参与体育活动。因此，单位体育设施要向社区居民开放，使单位的体育设施与社区体育设施资源在社区内连成一片，为社区居民提供服务，从而促使体育资源利用最大化。

(3) 满足人们多元化的体育需求

在全面建设小康社会的过程中，我国城乡居民的生活水平不断提高，自由时间增多，人们的闲暇生活越来越多样化。在参与体育活动方面，参与者的动机和目的也呈现多样化，不同群体有不同层次的体育需求。要满足这些需求，仅仅依靠单位的力量是不够的，单位需要与社区共建，积极参与社区组织丰富多彩的体育活动，在有序开放单位内体育场地设施的同时，也要力所能及地向所在社区投资建设新的体育场地设施，支持社区建设。

3. 促进单位与社区体育结合的办法

(1) 探讨单位体育与社区体育结合的机制

单位体育与社区体育结合的关键，在于通过什么样的机制来整合分散的体育资源和组织丰富多彩的体育活动。不同的单位是一个不同的利益实体，如果没有明确规定权利和责任的法规或具有同等效力的规则，就难以进行有效的合作。为此，首先要建立平等的协商机制，不能用传统行政命令的方法来强制推进。其次，要建立互惠互利的合作机制，使参与者感到合作的收益大于不合作的收益，促使各方达成共识，采取合作行动。第三，政府在这一过程中要制定相应的规则，并建立有效的激励机制，从制度上保障单位体育与社区体育的有机结合。

(2) 培育第三部门，发挥体育中介组织的联结作用

第三部门是既非政府又非营利性的社团组织。在人们的需求日益多样化的今天，第三部门作为一个自发性的组织，能够承担开展群众体育活动的微观管理职能，满足大众多元化的体育需求，并提高体育资源的供给率。第三部门的发展，是单位体育与社区体育结合的桥梁，能够分担两者结合中存在的一些技术性的问题。

(3) 强化居民的社区意识

目前，单位制改革还不彻底，居民与单位之间的利益关系还较为紧密，与社区之间的利益纽带还较弱，这导致居民不甚关心社区事务，参与社区活动的意识不强。因此，需要转变人们在单位制下养成的依赖性人格，这需要社区体育组织有针对性地、多渠道地做好体育知识的宣传教育工作，在提高居民的体育意识的同时，因地制宜，开展居民喜闻乐见的体育活动，在活动中拉近居民之间人与人的距离，增强对社区的认同感，以形成社区的主体意识和责任意识。

(4) 社区与单位的双向互动

单位体育与社区体育结合，并非单位在体育投入方面“无所为”，双方可以签订合作协议，共享、共建体育资源。单位在开放体育场地设施等资源同时，给社区以经济上的支持，适当向社区投入一定数量的资金，至于体育设施的建造、维护等问题，可交由社区内专业部门在制度范围内进行市场化运作，以增强单位的专业化职能。在体育资源的利用上，单位或单位的员工可以享受优惠政策。另外，社区也要建立信息交流平台，给单位开展体育活动以指导和帮助。

（二）单位体育自身的完善与发展

单位体育走向社区与社区体育相结合是大走向、大趋势，但并不意味着单位

体育没有存在的必要了。单位制松动了，但并不意味着单位解体了。只要单位还存在，单位体育就会与之并存。为此，单位体育的另一个大走向，就是单位体育自身的完善与发展。单位体育自身的完善与发展将会展现出如下的若干趋势。

1. 单位体育作为由家庭体育、单位体育、社区体育三位一体的社会体育空间构成的重要组成部分，将会日益受到政府和全社会的重视，单位体育法规缺失的现象将会逐步得到改善，从而使单位体育的发展在得到行政手段支持的基础上，也得到法制手段的保障。

2. 单位将会不断提高对体育的认识。具体表现为：一是领导认识的提高和重视程度的提高；二是单位成员体育参与程度的提高。这两个方向上的提高，将会带来体育人口的增加、体育场地设施建设的加强和体育活动的蓬勃开展，从而促进单位体育功能的进一步发挥。

3. 单位体育的开展将会从实际出发，充分考虑单位的特点，以及职工体育需求的特点，本着小型多样、业余自愿的原则，有针对性地开展内容丰富、形式多样的体育活动。通过开展体育竞赛和其他体育活动，激励职工的创造精神和丰富职工的文化生活，创造一个在平等的氛围中公平竞争的企业文化环境，培养职工勇于进取、敢于拼搏的良好品格。

4. 无论在单位内部还是外部，体育都是建立新型人际关系、增强合作与凝聚力的重要途径和手段。特别是在外资企业与合资企业向开发区和工业园区集中的趋势下，将有利于单位在中外文化的对话和交流中进行广泛的体育交往，有力地促进企业文化的建设。

5. 在经济全球化的背景下，企业法人单位和生产经营性单位所占比重持续上升，单位的性质和结构继续发生显著的变化。从发展的眼光看，国企改革是整个经济体制改革的中心环节，建立现代企业制度是一个长期的任务。集体经济逐步转制，股份制单位改造会有长足的发展，港澳台和外商投资企业的增势强劲，个体私营企业不断增长。企业单位将不断探索与市场经济相适应的单位体育管理模式。深圳华侨城集团公司、深圳蛇口工业区有限公司，深圳南油集团公司等对单位体育实行企业化管理的经验将会得到推广（所谓企业化管理，就是成立体育公司，把体育公司作为企业下设的专门负责管理职工体育的机构，有专职的管理人员，体育经费来源广泛，实现全部或部分的自主经营、自负盈亏、自我创造和自我发展。体现了政府宏观调控、企业主管、体育公司自治、面向市场的单位体育组织管理模式）。

6. 我国农村的乡镇是一个地域概念，是我国最基本的行政区划单位，其政府所在地是当地农村政治、经济、文化的中心。乡镇的各类单位具有一定的稳定性，是乡镇经济与社会发展的重要支柱。单位体育与乡镇（社区）体育的结合，将会带动和促进农村体育的发展。

7. 学校是最稳定的（教育）单位。学校体育既是群众体育的重要部分，又是单位体育人才的发源地。学校体育方面的人力资源和物质资源（如学校体育场地对外开放），将进一步加大对社区体育发展的支持力度。

8. 企业单位，特别是沿海经济发达地区的乡镇企业，外来农民工的数量相当多，这些企业单位将会在逐渐尊重他们的劳动权利和生活权利的同时，依法保障他们参与体育的权利，让他们充分享受体育带来的益处和乐趣。

9. 经营实体。《中共中央 国务院关于进一步加强和改进新时期体育工作的意见》中指出："鼓励、支持企事业单位和个人兴办面向大众的体育服务经营实体。"有条件的企事业单位将会逐步兴办面向大众的体育服务经营实体，为满足人们的体育健身需求做出贡献。

主要参考文献

1. 郭湛. 单位社会化、城市现代化——浅谈单位体制对我国现代城市的影响[J]. 城市规划汇刊，1998（6）：60–62.
2. 周建军，等. 我国"单位体育"的过去和未来［J］. 体育学刊，2004（5）：13–17.
3. 刘建军，赵彦龙. 单位体制生命力衰减的根源及其后果［J］. 文史哲，2000（6）：102–108.
4. 黄丹. 我国单位制的变革与单位体育的发展走向［J］. 广州体育学院学报，2005（5）：77–80.
5. 薛留成，等. 企业职工体育管理体制改革的模式选择［J］. 武汉体育学院学报，2006（4）：13–16.
6. 赵子江. 国有企业单位职工体育组织结构的分化与整合研究［J］. 成都体育学院学报，2006（1）：31–34.
7. 李路路. 论"单位"研究［J］. 社会学研究，2002（5）：23–32.
8. 何亚群. 从单位体制到社区体制［J］. 前沿，2005（4）：158–160.
9. 王凯珍，任海. 中国社会转型与城市社会体育管理体制变革［J］. 北京体育大学学报，2004（4）：433–439.

复习与思考

1. 请概括地描述一下单位体制的基本内容。

2. 试述单位体育的概念与功能。
3. 试述单位体育与社区体育结合的必然性。

推荐阅读书目

1. 国家体育总局群体司. 社会体育指导员技术等级培训教材[M]. 北京：高等教育出版社，2003：10–17.
2. 卢元镇. 社会体育学[M]. 北京：高等教育出版社，2003：106–118.
3. 吕树庭，卢元镇. 体育社会学教程[M]. 北京：高等教育出版社，1995.

第十一章

社区体育

本章概要

本章的主要内容包括三个部分：首先，介绍有关社区的基本理论；其次，阐述社区体育的概念、基本特征、构成要素、社区体育参与以及社区体育兴起的背景和发展历程；最后，从社区体育与社会体育、学校体育、社区体育中的物业管理、城市社会体育管理体制改革以及社区体育的发展趋势等几个方面论述社区体育的发展。

社区是一定地域范围内人群聚居的社会生活共同体。也有人把它称之为城市的“细胞”。社区体育主要指在人们共同生活的一定区域内就近就便开展的区域性群众体育活动。

第一节 社区基本理论

一、社区的概念与功能

（一）社区的概念

“社区”一词来源于拉丁语，原意是亲密的关系和共同的东西。将“社区”一词作为社会学的一个范畴来研究，源于德国社会学家 F. 滕尼斯（F.Tonnies，1855—1936 年）1887 年出版的《社区和社会》（又译为《礼俗社会与法理社会》）一书。他把人们的关系分成两类，第一类是基于感情、恋念和内心倾向的关系，第二类是为了达到某种目的而建立在占有物的合理交易和交换基础上的关系。滕尼斯称第一类传统的富有人情味的、有共同价值观念、关系亲密的社会生活共同体为“社区”。与此相应,他将由人们的契约关系和“理性的”意志所形成的联合称为“社会”。以后西方许多社会学家继承了这一观点，并对此作出了种种解释。但随着现代社会学的发展，许多社区研究者们发现，这样的社区概念并不能完全说明现代社区的状况，也无法包容现代社区的许多特质。所以社会学家们就更多地从一定的地域社会关系的角度来研究社区。注重经验性研究的美国社会学家在把滕尼斯的社区概念翻译成英文时就强调了它的地域性，强调要研究城市社区或农村社区的地域社会共同体。20 世纪 30 年代，我国在引进西方现代社会学时受到美国社会学界的影响，也强调社区的地域性。

国内外的社会学家们对社区含义的解释虽有不同的角度和重点，分歧也一直存在，但对这个范畴的一些基本要素还是有共识的。无论从哪个角度去研究，社区这个概念还是离不开一定的社会生活共同体及它的地域性。

因此，我们认为，所谓社区就是在一定地域内的人们社会生活的共同体，是在一定地域内发生各种社会关系和社会活动，有特定的生活方式，并具有成员归属感的人群所组成的一个相对独立的社会实体。作为一个社会实体，社区由以下一些基本要素构成：

（1）它有以一定的社会关系为基础组织起来的共同生活的人群。

(2) 它有人们赖以从事社会活动的具有一定界限的地域。

(3) 它有一整套相对完备的生活服务设施。

(4) 它有自己特有的文化。

(5) 它的居民对自己所属的社区在感情和心理上产生了一种认同感，即“我是某一个地方的人”的观念。

(二) 社区的功能

社区功能是指社区运行过程中体现出来的对社会或居民所施加的影响和作用。作为社会整体的有机组成部分，社区理所当然地要承担起整体（社会）赋予它的使命，而作为相对独立的地域性社会共同体，社区又会对居民的经济社会生活施加独特的影响。因此，社区的功能既是多样化的，又是多层次的。

社区功能的多样性为人们进行多角度的解析提供了可能。亨特和史密斯分别指出了社区的七种功能：与人们的情感和归属意识相关联的存在功能、指向消费的经济功能、与公共服务的组织和利用相关的管理功能、与特定区位的社会和物质利益相关的区位功能、与城市设计的社会后效相关的结构功能、与地方事务相关的政治功能、与城市化的政治经济意义相关的社会再生产功能。[①]

桑德斯则从社会体系论角度分析了社区的十大功能及其实现途径：通过生育和移民保证社区人口的新陈代谢；通过各种学习或教化使新居民完全参与社区活动；通过各种工具达成居民间的接触与交流并形成社区舆论；通过各种活动出现分工与角色的专门化，使社区居民占据不同的社会地位；通过各种分配体系进行物品与服务的分配；建立各种机构和组织维持社区秩序、控制越轨行为；根据居民对社区的价值表现决定其社会声望，或根据居民的社会阶级区分其身份差异；根据社区及其各子系统的功能进行各种权力的分配；在各种因素作用下产生社会流动性，即阶级内或阶级间的流动；经由上述环节并通过内在的适应与调整，使社区各组成部分之间建立并维持动态平衡，使社区整合成为一个社会体系。

分析社区的各种功能后我们发现，任何一个社区都同时具备两类功能[②]：一类是不同类型的社会共同体所共有的功能在社区范围的体现，这是社区顺利运行的基础或必要条件，我们称其为社区的非基本功能；另一类是其他类型的社会共同体并不一定具备或淡化的功能，我们称为社区的基本功能。显然，社区在社会整体中的

---

① Hunter，A.A.（1979）. The Urban Neighbourhood：Its Analytical and Social Contexts，Urban Affaira Quarterly，Vol.14，267–288.

② 程玉申. 中国城市社区发展研究［M］. 上海：华东师范大学出版社，2002：33.

独特作用并不体现在它的非基本功能方面，而是体现在其基本功能方面。否则，社区的存在也就会失去它本来的含义和应有的价值。因此，在推动社区发展的过程中，必须高度重视社区两类功能之间的协调，不断强化并充分发挥社区的基本功能。

1. 社区的非基本功能

在社区的众多功能中，社区的非基本功能即不同类社会共同体共有的功能，主要体现在以下几个方面：经济功能、政治功能、教育功能、卫生保健功能、社会功能、休闲娱乐功能、宗教功能和福利功能。

2. 社区的基本功能

社区的基本功能即社区的特有功能，也就是其他类型的社会共同体并不一定具备或淡化的功能。社区的基本功能是社区发展的根本动力，基本功能的强弱也是判断社区兴衰的重要标志，按照社区规模的分类方法，微型（基层）社区，它的基本功能至少应包括以下五个方面：

(1) 互动功能

社区成员相互之间并不一定具有密切的联系，但社区客观上为社区成员的互动提供了更多的机会。成员间随意的问候或访问不仅有助于提高人们对社区的归属感，而且也会在某种程度上缓和城市环境中普遍存在的非人情化带来的消极影响。

(2) 人际影响功能

社区成员间的相互接触有助于形成在家庭生活和社会经济理想与抱负等方面的行为规范，而特定的社区规范也正是促进个人融入城市社会的内在机制。

(3) 互助功能

西方学者的大量案例研究表明，居住地点的地理邻近性与获得帮助的可能性之间存在明显的关联。城市家庭中发生的紧急情况中，大约75%是由社区成员的帮助获得解决的[①]。尽管现代城市社区中出现了各种各样的社区服务组织，但在很多情况下这些组织往往缺乏迅速反应和灵活处理的能力，而且其服务成本有时也大大超越了社区居民的理想预期。因此，培育和激发社区的互助功能是城市社区面临的重要任务。

(4) 组织和参与功能

社区往往是许多正式和非正式组织的基地，特别是各种志愿性机构一般都是

[①] Warren, D.I. (1977) Neighborhoods in Urban Areas, in Warren, R.I. (ed), New Perspectives on the Amercian Community, SkoKie: Rand McNally.

在社区层次上组织起来的。这些组织不仅对社区新移民起着加速同化和整合的作用，从而使社区的内聚性得以改善，而且可以通过促进居民对社会事务的参与，使社区与整个城市社会连接在一起。

(5) 赋予地位的功能

一个社区一般都有某种地位象征，这种地位往往是由社区以外的成员赋予的，如西方城市中的中产阶级社区和工人阶级社区等。但社区本身也可以通过各种方式赋予其成员不同的地位，社区赋予地位的功能主要表现在两个方面：一方面，社区可以将其成员从较大社会中带来的抽象地位兑现为住房质量、生活方式以及其他看得见的具体地位；另一方面，对那些在较大社会中并不具有积极地位的成员，社区可以赋予其某种比较积极的地位。

二、社区的分类

社区类型的多样性是必然的也是客观的现象。我们对社区进行分类，就是要揭示社区的类型，探讨不同类型社区的特征和他们之间的相似性和差异性，便于我们对社区进行深层次的研究。以下是四种标准常用的社区分类：

1. 按主要功能划分

社区是辖区成员多种活动的综合体，并且具有多重功能，但在这些活动和功能中，有的居于主导地位，从而使得该社区在整个社会分工合作格局中扮演着某种特殊的角色，发挥着某些特殊的功能。这样，我们就可以根据社区内占主导地位的活动或社区发挥的主要功能，把社区划分为经济社区、政治社区、文化社区、军事社区等类型。

需要说明的是，我们按主要活动和主要功能对社区进行分类具有明显的相对性。有些社区既有较强的经济功能，又是一定区域的政治中心，甚或还是文化中心，其主要功能是多方面的。对于这些社区，应该加以具体分析。

2. 按规模大小划分

社区规模主要表现为人口数量的多少、地域面积的大小等等，而往往又把人口数量作为最重要的测量指标。据此，我们可以把社区划分为巨型社区、大型社区、中型社区、小型社区和微型社区。

其中，所谓巨型社区是指人口聚居的数量很多，地域面积很大的社区。而微型社区则是指人口数量很少，地域面积也比较小的社区。拿我国现阶段的情况来看，不妨把上百万人口尤其是数百万人口的城市看做是巨型社区；把几十万到上百万人口的城市以及相当于这一规模的市辖区看做是大型社区；把十几万到几十万人口的城市以及相当于这一规模的市辖区看做是中型社区；把拥有几万人口的居民区、小城镇、集镇区以及城市街道办事处辖区共同体看做是小型社区；把农村中的村落和城市中的社区居委会辖区共同体看做是微型社区。

3. 按形成方式划分

现实中的社区，有的是自然形成的，是人们在长期的共同生活中逐渐扩展而形成的，具有自然的社区边界，常常以河流、湖泊、空地、山林等等为标志。我们可以把这一类社区看作是自然性社区。其最突出表现形式是农村中的自然村。这种自然村是社区居民世代繁衍、共同生活的结果，他们往往对本社区具有强烈的认同感和归属感。

与此不同，有些社区主要是出于社会管理的需要而设置的，我们可以把这一类社区看做是法定性社区。例如城市中的区政府辖区共同体、街道办事处辖区共同体、居委会辖区共同体，以及农村中的“行政村”等等。法定性社区的边界主要是出于行政管理的需要而划定的，但在很多情况下，又是以自然性社区为基础的。这样就出现了自然性社区与法定性社区相重合的现象。例如，农村中的许多自然村同时也被划定为“行政村”，一个小城镇同时也是建制镇，等等。法定性社区一般都有相对规范的行政管理机构，是党和政府推进经济和社会发展、实施社会管理的基本单位，尤其是中、小、微型法定性社区还是开展社区建设的可操作性单元或对象化实体。

4. 按结构完整程度划分

尽管社区都是具有多重功能的社会实体，都包含着多重社会要素，但不同社区在反映社会结构的完整性方面，在包容社会生活的完整性方面有明显差别。据此，我们可以把社区划分为整体性社区和局部性社区两种类型。

整体性社区是指具有相对独立意义，基本上具备了人类社会所包括的主要方面，并且能够解决绝大多数居民主要生活需要的社区。例如，一个城市、一个集镇区等等。在这类社区中，既有供人们进行生产经营活动又有供人们进行政治、文化活动的设施、条件，还有供人们解决日常生活需要的机构，其绝大多数社区成员的经济、政治和文化活动都是在本社区范围内进行的。

与此不同，局部性社区只是整体社区的一部分，它虽然也包括构成社区的主要因素，但不能解决绝大多数成员的各种生活需要，不能完整地反映社会结构体系。

例如，我国城市的街道办事处辖区共同体、居委会辖区共同体等等就属于这种类型的社区。因为它们作为城市社区的组成部分，主要是社区成员的日常生活基地，其中许多人的职业生活、交往活动、文化教育活动等等都是在本街道或本居委会辖区以外进行的。我们应该从局部性特征出发去开展城市街、居两极的社区建设工作。

5. **按综合标准划分**

上述分类只是着重于社区某一方面的特征，虽然具有一定意义，但又往往难以满足理论研究和实际工作的最基本需要。如果使用多元综合标准对社区进行分类会更有意义，也更能贴近社区概念的原本含义。因为社区本来就是具有多重本质属性和多方面显著特征的社会地域生活共同体。对这样的共同体使用多元综合标准进行分类，主要是指同时按照经济结构、人口密度、规模大小、组织特征、文化模式等等标准进行分类，其结果是将社区划分为农村社区和城市社区两大类型。这两大类型的划分比较深刻而且全面地反映出了社区之间的本质性差异，且在一定程度上决定着上述几种分类，因而是一种最基本、最主要的分类。

三、当前我国城市基层社区的定位与特点

（一）城市基层社区的定位

在社区工作中社区服务、社区建设所指的社区通常特指小型和微型社区（也称基层社区）。从社区工作的要求来看，合理界定社区的范围十分重要。

从 20 世纪 90 年代我国城市开展社区建设以来，社区究竟定在哪一级，一直是社区发展中探讨和实践不断总结的问题。在社区建设的初始阶段，人们往往把街道办事处和居委会（未调整）的辖区视为中国城市的社区建设的范围。1989 年第七届全国人民代表大会常务委员会第十一次会议通过并颁布的《中华人民共和国城市居民委员会组织法》规定，一般在 100~700 户的范围内设立居委会。近十几年来社区实践的探索证明这种划分是不科学的、不合理的[①]。

在推进社区建设中，应该把社区定位在哪里？1999 年，民政部开展了“全国城市社区建设实验区”工作，全国各社区实验区在探索中借鉴国外经验，结合当地实际，研究社区基本要素，绝大多数把社区定位在城市基层自然形成的地域，

---

① 于燕燕. 社区建设中需要正确认识的几个问题. 中国社会网社区建设分类信息（www.cn-social.com）2003.

即社区自治的辖区。其特点是便于管理、便于自治、便于资源共享。开展试点工作的城区对街道和居委会的管辖范围进行了调整，以调整后的居委会辖区作为社区地域（每个社区1000~3000户）。其中以沈阳市的做法最具代表性。沈阳市在沈河、和平两个实验区试点的基础上，全市统一行动，重新划分社区，将原来的2700多个居委会，调整为1277个新型社区。新型社区主要分为三种类型：一是按居民居住和单位自然地域划分出来的"板块型社区"；二是以封闭型居民小区为单位的"小区型社区"；三是以职工家属聚集区为主体的"单位型社区"。这种以自然地缘关系、社区的资源配置、适度的管辖人口和人们的心理认同四大标准来划分的社区，具有科学性和合理性。这种划分，从定位上分清了政府和社区的概念，为政府职能的转变奠定了基础。2000年12月，在中共中央办公厅、国务院办公厅转发的民政部《关于在全国推进城市社区建设的意见》中，把中国的社区定位在调整规模以后的社区居委会辖区（1000~3000户）。

（二）城市基层社区的特点

我国城市社区不同于其他国家。根据我国特殊的社区形成背景，人文地理学研究者将社区划分为传统街坊社区、单一式单位社区、混合式综合社区和演替式边缘社区四类[①]。也有学者将社区划分为三类：一是按居民居住和单位自然地域划分出来的"板块型社区"；二是以封闭型居民小区为单位的"小区型社区"；三是以职工家属聚集区为主体的"单位型社区"[②]。以上两种分类方法相近，比较符合中国城市社区实际。我们采用四分类法，分别对我国城市社区的特点进行分析（表11–1）。

表11–1　城市不同居住社区特点比较[③]

项　目	旧居住地带 传统社区	混合居住地带 单位社区	新居住地带 综合社区	城乡结合部 边缘社区
社区居民	异质性较强	同质性强	异质性强	异质性较强
社区环境和条件	较差	好、较好	好	差
社区互动	社区互动频率高	单位互动频率高	社区互动增强	社区互动频率低
社区氛围	很强	弱	较强	较差
认同感	强	单位认同强于社区认同	强	较差

① 吴缚农. 中国城市社区的类型及其特质［J］. 城市问题，1992（49）.
② 于燕燕. 社区建设中需要正确认识的几个问题. 中国社会网社区建设分类信息，2003–10–10.
③ 王凯珍. 社会转型与中国城市社区体育发展. 北京体育大学博士论文集，2004.

四、基层社区的组织体系

我国从 20 世纪 80 年代中期开展社区服务、90 年代开展社区建设以来，各类社区组织随之产生，目前主要的社区组织有社区居民委员会、业主委员会、物业管理公司和其他社区组织等。

（一）社区居民委员会

社区居民委员会居民是社区成员实行自我管理、自我教育、自我服务的基层群众性自治组织。它的前称为“居民委员会”，形成于 20 世纪 50 年代初。90 年代中期实行城市管理体制改革后，扩大了原来的居委会规模,并将扩大后居委会辖区更名为“社区居民委员会”。社区居民委员会是社区成员代表大会的执行机构，履行社区成员代表大会赋予的职能，在社区成员代表大会监督下具体负责社区日常事务管理。

社区居民委员会是我国城市法定微型社区的主体组织，这个法定微型社区的主要形式即社区居民委员会辖区共同体。之所以将居民委员会辖区共同体称之为法定微型社区，是因为微型社区的地域界限、管辖人口，是根据居民居住状况，按照便于居民自治的原则，由基层人民政府所确定的，而且这个微型社区的管理机构——居民委员会也是按照相应的法律程序建立起来的。

1989 年 12 月召开的第七届全国人民代表大会常务委员会第十一次会议通过并颁布的《中华人民共和国城市居民委员会组织法》指出，“城市居民委员会是居民进行自我管理、自我教育、自我服务的基层群众性自治组织”，其性质体现在基层性、民主性和自治性三个方面。

（二）社区成员代表大会

社区成员代表大会，是社区最高的民主管理权利机构，对社区事务拥有议事、协商、决策和监督的权利，是社区居民行使民主权利、参与民主管理的基本形式。

社区成员代表大会的主要职能为选举产生社区居民委员会；推荐、选举产生社区协商意识委员会；听取和审议议事会和居委会年度工作计划及工作情况报告；指导、监督物业管理机构的工作；讨论决定社区建设重大事宜和社区管理机构的重要组织人事变动；反映居民意见和建议。

（三）社区协商议事委员会

社区协商议事委员会也称“社区议事委员会”，是社区成员代表大会期间的议事协商机构，具有议事、指导、协调和监督职能。社区协商议事委员会是按照社区自治、议行分设原则建构的组织体系之一。

社区协商议事委员会实行兼职制，由辖区人大代表、政协委员、知名人士、居民代表（如社团代表、业主委员会代表）、辖区单位负责人等组成。

（四）业主委员会

随着我国商品房的普及，房屋逐渐变为人们的私有财产，私有财产的拥有权、使用权、处置权受到我国《宪法》《民法》《消费者权益保护法》《合同法》等各种实体法律的保护，业主决定如何对自己的房屋进行管理的权力来自业主对自有财产的合法处置权，任何人对这种权力加以干预或侵犯都是违法的。对物业的自治管理是业主这种权力的集中体现。

业主即物业的所有权人，业主委员会是在物业管理区域内代表全体业主对物业实施自治管理的组织。业主委员会由业主大会选举产生。业主委员会通过制定和实施业主公约和业主委员会章程来保证和行使业主委员会对物业有关的重大事项的决定权。业主委员会的具体权利有：（1）召开业主大会，报告物业管理的实施情况；（2）选聘或解聘物业管理企业，与物业管理企业签订、变更或解除物业管理服务合同；（3）设立物业维修基金并负责该基金的筹集、使用和管理；（4）审定物业管理企业提出的物业管理服务年度计划、服务预算和决算；（5）听取业主的意见和建议，监督物业管理企业的管理服务活动等。

（五）物业管理公司

“物业”一词在过去的汉语词典中查不到，是香港人根据两个英文词翻译而来，物业管理概念也是在20世纪70年代末、80年代初从香港传入广东地区的。物业管理是指业主通过选聘物业管理企业，由业主和物业管理企业按照物业服务合同约定，对房屋及配套的设施设备和相关场地进行维修、养护、管理，维护相关区域内的环境卫生和秩序的活动。它是一种对城市住宅小区实行有偿服务、有偿管理的一种做法。这种做法在发达国家和地区比较普遍。

通过物业公司对小区进行管理与我国内地计划经济时代房管所管理住宅的模式比较吻合。最近一些年，伴随着市场经济体制的建立和新建住宅小区的增多，我国城市房地产行政主管部门积极推行这种管理模式，不仅要求新建住宅小区全面实行物业管理，而且要求旧住宅小区也逐步实行物业管理。尤其是建设部于1994年颁布了《城市新建住宅小区管理办法》以来，物业管理企业发展很快。到2000年底，全国的物业管理企业总数已超过两万家；2001年8月，北京市共有3127个居住区项目，其中四成实行了物业管理[①]。

为了规范物业管理活动，维护业主和物业管理企业的合法权益，改善人民群众的生活和工作环境，2003年5月28日国务院第9次常务会议通过了《物业管理条例》。

第二节 社区体育概况

一、社区体育的概念与构成要素

（一）社区体育的概念

中国的社区体育实践于20世纪80年代后期发展起来，首先以“区域性单位横向体育联合体——街道社区体协”的形式出现。1989年天津市河东区首次提出了“社区体育”概念；90年代初，群众体育管理部门（天津市体委群体处和国家体委群体司）的同志首先开始对“社区体育”下定义；1992年体育院校的体育理论教师和研究生（北京体育学院和上海体育学院）开始涉足社区体育研究[②]。1993年11月国家体委在南京召开的“首届全国职工体育论文报告会”，首次将社区学育研究作为征文内容。此次会议仅天津市河东区、北京体育学院、上海体育学院的三位同志报送了三篇社区体育方面的论文入选并获奖。三人的论文都对社区体育下了定义。几种观点都将社区体育的区域范围限定在微型（基层）居民生活社区。如何界定社区体育的区域？我们要根据研究的视角和需要而定。

如果我们从社会学的视角来研究社区体育，既要强调社区体育的区域性特性，又不能拘泥于将社区体育限定在某一具体区位层次,还不能仅把社区体育界定在群众体育范畴。如果把社区体育作为社会（区）工作的组成部分来进行管理

① 高鉴国. 中国社区工作者手［M］. 册. 北京：民族出版社，2002：158.

② 王凯珍. 对北京市城市社区体育现状的研究——兼论社区体育的定义及构成要素. 北京体育大学硕士论文. 1993.

和研究时，就要参照社会工作理论对社区区域的限定，即限定在微型（基层）社区范围。这样既可区别于社会体育，也便于管理。如果我们研究社区体育的组织管理体系，就会涉及不同区位层次的社区。

本文从社区体育工作管理和研究需要出发，对社区体育作如下定义：社区体育主要指在人们共同生活的一定区域内（相当于微型、基层社区辖区范围），以辖区的自然环境和体育设施为物质基础，以全体社区成员为主体，以满足社区成员的体育需求、提高居民身心健康水平、巩固和发展社区感情为主要目的，就近就便开展的区域性群众体育。

（二）社区体育的构成要素

关于社区体育构成要素的研究，1992 年以来多位学者曾分别进行过研究，概括起来社区体育具有五大构成要素，即社区体育组织、社区成员、场地设施和经费、管理者和指导者、社区体育活动。五大构成要素之间的关系如图 11–1。

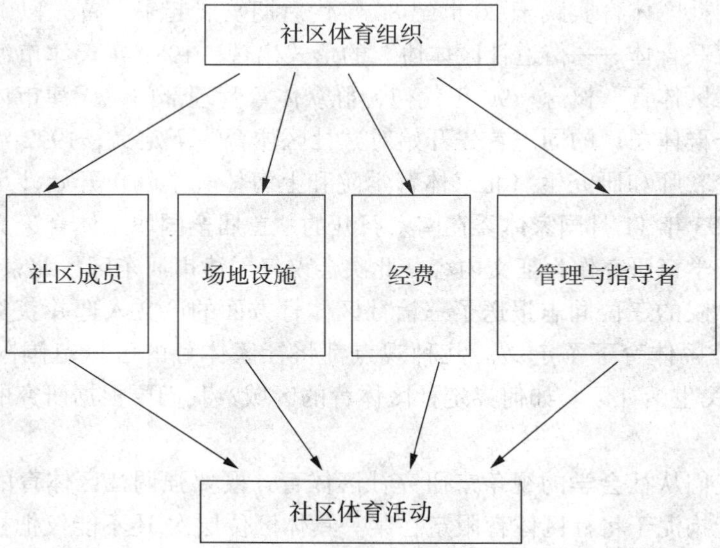

图 11–1　社区体育构成要素关系图[①]

[①] 任海，等. 我国城市社区体育的概念、构成要素及组织特征 [J]. 体育与科学. 1998 (2).

- 社区体育组织是社区体育的主导要素。
- 社区成员是社区体育的活动主体。
- 场地设施、经费是社区体育的物质保证。
- 管理者、指导者是联系社区体育各要素之间的纽带。
- 社区体育活动是社区体育的具体表现形式和直接目标。

二、社区体育兴起的社会背景

（一）社会体育蓬勃发展的大背景是社区体育发展的前提条件

社区体育是社会体育的重要组成部分，社区体育的发展离不开社会体育发展的大背景。因此，我们在研究社区体育兴起与发展背景时，首先要了解改革开放以来我国社会体育发展的背景。概括起来有以下几点：

——国民经济的高速发展为体育发展提供了雄厚的物质条件；

——家庭经济收入的提高，使个体和家庭参加体育活动有了经济保证；

——工作时间减少，闲暇增多，人们参加体育活动有了时间保证；

——随着社会生产方式的变化，现代社会生活节奏加快，体力消耗减少，营养过剩，文明病发病率升高，亚健康人群扩大，公费医疗制度改革，增强了人们参加体育活动的迫切性；

——国民文化素质水平提高，人本意识、体育意识、健康意识增强，提高了人们参加体育活动的自觉性；

——国家重视体育的发展，加大体育投入，倡导国民参加体育运动，对人们参加体育活动起到了很好的引导作用；

——竞技体育水平的不断提高，2008 年奥运会的申办与筹办，激发了人们参加体育活动的动机。

（二）城市经济体制改革是社区体育兴起的内部动力

中国城市社区体育的兴起是中国社会体育发展适应中国城市经济体制改革的必然结果。在过去相当长时间内，我国城市社会体育一直由单位、行业、系统组织开展，社区体育基本上没有得到发展。究其原因，主要由于我国城市多年来严重的“单位社会化”现象所致，“单位社会化”现象使单位变成了一个“大而全”“小而全”的综合型社会单位，造成了单位功能泛化，效益低下。同时，“单位社会化”现象又变相剥夺了社区的职责，使社区功能萎缩，人们的社区意识淡薄，社区归属感差，反过来更加依附单位，造成恶性循环。1985年开始的以转变企业经营机制为核心的城市经济体制改革和90年代初开始的市场经济体制改革，强化了企业的经济功能和事业单位的公共服务功能，压缩了政府行政编制和微观管理功能。这一系列的变化冲击了以往根深蒂固的“单位体制”现象，单位的许多非主要职能正在分离给社会，由社区承担起来。单位再也不能像计划经济时期那样时常占用工作时间组织体育活动了，一向以“条条管理”“单位管理”为主的社会体育也受到了越来越多的限制，而人们的体育需求却在不断增长，当人们的体育需求难以在单位得到满足时，其体育利益取向就开始由单位转向社区，业余时间就地就近开展的经常性社区体育活动，成了人们满足体育需求较为理想的途径。

（三）建立与城市经济体制改革相适应的社区管理体系，是社区体育发展的适宜条件

市场经济体制的建立对城市基层社区建设提出了更高的要求，众多的社会服务职能分离到社区，加强社区建设、社区管理和社区服务已成为深化经济体制改革的需要。社区管理和社区服务紧密相关，是一项完整的系统工程。随着人民生活水平的提高，社区管理和社区服务的质量与居民的生活、工作和学习的关系日益密切，尽快建立与经济体制改革相适应的管理有序、服务完善的社区管理体制已成为众望所归。社区体育是社区建设的重要内容，是社区文化和社区服务的重要组成部分，开展社区体育不但能增强居民的体质，丰富业余文化生活，改善生活方式，提高生活质量，还可以密切人际关系，培养社区感情，增强社区凝聚力，强化社区意识，促进社区精神文明建设。由此可见，发展社区体育既是体育事业的需要，也是社区建设和社区管理的需要。

（四）社区老龄人口增多、其体育需求增长是社区体育兴起的催化剂

随着我国离退休制度的建立，大批离退休人员拥向社区，人均寿命的增加加快了人口老龄化速度，2000年我国已进入老年型国家的行列。老年人拥有大量的闲暇，又有健康长寿和重建社会交往圈的迫切愿望，体育活动正好是他们保持健康、延缓衰老、扩大社会交往、消除孤独与寂寞、善度闲暇的理想途径。老年人对体育的钟情，推动了社区体育的发展。

三、我国城市社区体育的发展历程

虽然中国城市基层社区组织的发展已有五十多年的历史，然而改革开放前，

由于我国城市管理实行的是“单位制”和“街居制”二元体制，“单位制”管理单位人员，街居制管理无单位人员，两种体制不存在制度化的联系[①]。”单位制”一直处于城市组织管理的主体地位，基层社区只是城市管理的补充和辅助体制，因而社区的人力、财力、物力资源和所具备的功能都十分薄弱，体育功能更无从谈起。从1954年建立街道办事处和居民委员会到80年代中期，城市基层社区几乎没有涉及体育功能，这既与基层社区的辅助地位和资源匮乏有关，也与无单位边缘人口的低体育需求有关。中国城市社区体育活动于20世纪80年代后期出现，经历了三个发展阶段。

（一）自发形成阶段（80年代后期—1995年）

20世纪80年代后期，北京、天津、上海、沈阳、武汉等大城市，出现了以街道办事处牵头组织的体育活动，成立了街道联合体协，打破了行业隶属关系，组织辖区单位和居委会就地就近开展体育活动。该活动既弥补了因单位体制改革而引起的单位职工体育需求满足受阻，同时又促进了社区服务和社区建设，推动了城市管理体制改革。随后，这种体育形式很快在全国范围内开展起来。

我国最先提出“社区体育”一词的是天津市河东区二里桥街（1990年）。1989年，天津市河东区二里桥街道诞生了街道联合体协，在同年召开的经验交流会上，二里桥街道联合体协模式得以重点推广。会后，河东区领导多次研讨，参照民政部1986年提出的社区服务概念，最后定名为社区体育。

1991年，国家体委在天津召开了“全国部分城市社区体育工作研讨会”，当时群体司司长邱玉才同志在讲话中对社区体育作了定义，统一了人们对社区体育的认识，自此，社区体育被人们接受，并在全国范围内被广泛应用。1993年又在沈阳召开了社区体育现场会。

1995年7月，以全国政协副主席何振梁、全国政协常委田麦久为首的全国政协教科文卫体委员会体育组一行9人进行了“全国大中城市基层社区体育现状调研”，并向全国政协提供了调查报告。

这一时期社区体育以自发性为特点，是城市管理和社会体育改革主动适应经济体制改革的产物。

（二）政府倡导阶段（1995—1997年）

1995年6月，国务院颁发的《全民健身计划纲要》第九条指出：“积极发

① 雷洁琼. 转型中的城市基层社区组织［M］. 北京：北京大学出版社，1999：27.

展社区体育，街道办事处要加强对体育工作的组织，发挥居民委员会和基层体育组织的作用，做好社区体育工作。体育行政部门要给予支持和指导。"

1995 年 8 月 29 日，经全国人大批准颁布的《中华人民共和国体育法》也明确提出要求："城市应当发挥居民委员会等社区基层组织的作用，组织居民开展体育活动，开展社区体育。"从法规上对社区体育给以正式明确。

1995 年底，国家体委群体司与北京体育大学联合进行了"中国城市社区体育的现状与发展趋势"的课题研究，为 1996 年的全国社区体育工作会议作理论准备。

1996 年 11 月，国家体委在湖北召开了第一次全国社区体育工作会议。会上对社区体育的概念、发展方向、现状特点进行了深入的探讨和定位。

1997 年，根据我国全民健身活动的实际需要，国家体委开始实施"全民健身工程"。截至 2003 年底的统计数据显示，几年来体彩公益金在城市社区、公园、广场和乡镇农村援建了全民健身路径 22261 条。许多当地政府都把全民健身工程列为为民办实事的内容之一，各地体育行政部门利用本级体育彩票公益金，在各级政府投入的支持下，在公园、广场、江河湖畔，修建了各具特色的体育主题公园、体育文化广场、居家工程、健身长廊和健身苑等，大大方便了群众参加体育健身。[①] 1997 年 4 月，国家体委、教委、民政部、建设部、文化部联合下发了《关于加强城市社区体育工作的意见》。对社区体育的概念、社区体育工作的主要任务和职责、组织管理与体制、场地设施的建设与利用等作了明确的阐述。

这一阶段以《体育法》《全民健身计划纲要》和《关于加强城市社区体育工作的意见》中对社区体育的正式认可和重视为标志，政府开始倡导发展社区体育。

（三）加速发展阶段（1997 年至今）

1997 年 11 月，国家体委以 24 号主任令颁发了《全国城市体育先进社区评定办法（试行）》。1998 年 2 月，国家体委下发了《关于开展第一批全国城市体育先进社区评定工作的通知》，随后，全国各省（区、市）均制定了本地区城市体育先进社区标准，并开展了省、市、区级的评定工作。到 2002 为止，全国共有三批 507 个社区被授予全国城市体育先进社区的称号。1998 年 7 月，国家体委群体司对体育先进社区和全民健身工程情况进行了抽查。

[①] 引自"国家体育总局副局长张发强同志在 2003 年全国群体工作会议上的讲话"

1999 年 3 月，国家体育总局组织了全国性的城乡社区体育组织调研。1999 年 7 月，国家体育总局为提高社区体育干部素质，在天津举办了全国城市社区体育干部培训班。2000 年完成了《全国城乡社区社会体育组织调研报告》。调研结果对社区体育组织建设工作具有参考价值。

2000 年 4 月，国家体育总局群体司在上海召开了“城市社区体育经验交流会”，会议总结交流了近年来各地社区体育发展的经验，对未来社区体育的发展进行研讨，明确了今后社区体育的工作重点。

2000 年 5 月，湖北省武汉市召开了我国首次全市社区体育运动会。国家体育总局在这个会上举办了首届全国健身路径优秀锻炼方法示范比赛。随后全国各地广泛举办各种规模的社区体育运动会。

2002 年 4 月，根据中央文明办等 7 次单位《关于开展“科教、文体、法律、卫生四进社区”活动的通知》精神，中央文明办和国家体育总局出台了全国“体育进社区”活动工作方案，作为今后四年我国社区体育工作的指导性文件。

2003 年国家体育总局在调研、论证的基础上对第二批体育先进社区和全民健身工程进行了抽查。

2004 年国家体育总局对《全国城市体育先进社区评定标准》进行了修订，评选对象由街道下沉到社区居委会。

2004—2005 年，国家体育总局在全国部分省（区、市）启动“社区体育俱乐部”试点工作，首批从全国选择 25 个社区体育俱乐部进行了为期两年的试点。试点由国家、省、市三级体育行政部门的体育彩票公益金和社区俱乐部挂靠单位投资作为启动扶持资金，四方面的资金投入比例为 2:2:1:1，两年扶持资金共计 60 万元。2006 年国家体育总局体育彩票公益金投资 1200 万元在全国全面推行社区体育俱乐部建设工作。该项工作对于提高社区体育的组织化程度，充分利用和有效整合社区体育资源，进一步推动“体育进社区”工作的深入开展，满足广大社区居民日益增长的体育需求，顺应全面小康社会对社区体育发展的要求具有重要的推动作用。

这一阶段以“全国城市体育先进社区评定”为标志，推动了城市社区体育的蓬勃发展。

四、社区体育参与

社区体育的发展有赖于社会各界的参与，但最重要的是社区居民的参与。从社区体育工作的角度来看，最根本的在于实现“助人自助”，就是动员社区居民积极参与社区体育发展，帮助居民提高社区体育参与的能力和水平。

（一）社区体育参与的界定

联合国经济与社会理事会的决议案认为，参与包含三个条件：第一，需要民众自愿地与民主的涉入社会发展过程；第二，必须平等地分享参与所带来的利益；第三，必须参与决策制定程序，包括目标设定、政策方案的形成、执行与评估。

国内有学者认为，社区参与是政府及非政府组织介入社区发展的过程、方式和手段，更是指社区居民参加社区发展计划、项目等各类公共事务与公益活动的行为及其过程，体现了居民对社区发展责任的分担和对社区发展成果的分享。[①]

社区体育参与是社区体育管理部门、社区体育组织、群体以及其他社区组织和社区居民介入社区体育发展的过程、方式和手段，各方共同承担社区体育发展的责任，共享社区体育发展的成果。社区体育参与是社区参与在体育方面的延伸和具体表现。

（二）社区体育参与的结构

关于社区体育参与的结构，可以从参与的主体、客体、动机和目标等方面来把握。

1. 社区体育参与的主体

参与主体是指在参与行为中起决定性作用的人或组织。社区体育参与最重要的主体是社区居民，除此之外，也包括社区内的政府、单位和各种社会团体，但最终居民是本社区的主人，居民的体育参与行为将直接或间接地影响社区体育的发展。

——社区居民：他们是社区体育参与的主要力量，是具有社区认同感、归属感和社区公共责任的民众。社区体育参与的民众分为三类：一是积极热情的参与者，他们对社区体育非常关心，同时也具有参与的热情，愿意投入时间和精力；二是参与社区体育的热情程度与社区体育需求的实现相联系，当与个人的需求实现结合紧密时参与的热情就高，也非常积极，反之，则热情和积极性不是很高；三是对社区体育参与的热情和积极性普遍不高，往往随社区其他成员的行动而定。

——社区内非政府组织（包括体育组织和其他社会组织）：社区体育健身俱乐部、体育协会、体育活动指导站等非政府组织是社区体育参与的重要组织力

---

① 徐永祥. 社区发展论［M］. 上海：华东理工大学出版社，2000：227.

量。非政府组织多以公共利益的实现为目的，参与社区公共服务的提供（这其中就包括社区体育服务的提供），影响和监督政府组织及管理部门的活动是非政府组织的重要活动内容。

——体育专业人士与专业机构：社区体育参与的内容非常广泛，参与社区体育公共政策和社区体育发展规划的制订，以及社区体育服务的提供都离不开体育方面的专业人士和专业机构。

2. 社区体育参与的客体

参与客体是指社区内的各项体育事务，从社区体育发展的决策、执行、监督到最终的评估等都是社区体育参与的客体。各种体育活动是最主要的参与客体。

3. 社区体育参与的动机

参与动机就是公共参与精神，是参与一切活动的起点，是激励并维持参与行为达到一定参与目标的内在动力。公共参与精神体现了居民要求自我价值的实现和自身潜能的发挥。社区体育为居民自我价值的实现和自身潜能的发挥提供了一定的空间，从而激发了居民的公共参与精神。

4. 社区体育参与的目标

参与目标指的是社区体育的发展和人的发展。社区居民以及社区内各种组织的广泛参与，推动社区体育的发展。而社区体育发展的核心在于社区内人的发展，人的全面发展是社区体育、社区乃至社会发展的终极目标。

（三）社区体育参与的类型

我们可以根据社区体育参与的主体意愿、参与的组织形式、参与渠道的制度化水平，将社区体育参与分为以下几种类型：

1. 根据社区体育参与主体意愿的强烈程度，可以分为吸纳型参与和自主型参与。吸纳型参与是社区行政通过社会动员，将社区居民纳入体育参与范围内，是“要我参与”的被动型参与模式；自主型参与是以体育参与主体的明确意图和积极行动为特征，是“我要参与”的主动型参与模式。

2. 根据社区体育参与主体的组织形式，分为组织参与和非组织参与。组织参与指社区居民通过常设性的各种体育组织参与社区体育事务；非组织参与则是社区居民不通过组织形式，个人自发地参与社区体育事务。一般地，在居民体育参与意识较低的情况下，更需要通过完善各种体育组织参与的载体，提高其体育参与的程度，并带动体育的非组织参与。

3. 根据社区体育参与渠道的制度化水平，分为制度化参与和非制度化参与。社区体育制度化参与是以制度为支撑的体育参与行为，它能持续稳定地进行，推动社区体育的持续发展；社区体育非制度化参与是指体育参与行为没有制度予以支持，可能声势浩大，但不会持久。

（四）社区体育参与的意义

从社区体育发展的逻辑来理解，社区体育的主体是社区成员，他们既是发展社区体育的主要力量，又是社区体育发展成果的享用者。社区体育发展的社会基础是社区成员的体育参与，社区体育发展是参与和共享的体系。社区体育参与的动因来自于社区成员共同的体育需要，激发他们的体育需求是社区体育发展的心理的和文化的基础。为此，社区体育参与的意义在于：

第一，社区体育参与是促进社区体育发展，继而促进社区发展的主要动力。第二，社区体育参与是促进社区民主管理和自主管理的重要途径。第三，社区体育参与有利于社区居民体育意识和社区认同感的增强。第四，社区体育参与有助于社区体育问题的解决和社区体育公共服务水平的提高。

五、社区体育的基本特征[①]

1. 参与主体——多质性。社区体育的主体是全体社区居民，不同年龄、性别、职业、爱好，不同体质与健康状况的人，在一定条件下都能在社区体育中找到适合自己的位置。

2. 活动方式、活动内容选择——自主性。社区体育活动不带有强制性，参与与否自愿；活动内容自选，活动自由。

3. 活动空间——区域性。社区的区域性人类生活共同体的特性决定了社区体育空间是在特定的区域内进行的，这是社区体育区别于社会体育的标志。

4. 活动时间——余暇性。社区体育不是工作或劳动。它是人们在工作学习、生产劳动、饮食、睡眠、家务劳作之余可以自由支配的时间里从事的一种活动，是一种休闲和放松。

5. 价值取向——健身性与娱乐性。健身性与娱乐性是社区体育和社会体育共同的特点，社区体育的健身性与娱乐性是统一的，这是人的身心合一特点的反映。

---

① 王凯珍. 社区体育［M］. 北京：高等教育出版社，2004.

6. 活动方式——灵活性。社区成员的体育需求千差万别、多种多样，只有因地、因时、因人制宜，采取灵活多样的组织形式和体育活动形式，才能满足居民的不同体育需求。

7. 活动内容——多样性、弱竞技性。社区体育主体的多质性决定了社区成员体育需求的千差万别、多种多样，只有因人而异，提供丰富多彩的体育活动内容，才能满足居民的不同体育需求。社区体育的健身性与娱乐性、多样性与灵活性、多质性与自主性等特点又决定了社区体育活动内容的弱竞技性。

8. 供给形式——公益性。社区体育是社区服务的组成部分。社区服务主要是开展面向老年人、儿童、残疾人、社会贫困户、优抚对象的社会救助和福利服务，面向社区居民的便民利民服务，面向社区单位的社会化服务，面向下岗职工的再就业服务和社会保障社会化服务。社区服务的福利性、公益性、社会化特点决定了社区体育的福利性、公益性和社会性。社区体育要求面向全体社区成员，仅仅依靠政府是不行的，必须在政府提供的基本的社区体育公共物品和公共服务之外，依靠市场和体育中介组织、民间非营利组织来提供“政府失灵”所缺失的私人体育物品和准公共体育物品，来满足社区居民日益增长的多层次、多样化的体育需求。

9. 组织特征——松散性与自治性。社区体育组织是社区组织类型之一，具有基层性、民间性、自治性特点，组织的成立和解散、成员的加入和退出较为自由。社区体育组织实行自我管理、自我服务式的自治性管理。

10. 体育消费——低廉性。由于弱竞技性的活动内容其专业化程度较低，对传习者的专业要求低，非专业的义务指导员可以承担。弱竞技性的活动内容对专业指导、场地器材和服装的要求低，替代性较强，因此消费低廉。

第三节 社区体育发展

一、社区体育与社会体育

当前，我国社会体育的基本形态包括城市体育和农村体育两大部分，城市体育又包括社区体育和单位体育两大部分。随着城市社会管理体制改革的深入，单位体育将朝着社区化的方向发展，经由社区体育发展达到社会体育发展将成为必然。

二、社区体育与学校体育

（一）社区体育与学校体育的区别（表 11–2）

表 11–2　社区体育与学校体育的区别

项　目	社区体育	学校体育
界定标准	生活区域	学校
目　的	增进社区成员的身心健康、巩固和发展社区感情	传授知识、技术、技能，培养体育兴趣、习惯和终身体育意识
参加人员	社区成员	学生
活动时间	业余时间	课内外
活动形式	日常锻炼、培训、比赛等	上课、课外活动、课余训练
活动经费	自筹为主	教育行政拨款
活动地点	一切可用之处	学校场地、设施
组织体系	社区体协、社区俱乐部、体育指导站	学校、年级、班级
运行机制	行政主导与居民自组织相结合	强制与自愿相结合

（二）学校体育对社区体育发展的特殊作用

学校是社区的组成部分，但由于学校体育特有的功能和目标，它们除了对社区体育具有促进作用外，还对社区体育的发展有以下其他单位体育难以具备的特殊作用。

1. 为社区体育提供急需人才

社区体育缺乏懂得科学健身锻炼的指导人员和有效管理体育活动组织者的情况，在目前，直至今后相当长的时期内，都会是发展社区体育的“瓶颈”。其他辖区单位可以提供一些人力资源，但数量不多，水平也有限。辖区学校的体育教师都是经过体育专业学习和培训的体育专门人才，应该成为社区体育指导、组织和管理的骨干力量。

另外，大、中专学校中的体育专业和高水平运动队的学生亦为体育专门人才，且人数众多，是社区体育巨大的人才库。在各级各类学校的学生中，还有大量热爱体育、参加各类项目的业余训练及各种学校体育社团的成员，只要对他们进行相应的培训，都可能成为社区体育所急需的人才。

2. 增强社区体育的活力

儿童、青少年活泼好动，是社区体育中最为活跃的因素。辖区学校中小学生的积极参与，不仅可以给社区体育活动注入新的生命力，促使社区体育朝“轻松、愉快、活泼”的方向发展，活跃社区体育，还会带动他们的家长关注并参与社区体育，将在今后社区体育向“学校、家庭、社会一体化”发展的道路上发挥重要作用。

（三）社区体育对辖区学校体育的影响

1. 丰富学生的课余文化生活

社区体育是社区文化的组成部分，社区体育因其贴近生活、轻松自然，使学生得到一种在学校体育中不容易感受到的新体验。特别是担任社区体育指导和组织管理工作的大、中专学校的学生，在活动过程中还可以更多地了解社区的体育文化和地方文化，培养服务意识，锻炼能力，对他们即将走向社会是大有益处的。另外，建在社区的体育设施因为便于就近活动，备受学生们的青睐。因此，社区体育使辖区学校学生的课余文化生活更丰富。

2. 拓展体育教学资源

社区体育活动丰富多彩，特别是那些具有民间传统、民俗文化底蕴和地方特色的体育活动项目，如舞龙、舞狮、秧歌、跳竹竿等，由于具有对场地、器材的要求不高，便于组织集体教学，有利于开展民族传统文化教育等特点，而成为当今学校体育与健康课程教学资源开发和利用的重要源泉。

3. 有助于终身体育的完善

培养终身体育意识是我国学校体育改革与发展的方向，它包含两方面含义：一是指从生命开始至结束参与体育，使体育成为人生中的重要内容；二是指以正确的体育价值观念指导人生的不同时期参加体育活动的实践过程。社区体育承担着对社区居民从0岁开始直至终身的体育指导和实践。人们除了在校就读期间能接受系统、正规的体育教育，其他时期可由社区体育来衔接。不仅如此，与学校体育比较，社区体育就近就便、活动形式多样、内容丰富、灵活轻松、自我选择性强，对吸引学生参加体育活动，培养青少年的体育意识、兴趣和习惯具有独特的功效。

三、社区体育中的物业管理

社区体育中的体育场地设施的管理一般是社区物业管理的组成部分，属于针对性的专项服务和委托性的特殊服务的范畴。其主要目的是为社区居民提供一个良好的健身娱乐环境。

当前，我国社区体育物业管理的形式与方法主要有四种，即行政型、福利型、个体经营型和企业化管理型。

（一）行政型管理形式

建在政府、部队大院、大型厂矿、科研机构和大、中专学校的体育场所和设施，绝大多数是由各自的单位修建的，单位有完全的使用权和管理责任。由于这类社区的物业管理普遍实行自建自管，并主要采用行政管理手段，因此，社区体育的场地设施的管理同样多为行政方法。

（二）福利型管理形式

社区内由政府投入修建或租赁的小型体育物业，如简易健身房、棋牌室、乒乓球房以及近年来正在大量建设的“全民健身路径”等，目前由街道办事处、社区委员会管理。这类体育物业多为福利型的管理形式，能够尽可能免费向广大群众，尤其是社区居民开放。为满足一些群众提出的要求，在开展针对性的体育专项服务和委托性的体育特殊服务时，也可适当收取成本费。

（三）个体经营型管理形式

目前，社区中部分由个人出资建设的和社区中运营成本较高的体育场地设施，通常由个体进行经营管理。这种管理是建立在“两相情愿”基础上的。社区以此弥补场地设施投入的不足或管理人力的欠缺，个体经营者以社区为依托开展体育经营活动。

（四）企业化管理形式

在近些年开发的商品住宅小区中，配套建有健身房、网球场、篮球场，乃至足球场、游泳池等体育专用场地和设施，一般由房地产开发商直接建立的物业公司进行企业化管理。物业公司利用这些场地和设施，为社区居民提供全方位的有偿体育服务。该小区的居民无论是否使用这些体育场地和设施，都需要定期缴交一定的体育物业管理费，如果需要教练员指导、他人陪练等特殊服务，还应另外缴交一定的费用。这种由物业公司实施企业化管理，提供一体化的综合服务，只要定价合理，是社区体育物业管理比较正规的形式，有利于完善社区建设和促进社区体育发展，具有强大的生命力和前景。

四、社区体育的兴起与城市社会体育管理体制改革

社区体育的兴起推动了我国城市社会体育管理体制改革，其贡献主要表现在以下几方面。

（一）完善了社会体育管理组织系统

计划经济体制时期，人们的“单位意识”远远超过“社区意识”，群众体育的基本组织形式主要以行业、系统、单位为主，呈现出“条块分割”的状态。国家群众体育组织管理体系的末梢只到区级，没有延伸到城市的基层。区体育局（原体委）群体科、区体育总会的下位组织，只能由“块”转向“条”，依靠单位开展社会体育。整个社会体育组织管理结构失衡，“头重脚轻”。社区体育的兴起，街道社区体协的出现，给我国城市社会体育的全面发展带来了新的生机和活力，弥补了社会体育组织管理结构的缺位现象，完善了社会体育组织管理结构（图 11–2），增强了社会体育管理的力量。

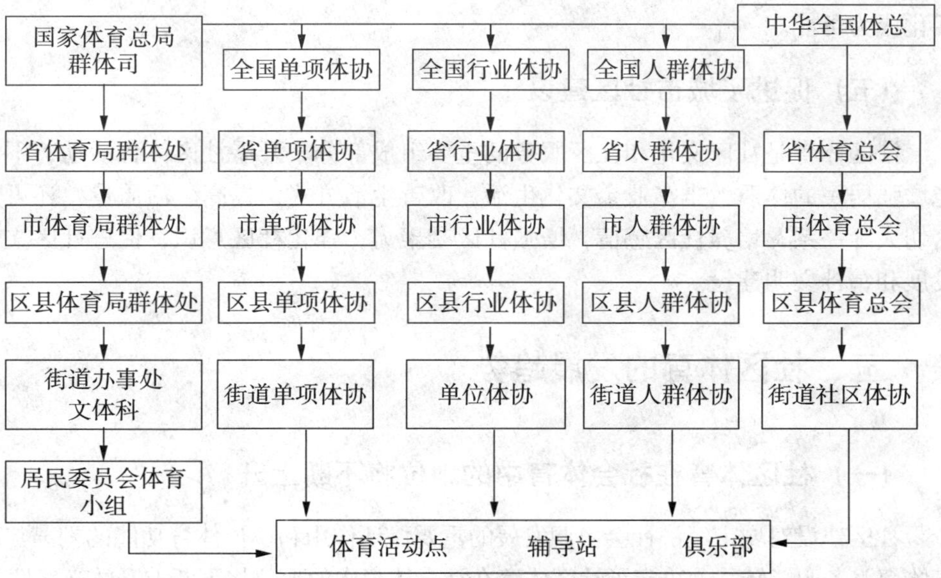

图 11–2 市场经济体制下的城市社会体育组织管理

（二）降低了社会体育管理的重心

社会体育管理组织系统末端缺位，造成了管理重心偏高，既使城市社会体育工作难以深入基层、面向全体，也给区一级体育管理部门的工作带来了困难。现在社会体育组织管理有了“脚”，管理重心下降，经常性的体育活动有了保证。

（三）减轻了单位的体育负担，推动了体育社会化进程

经济体制变革，使单位的全能性功能分解和特定功能强化，并形成新的外部压力，单位再也不能像计划经济时代那样承担过多的体育服务功能了。然而，随着人们生活水平的提高、闲暇的增加、生活方式的改变，体育需求也在不断增长，社区体育的发展使单位职工的体育需求在单位以外得到了满足，无疑为单位减轻了体育负担。同时，社区体育的发展强化了体育的社会管理职能，带动了城市基层体育社会组织的发展，推动了体育社会化的进程。

（四）为社会体育的普遍化、生活化提供了保证

社区体育的显著特点就是它的覆盖性和方便性。现代社会的每一个人，他可以没有单位，没有党派，但他不能没有生活的落脚点——社区。社区覆盖了所有人群，社区体育必然要面向全体居民。社区体育的组织、场地设施、活动等等都在社区内，既方便组织管理，又便于居民参与，这些都使实现体育的普遍化和生活化成为可能。

（五）促进了城市社区建设

社区体育是社区文化和社区服务的重要组成部分。开展社区体育活动，不但能增强居民的体质，丰富业余文化生活，改善生活方式，提高生活质量，还可以密切人际关系，培养社区感情，增强社区凝聚力，强化社区意识，促进社区文化发展和精神文明建设。

五、社区体育的发展趋势

（一）社区体育在社会体育中的地位将不断上升

社区建设对城市经济社会协调发展的重要保证作用和单位体育功能的剥离与政府体育服务职能转移，决定了社区体育在社会体育中的地位将不断上升的必然性。

1. 21世纪是我国社会经济变革和社会主义现代化建设的重要时期，社区建设将在这一时期发挥重要作用。2000年6月，中共中央政治局常委、国家副主席胡锦涛在天津考察时强调，加强城市社区建设是城市经济社会协调发展的必然要求，对于深化改革、促进经济发展、提高群众生活质量、维护社会稳定、巩固党的执政基础，都具有重要的意义。2000年12月，中共中央办公厅、国务院办公厅转发了《民政部关于在全国推进城市社区建设的意见》。《意见》指出，推进城市社区建设，是改革开放和社会主义现代化建设的迫切要求。推进城市社区建设，是繁荣基层文化生活，加强社会主义精神文明建设的有效措施。推进城市社区建设，是巩固城市基层政权和加强社会主义民主政治建设的重要途径。新世纪社区建设的重要意义，决定了党和国家对社区建设高度重视的必然性，社区体育是社区文化的重要组成部分，社区文化是社区建设的五大内容之一。在党和政府高度重视社区建设，社区快速发展的同时，社区体育将会迅速发展。

2. 在过去相当长时间内，受计划经济时期“单位体制”和“政企、政事、政社不分”的影响，我国城市社会体育一直靠单位和行业组织开展，1985年开始的以转变企业经营机制为核心的城市经济体制改革和90年代开始的市场经济体制改革，要求强化企业的经济功能和事业单位的公共服务功能，压缩政府行政编制和微观管理功能，单位的体育职能开始向社区转移，政府的体育服务职能也开始向社会转移，一向以“条条管理”“单位管理”“行政管理”为主的社会体育也受到了越来越多的限制。但随着社会经济的发展、生产方式和生活方式的改变，人们的体育需求却在不断增长，当人们的体育需求难以在单位得到满足，政府又不再提供众多具体体育服务时，人们的体育利益取向就开始由单位转向社会，具有就近、就便特点的社区体育将成为人们满足体育需求的重要途径，社区体育将逐渐成为社会体育的“主角”。

（二）社区体育在社区建设中的地位将明显提高

1. 2008年北京奥运会申办成功，对我国整个体育事业都会带来难以估量的影响。国家、社会及每一个公民都会比以往更加关注体育，体育宣传加强，体育赛事增多，体育经费投入加大，体育场馆设施增多，体育的地位空前提高，体育氛围逐渐形成，全民体育意识普遍增强。无论是竞技体育、社会体育、学校体育都将得到空前大发展。随着人们生活水平的提高和体育意识的增强，社区居民的体育需求将不断增长。

2. 21世纪我国社区体育的发展将同时面临着社区大发展和体育大发展的两

大机遇。这两大发展作用的合力，将推动我国社区体育快速发展。

3. 社区体育自身特有的功能魅力包括增进居民身心健康；丰富居民闲暇生活；改善居民生活方式；加强社区整合，增强社区凝聚力；促进居民参与；发展社区体育文化等功能，体现了它与现代人的发展要求和现代社会发展要求的一致性和适应性，从而决定了社区体育在社区建设中的地位将不断提升。进入 90 年代以来，城市社区体育已成为社区建设中最受居民欢迎的活动。

（三）社区体育与单位体育（包括学校体育）相互交织的现象仍将存在

社会转型、经济体制转轨时期的过渡性、进化性、整体性特点，决定了今后相当长一段时期社区体育与单位体育相互交织的必然性。

社区建设的速度与我国体制改革和社会转型的进程密切相关，它综合反映了从单位体制主宰向社区体制主导，从行政管理型向社区自治型转变的客观要求。这是城市经济、政治、社会文化综合体的变化过程，是一个长期、复杂的过程。社区受多年“社区单位化”的影响，社区体育的软件、硬件条件都十分匮乏，发展社区体育必须借助单位、学校现有的体育资源，实现体育资源共享。

（四）社区体育发展水平的不均衡性将继续存在

不同地区现代化水平的差异，决定了全国各地城市社区体育发展水平的不均衡性。现代化指工业革命以来人类社会所发生的深刻变化，这些变化包括政治、经济、社会、文化、人的现代化等。经过二十几年的改革开放，中国的社会转型速度在加快，在整个社会转型的背景下，前工业（农业）社会、工业社会（第一次现代化）、后工业社会（第二次现代化）三种不同社会类型的生产方式、生活伦理和闲暇目标都存在差异（表 11–3）。

表 11–3　不同类型社会的生产方式、生活伦理与闲暇目标[①]

社会类型	生产方式	生活伦理	闲暇目标
前工业（农业）社会	农业、手工业、	勤俭、节约	休息、保护
工业社会（第一次现代化）	机械化、半自动化	积累、消费	休息、娱乐、进修学习
后工业社会（第二次现代化）	自动化、信息化	消费、自我实现	休闲、娱乐、自我开发

① 三好乔，等. 现代社区体育论［M］. 日本协生株式会社. 1991.

第一次现代化（工业社会、经典社会化）以工业化、城市化和民主化为主要特征，“中国现代化报告”课题组用人均GNP、农业增加值比重、服务业增加值比重、农业劳动力比重、城市人口比重、医疗服务、婴儿存活率、预期寿命、成人识字率、大学普及率10个指标来评价。第二次现代化（知识经济社会、新现代化）以知识化、网络化和全球化为主要特征，“中国现代化报告”课题组用知识创新指数、知识传播指数、生活质量指数和经济质量指数4个指标来评价①。

我国幅员辽阔，经济和社会发展水平差异很大，2002年中国现代化报告课题组研究结果表明：我国34个地区（31个省级行政地区、香港特区、澳门特区和台湾地区）的发展很不平衡。如果把第一、第二次现代化进程作为一个整体分为1–1起步、1–2发展、1–3成熟、1–4过渡、P准备、2–1起步、2–2发展、2–3成熟8个时期，2000年我国总体已经进入第一次现代化的发展期（1–2期），实现程度为76.2%。如果分地区评价，香港、澳门、台湾和北京，天津和上海6个地区已进入第二次现代化的起步、发展期和过渡期（发达和中等发达）；辽宁、广东等15个地区进入第一次现代化的发展、成熟期（初等发达）；甘肃、青海等13个地区处于第一次现代化的起步、发展期（欠发达）②。一个地区的现代化程度不同，其社会目标也不同。如第一次现代化阶段（现代社会）的核心社会目标是：追求经济增长最快，增加社会积累；而第二次现代化阶段（后现代社会）的核心社会目标则是：追求人类幸福最大化，提高生活质量③。不同的社会目标决定了社会发展的价值取向，也必然影响体育和社区体育的发展水平。

（五）社区体育场地设施条件将得到明显改善

社区建设投入增加，“体育彩票公益金全民健身工程”和“体育彩票公益金全民健身活动中心”建设工程的实施，《公共文化体育设施条理》的实施和《社区体育设施建设用地指标》的编制，城市社区体育场地设施条件不久将得到明显改善。

1. 社区体育现状调查表明，体育场地设施匮乏是制约我国社区体育发展的瓶颈。为了满足人们不断增长的体育需求，很多社区都在想方设法筹集经费，建

① 中国现代化报告课题组. 2001年中国现代化报告［M］. 北京：北京大学出版社，2001：68.

② 同①：262.

③ 同①：73.

设体育场地设施。有的街道通过财政拨款支持体育场地设施建设，有的用本街道的创收经费修建体育场地设施，还有的从各类社会募集资金中切块下拨。各地通过上述各种途径加大了对社区体育场地设施建设的投入。

2. 1997 年，国家体育总局为了贯彻落实《全民健身计划纲要》一期工程，发挥体育彩票的公益作用，开始实施了"全民健身工程"，5 年时间共在全国基层社区兴建了两万多条"全民健身路径"。2001 年为了贯彻落实《全民健身计划纲要》二期工程，体育总局又开始实施了每年建 10 个"体育彩票全民健身活动中心"的工程，目前已开建了三批。"全民健身工程"和"全民健身活动中心"建设工程的实施，已经并将继续改善社区体育场地设施条件。

3. 2003 年国务院颁布了《公共文化体育设施条例》，条例要求：今后居民住宅区的建设将实行配套体育场地设施建设同时规划、同时建设、同时投入使用。2003 年建设部、国土资源部和国家体育总局联合启动了《社区体育设施建设用地指标》编制工作，这项工作将为以后新建、改建和扩建的社区制定体育设施建设用地指标。这两项制度的实施，将从根本上解决社区体育场地设施问题。此外随着体育与城市广场、公园、绿地建设的紧密结合，也会缓解体育场地设施的不足。

（六）社区体育需求差异增大，管理与服务的难度也加大

随着改革的深入，城市传统管理体制中的条块分割状态逐步被打破。社区面临着"一变五增"的新情况，一变即老体制下的职工逐步弱化了对单位的过分依赖，由"单位人"向"社会人"转变；五增即新兴的多种所有制成分的"无主管"企业增多；外来人员、流动人员的比例增加；下岗、失业人员增多；老龄人口增多；贫困人群等问题增多。城市社会人口的结构性变化，要求今后的社区体育管理和服务，必须突破原来较为狭窄的范畴，面向工作和生活在城市社区的所有单位和人员，也要求所有的辖区的单位和居住于社区的人必须强化属地化与社区意识，自觉地把自己生活的社区作为参与社会活动、实现自身权益、形成社会整合的重要基地。这些变化使社区人口异质性程度加大，从而使社区体育需求层次增多，社区体育的管理、服务难度加大。

（七）老年人仍将是社区体育的主要参与者

进入 21 世纪，世界各国将面临一个共同难题——"银发浪潮"，即人口老龄化问题，尤其是经济发达国家和部分发展中国家更是如此。根据联合国规定，一个国家或地区 60 岁以上的老年人口占总人口的比例达到 10%，或 65 岁以上的老

年人口达到7%，就成为老年型国家或地区。据有关统计资料表明：1999年10月，我国60岁以上老人达1.26亿，占我国人口总数的10%，进入人口老年化国家的行列。[①]“2003年中国统计年鉴中披露，我国65岁以上的老年人口已占调查人口总数的8.16%。据专家预测，2025年60岁以上老年人将达到2.8亿，占总人口18.4%。2050年4.1亿，占总人口的27.4%。[②]据1996年调查，我国体育人口为15.46%。[③]从体育人口的年龄分布来看，55岁以上人群体育人口占29.33%，60岁以上人群体育人口占22.05%，明显高于均数。老年人群消除孤独、善度闲暇、治病防病、健康长寿、重建社会交往圈的多种需求，决定了老年人仍将是今后社区体育的主要参与者。

（八）社区类型的差异性，决定社区体育发展模式的多样化

在老体制下，城市在基层管理模式上基本上是相同的。在新体制下社区的发展中，不同类型社区之间的差异性和多样性将会越来越明显。在近些年形成的一批新兴城市和老城市新扩展的城区中，其社区构成的基础单位与传统社区差别很大。有些是由经济发达的村镇演化而来的（边缘社区），有些则是条件较差的农村转化而来的（边缘社区），有些是相对开放性的、各类城乡单位交叉形成的区域（综合社区），有些则由相对封闭性的独立单位、村队整体组成（单位社区），还有大批新建的新型住宅小区。这些社区类型的不同，将会导致社区体育发展模式的不同。为此，如何根据各类社区的特点选择适合自己的发展模式具有重要意义。

主要参考文献

1. Hunter，A.A.（1979）The Urban Neighbourhood：Its Analytical and Social Contexts，Urban Affaira Quarterly，Vol.14，267–288.
2. 程玉申．中国城市社区发展研究[M]．上海：华东师范大学出版社，2002：33.
3. 任 海，等．我国城市社区体育的概念、构成要素及组织特征[J]．体育与科学，1998.（2）.
4. 王凯珍．社区体育[M]．北京：高等教育出版社．2004.

---

① 汤晓玲．对影响老年人体育锻炼动机的社会学分析［J］．成都体育学院学报，2000（4）．

② 陈红义：“试论我国体育人口的发展”[J]．浙江体育科学，1999（3）．

③ 课题组．中国群众体育现状调查与研究［M］．北京：北京体育大学出版社，1998：70．

复习与思考

1. 什么是社区？社区的构成要素都有哪些？
2. 简述我国基层社区的组织体系。
3. 什么是社区体育？社区体育的构成要素都有哪些？
4. 简述社区体育参与的结构与类型。
5. 简述社区体育的基本特征。

推荐阅读书目

1. 雷洁琼. 转型中的城市基层社区组织［M］. 北京：北京大学出版社，1999.
2. 徐永祥. 社区发展论［M］. 上海：华东理工大学出版社，2000.
3. 侯伊沙. 政府、社区与公民社区制的三维架构［J］. 中国行政管理，2005（12）.
4. 王凯珍. 新世纪中国城市社区体育的发展趋势［J］. 北京体育大学学报，2004（1）.

第十二章

体育与现代社会

本章概要

本章以体育与社会变迁引入，阐述社会变迁与体育发展、社会发展与体育发展、当代中国社会转型与体育发展。并从现代生产方式与体育、现代生活方式与体育、现代生活环境与体育三个方面说明体育与现代社会的关系。最后，论述体育与社会现代化。

人类社会是在发展变化之中的，社会变迁促成了现代社会和社会的现代化。体育的发展变化也是社会变迁的产物，现代体育是现代社会的一个重要标志。因此可以说，体育与社会变迁、与现代社会密切相关。我国正处于现代化发展过程之中，工业化、城市化、理性化、世俗化、社会组织的分化与整合等，都对体育的发展有着重要的影响。

第一节 体育与社会变迁

一、社会变迁与体育发展

（一）社会变迁概述

1. 社会变迁的基本概念

社会变迁是社会学中一个常用的基本概念，一般是指社会结构的变迁。德国著名社会学家沃尔夫冈·查普夫（Wolfgang Zapf）教授认为：“社会结构可以理解为社会生活和社会秩序的一种不易改变的相对稳定的状态。这样，社会变迁即可称为社会结构的变化、社会制度的变化。”[①]不过，社会结构的变化既有质变又有量变，在社会系统的结构并未发生本质变化的情况下，其功能也可能发生变化。因此，社会变迁不仅表现为社会结构的改变，也可表现为在社会结构没有根本改变情况下的功能改变。这两种改变都会对社会发展产生影响。

2. 社会变迁的理论模式

（1）历史循环论

历史循环论是中外社会思想史上一直存在的一种较为普遍的理论，主要认为社会历史的活动和发展是有规律可循的，这种规律就是按照产生、增长、衰弱和死亡的历史轨迹循环往复。它虽然有一定的科学性，但宿命论倾向比较显著。

（2）社会进化论

社会进化论的主要思想源于达尔文的生物进化学说，如斯宾塞（Herbert Spencer）的社会有机体和社会进化论思想。认为社会类似于有机体的进化是由小到大、由简单到复杂逐渐演化的。由于它直接用自然进化论来解释社会现象，故

[①] 沃尔夫冈·查普夫. 现代化与社会转型［M］. 陆宏成，陈黎，译. 北京：社会科学文献出版社.1998：1.

存在明显的缺陷。

(3) 社会均衡论

社会均衡论是西方社会学中颇有影响的理论。主要认为社会是一个具有自我调节功能的系统，系统的各部分存在着相互依存的功能联系。因此，社会系统中某一个部分的变化会引起其他部分相应的变化，最终使整个社会趋于平衡。由于它片面夸大社会的自我调节功能，故存在明显的不足。

(4) 社会冲突论

社会冲突论是在反对结构功能理论基础上建立起来的一种理论。主要认为社会冲突是普遍存在的客观事实，是推动社会变迁的主要因素，它既是社会变迁的原因，也是社会变迁的结果。虽然，社会冲突会导致社会分裂，甚至瓦解，但对社会变迁有正面作用。由于它将社会冲突看成是永恒现象，故存在明显的不足。

(5) 经济基础论

马克思强调生产力和生产关系的矛盾是社会变迁的根本动因，社会冲突是各种社会矛盾发展到一个阶段的表现，认为社会变迁归根结底是由社会的经济基础发生变动而引起的，即随着经济基础的变更，上层建筑也或快或慢地发生变革，人们的生产、生活方式及社会关系也将发生改变。

3. 社会变迁的基本形式

社会变迁会表现出不同的形式，了解社会变迁的基本形式，有助于加深对社会变迁的认识。

(1) 进步的社会变迁和退步的社会变迁

根据社会变迁的方向可分为进步的（正向的）社会变迁和退步的（反向的）社会变迁。进步的社会变迁是指社会进步和发展，它能带来社会物质财富的增长和精神文明的提高。退步的社会变迁是指社会倒退和停滞，它会造成社会分化和功能障碍。

(2) 整体社会变迁与局部社会变迁

根据社会变迁的范围，可分为整体社会变迁和局部社会变迁。整体社会变迁，是指社会结构的整体变化以及由此带来的功能上的彻底转变。局部社会变迁，是指社会结构体系中各个构成要素的变化。如人口结构变化、生活方式变化等。局部变迁是一个量的积累过程，它会导致整体社会变迁，而整体社会变迁又会影响局部社会变迁。不过局部变迁在方向、速度上并不一定与整体变迁相一致，有时可能成为整体变迁的障碍，又可能超前于社会的整体变迁。

⑶ 渐进式社会变迁与突发式社会变迁

根据社会变迁的速度，可分为渐进式社会变迁与突发式社会变迁。渐进式社会变迁，是指社会逐渐演变的过程，是社会变化的量的积累过程。这种变迁方式比较平稳，不会带来剧烈的社会震动，但变迁的速度慢、深度不够。突发式社会变迁，是指急剧发生的带有质变性质的社会变迁，其主要形式是社会革命。它包括暴力革命、社会改造及社会领域发生的重大变革等。

⑷ 有计划的社会变迁和无计划的社会变迁

根据社会变迁的可控性，可分为有计划的社会变迁和无计划的社会变迁，社会变迁是不以人的主观意志为转移的自然历史过程，但这并不意味着社会变迁是无法控制的。有计划的社会变迁，是指通过规划设计、目标选择和秩序建设，使社会变迁更加符合社会进步的要求。无计划的社会变迁，是指放任社会变迁，对可能带来的问题及造成的破坏没有采取预防措施。

（二）社会变迁与体育发展

社会变迁与体育发展有着密切的关系，在纵向社会历史进程中，不同的社会性质是影响体育发展的关键因素。

1. 不同社会发展阶段的体育性质有所不同

⑴ 原始社会：原始社会的人们以渔猎为生存方式，因此身体活动是基本生活技能，体育即是生活，生活即是体育，体育与生活是密不可分的。

⑵ 农业社会：农业社会是以耕作为主的生活方式，农民在户外通过体力劳动进行生产活动，因此，生产劳动是主要生活内容。生产劳动生活以外的身体活动（体育）主要出现在节庆活动中，体育开始出现在生产劳动生活以外。

⑶ 工业社会：工业社会的发展使人们聚居到城市，生活环境发生变化，工业化生产方式造成人们精神紧张，疲劳加深，生产方式和生活方式的改变，使得人们的体力活动减少，健康威胁越来越大。因此，工业社会的体育需求随着工业化程度的提高而急剧上升，体育成为社会生活的一个重要问题，一方面需要政府通过专门安排来开展体育活动，另一方面人们越来越自觉地选择体育作为休闲活动。

2. 体育可以推动社会进步

社会变迁是多种社会要素交互作用的结果，其中，生产方式、生活方式、社会文化等是影响社会变迁的主要因素。体育在社会变迁中具有双向的作用，既受社会变迁的影响，也可影响社会变迁，推动社会进步。

(1) 体育对发展社会生产力有推动作用

社会生产力的关键要素是人，体育对人的健康素质具有重要影响，从而对提高劳动生产率具有重要的推动作用。其次，体育本身可形成产业，并且随社会发展其产业规模将不断扩大，成为社会生产的一个重要组成部分，对社会变迁产生影响。

(2) 体育对改善生活方式有推动作用

现代社会提倡“健康、科学、文明”的生活方式，体育可以从身体、心理、社会三个维度提高人们的健康水平。体育休闲娱乐活动使人们的生活变得丰富多彩，调节紧张的劳动生活，使生活方式变得更加合理。体育还可作为社会教育的手段，促进社会精神文明建设。如通过社区体育活动，可建立社会感情，调动人们参与公益活动的积极性，使社会和人际关系变得更加和谐。

二、社会发展与体育发展

（一）经济发展与体育发展

经济发展水平是体育发展所依托的物质基础，对体育发展有着根本性的影响，它主要表现为提供体育发展所需要的器材、设备、设施等物质条件以及开展体育活动所需要的经费等。此外，经济发展会不断提高人们的生活水平，激发人们提高生活质量的欲望，使体育需求不断增长，从而促进体育的发展。

（二）社会政治与体育发展

政治是影响社会发展水平的重要因素，不同政治体制及其体育的政策、法规对体育发展有着不同的影响。一般，政府需要通过制定相关的政策、法规来控制体育的发展方向和发展速度，使其与整体社会发展水平相适应。

（三）社会文化发展与体育发展

文化是人类在生活中不断积累和改善的生活智慧与生活方式的结晶。体育是社会文化的一个组成部分，受社会文化发展的影响，如我国的道家文化主张“清静无为、天人合一”，强调修身养性，从而形成了我国特有的养生体育（如气功等）。古希腊文化崇尚竞争、体能，从而孕育了奥林匹克运动。

（四）科技发展与体育发展

科学技术是推动社会进步的关键因素，也是推动体育发展的关键因素。现代科技的发展，使人们对体育的功能有了更深刻的认识，为人们更好地利用体育改善生活创造了有利的条件。其次，诸多科技成果在体育活动中的应用，使体育活动质量和效果不断得到提高。

三、当代中国社会转型与体育发展

（一）社会转型的基本表现

西方社会学家以西方国家的实践为蓝本，将社会转型的主要表现概括为以下六个方面（又称“六化”）：

1. 经济转型工业化

社会转型首先表现为农业社会向工业社会的过渡。工业化是现代化的必要条件，也是各国现代化的必由之路。

2. 社会转型（狭义）城市化

社会转型也表现为从乡村社会向城市社会的过渡。工业化必然导致城市化，而城市化又会促使社会政治、经济、文化等方面的变化与发展。

3. 政治转型民主化

社会转型还表现为从专制向民主的过渡，民主化表示人们参与社会管理的权利和兴趣在不断加大。

4. 文化转型世俗化

社会转型又表现为从依附宗教向相信科学过渡。世俗化就是打破“圣灵社会”的宿命论，相信科学和技术创新可以改变世界，对新生事物采取开放的态度。

5. 组织转型科层化

社会转型还表现为从家长制到科层制。社会组织的科层化，使社会分工精细化和专业化。

6. 观念转型理性化

社会转型过程中，人们的观念和行为动机从感性向理性转化。

以上六个方面是对西方社会转型的高度概括，也是社会转型的整体性反映。

（二）当代中国社会转型的基本特征

中国学者对改革开放以来的中国社会转型进行了多角度的研究，他们对当前社会转型的分析，概括起来有两大方面：

第一，认为当前中国社会正处于全面转型时期，其主要标志是中国社会正在从自给半自给的产品经济社会向以公有制为主体的市场经济社会转化；从传统的乡村社会向城镇社会转化；从封闭半封闭社会向开放性社会转化；从同质单一性社会向异质多样性社会转化；从伦理社会向法理社会转化。

第二，认为当前中国社会转型主要表现为互相联系的三个层面：一是结构转化，即当前中国社会的整体结构、区域结构、组织结构及资源结构等都在发生变化；二是机制转化，即当前中国社会的利益分配机制、社会流动机制、社会控制机制、社会保障机制等都在发生变化；三是观念转化，即随着当前中国社会结构和机制的转化，人们的价值观念也在发生变化，如个人权益保护意识、社会参与意识的强化等。

中国学者对当前中国社会的转型表现的分析表明，中国的社会转型既有其整体性，也有其特殊性。其基本特征表现如下：

1. 社会转型的基本性质——社会主义根本制度下的发展模式的选择

中国自“鸦片战争”以来，曾经学习过英国、美国和日本等西方资本主义现代化的发展模式，但都没有成功。中华人民共和国成立后，又学习了苏联高度集中的计划经济体制下的社会主义模式，也带来了许多沉痛的教训。1978 年在邓小平同志的领导下，我国确立了建设有中国特色的社会主义道路和发展模式，使我国社会发生了巨大变化，即出现了由传统社会向现代化社会的转型。由此可见，社会转型实质上是社会发展模式的选择过程，并且社会转型所体现的不是社会形态层面的变化，而是在社会形态（社会主义制度）下的具体社会结构（发展模式）的改变。

2. 社会转型的基本方式——渐进式的发展模式

社会转型是通过社会改革得以实现的。关于社会改革一般有两种方式：一种是激进式改革（如所谓的“休克”疗法），另一种则是渐进式改革。我国的社会转型采取的是“渐进式”的发展道路，这是由国情决定的。“渐进式”并非“慢进式”，而是一种“递进模式”，是相对于“一步到位”而言的。梯度推进和逐步递进方式是我国当前社会转型的主要方式。

3. 社会转型的基本矛盾——二元结构所产生的新旧体制冲突

渐进式发展模式不是在废除旧体制后建立新体制，而是在旧体制中促成新的要素的诞生，并逐步替代旧体制。因此，在相当长的时期内，社会的新旧体制会同时并存，相互作用。由于两者间往往是此消彼长的关系，并且随着这种关系的变化，会引起利益格局的变化，因此产生摩擦、矛盾以及新要素成长的阻力是很自然的。为了使新旧体制冲突的负面影响最小化，有必要对矛盾的激化进行预防和通过协调进行化解。因此，协调发展是渐进式发展模式的基本方法。

（三）我国社会转型趋势对体育发展的影响

以上从宏观角度对当代中国社会转型的基本表现和基本特征进行了分析。下面从我国社会转型的具体变化趋势分析其对体育发展的影响。

1. 社会经济由计划体制向市场体制转型，将导致体育服务的加强

市场体制的基本要素为供求关系，满足人民不断增长的生活需求是社会主义市场经济体制的基本出发点，而市场的建立是依靠不断加强服务来实现的。因此，经济体制的转型，首先引发的就是社会服务的发展。社会服务的发展必然会带动体育服务的发展。《中共中央　国务院关于进一步加强和改进新时期体育工作的意见》中指出：“随着国民经济的发展和人民物质文化生活水平的提高，要逐步改善群众性体育运动条件，为广大人民群众提供必要的体育设施和体育服务；根据不同区域、不同人群的不同需求，坚持体育服务的多元化，适应各方面体育健身需要，保障广大人民群众享有基本的体育服务。”体育服务将逐步成为社会体育工作的主流。

2. 社会管理体制由微观管理向宏观调控转型，将导致体育社团发展壮大

近年来，政府职能的转变主要体现在“管办分离”的改革方面，即社会管理体制的转型主要表现为行政机构由过去的“办事”（微观管理）机构向“管事”（宏观调控）机构转化。其主要措施就是自上而下的放权（办事权）。政府不再插手具体事务，集中精力做好制定政策，协调监管工作，具体事务工作交给基层组

织和专业机构（社会团体）进行处理。这种管办分离的措施，将极大地促进包括体育社团在内的民间社团的发展壮大。

3. 社会群体结构由刚性向弹性转型，将导致体育多元化的新格局

“改革前，我国的社会群体可分为工人、农民、干部、知识分子等几大类，其界限分明，不同群体间的差异较大而同群体内的差异较小，呈刚性结构。改革开放后，各群体间的界限开始模糊，行业间差距缩小，行业内差距扩大，呈弹性结构。”这种由刚性结构向弹性结构的转化反映了我国群体结构多元化的趋势。群体结构的多元化，必然会产生多元化的需求，使社会生活丰富多彩。这种多元化的结构和多元化的需求，同样也会影响到体育的多元化发展，即要求体育以多元组织和多元服务来适应人们的多元化需求。

4. 生活结构由“温饱型”向“小康型”转化，将导致体育文化需求的增加

我国现已进入全面建设小康社会的时期，文化生活已成为国民尤其是城市居民的重要生活方式。在人们的基本生活需求得到满足之后，文化享受的需求就会上升至主要地位，文化活动在生活结构中的重要性将会越来越突出。因此，必须做好丰富体育文化生活的准备。

5. 社会保障体制由“部门化”向“社会化”转型，将导致体育架构朝着建立社会体育保障体系的方向发展

全国人大常委会副委员长、中国软科学研究会理事长成思危教授在《中国社会保障体系的改革与完善》一书中指出：“在传统的计划经济向社会主义市场经济转变的过程中，建立中国特色的社会保障体系已成为当前的一项迫切的任务。”近年来，政府在实行社会化管理中进行了一系列的改革，社会保障朝着建立统一的社会管理体制方向发展。在社会保障体系的大框架下，体育必然会受到影响，在体制结构上向保障体系靠拢，这对改变过去社会体育重活动开展、轻保障建设的现象具有十分积极的意义。只有建立社会体育保障体系，人们体育需求的满足才能从结构上得到保证。此外，我国社会保障体系的改革，突破了以社会救济为主的社会安全网建设，通过加大社会服务的力度，从根本上改善国民的生活水平的质量。因此，体育保障体系中除了体育照顾外，应将构筑体育服务网络作为体育的基本保障。

6. 社会规范由“人治”向“法治”转型，将导致体育法制化

从伦理社会到法理社会，是现代化过程中社会转型的表现之一。由于我国传统社会的基础是血缘宗亲关系，长期以来形成了伦理本位的特点。这种社会不关注社会契约、个人权利（法理的基础），而是以情感和身份为纽带，形成以“人治”为特征的社会规范体系。虽然情感作为社区发展的人文要素，具有积极的一面，但现实生活中的“合理与合法”“政策与法律”的矛盾现象仍大量存在。改革开放以来，我国颁布了一系列重要法律，人们的法律观念大大加强，过去那种无法可依的局面得到了根本的改变。但有法可依还不等于依法办事，社会从“人治”向“法治”的转化，仍然任务艰巨。尽管如此，社会规范的“法治”化潮流势不可挡，并对社会各个层面产生深远的影响。随着《体育法》《全民健身计划纲要》等法律法规的深入实施，体育的“法治”化管理将成为必然趋势，体育应主动适应社会转型要求，积极进行法制化改革。

第二节　体育与现代社会

了解体育与现代社会的关系，有助于加深对于体育的理解和对体育发展的认识。本节将从现代生产方式与体育、现代生活方式与体育、现代生活环境与体育三个方面来阐述体育与现代社会的关系。

一、现代生产方式与体育

（一）现代生产方式的特征

现代生产方式具有机械化、大型化、高速化和自动化的特征。

（二）现代生产方式的变化对劳动者健康的影响

1. 劳动方式的变化

体力劳动→脑力劳动≠劳动强度减轻

疲　劳
- 体力疲劳——局部疲劳加深，其他部位无足够活动机会
- 精神疲劳——精神紧张、疲劳加深

2. 作业形式的变化

独立（全过程）操作→程序（流程）操作=紧张、单调、自我丧失。

程序操作节奏快，易产生精神紧张和局部疲劳。

操作方法固定、单调，易引起抑制和精神疲劳及一部分身体活动受到压抑。

分工精细化是工业化社会的特征之一。程序操作把劳动者当做机器的一部分，对行为规范作了细致的限制，容易引起个人主观能动性的丧失，在被动（被控制）状态下，逐步丧失自我。

3. 产业结构的变化

第二产业为主→第三产业为主=社会服务业的兴盛。

社会服务是以社会需求为调节机制的，人们的健康需求（疲劳的解除、休息、保持、增进健康）和精神解放的需求（娱乐、社交、自我实现等），为包括体育服务在内的社会服务的兴盛创造了有利条件。

（三）体育对现代生产方式的作用

现代生产方式追求的是“高效率”。实现高效率的前提是员工们高涨的工作热情和充沛的工作精力。而体育恰恰能对工作热情和充沛的工作精力产生积极的促进作用。

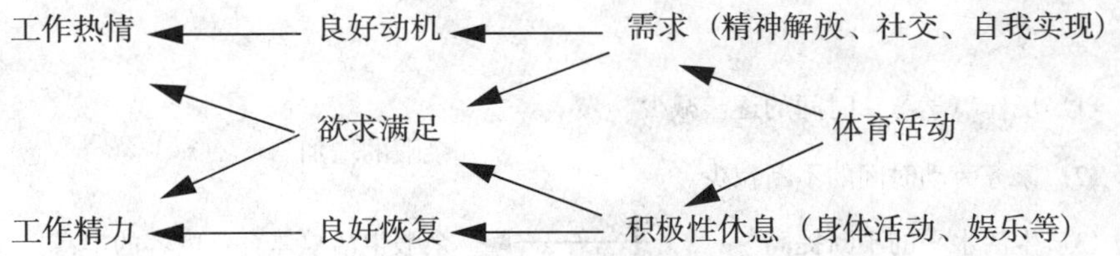

二、现代生活方式与体育

（一）现代生活方式的特征

现代生活方式具有物质条件好、余暇多的特征。

（二）现代生活方式的变化

1. 饮食结构的变化

以米面（主食）为主→以肉蛋（副食）为主=营养过剩。而现代“文明”病（如冠心病、高血压、糖尿病等）都与营养过剩有一定关系。

2. 住、行方式的变化

(1) 居住条件的现代化和舒适化=适应能力的下降。
(2) 家用设备电气化和家务劳动社会化=体力活动减少。
(3) 交通、通讯工具的现代化=走路机会的减少。

3. 生活意识的变化

重视工作 → 重视余暇

“金钱派”→ “休闲派”

4. 闲暇及其内容的变化

现代生活方式引起的“营养过剩”和运动不足，严重地威胁着人们的健康，但是生活水平的提高和闲暇的增加，又为人们消除现代生活方式中的消极因素提供了条件和可能性。

(1) 工作（学习）时间的逐步减少
(2) 家务劳动时间的不断减少
→ 余暇的增加

(3) 生活水平的不断提高 → 余暇生活（体育）内容的丰富

（三）体育对现代生活方式的作用

现代生活方式已开始由追求舒适向追求生活价值发展。

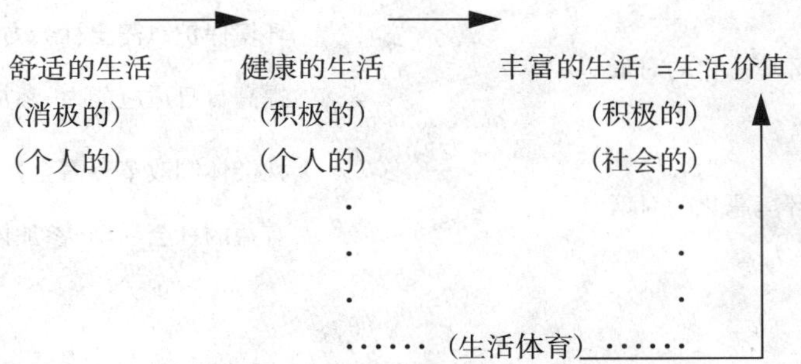

三、现代生活环境与体育

（一）自然环境的变化

1. 城市的“巨大”化——人口的高度集中=生活环境恶化。
2. 工业化带来的空气、水质污染——毒气、酸雨等=自然环境的恶化。
3. 征服自然造成的植被减少、土壤流失——生态失衡=生态环境恶化。

（二）社会环境的变化

1. “都市沙漠”现象——人际关系疏远=孤独、寂寞感增加。
2. 社会竞争激烈——人际关系紧张=精神紧张。
3. 生活节奏快——身体、心理紧张=身心疲劳。

现代社会生活给人们带来了许多好处和方便，同时也对人们的健康产生了许多不利影响。为了防止和消除这些不利因素，各国政府和研究人员正在积极研究并采取各种措施，其中，体育运动就是极好的措施之一。

（三）体育对现代生活环境的作用

体育作为现代社会生活的一个组成部分，对社会发展起着重要的作用。体育的社会价值随着它的社会作用的发挥，将越来越显著，体育将成为人类生活内容中不可缺少的重要组成部分。积极参加体育活动，提高自身的适应能力，有助于应对自然环境的恶化，有助于调解人际关系，缓解身心疲劳。

自然环境恶化的对策 < 环境保护（需全社会力量）; 提高自身适应能力=参加体育运动

社会环境恶化的对策 < 社会体制改革（需全社会动员）; 有益的社会活动=参加体育活动

第三节　体育与社会现代化

一、现代化概述

（一）现代化的概念

关于对现代化概念的界定，有着不同的认识，有将现代化等同于工业化的，有将富裕化看成是现代化的，也有将西方化当做现代化的，还有将“现在”出现的事物说成是现代化的。虽然都有一定的理由，但也多有偏颇，不够准确。

现代化概念应包含两层含义：一是它具有不同于前代社会的“现代性”，符合现代社会的基本特征，如工业化、城市化、理性化、世俗化、社会组织的分化与整合等。二是它是社会变化的过程，是不断提高社会现代性的动态过程。因此，现代化是指以工业化为开端的具有现代性特征的社会变革过程。

（二）现代化（发展）理论

1. 现代化理论

现代化理论产生于20世纪50年代，兴盛于60年代。它是在对欧美现代化发展进行抽象概括的基础上，试图将其发展经验推广到发展中国家的一个理论流派。现代化理论认为，发展中国家因为自身内部的原因，而未能实现从传统到现代的转化，仍处于传统社会阶段，要实现这种转化，必须引进西方的文化价值观。传统社会与现代社会的对立与转化是其分析的基本出发点。

现代化理论对西方发达国家的成功经验和发展规律的研究成果，为发展中国家提供了借鉴，具有重要贡献，一时曾成为发展研究的主导理论。但发展中国家与西方国家不同的传统与现实条件，使现代化理论较难在发展中国家取得理想效果。其西方文化中心论、社会进化论、发展内因论、传统与现代对立论、发展道路相同论等观点受到质疑和批评。

2. 依附理论

20 世纪 60 年代末，由于现代化理论带来了一系列问题，人们转而寻找其他理论。马克思的社会理论和阿根廷经济学家普雷维什的中心、外围理论受到人们的重视。依附理论主要是用“中心”和“外围”之间的不平等关系来解释发展中国家的不发达原因。如果说现代化理论是一种内因论的进化观，那么，依附理论便是一种外因论的欠发展观。它从西方发达国家与发展中国家之间的掠夺与被掠夺的不平等关系着眼，用发展中国家对西方发达国家的依附去解释发展中国家的欠发达原因，是明确反对现代化理论的西方化模式。它认为西方化过程正是发展中国家被纳入不平等的世界政治经济体系的过程，它与依附过程是相辅相成的。

依附理论重视发展中国家贫困落后的殖民地历史，从其与西方发达国家的联系中去考察欠发达的原因，为发展理论研究提供了一个新的视角。它打破了对西方发达国家的不切实际的幻想，唤起发展中国家的学者和人民关注自身的发展问题，具有积极的意义。

依附理论虽然批判了现代化理论“传统与现代”的二分法，却又陷入了“发达与欠发达”“中心与外围”等二分法之中，将两者对立，静止地看待两者关系。其次在批判现代化理论的内因决定论时，又陷入了外因决定论，同样存在偏颇。此外，将发展与依附对立起来，认为发展中国家只有打破对西方国家的依附，才能获得发展。这种僵化的观点与一些国家（如巴西等国）的发展情况不符。

3. 世界体系理论

世界体系理论是沃勒斯坦（Immamuel Wallerstein）等在 20 世纪 70 年代中期提出的。它用系统观点分析整个世界及其组成部分的发展与变化。它不像现代化理论只重视发达国家的现代化，也不像依附理论将世界分成中心与外围两个方面来解释发达与欠发达的关系，而是将整个世界看成一个统一的整体，探讨其总体发展规律。

世界体系理论的最主要特点是它的分析单位是“世界体系”，而非个别国家。它认为任何一个国家和社会都不是一个自足的社会体系。当代社会体系只有一个，那就是从 16 世纪起持续至今的资本主义世界经济体系。世界体系是一个由核心、半边陲和边陲国家组成的结构整体，它具有自己的整体发展规律。作为世界体系组成部分的国家在体系中的地位是可以变动的，但如何变动，何时变动等，并不是仅由单个国家自身努力所能决定的，其地位变化是由体系的整体发展规律决定的。世界体系理论认为在核心—半边陲—边陲国家的整体结构中，只有极少数国家处于核心地位，一些国家处于半边陲地位，而绝大多数国家处于边陲地位。而且，一些国家地位的上升必然伴随另一些国家地位的下降。尽管世界体系中会发生一些变化，但体系的结构在一定时期是相对静止的、封闭的。

世界体系理论采用系统论方法从整体上研究社会发展，较现代化理论与依附理论有诸多进步之处。但依然存在着“结构决定论”“循环论”和忽视对具体国家、社会发展的研究等不足。

二、社会现代化与体育发展

（一）工业化与体育发展

现代化从工业革命开始，已经走过了二百多年的历程。其间大致经历了三个阶段，又被称为现代化的三次浪潮。

1. 第一次工业革命与体育发展

第一次工业革命首先从英国开始，18 世纪后期到 19 世纪中叶，以煤和铁的使用为其物质技术基础，以非生物性能源（煤等）替代生物性能源（人力、畜力等），并且将其作为主要的生产工具，极大地推动了产业的发展。

随着第一次工业革命的现代化浪潮，西欧一些国家为了自身现代化对资源的需求，实施对外扩张的发展战略，在半贸易半掠夺的经济扩张中，还进行了文化输出。西方近代体育在中国的传播就始于 19 世纪中叶，主要是通过传教、西式教育等途径，对近代中国体育的发展起到了一定的推动作用。其次，第一次工业化革命的源头主要来自于民间，随着民间资本的不断扩大，一些新的阶层逐渐形成，并出现要求民主、平等的呼声，一些贵族体育项目，也逐渐向民间扩散，产生了许多民间体育组织，为民间体育文化交流，创造了一定的条件。

2. 第二次工业革命与体育发展

第二次工业革命是指 19 世纪末 20 世纪初，现代化在西方文明的核心地区取得了巨大成就后，向其他异质文化地区传播与扩散的过程。它是以电与钢铁为物质技术基础，由内燃机和电动机带动的“电工技术革命”，其经济增长速度远远超过了由蒸汽机带动的第一次工业革命。

卷入第二次工业革命现代化浪潮的国家包括德、俄等处于西欧文明边缘地带的中东欧国家和日本、中国、土耳其等远离西方文明中心的东方国家，这批国家的现代化“后发”特点十分突出，而且首次出现了社会主义现代化道路。

有别于第一次工业革命的是，第二次工业革命出现了自上而下的推进模式，政府主导或干预工业化发展的倾向明显。例如，采取对外开放的政策、引进先进技术等。我国近代体育的发展与洋务运动的兴起有着密切的关系。由于“后发”具有可借鉴优势，我国近代体育在此阶段有了较大的发展。

3. 第三次工业革命与体育发展

第三次工业革命出现在20世纪后半叶（前半叶是世界现代化发展的低潮期），是以石油能源、人工合成材料、微电子技术为物质技术基础，由生物技术、微电子技术带动的“科学技术革命”。它使社会生产力获得了前所未有的快速发展。

第三次工业革命的现代化浪潮以新技术为动力，利用国家干预等手段对经济和社会生活进行了结构性调整。比较突出的就是第三产业尤其是服务业的发展十分迅速，从而为体育产业的形成与体育服务业的发展奠定了良好的基础。在第三次工业革命过程中，现代因素与传统因素的冲突不断加强，调整两者关系成为政府的重要任务。社会开始不再一概排斥传统，传统文化保护诉求逐渐得到认可。传统体育文化也重新受到重视，体育发展重新出现均衡趋势。

（二）城市化与体育发展

城市化是一个由传统落后的乡村社会向现代先进的城市社会转变的自然历史过程。从城市空间结构角度看，它主要分为两个阶段，表现为从分散到集中再到分散的发展过程。

1. 集中型城市化阶段与体育发展

近代城市化过程表明，集中是城市化初期阶段最为突出的表现形式。集中使城市人口增加，城市规模扩大，把农村变为城市，把小城市变成大城市。集中使城市成为区域的政治、经济、文化中心，成为社会发展的重心。

集中型城市的空间结构及分布常用同心圆理论及扇形理论进行解释，一般都包括中心商业区、工业区、住宅区等功能区域。近年来有用体育生活圈去对应都市生活圈的研究成果，说明了城市空间结构变化对体育空间结构形成的影响。

2. 分散型城市化阶段与体育发展

高度集中的城市化过程不仅加大了城市的压力，也形成了强大的辐射力。随着交通工具和通讯技术的发展，人类的居住空间和经济活动范围不断扩大，促进了城市人口及其活动区域的分散化，引起了城市形式的重大变化。分散型城市化最突出的表现是住宅郊区化，出现卫星城市和逆城市化（城市化达到一定阶段后产生的城市人口反向流动）现象。

分散型城市化的空间结构及分布常用“多核心理论”进行解释，一般是在市区里有多个核心区域（即功能区域分散现象）或者有多个卫星城市。由于分散型城市化处于城市化过程的高级阶段，对我国大中城市的进一步发展有重要参考价值。近年来，有人提出的体育设施分散均衡布局就是考虑到分散型城市化阶段的特征，并因此而设计的。

（三）理性化与体育发展

理性化是社会由宗教性向科学性、由人治向法治转变的自然历史过程。理性化社会崇尚科学、制度严密，社会文明程度得到较大提高。

1. 科学化与体育发展

现代科技推动了社会的现代化，科学发展观成为社会发展的重要指导思想。理性化思维和行为受到推崇，神灵、上帝等宗教思想逐渐退隐，科学技术的应用，成为人们生活方式的普遍选择。体育是伴随着科学技术的进步而发展的。例如医学、生物科学的深入发展，使得人体科学研究水平不断提高，促进了运动科学研究水平的提高，从而为竞技运动成绩提高奠定了科学基础。科技进步还为体育文化传播、运动装备改善、新运动技术的出现创造了良好的条件。

2. 制度化与体育发展

在现代化过程中，为了提高生产效率和减少社会发展成本，人们对目标与手段的合理性十分重视，以工具合理性为取向的科层制管理受到推崇。制度成为约束人们行为的主要形式。在法制成为社会常规时，体育也不例外，被纳入法治管理的轨道，体育制度主要从权益保护和行为约束两个方面实现对体育发展的控制。比如，保障人们自主参加体育活动、使用公共体育设施的权利等，约束体育服务机构的服务规范和质量，监督体育竞赛活动过程中的不正当行为等。

（四）世俗化与体育发展

世俗化是现代社会的一个重要特征，它与“宗教化”构成反义关系，是作为与禁欲主义相对应的概念而出现的。它主要指在现代社会中，宗教制度、超自然信仰等事物已不再受到重视，人们越来越趋向现实，重视对社会事务的参与。

世俗化主要包括两层含义：一是随着科学的发展，普遍主义和理性原则取代神学教条；二是指消费主义和享乐主义，注重现世的生活。它表明信仰力量的消解和宗教禁忌的瓦解。

1. 现实性与体育发展

市场经济体制导致人们个性意识的觉醒，同时又使人看重经济利益问题。于是，造就了一种普遍的现实感，它使人们注重现实生活质量问题，普遍希望改善生活。这为体育生活化及体育服务创造了有利的条件。尤其是“花钱买健康”的体育消费理念得到广泛的认同，为体育市场的繁荣发展奠定了良好的基础。

2. 社会参与与体育发展

市场经济体制营造了平等与自由的社会环境，为社会成员自主参与社会事务提供了有利条件。市场经济的发展，使人们对社会的依赖程度不断加大，人们深感参与社会事务的必要性。随着人们越来越重视社会参与，市民社会就会逐渐形成，人们自主地参加各类社会活动的情况会越来越多，社会体育活动也会越来越受到人们的青睐。

（五）社会组织的分化与整合与体育发展

市场经济体制导致社会的多元化利益格局，产生了代表各自利益的社会组织。随着现代化的发展，许多具有专门功能的社会组织从多功能的综合性的社会组织中分化出来。人们的不同生活需求，可以通过不同职能部门提供的服务得到满足。此外，组织的分化会形成组织间利益的冲突，人们又对解决组织间矛盾提出了要求，专门以社会整合为目的的社会组织便应运而生。因此，社会组织的分化与整合，成为社会组织发展的主要趋势。

1. 社会组织分化与体育发展

社会组织分化的一个主要特征就是专门化，即社会组织由过去的粗放型综合组织向细分型专门组织转化。从体育发展的角度看，就是专门性社会体育组织的产生与发展。例如，职业性社会体育指导员作为一个新兴的服务门类，已被国家劳动保障部认可（其职业标准已于2001年颁布），其行业性组织即将诞生，成为新的专业服务性社会组织。

2. 社会组织整合与体育发展

市场经济体制造成利益格局的多元化，应运而生的众多社会组织都在主张自己的利益诉求，组织间产生矛盾是不可避免的。因此需要有专门机构来调解此类社会矛盾。由于社会整合采用行政命令的做法效果不好，有时甚至会激化社会组织间的矛盾。因此，用社会组织来解决社会组织间的矛盾，是较为有效的途径。如，通过成立行业协会解决同业组织间的矛盾，规范同行业的市场行为。在体育社会组织不断增加的同时，通过成立分类体育协会，处理各类体育组织间的矛盾，是体育组织发展的重要策略。近年来，我国进行的体育协会实体化研究，为体育组织的整合提供了参考，建立完善的协会制整合模式，对体育组织发展提供了重要的保证。

三、现代化进程中的我国体育发展模式

改革开放以来，我国出现了经济持续高速增长的势头，社会生产力被充分激发出来，人们的生活水平有了明显的改善。但产品的过剩、资源的短缺以及其他因经济增长带来的社会问题的发生，使人们开始对现代化进程中的发展模式进行反思，并提出了以科学发展观为指导的全新发展理念。我国体育的发展要顺应社会的改革变化，在现代化进程中探讨自身的发展模式。

（一）全面建设小康社会的体育发展模式

20世纪末，我国人均GDP达到了1000美元。2002年，党的十六大报告中指出，人民生活总体上达到小康水平，但目前的小康社会，还是低水平的、不全面和不均衡的小康，要在本世纪的前20年“全面建设惠及十几亿人口的更高水平的小康社会。使经济更加发展、民主更加健全、科教更加进步、文化更加繁荣、社会更加和谐、人民生活更加殷实”。十六大把以上六个“更加”的总体目标从经济、政治、文化、生态四个方面进一步具体化，也为小康社会的体育发展指明了道路。

1. 发展体育产业，促进国民经济建设

作为新兴产业，体育产业的发展受到政府的重视。为了提高体育产业在国民经济中的地位，为提高人民生活质量服务，需要努力改变我国体育产业目前存在的产品不够丰富、服务不够完善、产值较低的低水平发展状况，通过深化体育体制改革，创造有利的发展条件，加速体育市场的开发，规范体育市场行为，加强体育产业人才培养和服务标准的建立等途径，促进体育产业的发展。

2. 加快体育社会化进程，充分调动人们参与体育活动的积极性

要坚持政府支持与社会兴办体育相结合的方针，政府重点支持公益性体育设施建设，群众性体育组织和体育活动以社会兴办为主，鼓励、支持企事业单位和个人兴办面向大众的体育服务经营实体，积极引导群众进行体育消费，鼓励社会承办体育活动，努力营造民主、平等、公平的体育氛围，形成人人参加体育运动的良好社会风气。

3. 丰富人们的体育文化生活，形成健康、科学、文明的生活方式

丰富人们的文化生活是小康社会提高生活质量的主要体现之一。体育作为文化生活的一个重要组成部分，对提高人们的生活质量具有重要的作用。丰富人们的体育文化生活，可以从视、听、行三个方面进行。视，就是为人们提供观赏体育竞赛表演的机会，如举办大型体育赛事、开展景观体育、组织商业体育表演以及组织社区居民、学生家长观摩自己亲属、邻居的体育竞赛表演活动等。听，就是为人们提供健康科学讲座，体育教育培训以及体育健身咨询等活动。行，就是组织不同人群开展各种体育健身娱乐活动，要让体育融入百姓的日常生活中，使其享受到体育活动的乐趣，并通过体育活动，促进健康、科学、文明的生活方式的形成。

4. 改善体育生态环境，促进体育的可持续发展

小康社会的生态文明，主要表现为社会的可持续发展。体育在发展过程中，要注意其生态环境的改善，首先就是体育设施建设与环境的协调，以不破坏环境为基本原则。如，体育设施的分散均衡布局、体育设施的园林化、建设自然体育设施等应成为体育设施建设考虑的重要因素。其次，体育活动的低成本、高趣味、便利性及良好的人际关系等可持续发展要素应进一步加强。第三，就是体育要与其他文化、卫生、教育系统有机结合，资源共享，从而更好地发挥体育促进社会发展的作用。

（二）构建和谐社会的体育发展模式

构建和谐社会是在我国社会转型这一特殊的历史条件下提出的，是顺应经济社会发展，满足人民群众不断增长的物质文化需要的必然要求，同时也是巩固社会基础，实现社会现代化的必然举措。国际上的经验表明，当一个国家人均 GDP 进入 1000~3000 美元的时期，即是黄金发展期，也是矛盾凸显时期。矛盾处理得好，能够顺利发展，使经济发展再上一个新台阶；处理得不好，经济将停滞不前或倒退。为了巩固改革开放取得的成果，推动经济的可持续发展，应该积极维护社会稳定，促进社会的和谐，重构社会结构，完善社会组织，调整社会关系，最大限度地激发社会各阶层、各群体的创造活力，化解各类矛盾和问题，构建社会主义和谐社会，努力实现经济与社会的协调发展。

1. 发挥体育的“社会安全阀”作用，维护社会安定

现代社会竞争激烈，生活紧张，容易造成人们的精神压力，如不及时释放压力，积累到一定程度，就会产生心理、健康问题，有时甚至会因为压力过大，导致破坏性行为的发生，引发社会的不安定。人们在进行体育活动时，身体各器官会因为得到充分供血和获得适宜刺激而产生舒适感，再加上体育活动具有的轻松愉快的氛围，易使人们的精神紧张和心理压力得到较大程度的释放，不易产生破坏性行为和反社会倾向，因此体育具有“社会安全阀”的作用。国外有研究表明，开展体育活动是减少青少年犯罪的重要途径和方法，其原因是体育活动作为青少年剩余精力的发泄渠道，使其因发育带来的身心紧张得到缓解，避免了因冲动而产生的犯罪行为。

2. 发挥体育的“健康促进”作用，提高人民的生活质量

虽然我国已进入全面建设小康社会阶段，但因病致贫、因亚健康而引起的工作、学习、家庭问题频频发生，成为严重的社会问题。体育具有健康促进作用，对提高人民的生活质量，对提高生产和工作效率，对维系社会活动均具有重要的意义。曾经流行过的“身体是革命的本钱”的口号，应考虑重新加以强调。

3. 发挥体育“陶冶情操”的作用，促进精神文明建设

体育活动因其有严格的秩序规则和文明礼貌要求，一直被作为重要的社会教

育手段。目前，社区精神文明先进评比内容中就有全民健身发展指标。现代生活方式中的休闲体育活动，因其积极向上、健康活泼、修身养性等特点，以及寓教于乐、遵守规则、尊重他人、帮助他人、团结合作的精神，与社会主义精神文明具有高度的一致性，所以对精神文明建设具有重要意义。

4. 发挥体育的“社会交往”作用，促进人际关系的改善

学校体育、家庭体育、单位体育和社区体育中的许多体育活动，都是在人与人的交往互动过程中进行的。由于活动氛围轻松愉快、人际关系平等、情感融洽，因此，在体育活动中，人们比较容易沟通、交流、合作，其结果对改善亲缘关系、邻里关系、同事同学关系，甚至上下级关系都有着重要的作用。

主要参考文献

1. 青井和夫.社会学原理［M］. 刘振英，译. 北京：华夏出版社，2002.
2. 吴忠民，刘祖云. 发展社会学［M］. 北京：高等教育出版社，2002.
3. 刘祖云. 从传统到现代［M］. 武汉：湖北人民出版社，2000.
4.《中共中央　国务院关于进一步加强和改进新时期体育工作的意见》.中发〔2002〕8 号.2002-07-22.
5. 江泽民.《中国共产党第十六次全国代表大会报告》.2002-11-08.

复习与思考

1. 何谓社会变迁？社会变迁有几种什么样的理论模式？
2. 简述我国社会转型趋势对体育发展的影响。
3. 体育对现代生产方式、生活方式和生活环境有哪些作用？
4. 试述城市化和体育发展的关系。

推荐阅读书目

1. 孙立平. 社会现代化［M］. 北京：华夏出版社，1988.
2. 孙立平. 现代化与社会转型［M］. 北京：北京大学出版社，2005.
3. 易剑东. 一部令人激动的体育学术著作——《体育与现代社会理论》简介与述评［J］. 体育文化导刊，2005（7）：66—68.

第十三章

社会分层和社会流动与体育

本章概要

本章在对社会阶层进行概述以后，集中阐述了社会分层和社会流动与体育。在社会分层与体育中，着重从社会分层中的体育和体育中的社会分层两个角度的分析，在社会流动与体育中，着重说明了体育中社会流动的意义、方式和趋势。

要全面认识社会变迁中体育发展的特点与方向，就必须考察社会宏观结构对体育发展的影响。在社会结构中，除政治结构、经济结构、文化结构对体育发展有着重要的影响外，社会阶层结构的变化对体育发展的影响同样不容忽视。因此，研究社会分层和社会流动对体育发展的影响已成为体育社会学研究的重要内容。

第一节 社会阶层概述

阶层，原是地质学家研究地质结构时所用的名词，是指地质构造的不同层面。社会学借用这个概念来分析社会的结构。社会分层和社会流动是对社会阶层结构分化所作的静态（研究质变过程）和动态（研究量变过程）两种角度的描述与分析。因此，为了更好地把握社会分层和社会流动与体育的关系，有必要首先从几个概念入手对社会阶层进行认识和了解。

一、有关社会阶层的基本概念

（一）自然差别与社会差别

在现实社会中，社会成员之间一般存在着两种差别，即自然差别和社会差别。自然差别是指人们的自然属性和生理方面的差别，如性别、年龄、身高、体重、气质等方面的差别。造成这些差异的主要原因是遗传机制方面的自然原因。如由于身体形态上的差异造成的运动员选材上的差异就属于自然差别。而社会差别则是指由于非自然原因造成人们所处的社会地位的差别，如社会分工不同带来的职业差别等。

自然差别与社会差别相互联系，并在一定条件下相互影响、相互依存。在特定的社会文化背景下，有许多自然差别与社会差别有着较强的联系，这种相互关联性又是非常稳定和持久的，对人们的社会表现有直接的影响。有些社会差别是以自然差别为基础的。例如良好的身体素质条件是作为一名优秀运动员的重要基础，而具备优秀运动员的经历则也是其成为体育相关组织管理者的有利条件。当然，并非所有自然差异都会导致社会差别，造成人们在社会分层结构中处于不同层次的差别主要是由社会差别带来的。

（二）社会不平等与社会地位

在每个社会中，社会资源的分布都是不平均的，由于成员间的自然差别或社会差别使得一些人拥有比他人更多的经济、文化等资源，如金钱、住房、教育等，这就导致了人们在占有社会资源上的不平等。因此，社会不平等是指在社会中人与人之间、群体与群体之间存在着由于资源占有不同所致的高低有序的若干层次。

社会地位则是指人们在社会关系中基于人们之间的社会差别和社会不平等所存在的一种在社会中的相对位置。而决定人们社会地位的主要因素是社会差别，如经济收入、政治地位、文化程度等。社会地位又有正式和非正式之分。正式的社会地位是指那些长期存在，并同其他相关地位发生稳定的或制度化关系的社会位置或属性，如文化程度等。而非正式的社会地位则是指那些并非长期存在的，与其他相关地位的关系是偶然性质的社会位置或属性，如个人收入或个性品质、自身修养等自然属性。在社会地位的评价中，尤其是西方社会比较通用的是社会经济地位量表，它通过测量个人的经济收入、教育程度、职业地位，并计算其综合指数，以此来反映一个人综合社会地位相对位置的高低。

（三）社会分化与社会分层

社会分化是社会分层的前提。分化的一般含义是指事物从同质性向异质性的变化。社会差别的根本原因也就始于社会分化。社会分化具有两个重要特征，即功能专一化和地位多样化。地位的多样化，直接反映了社会发展过程中社会地位差别的扩大趋势。例如以前属于同一社会地位的群体，随着社会的变化其在经济收入、文化程度等社会地位方面发生了变化和差异。而在社会分化发生的众多的领域中，经济领域中的社会分化则起到了基础性的、决定性的作用。

根据分化的类型不同，社会分化可以分为两大类型；水平分化和垂直分化。水平分化是指依据某种社会属性或特征，将社会成员分为不同类型的地位群体，这些社会群体从公认的价值取向上看，不存在差异性，处在水平分化上的各群体其在根本利益、行为态度、价值取向上基本相同。而垂直分化则是指依据某种社会属性或特征，将社会成员分为不同层次的地位群体，这些处在垂直分化水平中的不同社会群体在消费等观念和行为等方面存在显著差异和群体特征。

至此，我们已对社会分层有了初步的认识，所谓社会分层也就是在社会垂直分化的基础上，将社会中的人们按一定标准划分成高低有序的不同等级、层次的过程与现象。

（四）阶级与阶层

阶级和阶层是社会分层研究的基本概念，它们一般都是指在社会垂直分化中产生的各社会地位层次以及分处于这些地位层次上的人群。而且，在社会垂直分化上产生的差别，不仅仅表现为成员之间的差别，更主要地表现为一种群体性的差别，因此，可用社会阶层、阶级来表示处在不同社会分层体系中的群体。也就是说，阶级和阶层都是用来表明社会群体之间差别的概念。具体区分来说，“社会阶级”一词最初是泛指社会中由具有相同或相似社会地位的人构成的各种群体。而在马克思的阶级理论体系中，阶级则是指用社会基本关系——经济关系来划分的社会群体。同时，他还指出“阶级”是一个历史范畴，它将随着私有制的消亡而消亡。按照列宁对马克思“阶级”概念的解释和理解，我们可以认为其基本含义是：在社会生产资料所有制关系中居于相同地位的人所构成的群体。当然，除了马克思主义的理论外，其他学者和理论学派对阶级也作出了各种不同的定义和解释。

一般认为，阶层是泛指那些不同地位的社会群体，而且在现代社会中，阶层划分的标准也是多元化的，可以从各种不同的角度、用各种不同的标准来划分。但具体的说，凡是能导致群体之间在经济、教育等方面差异的因素，都可以作为划分社会阶层的标准。目前，在我国社会学研究中把“阶级”和“阶层”这两个词严格区分主要是由于社会的一种政治或意识形态现象所致。

二、社会分层的基本理论

在有关社会分层的理论研究中，一般认为马克思和韦伯分别提供了两种不同的基本理论模式和分析框架，因此对后来的相关研究产生了重要的影响。

（一）马克思的社会分层理论

马克思的传统阶级理论着重从生产力与生产关系，即从生产过程着手，根据人们在生产过程中与生产资料的联系，将人群划分为两个阶级，即资产阶级和无产阶级。从列宁对马克思阶级概念的解释上我们可以看出，马克思的阶级或阶层划分在社会学意义上是按照占有生产资料即经济资源的多少来划分社会阶级的。当然，我们不能否认在马克思的社会阶级（层）理论中具有丰富的思想，如阶级的起源在于社会分工；阶级的形成还有赖于共同的生活方式、积极利益和教育程度；同一阶级应该具备共同的阶级心理和积极意识等。但是，由于马克思在对社会阶层的划分上，着重考虑了经济条件的因素作为划分的标准，因此我们将其社会分层理论与韦伯等的多角度分层理论（财富、权利、声望等）相对而言，称为马克思的一元分层理论。

（二）韦伯的社会分层理论

与马克思的分层理论不同，韦伯对社会分层基础的认识是多维度的。首先，韦伯基本同意马克思关于经济资源在造成社会不平等结构中的主要作用的观点。同时，在对社会阶级（层）的经济原因分析时，他比较关注的是市场、分配和消费的因素。其次，韦伯更注重文化、社会等非经济因素对社会不平等结构的影响，力图用多个角度来衡量社会群体的差别。因此我们称韦伯的社会分层理论为多元社会分层理论。

在韦伯的社会分层理论中有三个重要的概念，即阶级、权利和政党。韦伯认为“阶级”应是指处于相同社会地位的群体。韦伯进一步将阶级又分为有产阶级、职业阶级、社会阶级。韦伯同时还提出了一个与阶级地位相区别的另一个范畴，即“等级地位”。所谓等级地位，是指在生活方式、受教育方式与程度、出身或职业等多方面因素的差异而导致的社会地位差别。等级地位不一定由阶级地位决定，也可能制约着阶级地位却与阶级地位不一致。因此，韦伯认为“等级”是指在一个团体内部的很多人都能够有效地要求一种等级的特别尊重或者等级的各种资源的特别占有。进而韦伯在研究中又增加了“权利”“党派”相关的分层概念。他在对阶级、等级和党派三种权利分配形式进行比较后认为，权利形成党派，既不必是纯粹的阶级政党，也不必是纯粹的等级政党。韦伯在这里所说的阶级是狭义的，是按经济标准界定的。韦伯的这些理论被西方研究社会分层的社会学家所细化和发展，最终形成西方社会学多元的分层理论，即以经济资源、社会声誉及文化资源等多维度因素作为社会分层的多元标准。

20世纪80年代以来，西方社会分层理论研究有了新的发展，主要分成了三大学派。第一个学派是阶级学派，仍主张划分社会的各阶级。这一派包括两个分支：一个分支是新马克思学派，以美国社会学家赖特（Erik Wright）为代表；另一个分支是以英国牛津大学的戈德索普为代表，因其强调从非经济资源的占有来划分社会阶层，所以我们称之为新韦伯学派。第二个学派主张以职业声望为主要指标来划分阶级。这一学派以美国社会学家戴蒙（Donald Treiman）为代表。第三个学派是以近几年颇受关注的法国社会学家皮埃尔·布尔迪厄（Pierre Bourdieu）为代表的，以消费倾向与特征或偏好来划分阶级或阶层，即阶层的划分标准是群体的消费共性特征。

三、当代中国社会阶层结构的演进

从新中国成立以来，我国社会阶层结构的演进过程大体经历了两次重大的转变。第一次是在中华人民共和国成立初期，它经历了打破了原有阶级体系的尝试；第二次是在改革开放以后，它经历了由社会身份制分层向经济分层的转换。

在第一次社会阶层结构转变中，国家通过两个主要步骤完成了社会阶层结构的转变：第一步是解放初期的土地改革运动，用革命的手段没收了地主的土地，把它平分给农民，从而在中国农村结束了经济意义上的地主阶级；第二步是发生在1956年的“工商业社会主义改造运动”，通过“低额利息”赎买的方式，改造了中国的民族资产阶级，之后又逐步变为国家所有和集体所有两种形式，用渐进革命的方式取消了资产阶级的经济特权，从而在城市中也结束了经济意义上的资产阶级。

但经济意义上的阶级体系打破，并没有因此使得中国社会进入完全平等的无阶层（阶级）社会。因为，导致人们之间不平等的因素，不仅只有经济一个方面，经济收入的差距缩小反而加大了户口、家庭出身、工作单位所有制等其他方面在划分社会阶层方面上的作用。实际上，从20世纪50年代到改革开放以前，我国社会中确实存在一种比较稳定的社会制度体系，社会学界称之为“身份制”社会阶层划分。这一时期的身份制突出了政治性身份的意义，如中农、富农、职员、军人、革命干部等。而这些身份地位虽然与经济地位没有直接联系，但体现在获得福利待遇、工资级别、教育、就业等社会资源方面上，不同身份地位的人存在很大差异，尤其是在得到法律、公众意识支持和认可的情况下，将每个人定位在比较固定的位置上，在很大程度上限制了人们的流动。比如农民想要改变自己的身份或迁移到城市，一般来说只能通过教育等极少的社会流动机会来实现。这种身份制社会分层，一方面使得社会体制井然有序，人们各尽其职，一定程度上使得社会安全感很强。但另一方面，由于过度限制阻碍了人们的正常社会流动，因此使得公平竞争的机会相对缺失，缺乏社会发展的活力。当然，这种制度的制定在很大程度上是为当时特定的政治条件所决定的。

改革开放特别是经济体制改革以后，计划经济体制下的身份阶层划分体制开始出现解体，身份地位分层逐渐弱化。如农民阶层开始突破户籍制度的限制，进城务工或利用农村有利条件兴办企业；城市中的工人及管理者阶层受到了经济发展带来的冲击，政府在市场经济中的作用和职能开始发生变化。同时，经济地位的分层作用逐步加强。伴随着经济的发展和产业结构的调整，原有的社会阶层结构开始发生分化，并逐步得到社会各个方面的认可。党的十六大政府工作报告明确指出："自改革开放以来，我国社会变革中出现的民营科技企业的创业人员和技术人员、受聘于外资企业的管理技术人员、个体户、私营企业主、中介组织的从业人员、自由职业人员都是我国新出现的社会阶层。"同时，中国社会科学院陆学艺主持的"当代中国社会结构变迁"课题组于1999年（以职业分类为基础，以组织资源、经济资源和文化资源占有状况为根据作为划分阶层的标准）对中国社会阶层结构分层状况进行研究后认为，现阶段中国社会已分化为由十个社会阶层组成的新的社会阶层结构。

第二节　社会分层与体育

随着我国社会阶层结构的变化，社会分层对人们的思想观念、生活方式等很多方面都产生了一定的影响。作为现代社会重要组成部分的体育，也同样受到了社会分层现象的影响。

一、从社会分层的视角研究体育的必要性

（一）有助于客观地揭示体育中的社会分层

由于政治、经济和国家体制的影响，不同国家社会分层变化中的主导因素往往有所区别，即使是在同一国家的不同时期也可能存在一定差异。以我国为例，从新中国成立至今的五十多年，我国的社会阶层结构经历了从身份制分层到经济分层的两次制度变革和五次社会流动的复杂过程。这种社会分层的差异性在一定程度上增加了认识社会阶层结构变迁的难度。而且一般来说，我们在研究社会阶层结构的演进过程时，总是从宏观的角度或从社会整体的角度研究和理解社会阶层分化的过程，而很少从某一个社会现象来剖析整个社会分层的变迁。如果能从一个独特的社会现象入手来研究社会阶层的变迁过程，将会更好地帮助我们从一个社会纵剖面来具体、生动地了解社会阶层的分化和演进的过程。

体育作为社会的重要组成部分，可以说其发展过程本身体现和反映着包括社会分层在内的许多社会规律。从另一方面看，我国当代的大众体育在受到政治、经济体制的制约下同样经历了两个不同的阶段：第一阶段，是从新中国成立至改革开放前，为计划经济时期的大众体育；第二阶段，是从改革开放至今，为向市

场经济体制转型时期的大众体育。我国大众体育的发展阶段基本与两次社会转型期是吻合的。从社会分层的角度对体育的发展历程进行研究和分析，有助于客观地揭示体育中的社会分层，有助于帮助我们理解和把握体育在社会分层演进中的发展规律和趋势。

（二）有助于进一步推进大众体育的发展

现代社会体育越来越被更多的人作为增进健康、休闲娱乐、丰富文化生活或社交等方面的重要手段。不同社会阶层人群的分布特点和体育参与特点，在一定程度上影响着大众体育政策和发展规划的制定。从社会分层的视角来研究大众体育，有利于了解和掌握不同阶层人群的体育态度，有利于找出影响不同社会阶层人群体育态度的主要因素，从而使引导性工作更加具有针对性。从社会分层的视角来研究大众体育，有利于加深对当代中国社会变迁的理解，有利于了解中国社会阶层的分化和演进，并以此作为预测中国大众体育改革和发展的根据之一，服务于政策制定和推进大众体育的发展。

二、社会分层中的体育

中国社会阶层结构发生的变化同样引起了我国体育社会学者的关注，不少学者开始对社会阶层结构的分化对体育发展影响进行研究，一般认为主要表现在以下几个方面：

（一）社会分层与体育价值观念

在研究不同社会阶层人群的体育参与特点时，经常会遇到一个不可回避的问题，那就是他们对体育和体育活动具有什么样的目的和态度，他们是如何认识体育和体育活动的，这就涉及体育价值观念的问题。

体育价值观念是指人们对体育这一客观存在的社会现象感觉、思维、评价、判断的综合体现，它直接影响人们对体育的情感、态度和体育行为。体育价值观念是相对稳定的，它主要包括态度状态和体育素质。其中态度状态又包括人们对体育和体育活动的认知状态、情感状态和意识状态。认知状态是体育意识的源泉和基础，没有对体育和体育活动的认识就谈不上体育价值观念。情感状态和意识状态对体育价值观念的发生和发展具有支配和调节作用，他们三者之间相互联系、相互作用。人们在认识到体育和体育活动的功能与效用的基础上，形成了对体育和体育活动的积极体验，产生体育需要和体育行为倾向，从而构成统一完整的态度状态。体育素质则既包括人们关于体育和体育活动的认知水平（对体育的了解和熟悉程度），也包括人们关于体育和体育活动方法、技能的熟练程度，以及对体育和体育活动的接受能力。体育素质不同，人们反映体育和体育活动的广度及深度就会产生很大差异，体育素质高的人，其体育价值观念意识就可能很强，反之则相反。当然，体育价值观念还要受到一定的外在因素的影响和制约，如受教育程度、家庭及社会环境等。良好的体育教育、熟练的体育技能，将会在很大程度上增强人们的体育参与（图 13–1）。

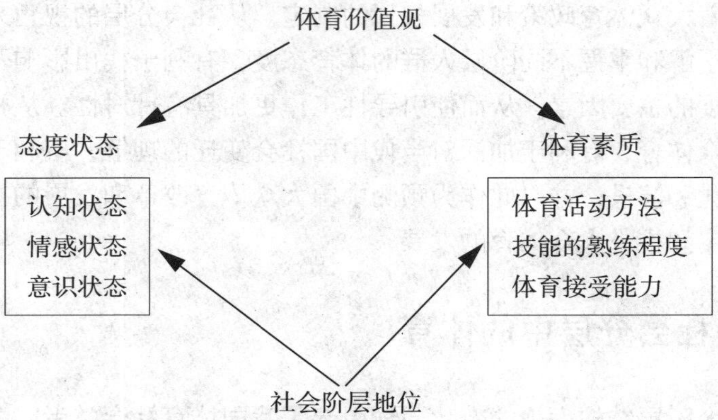

图 13–1　体育价值观的构成

国内近年来的研究，倾向于将体育价值观划分为健身型、休闲娱乐型、健美型、社交型、竞技型等几个种类。研究发现，不同社会阶层人群的体育价值观念存在着较大的差异性。如目前中国的社会政治体制决定了社会上层人群（主要是以国家与社会管理者阶层、经理人员阶层为代表）在区域等级分化的社会阶层结构中居于最高和较高的地位等级，而且是整个社会阶层结构中的主导性阶层。社会上层人群对体育和体育活动的态度、观念意识不仅对本阶层人群，而且对其他阶层人群都具有一定的示范作用。社会上层人群工作压力大、时间紧，用来休闲的时间相对较少且随意性很大。他们一般都有较高的文化程度，其所担任的职务和所处的地位，比较容易使其接近流行娱乐文化，而且这种娱乐有时是伴随着工作、社交进行的，因此其体育价值观念主要表现为休闲娱乐和社会交往方面。

受社会转型期我国地区发展的不平衡等因素的影响，社会中间层人群在构成上表现出职业组成复杂和地域分布不均等特点。这一阶层包括中下层领导干部、大型企业中层管理人员、中小企业管理人员及私营企业主和企事业单位的专业技术人员等。这一阶层人群大多受过良好的教育，经济收入较高或适中，且休闲时间较为规律和充裕，但由于职业的分散性使得其体育价值观念表现出多样化的特征。社会中上层人群的体育价值观表现出与社会上层人群相似的特点，突出休闲娱乐型、社交型和健美型（尤其以女性为主）；而社会中中层和中下层，受收入和职业等方面的限制，参加体育活动的目的则突出表现为健身型和休闲娱乐型的体育价值取向。

在社会分层结构中处于较低位置的人群一般由单纯的体力劳动者、城乡无业或半失业人员组成。受到自身收入、职业和受教育程度的限制，他们参加体育活动更多地表现出预防疾病、调节身心等健身型的价值取向。当然，体育价值观念构成的复杂性决定了其影响因素很多，即使在同一社会阶层人群中，其体育价值观念也存在一定的差异。

（二）社会分层与参与体育

人们参加体育活动、观看体育竞赛以及与谁结为参与体育的同伴等方面，都明显地与社会阶层有一定的联系。一些研究表明，高收入、高地位的社会阶层人群参与体育（包括直接参与和间接参与）的比例相对较高。经济文化等资源占有的差异，导致了不同社会阶层人群体育生活方式方面的差异，这种生活方式很大程度是由经济收入、教育程度等地位所决定的。例如，社会上层人群凭借其较高的经济收入和社会地位经常参加一些消费较高的体育运动项目或参加高级体育俱乐部（会所）等体育组织。

有的研究表明，不同社会阶层人群在选择体育运动项目上也存在一定的差异。社会上层人群多选择网球、保龄球、高尔夫、滑雪等一些费用较高和技术性较强的项目。随着经济、社会和体育的发展，人们参加体育活动已经不再局限于一些简单的身体活动，而开始注重体育运动项目的技术性、休闲性和娱乐性。社会上层和社会中层的大部分人群一般都受过良好的体育教育，容易接受新兴的体育项目，也能掌握一定程度的体育运动技术。而处于较低社会阶层的人群由于受到经济条件、生活环境等方面的制约，在体育运动项目的选择上则较为偏好跑步、羽毛球、乒乓球、足球、篮球等简单易学、免费或花费较少的体育运动项目，还有不少人甚至不参加任何体育活动。

（三）社会分层与体育消费

从社会学的视角来看，消费不仅是一种经济行为，还是一种社会行为。社会阶层在影响消费的因素中占有重要位置。随着人们生活水平的提高和消费观念的变革，体育消费逐渐渗透到人们的生活方式中去。但人们在经济收入、职业以及文化程度等方面的差异，影响了人们对生活方式的选择，从而导致了体育消费的社会阶层差异。

改革开放以前，长期的计划经济体制使人们处于低收入、低消费的状态中，消费模式单一，整个社会消费结构趋同。改革开放以后，尤其是进入 20 世纪 90 年代以来，随着经济的迅速发展，物质产品和非物质产品逐渐丰富，中国的社会结构发生了重大变革，人们的消费模式也开始了基于自身收入、职业、教育程度等阶层地位属性而分化。而且，随着居民收入水平的提高，包括体育消费在内的休闲消费开始进入人们的生活中。同时，随着所有制和分配方式的多元化，一方面我们看到了人们生活水平和生活质量的大幅度提高，另一方面也看到了人们收入差距的明显扩大。社会阶层的分化，导致了生活方式选择的差异，也导致了体育消费的差异。

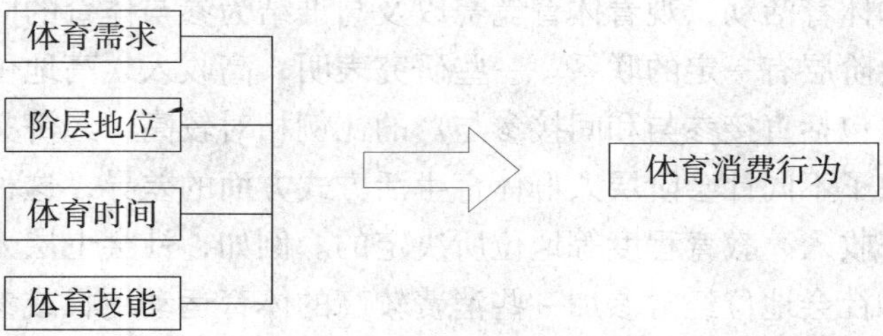

图 13–2　体育消费行为的主要影响因素

（四）社会分层与体育活动场所的选择

随着经济、社会的发展和人们对体育认识的提高，人们对体育活动场所的选择也在发生着变化，并且从这一变化中已反映出社会阶层的差异。社会上层和社会中上层人群选择经营性的高尔夫、网球、保龄球、形体健身场馆进行体育活动的比例较高，而社会中中层、中下层人群选择在公园、广场、自宅附近等场所进行体育活动的比例较高。

随着我国居民收入差距的扩大、住宅的商品化和市场化的不断完善以及居民自主选择性的增强，住宅小区出现了明显的阶层化的趋势，同一档次的住宅小区，基本上是以相同的社会阶层居民为主体的。这种社区居住阶层化的倾向，使得不同社会阶层的人群在体育活动场所的要求和选择上也存在着明显的差异。

体育资源设施在原有的自然性社区中的分配，越来越主要是依靠政府的有限资金在各个社区内的平均分配，难以满足社区居民的健身需求。为此，政府应该充分考虑低收入阶层人群的体育需求，加强社区的基础体育设施建设，为群众的体育健身提供必要的条件，从而改善居民的居住环境，促进其生活质量的提高。

（五）社会分层与参与体育组织

体育组织是人们为了达到某种特定的体育目的而建立起来的有固定成员和权利结构的社会团体。虽然体育组织和体育群体在形成的过程中都要有共同的行动目标或目的，但体育组织的形成更强调有一个权利的分层体系，以便于控制和指导组织活动。

随着社会阶层的分化，不同社会阶层的人群在参加体育组织时，也存在一定的差异。社会上层和中上层人群倾向于参加一些俱乐部式的商业性体育组织，或者是比较规范的正式体育组织。而社会中中层和中下层人群则多参加一些人群(如老年人体协)、项目协会式的体育组织，或者是社区体育组织。在某一个体育组织中，一般都是由同一阶层的人群构成的。

三、体育中的社会分层

在现代社会中，社会分层不仅影响着体育运动或体育发展的很多方面，而且由于社会分层现象的普遍存在，也使得体育中同样存在着社会分层的现象。

（一）体育运动的职业分层

现代体育从业余性原则到体育职业化的发展经历了曲折的历程，尤其是商业化机制的引入，更是促进了体育职业化的发展。为此，也就有了职业选手和非职业选手之分。另一方面，在现代社会，越来越多的人把从事体育运动或从事与体育相关的活动作为一种工作，作为一种谋生的职业。在各个与体育相关的职业序列中，同样存在着分层的现象。如在体育组织中，有国际体育组织的官员与洲际体育组织的官员之分；在政府体育行政部门，有国家体育行政部门的官员与省、市、县体育行政部门的官员之分；就是在一个体育中介公司中，也有总经理、部门经理和员工之分。

（二）体育运动的技术的分层

在同一体育职业中，不同从业人员在掌握体育知识、技术、技能等方面同样存在着差异。为了客观地评定这一职业从业人员的差异，促进其不断提高，在许多体育职业或体育工作中都存在着技术分层的现象。比如我国从 1956 年 4 月起，国家体委陆续颁布了运动员、裁判员等级制度条例及各项目等级运动员的标准，而后又制定了教练员等级标准。2001 年 8 月 7 日，由国家体育总局制定，国家劳动和社会保障部正式颁布的《社会体育指导员国家职业标准》在全国范围内实施，标志着社会体育指导有了等级职业标准。

（三）运动员培养体制的分层

为了使运动员在不同阶段得到科学训练，促进运动技术水平的持续提高，世界各国基本上都建立了分层的运动员培养体制。我国也从 20 世纪 50 年代起建立了分层的运动员培养体制，即“培养运动员的三级训练网”。

将来，随着运动训练体制和运动员培养体制的改革，其分层将会进一步发展和完善。

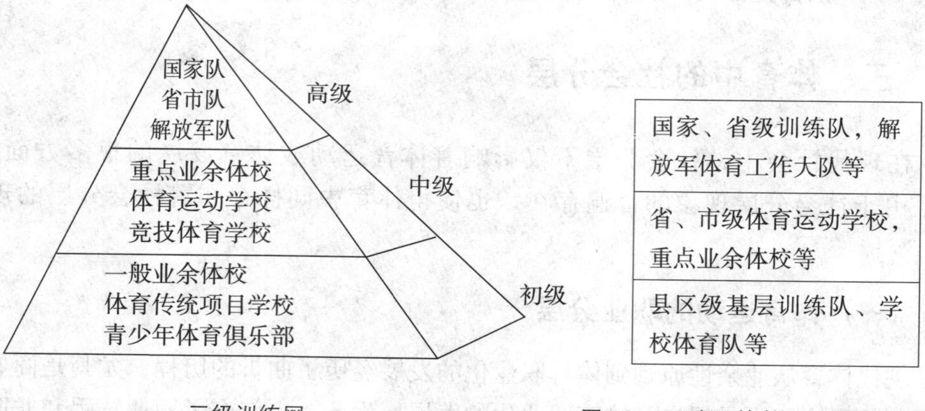

三级训练网

图 13-3 我国培养运动员的分层形式

（四）运动竞赛的分层

为了适应不同层次竞赛的要求，在体育的运动竞赛中，也相应地形成了运动竞赛的分层体系，如表 13-1 所示。同时，为了配合不同层次的运动竞赛更好地开展，在体育事业管理中，逐步建立起各级（层）竞赛管理制度。

表 13-1 运动竞赛的分层

级 别	名 称
世界级比赛	奥运会、国际残疾人奥林匹克运动会、世界大学生运动会和世界中学生运动会、足球世界杯等国际单项运动会
洲际比赛	亚运会、欧洲足球锦标赛等各洲际单项运动会
国家级比赛	全运会、全国城市运动会、全国大学生运动会等
省、市级比赛	省运会、省市单项运动会等

（五）参与体育方式和程度的分层

在体育运动中，由于观念、经济收入、文化程度、闲暇等原因的差异，使得人们在参与体育的方式和程度上产生了分层（分化）现象。

1. 直接参与和间接参与

直接参与，是指人们亲身参加体育活动。可以说没有直接参与体育，就不可能成为完全的体育人口。

间接参与是与直接参与相对而言的。在体育运动中，有些人群虽然很热爱体育运动，尤其是对竞技体育很感兴趣，但由于种种原因，他们没能亲身参加体育活动，而是作为竞技场上的观众、电视前的观众，或者是体育报刊杂志的读者。

2. 当然参与和或然参与

在参与体育的人群中，有一部分人本身就是从事体育运动训练或从事体育工作的，职业要求他们参与体育，这部分人属于当然参与。如专业运动员、教练员、政府体育行政部门的公务员、高等体育院校的教师、学生等。

或然参与，是指那些一般接受过体育教育或社会体育指导，但不一定参与体育运动的人群的体育行为，因此他们对体育的参与表现出很大的偶然性。

3. 经常参与和间断参与

经常参与，主要是指那些从接受体育教育以后或从参与体育运动开始，就坚持参加体育运动，并基本上不间断的体育行为表现。

间断参与，是指那些虽然也参加过体育运动，但由于种种原因使得他们不能持续地参加体育活动的行为表现。

4. 主动参与和被动参与

有些人在体育运动中往往表现出较主动、积极的参与态度或倾向，这部分人的体育参与就是主动参与。

所谓被动参与，一般是指人们在某种外力的作用下，被动地参与体育的一种行为表现。实际上，我们现行的学校体育教育是带有强制性的，作为必修课的体育是必须要学的。由于种种原因，不少学生在接受体育教育时表现出被动的倾向，这是值得我们注意的。

第三节　社会流动与体育

社会分层和社会流动是对同一社会现象的两种视角分析。如果说社会分层是从静态的角度分析或描述社会阶层结构的质变过程的话，那么社会流动则是从动态的角度分析描述社会阶层结构的量变过程。而且在社会分层体系中，整个社会结构的调整过程也主要是通过社会流动实现的。在体育的分层体系中同样受到社会流动的影响，而且在体育分层体系本身也存在着流动现象。

一、社会流动

（一）社会流动的含义

所谓社会流动，是指人们在社会分层体系中从一个社会地位向另一个社会地位的移动。客观地讲，任何社会都存在不同程度的社会流动。一个人的社会地位随着社会政治、经济、文化等方面的变化和个体自身的努力，是会发生一定变化的。社会流动不仅会发生在社会个体身上，同样会发生在某个阶层、阶级中的特定社会群体上。而且，在社会学的研究中，群体的社会流动意义更为重大且更有规律可循。

在社会流动的研究中，既要从定量的角度去描述社会流动的方式和流动的频率，也要从定性的角度去揭示社会流动的社会动因和根源。研究社会流动有助于进一步认识社会中的分层状况和特征，从而更好地制定符合社会流动规律的政策、制度，促进社会阶层结构的合理、和谐发展。

（二）社会流动的类型

社会流动有着各种各样的形式和类型。

1. 水平流动与垂直流动

根据流动方向的不同，可将社会流动分为水平流动和垂直流动，即社会阶层内部的流动和各阶层之间的流动。水平流动，是指人们在同一社会垂直分化的阶层内部的位置转移。社会职业结构性变化也会带来社会的水平流动，如人们在类似工作中的岗位变动等。垂直流动，是指人们在社会分层结构中的不同层面之间的流动。根据流动方向的不同，垂直流动又可分为向上社会流动和向下社会流动。在社会学阶层结构的研究中，人们非常重视社会阶层的垂直流动，因为无论是个人还是群体的社会地位乃至整个社会的结构性质都受到垂直流动的很大影响。

2. 结构性流动与自由流动

从影响社会流动的因素来看，又可以将社会流动分为结构性流动和自由流动。结构性流动，主要是指由于科学技术和生产力的发展，从而改变了原有的社会结构而造成的人们社会地位的变化，如我国产业结构的变化使得更多的人从第一产业转向第二产业，而第三产业的快速发展又促使人们流向第三产业。自由流动是由于个人原因所造成的地位变化，因此又叫做非结构性流动。

3. 代内流动与代际流动

从流动的不同时期来看，又可以将其分为代内流动和代际流动。前者即为个人一生的流动，例如一名军人一生中从士兵到将军的变化。代际流动是通过前后两代之间进行比较而确定的地位变化状态，例如子女与父母之间职业、社会地位进行比较等。

二、体育中的社会流动

在现代社会中，体育已经成为人类文明进步的缩影，透过体育这一社会现象，我们能看到人类社会中很多共性的问题。而在任何一个不平等的社会分层体系中，社会成员之间或各群体之间的地位高低都不可能是一成不变的，因此社会流动是普遍存在的，它同样也存在于体育运动中。

（一）体育中社会流动的意义

体育作为现代社会的一个重要组成部分，其运行与发展同样应符合社会规律。因此，作为独立分层体系的体育运动，其社会流动同样具有重要的理论和现实意义。

首先，体育分层体系中的合理流动能激发人的积极进取、开拓创新的精神。在任何社会分层体系中，大多数群体都希望通过一定的途径改善自己的地位。比如，运动员希望通过自己的刻苦训练和运动技术水平的提高而进入到更高级别的运动队中，从而获得更多的参加比赛和学习的机会，乃至收益的机会。而俱乐部的经理（负责人）也希望通过良好的社会流动条件引进更多有价值的球员，来增强自己实力。美国的NBA职业联赛每年都举行“选秀大赛”，让更多的有能力的运动员通过一种公平竞争的方式进入到职业联赛中，在补充了联赛的各队实力的基础上为基层运动员提供了向上流动的机会。这种流动的形式能在很大程度上调动运动员的积极性，从而进一步激发运动员的潜能。

其次，合理的流动能增加体育分层体系中各层次之间人员的互动。为此，在体育分层体系中建立合理的流动机制，不仅能促进各层次体育群体或组织之间的相互交流，缩小差异，有助于各层次之间人员的相互了解、学习和相互联系，从而增强各层次的实力和系统整合的力度。比如，体育院校之间增进运动技术交流，各级训练系统之间的相互交流学习，有利于促进相互的经验交流，能在一定程度上缩小双方的差异。因此，体育系统中应该形成一个良好的流动机制，使系统处于一种开放状态。在体育运动中形成开放、动态、流动的分层结构，不仅有助于个人社会地位的变化，而且也有助于缩小各层次之间的差异，增强各层次间的联系、沟通，从而促进整个体育系统的良性运行和协调发展。

（二）体育中的社会流动方式

1. 垂直流动与水平流动

垂直流动与水平流动是体育系统中比较常见的两种流动方式。比如在竞技体育中，依据运动员的成绩而使得他们在训练竞赛体系中的上下流动，就属于垂直流动。而在竞技体育中，由于各种原因使得运动员在各省市之间的调动或商业转会则属于水平流动。同样，依据训练经验的不同，教练员的地位变换也同样存在着垂直和水平方向上的流动。一般来说，人们的社会流动主要是基于个人和社会条件，如运动员依靠自己的身体素质条件、运动技术水平的提高（个人条件）和运动竞赛的需要与教练员的选拔（社会条件），获得向更高级别运动队的流动。值得注意的是，市场经济体制中，计划经济体制下的行政影响因素在体育系统人员流动中的作用逐渐变弱，而市场选择（人力资本）和个人关系（社会资本）在体育系统人员流动中的作用日益增强，这也是符合社会发展规律的。

2. 代内流动和代际流动

体育中的代内流动和代际流动主要反映在职业、价值观、习惯等方面。从事体育工作的人在一生中其职业、体育价值观念、体育参与和体育习惯等都可能会发生变化，这些变化被称为代内流动。而父母、子女不同代人之间的这种变化则被称为体育的代际流动。比如，父母从事体育工作的家庭，很可能会影响子女的体育价值观、体育参与和体育习惯，甚至影响子女将来从事的职业。在发展体育事业，特别是促进大众体育发展的过程中，应特别注意体育价值观、体育习惯和体育锻炼方式的代际流动，因为家庭是人们从事体育活动的初级群体，具有很强的代际传递性。

3. 自然流动与结构性流动

体育中的自然流动，主要是指体育工作者由于自身的技术、技能、知识等因素促成的在体育系统内的流动。比如，一个运动员由于自身的身体素质条件和运动技术水平的提高，而由省级代表队被选拔到国家队，或由于运动成绩下降和身体素质条件等的制约，而从专业体育运动学校退回到业余体育运动学校。这种流动从方向上说是垂直流动，但从流动的动因上来说，则可称为自由流动，因为它是建立在运动员自身条件基础之上的。而在体育的流动中，由于非人为因素导致的流动则被称为结构性流动。比如，由于体育政策的变化，使得运动队解散、降级，运动员的地位发生了明显的变化，这种流动就属于结构性流动。当然，在体育系统中，应尽可能地保证系统整体和其局部的稳定性，并促进系统中的自然流动，保持其良好的开放性。

（三）体育中社会流动的几个趋势

1. 水平流动将会越来越频繁。随着我国体育管理体制的改革和体育联赛制度的不断完善，体育人才特别是运动员在各种俱乐部等实体单位之间的转会和流动将逐渐频繁，体育人才将被作为独特的体育人力资本在市场上流动。

2. 垂直流动将会更加通畅。随着体育事业的发展、体育政策法规制度的逐渐完善，一方面，将会促进体育分层体系中体育人才垂直流动的进一步畅通；另一方面，在体育商业化运作的同时，由于现代体育中的功利主义、金牌至上等不良的动因所促使的一些不合理的流动（如在一些体育竞赛中，高级别的运动员流动到低级别的代表队去参加比赛等现象），将会得到有效的遏制。

3. 代内流动和代际流动将会随着经济、社会和体育大众化的发展而得以增强。

主要参考文献

1. 童星. 现代社会学理论新编 [M]. 南京：南京大学出版社，2003.
2. 郑抗生. 社会学概论新修 [M]. 北京：中国人民大学出版社，2003.
3. 李强. 转型时期中国社会分层 [M]. 沈阳：辽宁教育出版社，2004.
4. 陆学艺. 当代中国社会分层研究报告 [M]. 北京：社会科学文献出版社，2002.
5. 陆学艺. 当代中国社会流动 [M]. 北京：社会科学文献出版社，2004.
6. 仇立平. 社会阶层理论：马克思和韦伯 [J]. 上海大学学报，1997（10）.
7. 马克斯·韦伯. 经济与社会 [M]. 林荣远，译. 北京：商务印书馆，1997.
8. 富永健一. 社会学原理 [M]. 严立贤，等，译. 北京：社会科学文献出版社，1992.
9. 戴维·波普诺. 社会学 [M]. 李强，等，译. 北京：中国人民大学出版社，1999.
10. 卢元镇. 体育社会学 [M]. 北京：高等教育出版社，2001.

复习与思考

1. 什么是社会分化与社会分层？
2. 社会分层与社会流动的区别何在？
3. 体育中的社会分层都包括哪些？
4. 体育中的社会流动有几种类型？社会流动的趋势如何？

推荐阅读书目

1. 汪开国. 深圳九大阶层调查 [M]. 北京：社会科学文献出版社，2005.
2. 吕树庭. 社会结构分层视野下的体育大众化 [J]. 天津体育学院学报，2006(2).

第十四章

社会分层与体育大众化

本章概要

在当代中国，社会结构分化和社会阶层的客观存在已是不容质疑的事实。本章以社会学的视角，从大众化与体育大众化、社会分层视野下的体育大众化及其社会分层视野下推进体育大众化的思考三个方面，探讨社会分层与体育大众化的关系。明确了二者的概念，阐述了国际大众体育发展的三种模式如我国体育大众化的概况、阐述了在广州市的实施研究结果、社会分层视野下的体育消费如体育产业，探讨了影响体育大众化的三要素，培育中产阶层如实施体育大众化的区域战略。

本章认为：体育大众化绝非仅靠体育界的努力就可以奏效的，它必须依托整个社会的政治、经济、文化、社会发展乃至社会结构变迁的大环境，它是不能超越现阶段的客观历史（社会）条件而超前发展的。

中国经历二十多年改革开放实践，在政治、经济和社会发展方面取得了令世人瞩目的成就。改革开启了中国社会的历史性嬗变，对于这种巨大的变化，社会学界通常用“社会转型”的概念加以概括。在这一社会转型的过程中，社会学家敏锐地发现了中国社会结构的变迁，并通过不断深入地研究和较大范围的调查，依据一定的标准，划分了当今中国社会的十大阶层和五种社会经济地位等级。它不仅得到了学术界的基本认同，还将会为政府制定经济、社会发展的重大决策提供重要依据。

体育是社会的一个缩影，体育的发展是社会变迁的产物，因而体育是不能游离于社会而孤立向前发展的。这就提出了当代中国社会分层与体育大众化的关系问题。

第一节　大众化与体育大众化

一、关于大众化

时至今日，“大众化”一词已是一个在媒体上出现频率较高的概念。当人们在工作中涉及这一概念的时候，对其含义似乎不言而喻。然而，当我们从学术的角度去认识它的时候，则不能舍弃对它的进一步理解。

第一，大众化是一个由少数人到多数人的过程。第二，大众化是自西方工业革命以来在人类社会文化层面发生的重大事件。第三，大众化不仅仅是一个人口流迁或简单聚集的过程，也不单单是大众群体的物质和生产关系的变迁，而首先是一个文化概念，一个人类精神的演进过程。第四，大众化趋向平实、实利以及人的地位、身份、待遇、尊严、知识水平、消费等的“平均状态”和类型化[①]。“‘大众化’是一种泛阶层现象。对于‘大众身份’的再追问，它应该属于‘公民’与‘消费者’范畴。它代表了最普通意义上个人与社会的互动。相对于阶级化与革命化而言，‘大众化’是强调了一种非意识形态的公民身份，一种与市场化选择、消费选择相联系的个人身份，一个社会流行中时尚者的身份，这些身份都代表了新的阶层文化，大众文化的合理性是和这种阶层文化相联系的。”[②]

① 舒国滢. 大众化与法制化：一个文化—哲学的解释［J］. 中国政法大学学报，1998（3）：3.

② 扈海鹏. 解读大众文化——在社会学的视野中［M］. 上海：上海人民出版社，2003：206.

二、体育大众化

从世界范围来看，体育作为少数封建统治阶级的特权文化是历史形成的，体育大众化始于工业革命，是伴随着文化大众化而出现的一种社会现象。“大众化现象的出现，意味着社会的经济——阶级结构的变化。大工业的规模发展、生产力的提高和新的生产关系（主要是私有制关系）的生长，使社会财富在高度聚集的同时又相对地分流于社会大众。财富的相对社会化，在主要方面改变了前资本主义社会贵族 / 平民、地主 / 农奴二元对立的简单阶级（阶层）关系，淡化了区分阶级层别的身份和地位标志。反过来讲，这在一定程度上消解了等级社会的政治权威（王权、贵族特权）的‘神圣性’，为政治制度的民主化创造了条件”。近现代西方资本主义国家政治民主制度的形成和大众文化的勃兴，是与大众社会经济地位的提高和大众意识的觉醒密切相关的。体育大众化正是在这一背景下，从近代资产阶级扩大到无产阶级大众的。20 世纪中叶以后，随着经济和社会的发展，国际上特别是西方发达国家，又掀起了一个被称做“第二奥林匹克”的大众体育的浪潮。

三、我国体育大众化概略

如第三章第二节之“确定体育社会学对象的前提条件——体育社会学中的体育”所阐明的，目前国内将“老百姓体育”概括为群众体育、社会体育、大众体育三种表达词语，在此可互相替代。

（一）国际上大众体育发展的三种模式

第二次世界大战以后，国际上大众体育的发展基本上是沿着三条轨迹运行的，从而形成了三种模式，（1）以北欧的挪威、瑞典、丹麦等国为代表的、以高度发达的经济（人均 GDP 非常高）和社会发展水平为背景，将其作为社会福利事业推进大众体育发展的模式；（2）以中国和日本为代表的、以参加国际竞技为契机、以竞技体育为先导，带动体育的大众化的模式；（3）以美国、德国为代表的、以高度发达的经济（人均 GDP 和 GDP 总量都很高）和社会发展水平为背景，市场运作与社会福利相结合双管齐下的模式（即一方面依托市场以体育产业的发展促进大众体育的参与，另一方面作为社区的社会福利事业推进体育的大众化）。

（二）我国体育大众化的三个阶段

从现实点上，我们可将中国大众体育的发展划分为三个历史阶段：

第一阶段（1949—1965年）。中华人民共和国成立后，百废待兴，在新中国成立的最初几年，为了发展生产，医治战争创伤，党和政府十分重视开展大众体育活动，毛泽东主席发出了“发展体育运动，增强人民体质”的伟大号召。而后，在1956年以陈镜开第一个打破世界纪录为契机，中国为了尽快摆脱百年来受辱于列强的局面，摘去“东亚病夫”的帽子，振兴民族精神，迅速提高在国际上的政治地位，根据国情确立了优先发展竞技体育，带动大众体育发展的方针。此后终以“392个世界冠军，393次创造和超过世界纪录”（张彩珍. 中国之夏. 中国体育报，1989-09-29）的成就向五洲四海宣布，“东亚病夫”的时代一去不复返了。

第二阶段（1966—1976年）。“文化大革命”的十年，中国大众体育的发展几乎处于停滞状态。

第三阶段（1978年至今）。如果说第一阶段的大众体育是计划经济体制下的大众体育，第二阶段是非常时期的大众体育，则第三阶段的大众体育是走向市场经济的大众体育。此阶段的大众体育显示出政府高度重视、经济社会快速发展、国民观念变革以及收入和闲暇大幅提高等的特征，它是以第三次社会转型期和社会结构变迁为背景的。本文的命题——社会结构分层视野下的体育大众化，正是以第三阶段的大众体育为依托，以第三次社会转型期和社会结构变迁为宏观背景的。

（三）我国体育大众化的现状概述

1. 政府的态度及其所取得的成绩

1995年，国务院颁布的《全民健身计划纲要》，表明了政府推进体育大众化的决心和有力措施。此后十年来，在中华大地上形成了一个蔚为壮观的社会文化运动，取得了巨大的成绩。群众体育法规制度建设得到加强，群众体育管理体制和运行机制得到改善，体育场地设施建设成果喜人，群众体育组织和社会体育指导员队伍不断壮大，群众体育活动蓬勃开展，以青少年为重点的学校体育进一步发展，农村体育受到重视，城市社区体育健康发展。

2. 体育大众化的程度

要精确地评估我国体育大众化的程度是一件很困难的事情，目前我国还没有一套完整的并加以实施的评估指标体系和评价方法体系。衡量体育大众化的程度至少应涉及如下几个指标：在一年中参加过体育活动的人数；体育人口数；人均体育场地面积；人均体育活动经费；社会体育指导员的数量；群众体育组织的覆盖面及其数量等等。本文只能列举一些零星的数据，希望能从中对我国体育大众化的程度有一个粗略的了解。

数据一：根据 1996 和 2001 年两次全国群众体育的调查结果，我国近 2 / 3 的成年人在一年中没有参加过一次体育活动。

数据二：据统计，美国 80 年代中期至 90 年代，到洲公园进行休闲活动和体育锻炼的人数，一直稳定在每年 7 亿人次左右[①]。

数据三：根据 2001 年全国群众体育的调查结果，16 岁以上体育人口为 18.3%。

数据四：根据西北师范大学魏争光、芦平生等的课题调查结果，2000 年西部地区 16 岁以上的体育人口为 8.2%。

数据五：根据吕树庭、崔海、刘德佩等于 2004 年进行的遍及广州 12 个区（县），4800 户的广州市群众体育调查结果，16 岁以上体育人口为 42.49%。

数据六：群众体育面对的人均体育场地仅有 0.8 平方米，而发达国家人均体育场馆面积 16 平方米[②]。

数据七：截至 2003 年 12 月 31 日，以总人口 129227 万人（不含港澳台地区）计算，平均每万人拥有体育场地 6.58 个，其中开放的体育场地仅有 2.59 个（而同时期的美国、日本等发达国家平均每万人拥有 200 多个体育场地），人均体育场地面积为 1.03 平方米[③]。

数据八：我国社会体育指导员队伍以相当快的速度发展壮大，从 1998 年底的 9 万人发展到 2004 年底的 43 万人，其作用发挥得如何暂且不论，对于 13 亿人口的大国来说这一数量仍显不足。

---

① 美国体育健身服务业发展的成功经验. 体育工作情况，2005（1）：16.

② 全国政协十届二次会议提案第 3513 号，“大力发展体育产业的提案.体育工作情况，2004（10）：16.

③ 第五次全国体育场地普查场地概况. 体育工作情况，2005（9）：14.

3. 体育大众化的区域差异

这里仅以能够数量化的社会体育人口[①]的区域差异和体育场地数量的区域差异，来看体育大众化的区域差异。

社会体育人口的区域差异

从前一小节的数据三、四、五中，我们可以看出西部地区的社会体育人口为8.2%，全国平均为18.3%，而东部地区的广州则为42.49%，社会体育人口的区域差异十分明显。

体育场地数量的区域差异

“体育场地数量最多的是广东省，有77589个，占全国体育场地总数的9.1%，其中标准体育场地有58071个，非标准体育场地有19518个。最少的是西藏自治区，有1057个，占全国体育场地总数的0.12%，其中标准体育场地仅有721个，非标准体育场地有336个。东部地区无论是在场地数量、规模，还是在资金投入上，均高于中部和西部地区，而中部地区又高于西部地区[②]。

第二节　社会分层视野下的体育大众化

任何社会结构都是一个阶层化的体系，而构成这个阶层化体系的，则是作为大众的社会成员在开放性社会的社会结构变迁中社会流动的结果。“由于现代市场经济所开拓的经济竞争同时又是社会地位的竞争，因此，人们的生活方式、穿着、用行、文化消费就成了显示社会声望、经济收入的途径，也成为阶层区分的依据。”[③]阶层界线的明晰和阶层差异的产生，也悄然导致了大众体育的阶层分化倾向。

① 注：体育人口有广义和狭义之分。社会体育人口即狭义的体育人口，是指在16岁（含16岁）以上的城乡居民中达到体育人口判定标准的人口。而广义的体育人口，则将竞技体育人口、16岁以下的中小学生（当然体育人口）、现役军人、武警官兵（当然体育人口）包括在内。我国1997和2002年公布的《中国城乡居民参加体育活动情况调查》中所得出的体育人口数量为31.4%（其中社会体育人口为15.5%）和33.9%（其中社会体育人口为18.3%），标明了广义和狭义的体育人口数量。

② 第五次全国体育场地普查场地概况. 体育工作情况. 2005（9）：16.

③ 扈海鹏. 解读大众文化——在社会学的视野中［M］上海：上海人民出版社，2003：185.

一、以广州市为例的大众体育与社会分层实证研究

这里阐述的是笔者主持的“小康社会演进中的大众体育与社会分层”课题的一些实证研究结果。

（一）广州市社会各阶层参与体育的共性特征描述

1. 体育是少数人的特权或专利的时代已经非常遥远了。改革开放后的中国社会，人们享有广泛参与体育的权利，体育人口是由社会各阶层人群构成的，就是一个最好的佐证。

2. 社会各阶层的体育行为都有明显的动机指向，其主要着眼点在于体育的健身和娱乐功能。

3. 社会各阶层都拥有一定（不等值）的闲暇，其体育行为方式都主要着眼于：免费的公共活动空间环境；与朋友、同事一起锻炼的人际环境；长跑、快走等的简单体育活动项目的选择。

4. 社会各阶层都有一定（不等值）比例的体育消费额。

（二）广州市社会各阶层参与体育的个性特征描述

1. 体育人口社会阶层分布的差异

社会上层（管理人员阶层）在总人口中的比例很低（2.1%），但在广州市体育人口中的比例最高（22.2%）；作为社会中下层的农民阶层在总人口中的比例最高（44%），但在广州市体育人口中的比例偏低（5%），见表 14–1。

表 14–1 广州市社会各阶层体育人口比例

社会等级	体育人口比例
社会上层（管理人员）	22.2%　（2.1%）
社会中上层（专业技术人员）	9.1%（科教文卫），3.4%（企业公司）
社会中中层（小业主、个体户）	5.1%
社会中下层（服务人员、工人、农民）	7.5%　11.4%（工人 22.6%）5%（农民 44%）
社会底层（失业、半就业、待业）	6.6%

注：① 此表是按照五种社会经济地位等级统计的数字。
② 不足 100%的其他部分，是 60 岁以上未列入各社会等级的离退休人员。
③ 括号内的百分比，为该社会阶层占总人口的比例。

“1987年日本学者菅原礼和丸山富雄发表了题为‘日本社会阶层结构与体育参与者的研究’的报告书，该项研究为日本文部省科学研究课题。该项研究结果表明：体育人口和体育活动的参与率在社会各阶层中有明显的差异，社会中层特别是社会中上层和上层人群中体育人口和体育参与率很高，社会下层的人群中体育人口和体育参与率极低”。①

从表面上看，就体育人口而言，这与广州市的调查结果有些近似，但实质上却有很大差别。这个实质上的差别，就是社会结构形态的差别。社会学界一般认为，传统社会的社会结构是金字塔型，现代化社会的社会结构是橄榄型。而著名社会学家李强教授根据我国第五次人口普查的数据，采用社会经济地位指标（socio-economic index）测量，从全国就业人口看，发现了一个巨大的处在很低的社会经济地位上的群体，该群体内部的分值是一致的，在形状上类似于倒过来的汉字“丁”字型的一横，而丁字型的一竖代表一个很长的直柱型群体，该直柱型群体是由一系列的处在不同社会经济地位上的阶层构成的。日本早在20世纪70年代就已成为世界经济大国，其现代化的社会结构应该是橄榄型的，而橄榄型的社会中间层和上层所涵盖的体育人口，和处于丁字型一竖上的社会中间层和上层所涵盖的体育人口是绝对不等值的（图14-1）。

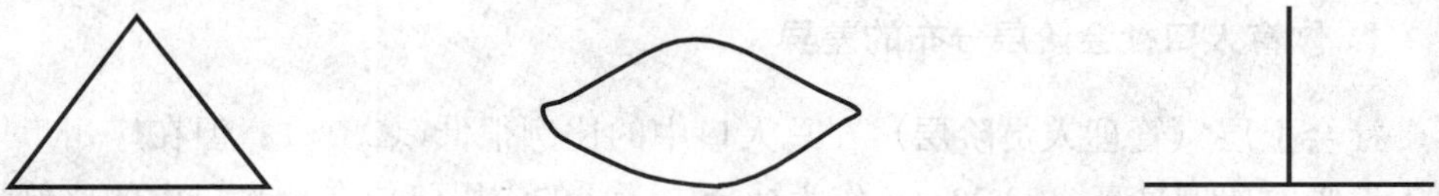

金字塔型　　橄榄型　　倒丁字型

图14-1　三种不同类型的社会结构

2. 体育人口的文化与性别构成的社会阶层差异

社会中上阶层（科教文卫和专业技术人员）和社会上层（管理人员）体育人口的文化程度高于其他社会阶层。在社会各阶层的体育人口中，一般男性多于女性，这与许多实证研究结果是一致的。

① 注：引自肖焕禹教授的博士论文《中国部分城市体育人口的社会分层调查与研究》14页。

3. 体育行为动机的社会阶层差异

社会各阶层之间体育行为动机的差异性主要体现在体育的社交功能和健身功能两方面。由于社会各阶层中的亚阶层形成的社会来源不同、类型不同，因而在社会中上阶层和中下阶层内部都存在着不同程度的体育行为动机差异。

4. 体育行为方式的社会阶层差异

(1) 空间环境选择的差异：社会中中层以上（含中中层）对收费体育场馆的平均选择水平为34.9%，而中中层以下的平均选择水平为13.1%；社会中中层以上（含中中层）对公园、广场的平均选择水平为34.2%，而中中层以下的平均选择水平为58.2%。

(2) 人际环境选择的差异：在对与“朋友、同事”和“单位组织”的选择上，社会上层和中上层的选择比例高于其他阶层。在社会中上阶层内部，行政型单位所属的科教文卫人员阶层对“单位组织”的选择率，明显高于市场型单位（企业、公司）所属的专业技术人员阶层。

(3) 项目选择的差异：社会上层和中上层对网球、保龄球、交际舞等的选择率，均高于其他社会阶层。

5. 时间保证上的社会阶层差异

社会上层和中上层的家务劳动时间、看电视时间明显少于社会中下层和底层，有较充分的时间作为参与体育活动的时间保证。社会中中层（小业主、个体户）的家务劳动时间最少，但看电视的时间最长。

6. 体育参与机会的社会阶层差异

从根本上讲，社会个体是否能够积极持久地参与体育，并不取决于体育本身平等与否，而取决于社会个体在社会生活中是否有机会平等地参与体育。经济因素、受教育的机会和闲暇及其利用这三个因素综合作用的结果，制约了不同社会阶层在现实社会生活中参与体育的机会。

二、社会分层视野下的体育消费与体育产业

社会各阶层直接与间接观赏体育竞赛的比例，是依其社会经济地位等级自下

而上升幂排列的[①]。这是社会成员文化资源占有差异的表现。而社会上层和中上层的体育消费支出高于社会下层和底层，这是社会成员经济资源占有差异的表现。在人们对体育活动场所、体育消费价格选择的背后，隐藏着决定其经济实力的社会阶层差异，高尔夫等的高消费体育运动项目在某种意义上成了显示参与者身份地位的象征。

（一）城市体育消费的社会阶层差异

以我国广州市为例，在广州市社会各阶层体育人口中，有16.6%的人无体育消费，这部分人主要集中在社会中下层和底层。如果将无体育消费的非体育人口也包括在内的话，会较大幅度地超过这个百分比。上海体育学院肖焕禹教授的研究也表明，我国有1/3的人口无体育消费。社会中层和中上层是我国体育消费的重点对象。[②]说明我国目前体育消费的总体水平还很低。

广州市以家庭为单位的年体育消费额最高的是社会中中层（小业主、个体户）和社会上层（管理人员），最少的是社会中下层中的农民阶层。这与鲍明晓教授"占近70%的农村居民，由于收入增长缓慢，基本上没有体育消费能力"[③]的研究结论是可以互相印证的。

广州市的统计数据还表明，社会中中层以上的阶层具备了更高水平的体育消费经济潜力，体育消费上升和发展尚有较大的空间。

（二）体育大众化与体育产业

如果说，没有体育大众化就没有体育产业的发展，也许并无错误。二者之间应该是一个互为因果的关系，体育大众化会促进体育产业的发展，反过来体育产业的发展也会促进体育大众化的发展。

1. 中国的体育产业距国民经济支柱产业还有多远?

以笔者之见，既然有朝阳产业（有发展前景的产业）的存在，就应该有阳光产业（国民经济支柱产业），因为太阳总是要升起来的。人们都期盼着中国的体

---

① 依据上海体育学院肖焕禹教授的研究。

② 注：肖焕禹教授的博士论文《中国部分城市体育人口的社会分层调查与研究》按照10个社会阶层的划分，在东部地区上海、广州；中部地区郑州、长春；西部地区西安、成都等大中小12个城市中所取得的样本，基本上是能够代表全国水平的。

③ 鲍明晓. 我国体育产业的形成和发展［J］.体育科研，2005（6）：8.

育产业有一天能够成为支柱产业。那么，中国的体育产业距国民经济支柱产业还有多远呢？以下是笔者通过查阅一些相关文献所做的挂一漏万的列举，试图为大家衡量这个“远度”提供一个粗略的参考。

（1）确定支柱产业的标准

①“按国际通行的惯例，成为支柱产业必须占 GDP 的 10%以上”。[①]

② 产业关联度的影响力和感应度系数大于 1。

③ 需求收入弹性大于 1。

④ 生产率上升标准（通过供给变化反映产业的科技含量高，创新能力强）。

⑤ 经济效益好，附加价值率一般在 25%~40%。

⑥ 就业人员占有一定的比重，同时可带动相关产业和服务行业就业人员的大量增加。

⑦ 可持续发展，高于国民经济总增长率的持续的、较高的部门增长率。

（2）我国的支柱产业划分

十四届五中全会提出我国的五大支柱产业：机械、电子、石油化工、汽车制造、建筑业。有的学者提出了四大新兴支柱产业：信息（根据最新制定的“十一五”规划，到 2010 年，信息产业增加值将完成 2.26 万亿元，占 GDP 的比重达到 10%）、金融、商贸、房地产。

（3）有关行业对 GDP 的贡献率

◆ 2003 年深圳旅游业对 GDP 的直接贡献率为 15%。

◆ 2000 年我国证券业对 GDP 的直接贡献率为 2.17%。

◆ 国家权威部门公布，2002 年全国文化产业对 GDP 的直接贡献率为 1%。

（4）我国体育产业对 GDP 的直接贡献率

鲍明晓教授在“我国体育产业的形成和发展”这一课题（国家自然科学基金资助项目）研究中提出，我国体育产业的增加值为 500 亿元左右，占 GDP 的比重约为 0.5%。

北京体育大学林显鹏教授，根据广东、浙江、北京、辽宁、安徽、四川、云南七省市体育产业调查的材料，对 2002 年我国体育产业的总体规模进行推算（推算方法及步骤略）的结果：其增加值为 696.64 亿元（不包括港澳台地区），占当年全国 GDP 的 0.67%。在此基础上，根据 2002 年七省市 GDP 平均同比增长率（17.38%）估算出截至 2004 年底，我国体育产业的增加值为 959.83 亿元，占当年全国 GDP 的 0.702%。

[①] 李小甘. 深圳的文化产业能否成为支柱产业［J］. 南方经济，2004（1）：23.

表 14-2　我国部分省市体育产业统计调查情况

省市	年份	总产值（亿元）	增加值	增加值占 GDP 的%
北京市	2002	128.40	52.70	1.7
浙江省	2001	252.37	55.65	0.9
广东省	2002	250.13	67.90	0.57
辽宁省	2001	146.00	39.40	0.78
云南省	2001	16.88	4.75	0.86
四川省	2001	6.74	2.87	0.07
安徽省	2001	13.07	5.33	0.16
内蒙古	2002	1.92	0.62	0.03

注：鲍明晓. 我国体育产业的形成和发展［J］. 体育科研，2005（6）：3.

（三）影响中国体育产业成为支柱产业的主要障碍

从社会结构分层的视野去探讨影响中国体育产业成为支柱产业的主要障碍，其着力点不在于优化体育产业结构、提高体育企业的竞争力、培养成熟的体育市场主体，也不在于关注整个社会的产业结构调整和消费结构升级，而在于社会结构对其的影响。也许这就是社会学角度和经济学角度的区别吧。

从世界范围来看，体育产业是伴随着 19 世纪中叶开始的人类休闲活动的产业化发展而逐渐兴起的一个产业部门。有人称旅游产业、文化产业和体育产业是休闲产业的三大支柱。“休闲产业是工业化社会高度发达的产物，是集技术密集、资金密集和劳动密集为一体的产业”，“休闲产业是与人们的休闲生活、休闲行为、休闲需求（物质与精神的）密切相关的产业领域”[①]。因此，体育产业的发展不仅要求经济的现代化水平，而且与社会中产阶层的发展壮大密切相关。

1. 中国经济的现代化水平

《南方都市报》2006 年 1 月 1 日特 02 版在《2005 世说新语》中有这样一组数据，“中国现代化战略研究课题组 2 月（2005）发表的研究报告说，2002 年中国综合经济现代化指数在世界 108 个国家中排在第 69 位。课题组负责人何传

[①] 田松青. 休闲经济［M］. 北京：新华出版社，2005：32.

启说：‘中国经济现代化水平相当于1858年的英国、1892年的美国、1957年的日本和1976年的韩国。’”如果说，体育产业的发展是不能超越中国现阶段经济现代化水平的，则中国的体育产业水平应该是同19世纪中后期英国、美国的体育产业水平相近的。

2. 中国的中产阶层

如果说，中国的体育产业距离成长为支柱产业的路还十分遥远，那是因为它还缺少一个庞大的现代中产阶层体育消费群体来支撑体育产业的发展。因为只有现代中产阶层才能构成一个有钱、有闲、有休闲消费欲望的庞大群体。

目前，中产阶层已成为国内学界的一个热门话题。由于种种历史的原因，我国过去对于这样一个庞大的社会阶层缺乏重视，甚至认为中产阶级的说法抹杀了阶级界限，开展研究的难度可想而知。“中产阶层是由英文（middle class）翻译而来。在英文中，中产阶层与中产阶级是一个词，意指生活水平、财产地位处于中等层次的社会群体。中产阶级理论认为：现代社会是一个中产阶级不断扩大的社会。当中产阶级成为社会主体（多数人）时，下层阶级就必然会成为社会的少数人群体。这时，社会的一个重要特征是社会结构比较稳定。因为中产阶级对社会的主导价值观有较强的认同感，往往可以起到缓解社会矛盾的作用”（李强，2004）。

由于中产阶层的划分比较复杂，世界各国不尽相同，在我国现阶段更是难以统一，学者们的操作化定义多种多样。最简单的办法是按收入划分，容易操作。但即便是按收入划分，标准也不统一。最近，国家统计局公布了一份最新调查结论：6万~50万元，这是界定我国城市中等收入群体家庭收入（以家庭平均人口三人计算）的标准。在我国，“中产阶层”首次得到官方的数字化界定。“6万~50万元”的标准来自国家统计局城调队的一份抽样调查。这项调查历时4个多月，发放问卷30万份，有效问卷263584份。据相关人员透露，完成这项调查最低人工费用支出600万元。据相关人员解释，“6万~50万元”的标准“并不是一个单向的推导，也是用结果验证了的”。测算的起点来自于世界银行公布的全球中等收入阶层的人均GDP起点（3470美元）和上限（8000美元），要将这两个数据相应转换为中国的中等收入群体指标，牵涉三重换算：人均GDP和人均收入之间的换算、美元和人民币之间的汇率换算、购买力评价标准换算。但对于购买力评价标准这个最重要的指标“在我国是保密的，不能公布”。根据三重换算而来的收入参考标准，家庭年均收入下限6.5万元，上限是18万元左右，同时考虑到我国地区间居民家庭收入差距较大，最终被界定出来的标准是 6 万~50 万元。按照这个标准推算，到 2020 年，中等收入群体的规模将由现在的 5.04%扩大到 45%[①]。社会学家李强教授依据世界各国的经验归纳出中产阶层的四个职业群体，即管理人员、专业技术人员、办公室办事员和商业服务业人员，并通过细节的计算，认为，目前中产阶层大约占就业人口的 13%。[②]笔者以 13 亿人口为基数，以国家发改委经济所陈东琪所长统计的 2004 年中国从业人员 7.521 亿为基准，计算出中产阶层占中国总人口的比例约为 7.5%。但无论是 5.04%，还是 7.5%，都只能说明当前我国的中产阶层还相当薄弱。

第三节　社会分层视野下推进体育大众化的思考

一、影响体育大众化的三要素

影响体育大众化的要素可能很多，笔者归纳了三个要素：

要素一：政府的政策、法律、制度（带有某种强制性）。

要素二：社会政治、经济环境以及社会发展与社会结构变迁（条件性的）。

要素三：大众观念、意识的变化、社会流行（时尚）的影响（非强制性的）。

从影响体育大众化的三要素来看，我们将不难理解体育大众化绝非仅靠体育界的努力就可以奏效的，它必须依托整个社会的政治、经济、文化、社会发展乃至社会结构变迁的大环境，它是不能超越现阶段的客观历史（社会）条件而超前发展的。

二、培育中产阶层

一个现代化的社会，除了经济指标，在很大程度上是一个阶层关系的设置问题。从社会结构分层的视角推进体育的大众化，就是要使中国社会中的中产阶层占大多数，只有这样才能使更多的人具备了将体育作为休闲活动的基础，才能使一个稳定而庞大的体育消费市场有了保障，才能使体育产业的发

① 2005-01-19.http：// www. enorth. com. cn

② 李强.转型时期中国社会分层［M］. 沈阳：辽宁教育出版社，2004：302-312.

展有了强劲的支撑。《当代中国社会阶层研究报告》中指出，“收入差距与经济发展水平和职业结构的产业升级之间的关系，并非必然是正相关或负相关。经济发展水平提高和职业结构升级为橄榄型社会结构创造了条件，但并不必然导致有庞大中间层的社会阶层结构，橄榄型社会阶层结构的出现还需要其他的一些条件”。[①] 为此，必须积极创造形成中产阶层的社会条件，壮大我国的中产阶层。

（一）建设有利于中产阶层形成和发展的制度环境

“中国中产阶层的形成并不在于人民群众的知识教育水平、个人能力及拥有财富的多少，而在于制度。如果政府与民争利，随时都想控制人民群众生活权利的空间，人民群众个人财富得不到保护，那么中产阶层要形成是不可能了。”[②]“在一个正常的社会中，无论是穷人还是富人的财产和权利都应当得到制度化的有效保障，这样才能实现权利的高水平均衡，从而建立一个既有利于发展，又有利于公平的社会。”[③]

事实上，改革开放以来，政府所推行的一系列政策都有利于促进中产阶层的成长。从股票和金融证券市场的开放完善，到推广国有企业的大规模的股份制改造；从鼓励个体私营经济的发展，到民营高科技企业的创立；从高薪聘请海外归国留学人员的政策，到公务员和教师的大幅度加薪；从肯定人们按多元化的要素分配准则取得收入的合法性，到保护私人财产“入宪”等等，都在表明这一制度环境正在逐渐形成。

（二）培育中产阶层的社会条件

李强教授认为，培育中产阶层形成的条件包括：完成具有中国特色的城市化任务，解决农业人口转向现代产业的最终变革；通过职业结构的调整，使以蓝领为主体的职业结构转变为以白领为主体的职业结构，使得多数人成为职业身份上的中间层，从而避免了金字塔型的职业结构；通过普及高等教育，使多数人在社会身份上进入中上层；通过严格的税收调节，缓解贫富分化；建立能够覆盖社会多数人口的社会保障制度。[④]

---

① 李强. 转型时期中国社会分层［M］. 沈阳：辽宁教育出版社，2004：302-312.

② 田松青. 休闲经济［M］. 北京：新华出版社，2005：228-229.

③ 孙立平. 失衡断裂社会的运作逻辑［M］. 北京：社会科学文献出版社，2004：9.

④ 同①：37.

三、实施体育大众化的区域战略

西方发达国家的体育大众化是在高度工业化基础上，伴随着以中产阶层为主体需求的休闲活动和休闲产业的发展而向前推进的。中国不同于西方发达国家的一个显著特点是，社会的区域性差异性很大。“中国的自然和社会资源决定了其不平衡的基础，走的是一条非平衡发展的道路。有关资料显示，在全国县域经济中 GDP 超过 50 亿元的，东部占 74.4%，而西部仅占 6.7%，在全国县域经济基本竞争力评价中最强的 A 级东部占 80%，西部仅占 5%；而最弱的 J 级东部占 2.2%，西部却占 86.8%。历史积淀所形成的政治经济发展的极不平衡，使同处在一个历史时期的中国社会，既存在着非常原始的农耕社区，也存在着达到欧美水平的后工业化发达社区。”[①]

中国社会的这种区域性差异也明显地反映到社会结构中来，社会阶层分布在区域和城市之间的差异明显。这里仅以《当代中国社会阶层研究报告》中列举的东部地区广东省深圳市和中部地区湖北省汉川市的社会结构为例来说明这一差异。

深圳的社会经济等级结构最为类似橄榄型，中中层所占比例最大，接近半数的人处于中中层（图 14-2）。而汉川市则是明显的顶尖底宽的金字塔形结构，80%~90%的人都处于中下层，中中层和中上层所占的比例还很小（图 14-3）。

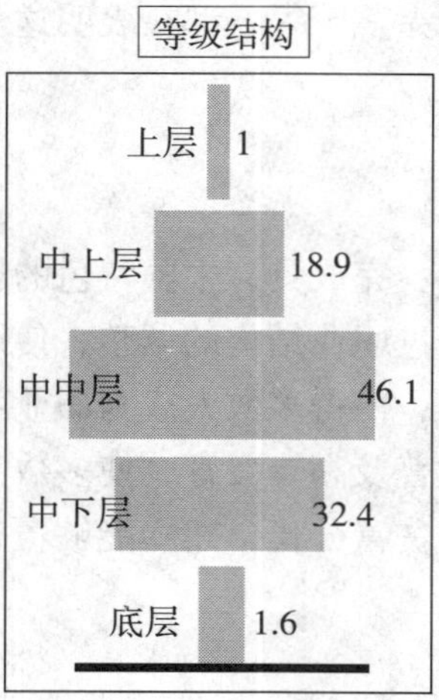

图 14-2 深圳市社会经济等级结构

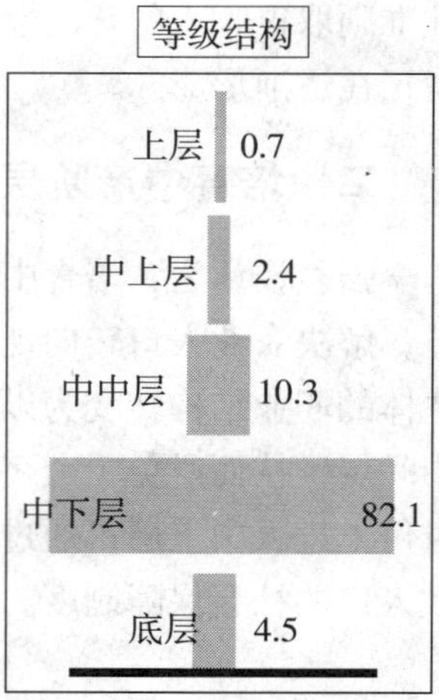

图 14-3 汉川市社会经济等级结构

注：图 14-2、图 14-3 摘引自《当代中国社会阶层研究报告》.13 页.

① 宋林飞. 费孝通小城镇研究的方法与理论［J］. 南京大学学报：社会科学版，2005（5）：11-18.

这种区域发展空间上的不统一、时序上的不同步和社会结构的差异，也决定了体育大众化的发展必然是不统一、不同步和不平衡的。所谓实施体育大众化的区域战略，就是要根据区域特点，在全面推进体育大众化的进程中有所侧重。就全国范围而言，城市体育以社区为重点，与社区建设相结合；农村体育以小城镇为重点，辐射带动农村体育的发展；体育产业要立足城市，树立大体育产业观，纳入休闲产业和国民经济的宏观视野。就区域范围而言，体育产业发展的重点在东部地区。东部地区经济发达，市场化程度较高，人均可支配收入较高，中产阶层所占比例较高，因此，一方面要依托大中城市以中产阶层为消费主体的体育市场，逐步开发卫星城周边的小城市和小城镇的体育产业，通过促进体育产业（健身娱乐业）的发展推进体育大众化；另一方面，体育的公益性特征应充分体现在政府对社区体育建设的投入和法制保障上，并将大量流入东部地区的外来民工纳入社区体育的视野，使社区体育成为推进体育大众化的重要基地。

中西部地区是我国经济欠发达和不发达地区。张正河博士在所著《农业国的城市化》（北京出版社，2001）一书中指出，“中西部地区，是我国城市数量和密度最为低下的地区，这些地区的城市化是在公平原则下人为推动的，是在工业化率很低条件下凭政治任务发展起来的。这些地区的城乡差别非常大，城乡经济间的联系很少，城市就好比是移植过来的一个器官，经常表现出一系列的排异”。为此，中西部地区体育大众化的侧重点，一是体育场地建设；二是发展体育人口。体育场地建设的着力点应是小型多样的群众身边场地。在政府资金紧缺的情况下，可考虑运用财政、金融、信贷等手段，改进群众体育场地建设的投入模式，提高融资能力。如利用政府债券资金、争取民间贷款和赠款、融入银行信贷资金，采取拨款和贷款相结合的政府贴息方式，发挥政府有限资金的扩张效应。中西部地区发展体育人口，应切实加强基层群众体育组织的建设，充分发挥单位在社区体育中的作用，实现学校、企事业单位和社区体育设施的资源共享，将家庭体育、单位体育和社区体育有机地结合起来，通过组织化的体育活动，大力发展社会中中层和中下层的体育人口。中西部地区体育产业的发展要立足城市，循序渐进，主要消费对象定位在社会中上层和上层。

主要参考文献

1. 李强. 转型时期中国社会分层［M］. 沈阳：辽宁教育出版社，2004.
2. 田松青. 休闲经济［M］. 北京：新华出版社，2005.
3. 陆学艺.当代中国社会阶层研究报告［M］. 北京：社会科学文献出版社，2002：25-26.

4. 孙立平. 失衡断裂社会的运作逻辑［M］. 北京：社会科学文献出版社，2004.
5. 宋林飞. 费孝通小城镇研究的方法与理论［J］. 南京大学学报（社会科学版），2000（5）：11-18.

复习与思考

1. 体育大众化产生的背景是什么？
2. 请分别说明国际上大众体育发展的三种模式、我国体育大众化的三个阶段划分和影响体育大众化的三要素。
3. 试述中产阶层的作用及其与体育产业发展的关系。
4. 培育中产阶层的社会条件是什么？
5. 在社会分层视野下，如何实施体育大众化的区域战略？

推荐阅读书目

1. 孙立平. 断裂——20世纪90年代以来的中国社会［M］. 北京：社会科学文献出版社，2003：10.
2. 李培林.中国社会分层［M］. 北京：社会科学文献出版社，2004：9.

第十五章

体育的社会问题

本章概要

当今社会体育与政治、经济、文化、教育、生活都有着千丝万缕的联系，体育作为独立的文化形态，已经渗透到社会各个领域、各个层面、各个角落，它深刻地影响着人们的社会生活。按照体育社会学的理论，只有当体育成为现代社会发展和进步的内容，成为人们生活必要的需求时，体育的许多问题才可能成为社会问题。这样看来，体育社会问题又是社会进步文明的必然产物，是现代社会对体育文化需求的一种反映，同时解决体育社会问题不仅仅是社会发展的需要，也是体育事业自身完善和繁荣的必然选择。

第一节　社会问题与体育社会问题

一 、社会问题的有关概念

所谓的社会问题是指影响社会成员或部分成员的健康生活，破坏社会正常运行，妨碍社会协调发展，引起社会大众普遍关注的一种社会失调现象。有的学者将社会问题理解为是社会的一种病态或失衡现象。

研究体育社会问题一般属于应用社会学范畴，它是依据社会学的理论和见解，对体育具体的社会情况或社会关系进行分析和认识，从而获得解决问题带有规律性的理论和方法。所谓体育社会问题，通常被理解为具有较大的局限性，危害性较小。其实，体育社会问题的局限性和危害性的大小，应根据社会体育需求和体育在社会发展中的地位而论。换言之，当社会经济、文化高度发展的时候，人们对体育达到相当高的需求的时候，体育出现的问题就直接成为社会的主要问题之一。例如我国体育事业发展中的体育法制、体育场馆、体育组织、赛场文化、伦理道德、公平竞赛等，成为社会现阶段百姓最为关心的问题。而且由于某些社会问题的失衡，很容易成为某一事件爆发的导火索，引发重大的社会事件。因此，体育的社会问题是指影响体育成员或非体育成员的正常关系，破坏体育正常运行，妨碍协调发展的一种失调现象。

二、社会问题的特征

（一）社会问题的时间性和空间性

1. 时间性特征

所谓的时间性特征是指社会问题产生、存在、消除或解决的顺序性和持续性。主要表现在：社会问题只有在特定的社会历史时期才有产生的条件、原因和可能性；不同的或特定的时间或社会历史时期，可能产生不同的或特定的社会问题；同样的或一定的社会问题，在不同的或特定的历史时期，可能具有不同的或特殊的具体内容和表现；人们对任何社会问题的认识和态度，随着时间的推移将会发生变化，到一定的时间或历史时期，才可能具有科学的认识和正确的态度；

一定的社会问题在一定的时间和社会历史时期才会得到消除或解决。

2. 空间性特征

所谓的空间性特征是指社会问题产生、存在、影响的伸张性。首先表现在任何社会问题或特定社会问题产生、存在及社会影响，总在一定的地域范围和社会范围。也就是说从社会问题产生而言，任何社会问题总是发生在一定的区域范围，而不可能同时发生在世界范围；从社会问题存在和影响而言，由于社会问题具有局限性，即使是全世界性的问题，也不会遍及社会所有的地方。其次，不同特定的空间地区，将可能产生、存在不同或特定的社会问题。也就是说，从某种意义上说，不同的社会空间提供不同社会问题产生、存在的可能性。

（二）社会问题的多因性和复杂性

1. 社会问题的多因性

社会问题是一个多因素的复合体。按照唯物辩证法的规律，物质世界是普遍联系的，所谓的联系是指一切事物之间、事物内部诸要素之间以及事物发展的前后之间的相互依赖、相互制约、相互影响、相互作用。相互联系是事物的普遍本性之一。从事物都是普遍联系的原理的因果关系看，一般事物发展具有一因一果、一因多果、同因异果、一果多因、多果多因等模式。社会问题大多是由多个因素引起的，因此我们要从实物产生与发展的诸多因素进行分析。

2. 社会问题的复杂性

社会问题是一个复杂的复合体。事物产生与发展既有普遍性又有特殊性、既对立又统一、既存在矛盾的主要方面又有次要方面、既有现象又有本质、既有形势又有内容、既有必然又有偶然、既存在可能又有现实，由于矛盾的复杂性决定事物解决形式的多样性。社会问题的复杂性包括社会问题产生原因的复杂性、社会问题的内容和形式的复杂性、社会问题引发社会关注的复杂性、社会问题解决之间的复杂性。

（三）社会问题的持久性和变异性

1. 社会问题的持久性

唯物辩证法的过程论认为，运动、变化和发展的三个范畴相结合而形成一个科学的发展观。任何事物的产生、存在和发展都有自身的规律性。社会问题形成存在不平衡、不稳定、不和谐的状态，它的形成过程具有一个较长的过程；由于社会问题产生条件的复杂性，决定了社会问题消除需要一个较长的时期；由于社会问题存在、影响呈现复杂性，也决定了社会问题解决过程需要较长时间。

2. 社会问题的变异性

事物总是运动和变化的，变异性是事物的普遍规律。社会问题表现在形式的变异性；社会问题波及的地区和社会范围的变异性；社会问题对社会影响的广度和深度存在变异性。社会问题变异性具有两个特点，一是由于社会问题产生、存在和影响因素发生变化，从而引起社会问题存在形式、范围及社会影响的变化。二是由于社会问题现象自身发展的规律，也可能引起社会问题存在的形式、范围及社会影响的变化。

三、社会问题与体育社会问题的关系

（一）体育社会问题与社会问题具有同质性

在社会大系统中，体育社会问题既受社会问题影响和制约，又相对独立于社会系统之中，成为具有自身特征的子系统。这里我们所说的同质性，就是指受社会大系统制约和影响的因素。所谓同质性是指体育社会问题不是孤立存在的，它的产生、存在和影响因素，大多受社会问题存在和影响。例如，由于社会腐败问题，体育法规不完善，引发了体育竞赛中的不公平现象，假球黑哨涉嫌受贿、兴奋剂屡禁不止、体育竞赛中组织作弊、赛场作弊、资格作弊等问题屡见不鲜。又如，由于贫富差别问题，社会公平问题，引发老年群体、妇女群体、残疾人群体、低收入群体、贫困群体等弱势群体等体育权益受到侵害问题等等。总之，体育社会问题是以社会问题为背景而引发体育社会问题，可以说体育社会问题是社会问题的“缩影”和“折射”。

（二）体育社会问题与社会问题具有差异性

体育作为整个社会中的子系统，从其体育社会的性质上看，存在于社会问题性质上的差异，一般说体育社会问题波及面比较窄、影响范围较小、危害因素可以予以控制。所谓的差异性是指体育社会问题具有自身特点和影响范围，它的产生、发展和影响因素，在一定时间内还仅限于体育系统内部。例如，球迷骚乱引发的原因有自然因素、社会因素、经济因素等，但仍然可以控制，不像社会引发的大规模暴乱而引起的社会震荡那样无法收拾。又如，健康危机可以引发人们对体育的需求，人们对体育社会保障、服务等不满，但不像政治危机、经济位置、战争危机、瘟疫危机那样带来社会上的震荡。但是体育社会问题可以反映社会、经济、文化背景下不良运行状况，可以成为社会问题的“导火索”“预警器”。对于体育社会问题，只要加以引导和限制，可以得到有效的解决。

（三）体育社会问题与社会问题的关联性和时间差

系统论方法就是按照事物本身的系统性把对象放在系统过程中加以考察的一种方法。系统方法的关键是立足整体，从整体与部分联系中揭示整个系统的运动规律，改变了传统的由部分到整体研究方法的思路。社会问题是整个社会系统出现了问题，由此阻碍了社会正常的发展和运行，体育社会问题则是由于体育系统内部出了问题，而影响体育事业正常的发展和运行。从系统的观点，子系统出了问题势必要影响整个系统的正常运行，这些问题恰恰反映了子系统之间的关系发生了不协调，因而反映了体育社会问题是社会的“缩影”“折射”。可以说体育社会问题是社会问题的“透视”，社会问题是体育社会问题发生的条件。一般情况下，社会问题出现在前，体育社会问题出现在后，在政治、经济、社会等方面发生不景气状态下，要特别关注体育社会问题的出现，要做出必要预警。从社会发展的惯性考虑，社会经济越发展，社会文明程度越高，国家综合实力越强大，人们对文化需求层次越高，对体育需求也就越强烈。在这种情况下，体育伴随着社会多种需求的重要内容，仍然可以成为社会问题，受到社会的关注，这也是世界发达国家重视和关注体育的原因所在。

第二节 体育社会问题及其相关理论

我们研究体育社会问题必须依据一定的理论做支撑，本节将介绍几个社会问题研究理论，它们从不同的视角阐述了解决社会问题的基本理论。社会科学中的理论范式对同一社会现象提供了不同的观察和解释的视角，它将会对我们研究体育社会问题提供理论依据，它也将为我们认识体育社会问题提供有意义的参考。社会问题理论源于社会学的基本原理，这些原理将从不同的侧面解释社会问题产生、认识、解决的机理，将会对我们认识体育社会现象提供有意义的帮助。

一、社会病态论

从社会病理学的观点看，所谓的社会问题就是违背了道德期望，是社会关系不协调的现象。“社会病理”是指社会像生物有机体生病一样，其生理功能处于失调的状态。一般认为，良好的社会状况是健康的，而脱离社会道德期望所出现的问题是病态的。健康的社会具有正常的社会功能，而病态的社会则是社会正常的机能受到妨碍，处于有毛病的状态。早期的社会病理学家认为造成社会问题的主要原因是社会化过程失败，后期的社会病理学家则侧重从整个社会角度分析问题，他们认为解决社会问题不能仅着眼于个人的不道德行为，更应注意社会环境的不道德特征，认为对全民实施道德教育是解决社会问题的唯一办法。

二、社会解组论

社会解组论是解决社会问题的一种基本理论，该理论重点在于强调解决社会问题要完善社会制度，改善社会环境。主要观点是一个常态或无解组现象的社会是组织严密、结构有序的，它的各个组成部分之间的关系是协调的、和谐的，而一个解组的社会则相反。社会解组就是传统秩序的解体，就是社会失败规则。解组包括三种形式，即无规范、文化冲突和崩溃。无规范是指社会生活中没有一个现存的社会规范来指导人们应该如何行动。文化冲突是指社会生活中有两种相对立的价值规范和规则同时并存，使人们无所适从。崩溃是指价值体系和规范体系完全混乱。在这种情况下，人们的行为或者符合一方面的期望，却不可能同时违背另一方面的期望。造成社会解组的根本原因是社会变迁，社会解组论把社会看成一个复杂而活力充沛的系统，在这个系统中的每个部分都相互调试，一旦某事件改变了系统中的一部分，其他部分便要重新适应来配合这项改变，社会解组也就是说各个部分之间缺乏适应或适应不良。

三、价值冲突论

价值冲突论试图从冲突的角度来解释和研究社会利益及其带来的社会问题。价值冲突理论认为，冲突不仅是社会生活中的一个主要的事实，而且也是社会问题构成的要素。社会问题的客观性是指社会问题是一个可鉴定的客观事实，只有在人们的主观对客观存在的事实确认之后，才构成为社会问题。所有的社会问题都经历警觉、政策决定和改革三个阶段。在这三个阶段里，不同利益群体之间和价值上相互摩擦。在警觉阶段，群体开始意识到某种社会问题已威胁到他们所重视的价值；在政策决定阶段，价值对立双方根据各自的价值原则，论证基于各自的利益基础之上的变革措施和政策，辩论解决问题的对策；在改革阶段，行政机构的介入，各利益群体之间的冲突得以协调。价值冲突理论主张以三种方式来解决不同利益群体之间的利益和价值分裂的状况。即交涉、达成协议和使用权力。所谓的交涉是最好的解决问题的办法，双方达成利益共享和合乎理性协议，便可以使问题得到解决。

四、行为偏差论

行为偏差理论是社会学研究社会问题和社会控制的一种重要的理论观点。行为偏差理论认为，偏差行为是违反社会规范的行为，各个国家、地区的文化传统、社会制度不同，社会价值和规范的内容不同，判定行为偏差的标准也就存在差异。在社会变迁失控的时候，社会秩序遭到破坏出现价值冲突和示范现象，个人的行为失控则产生偏差行为。社会问题违反规范期望，其行为或状况脱离规范者即是偏差。偏差行为的原因是由于不恰当的社会化，主要发生在初级群体中。如青少年群体中的违反社会规范的偏差行为。解决偏差行为最好的办法是重新社会化，对生活进行调整，改变生活方式和生活环境等，开放和创造实现社会目标的条件和机会，减少做出偏差行为的紧张压力，减少个体偏差的行为发生。

五、标签论

标签论又称标示论，它是符号互动论的延伸。标签理论认为，人的意识是在互动的过程中产生的，人根据别人对自己的反映来确认自己。标签论的中心概念是观察者眼中界定的社会问题和偏差。这一理论从观察者的角度对社会问题定义，注重的是过程而不是结果，是社会问题的主观方面而不是客观方面，是偏差行为所产生的反应而不是偏差的起因和由来。标签论的主要观点，即偏差是由社会反映以及偏差发生的频率与特性来定义的，而偏差行为者的角色也大多是社会反映所造成的。社会群体之所以出现“偏差行为”，是因为社会中的人们制定出了“规范”和“规则”，而违反“规范”和“规则”

的行为被认定为“偏差行为”，对那些有“偏差行为”的人，称之为“偏差行为者”。当这些被认定是有社会问题和社会偏差后，将会导致社会人际关系的重新组合，就好像贴上标签一样，一个人贴上某种标签，这个人的行为也就会逐步地符合这个标签。偏差行为者的生活机会受到相当的限制，并导致他继续扮演偏差的角色。

六、社会的整合理论

社会整合是指社会不同的因素，部分结合成为一个协调统一的社会整体的过程，亦称社会一体化。社会整合有两个基本类型，即“机械团结”和“有机团结”。所谓“机械团结”是指互不相干的群体彼此非常相似，他们遵奉同样的传统规范、相同的信仰，因此传统社会是“同质”的社会，传统的社会同质力量是靠社会机械团结来维系的。随着社会分工逐渐的完善和复杂，人们之间相互依存日益增加，社会进一步分化，人们逐步建立特殊的社会组织去满足社会的各种需求，便形成了现代社会。现代社会的整合方式是“异质”的有机团结，其整合要求比传统社会更高。适度的社会整合才有利于社会和谐友善的发展，社会问题的产生与社会整合程度的高低有密切的关系。

七、文化失调理论

文化失调理论认为，社会变迁是一种文化现象，应该从文化方面寻求社会变迁的原因。近代文化各部分并非同速率的变迁，有些部分的变迁较别的部分快，因为部分间有一种相关与相互依赖，当文化中的一部分变化快时，需要各部分相关的文化也有变迁而得到重新调整。该理论依据文化变迁先后与快慢及相互影响的关系，认为文化中的物质部分首先变迁，其次是文化的精神部分，最后是文化中的风俗、习惯发生变迁，而且将这种文化中的各部分变迁速度不一致的现象叫做“文化脱节”。社会是由众多部分构成的复杂的系统，各个组成部分要密切配合，协调发展才能保证社会健康高效地运行。文化脱节是文化失调的表现，社会问题的产生正是文化失调的必然结果，它对于解释社会问题具有特别的现实意义。

第三节 目前我国几个典型的体育社会问题

一、假球、黑哨等竞赛舞弊

所谓假球是指有意将比赛取胜权让给比自己实力差的对手。对假球学术界和体育界有不同的解释方法，一种观点认为，“假球”是战术一种需要，他的目的是暂时让过弱的对手，是为了躲过强的对手，为了夺取更好优异成绩的策略；另一种观点认为是为了节省体力，调整队伍状态的一种战术上的策略；还有一种观点认为，暂时败给对手，是为了造成对手心理上的麻痹，在关键的场次上出奇制胜，战胜对手。假球、黑哨是我国体育界乃至社会极为关注和引发社会舆论的一个热点问题。

所谓黑哨是指通过不公平手段限制对手得分，造成错误的判罚，以至获得战胜对手的结果。“黑哨”是现代社会深恶痛绝的体育现象，大多数人认为在黑哨的背后，隐藏不公平的权钱交易，涉嫌受贿、行贿体育腐败行为，因而引发对此现象的不满。关于“黑哨”也有不同的观点，一种观点认为，“黑哨“本身就是违反体育竞赛道德，它与奥林匹克提倡的精神相违背，对此应该予以惩治（邹师，2003）。另一种观点认为，“黑哨”是社会腐败现象的折射，必须予以制止，通过建立体育竞赛法规，对问题严重者须进行司法介入，予以解决。还有一种观点认为，对体育中的“黑哨”也要根据不同情况加以界定，如“灰哨”或“感情哨”，它是带有个人情感或国家地区利益偏袒一方的做法；“绿哨”是裁判中常常通用或常见找平衡的吹法，对判罚的另一方以一个相同的处罚平衡前一个判罚，或在比分悬殊的情况下对落后一方轻判或不判罚，而对另一方则相反，对这样的判罚，尽管大多数相关人认可，但是扼杀竞赛公平的原则；“红哨”是指具有政治色彩的裁判；“黄哨”是指在规则允许的范围内，有偏袒和关照一方的现象，可以在警戒线以下重续的范围内的做法；“白哨”是属于无任何色彩吹法，但是由于裁判对规则的把握和本身的素质的原因，造成误判、错裁，比如我国裁判由于缺乏对国际竞赛规则理解和经验，显得哨的频率过高的现象。最后一种观点，就是球场上出现的“假球”“黑哨”，与我国现在发行的足彩、人们的心态和利益有关，或者与一些参与球场赌球的现象具有关联性，这些问题值得讨论和研究。

"假球""黑哨"作为体育发展进程中出现的新问题，具有复杂的社会背景，作为一种体育社会现象，重要的是人们希望有一个公平的体育发展环境，他们往往从社会问题的角度关联地看待体育竞赛中出现的"腐败"现象，或从体育不公平的现象透视"不公平"社会问题，人们对社会现象的不满而诱发对体育赛场出现的问题不满，同时也由于对体育赛场现象的不满而发泄对社会现象的不满。

二、假球、黑哨引发的球场上的骚乱

近些年由于社会法制体系的不断完善，社会公民道德规范的建立，看台球迷现象已经成为我国体育文化一道亮丽风景线，与比赛竞相辉映，使得体育竞赛表达得尽善尽美。许多学者将球迷骚乱事件归罪于不良社会环境的影响、社会价值观混乱所造成的影响、西方国家不健康文化的影响、足球管理体制和运行机制不健全影响、社会教育管理体系的缺陷影响、体育政治化过分渲染影响等等，在国外有人归罪于球迷流氓、社会不稳定的动乱以及眼花缭乱博彩业的发展。在我们看来"假球、黑哨"是引发球场许多事件发生的主要原因。"球场骚乱"与"球场事件"或"球场暴力"大多表达同一个含义或结果，而引发这一现象的原因是多个方面的，可谓一果多因现象。在现今社会中国足球"球迷骚乱"就是一个典型的现象，其一，"球迷骚乱"有强大的社会背景，如转型期社会失业率较高，主要社会群体利益受损后没有表达的渠道，社会贫富差距加大等；其二，在快速发展的体育足球市场中，体育竞赛管理市场不健全，社会钱权腐败现象进入经营链条，导致球场甚至在社会上炒得沸沸扬扬，由此引起社会强烈的不满而引发"骚乱事件"；其三，体育法规建立不完善所致（邹师，2003）。

三、体育赌博问题

体育赌博涉及至拳击、摔跤、马术、足球等众多项目领域，其中尤以足球波及面最广，最为典型。足球赌博问题最早起源于英国，1872 年 3 月 16 日的英格兰首届足球总统赛的决赛中，很多人为此赔尽了老本；1877 年英格兰足球赌博已经成为普遍的现象；1994、1998 年世界杯足球赛期间，东南亚的许多国家和地区出现了赌球狂热的现象，马来西亚、印尼、新加坡、泰国、香港、澳门在足球赌博活动开始猖獗，到 2002 年世界杯阶段几乎进入狂热和猖獗的高峰。英国为了遏制足球赌博给社会带来的社会问题，积极推行足球体育彩票，用国家的行为管理、控制足球赌博这一世界性的问题。

据资料记载表明，东南亚的足球赌博以及欧洲的博彩公司大多是通过港澳传入中国，而广东由于地理位置和经济文化等原因，成为我国足球赌博的发源地和集散地。从 1994 年开始足球赌博在广东省的珠海、湛江、东莞、佛山、韶关、江门、汕头、潮州、梅州、肇庆等地以及深圳市都有不同程度反映。1998 年世界杯、1999 年女足世界杯和北美杯足球赛使广州足球赌博进入了高峰阶段，形成了规模化和集团化。据估计，广东省有大小各类足球赌博集团数百家，他们大多与境外的赌博集团勾结，业务越做越大，波及周边地区并向全国各地蔓延。目前已经蔓延到成都、上海、北京、沈阳、柳州、南宁、厦门、西安、武汉、长春、大连等地，这些地方也出现了类似广州的赌博团伙。2000 年欧洲足球锦标赛开始后，北京、四川、广州等地的足球赌博活动更加疯狂，一些娱乐场所的老板参照境外方法坐庄，公开组织、容留参赌人员，根据境外赌博公司开出的赔率，电话投注、非法聚赌；一些国外赌头、赌博集团积极向境内渗透、勾结、组织境内人员参赌（邹师，2003）。

足球赌博在我国最初的形式是以类式传销的方式存在，具有相当庞大的体系，它们之间的关系纵横交错、上下联通，主要采取一个人或几个人坐庄，在赛前作好有关协定，在赛前 3~4 天或 1~2 天，分别开出不同的赔率，等比赛结果出来后，按事先预定的协议进行交易，交易方式大多采取现金或信用卡的方式。由于赌博手段和防范意识的加强，后又改进为电话投注，银行转账进行交易，下注的人也可以通过电话号码进行“电话委托买卖”。据广州体育学院韩会君等的研究结论，估计国内赌博集团在一个比赛日收到的总投注额可能在七八千万至 1 亿人民币之间，全年投注额在 50 亿人民币左右。据估计，广东省参与足球赌博的人数在 8 万~10 万人之间，也许人数会更多。

从世界范围内，体育赌博带来许多社会不稳定的因素，由于受社会、政治、经济、文化多方面的影响，实际上的体育赌博已经成为许多社会问题的“缩影”，也成为许多社会问题的“导火索”。体育赌博是多因素构成的复合体。在世界各国由于体育赌博引发的问题屡见不鲜，如球迷骚乱现象，从表面上看是赛场制度问题，可分析起来看，它却与社会腐败问题、贫富差距问题、社会治安问题、足球自身腐败问题、球员道德问题以及赌球者失利的沮丧心态等有直接的关系。

足球赌博扰乱了社会秩序、足球市场秩序和新闻舆论工具，从赌博手段看，足球赌博业由低级向高级发展的过程，从最初的传销方式到初级阶段的现金交易，再发展到应用电话、电脑技术，其手段高超、技术高明；从赌博的网络看，组织严密、网络健全；从参赌人员看，参赌的人员涉及个体户、商人、服务业投资者、退役足球运动员、现役足球运动员、足球教练员、足球俱乐部经理和工作人员、足球裁判员、公安干警、国家干部、新闻记者等；从赌资上看，所涉及赌注由一开始的50元，到现在的1000元一注，有些赌徒的投注往往上万、几十万元；从赌博的地点看，地下赌球的场所一般在公共娱乐场所，如酒吧、卡拉OK厅、桑拿房、麻将馆、饮食场所以及一些俱乐部等；从赌博的舆论看，许多体育报刊、新闻媒体、计算机网络参与足球胜负的竞猜和预测活动，为抢读者、为足球市场炒作，推波助澜，更有甚者，许多教练员、足球明星、裁判员、记者也卷入赌球赌博的行列之中，导致足球市场的腐败现象的出现，如“假球”“黑哨”“贿赂”事件的发生。

四、学校体育竞赛中的不公平竞争问题

（一）学校体育中不公平竞争现象

参赛运动员资格作弊是指参赛学校用不符合参赛项目竞赛规程中有关“运动员条件”各项规定的、不具备参赛资格的学生或非学生运动员进行参赛的弄虚作假行为。学校课余体育竞赛中的赛场作弊是指比赛中的运动员、裁判员或工作人员进行弄虚作假、徇私舞弊等违纪的作弊行为。本文将学校课余体育竞赛中的赛场作弊分为以下三类：一是“假球”，又称假比赛，即比赛还没有进行，结果就已经定出；二是“黑哨”，即裁判员执法不公现象，也叫事先预谋协商，是偏袒一方的行为，有行贿的迹象；三是“赛场成绩作假”，即裁判员在比赛进行过程中对比赛成绩作假。学校课余体育竞赛中的组织作弊一般是比赛的组织者或有关工作人员、学校或教练员通过某种手段，在报名、编排或成绩上做文章的作弊行为。

随着改革的深化和社会主义市场经济的发展，在新旧体制转换的逐步完善、成熟过程中，多种经济成分并存，新与旧、进步与落后等矛盾冲突，都会带来思想观念、价值取向的多样化。转型期的人际关系也发生了变化，人与人由政治转向经济，由简单转向复杂，由单一转向多元，由伦理转向功利，由愉快转向冷漠。特别是由于利益主体多元化等原因，一些违背社会主义市场经济根本原则的现象时有发生，分配不公、贪污腐败、官僚主义、享乐主义、拜金主义等一些问题的存在，带来了社会经济和生活层面的种种混乱。腐败行为破坏了公众对基本的社会道德与价值准则的信心，从而使一个社会的凝聚力水平不断下降（邹师，2003）。

（二）学校体育竞赛中问题的危害

1. 造成学校思想品德教育的混乱，扰乱了学校人才培养的道德体系教育

教育的本质是培养人，是教人做人，而道德是做人的根本，是人的思想和智慧的精华。然而学校课余体育竞赛中各种不公平竞争现象的出现，使得学生的心灵中过早地留下了社会腐败的阴影，这与学校对学生所实施的正常的道德体系教育相冲突，价值取向的混乱。

2. 干扰了正当公平的体育竞争，影响了学校体育的正常训练

学校课余体育竞赛中出现的种种问题，破坏了公平的体育竞争，挫伤了学校教练员和学生运动员的自信心与参赛的积极性，滋长了弄虚作假的社会风气，其结果必将会影响到学校赛后体育训练的正常开展或导致效仿者的出现。

3. 与对学生实施素质教育相违背

《中共中央、国务院关于深化教育改革全面推进素质教育的决定》中明确要求，“把思想政治素质作为最重要的素质，不断增强学生的爱国主义、集体主义、社会主义思想。”素质教育的重要价值取向之一就是让学生学会做人。学校课余体育竞赛作为体育教育的延伸，作为隐性体育课程的载体，影响着学生的体育观念、体育行为和体育思想等综合素质。然而，学校课余体育竞赛中出现的弄虚作假等现象，必然会通过学生有意或无意的心理活动潜移默化地影响其体育道德标准的形成，影响其良好道德素质的养成，违背了新世纪对学生实施素质教育的要求。

4. 降低了学校体育竞赛地位，损坏了学校体育竞赛正常秩序，造成不良的社会反应

由于报名顶替、乱造学籍等不正之风在学校课余体育竞赛中的出现，使得学校课余体育竞赛的选拔后备人才和育人等宗旨发生了扭曲，直接损坏了学校体育竞赛的文明形象。近年来全国大运会、中运会上，这类问题也同样屡见不鲜。种种出现在学校课余体育竞赛中的不公平竞争现象已经造成了不良的社会反应，如不加以治理净化必然导致学校体育竞赛地位的降低。

5. 建立形成了体育竞赛市场，使学校体育竞赛成为名利交易场所

学校课余体育竞赛本应是体育课教学、课余体育的成果检验，是促进普及与

提高的积极因素，然而已经出现的参赛单位用高额奖金聘用运动队和运动学校等非学生运动员进行非法参赛的现象、裁判员收取贿赂“吹黑哨”“打假球”等不良现象，使得学校体育竞赛成为了名利交易场所，参赛单位与非学生运动员、与裁判员等相关人员之间达成了“买卖双方”，建立形成了体育竞赛市场，学校课余体育竞赛发现、培养、输送体育后备人才，培养学生良好体育道德等功能受到破坏性影响，丧失了原有价值。

第四节　解决体育社会问题的原则与对策

一、解决体育社会问题的基本原则

（一）整体性原则

所谓的整体性是指对体育社会问题始终看作为一个有机的整体，从整体研究体育社会问题产生的背景、根源和解决的办法。体育社会问题是由多种因素造成的，许多体育社会问题与社会问题有着十分密切的联系，也有的体育社会问题背景和起因比较简单，但在其发展的过程中，牵动到许多方面。解决体育社会问题需要从社会发展的整体目标来进行考虑，也要从社会发展和各个要素之间的协调关系来思考，要始终注意从整体出发，联系整体研究部分，着眼于整体综合而立足于局部分析，它是辩证唯物主义在社会问题研究中的具体贯彻和表现，是关于客观普遍联系与辩证发展规律的具体运用。

（二）综合性原则

体育社会问题研究决定了它的综合性。首先是研究视角的综合性，任何体育社会问题都不是孤立的，不是独立存在的，这就要求我们必须纵观全局、放开眼界、拓展视野、开阔思路，注意从体育社会问题的现象和问题与其他问题现象和问题的相互联系上把握问题的本质。在研究体育社会问题时，注意从不同的角度对同一个问题进行深入的探讨，既要注意影响事物发展的决定性因素，也要注意那些影响事物发展的非决定性因素。其次是研究方法的综合性。体育社会问题研究不仅要把握社会学研究的基本方法，还要注意吸取其他学科的研究方法，做到定性研究与定量研究相结合、静态分析与动态分析相结合、结构分析与过程分析相结合、宏观分析与微观分析相结合，充分运用综合研究方法，提高问题研究的可靠性和可信性。

（三）现实性原则

我国正处于社会的转型期，由传统社会向现代社会、农业社会向工业社会、计划经济向市场经济的转型，出现了许多观念、思想、行为、方式的碰撞，我国的体育事业面临着许多新的课题。如何解决我国体育事业发展中遇到的诸多矛盾和问题，这就首先要求我们对我国的体育现实问题做好充分的理论准备，深入问题实际开展调查研究，注重理论与实际的紧密联系，注意选准研究问题的突破点，找准揭示问题的切入点，有针对性地解决我国体育面临的问题。对客观事实进行具体的调查研究，通过观察、调查、试验等实证途径获得第一手资料，从中检验理论假设，分析概括出理论知识来，为政府决策提供理论依据，为体育事业的健康发展提供指导。解决体育社会问题首先是从理论假设开始，通过大量实证性研究来验证假设。

（四）规范性原则

社会问题的解决必须确定和遵循一定的社会规范。社会规范是人们全部活动的准则，是保证人们活动和生存的合理性和协调性的需要，是保证社会稳定的必要条件。坚持社会规范性必须做到以下几点：第一，对存在体育社会问题与现存社会规范之间关系的分析。许多体育社会问题现象产生的背景、根源、表现与存在的社会规范状况有关，认识社会问题与有关现存社会规范之间的关系，有利于认识体育社会问题的本质，有利于提供解决体育社会问题对策的规范性。第二，确定解决体育社会问题社会规范性一般具有两个方面的意义。破除、废除、修正、调整与解决问题有关现存的那些不合理的社会规范，制定、建立与待解决问题有关的新的社会规范，保证了社会问题解决对策（即实施对策全部活动）的规则性、合理性、协调性和有效性。第三，分析解决体育社会问题的规范与其他现存的规范之间的关系，保持它们之间的协调，才能组成社会规范稳定的系统或体系。

（五）公众性原则

公众性原则是指体育社会问题的解决必须有利于维护和谋求社会公众的利益。解决体育社会问题所谋求社会公众利益，表现在当前体育亟待解决的、影响体育内部机制正常运行的问题，百姓呼声较高并带有社会公众利益性的问题，影响到社会稳定并带有法律和道德规范性的问题等。因此，也表现为国家利益、行业自身利益、大多数人利益。公众性原则表现在社会公众的长远利益、根本利益以及利益的最大化。体育社会问题主要反映体育成员或非体育成员的正常关系失调，体育内外部机制的运行中出现的事件或重大有影响的问题。要解决和消除这些问题和矛盾，都会涉及一定的社会利益，都会发生区域间、群体间、集团间以至于人与人之间利益的变化和重新调整，反映一种利益的重新组合和分配。因此，在解决体育社会问题时也必须考虑和研究社会利益的调整，必须坚持以公众利益为最高和最终原则。

（六）效益性原则

效益性原则是指体育社会问题的解决必须谋求最高的社会效益。事实上体育社会问题从某个角度讲，是与体育事业发展所追求的目标不相一致的，是破坏和削弱人们所期望的效益的，这就要求我们在解决体育社会问题中要坚持效益性原则。第一，要注重社会效益，即注重社会投入与产出的最大比率，以最省、最小的社会能量、资源、活动，达到最快、最佳解决问题的目的。第二，注重整体效益，即谋求在解决问题的过程中，解决问题的对策和活动要考虑社会各方面的效益，包括竞技体育与社会体育、物质文明和精神文明、经济效益和社会效益、生活水平和生活质量等，促使社会各方面平衡发展，达到实现公众最大利益的目标。第三，注重长远效益，即在解决体育社会问题的过程中，必须考虑以推动社会发展和进步为根本目的，保持事物发展的可持续性。不能以牺牲公众长远利益而获得眼前效益，不能放弃长远目标而达到短期目标，来实现暂时的平衡、稳定、和谐。

二、解决体育社会问题的对策

（一）大力提高全民体育意识和体育精神文明建设

解决体育社会问题首先要从社会公共道德和公民规范着手，通过各种媒体和社会舆论营造良好的公民体育道德规范，提高全民体育公共道德意识，使其在社会公德和公民规范的框架下，遵守和行使自己公民权利。另外，加强体育精神文明建设，体育作为精神文民的窗口，是关系到国计民生的大问题，要积极提倡看台文化、科学锻炼、健康生活方式、积极生活习惯，充分合理的利用闲暇、善度人生、愉悦人生，提倡体育生活化，良好的体育风气就会形成，体育文明氛围就会转化为社会风气得到社会承认，这样体育许多社会问题可以得到解决。

（二）发挥体育在社会稳定中的缓解、宣泄作用

体育被称为“社会竞争的缩影”和社会稳定的“安全阈”和“出气孔”，体育一方面体现社会政治、经济、文化、军事等方面的竞争，另一方面又成为社会稳定的工具。在80年代，世界各国将体育作为控制社会稳定重要的工具，如法国政府将体育和其他形式的休闲活动作为对付严重社会问题的手段。70年代中期，随着英国经济的日益恶化，失业人口增多，英国地方政府大量修建体育设施，努力满足失意群体的体育需求。英国体育理事会发动了“行为体育”，通过向基层社区派遣指导员，以整合对社会怀有不满情绪的社会群体。我国失业下岗群体，可能在表达和追求自身利益时带来更多社会动荡的因素，解决这些问题，除了必要的道德和法制教育外，要发挥体育在缓解、宣泄、减少下岗浪潮带来的社会震荡和各种矛盾的作用，积极发挥体育对社会的控制调节功能，做好社会政治稳定工作。

（三）深化体育改革，大力发展体育事业

着眼于体育体制改革与完善是我们解决体育社会问题的有效途径之一，体育管理体制和机制是人们体育社会关系的反映，对人们的体育行为和体育参与起着直接的制约和调节作用。深化体育的管理体制和机制创新，实质上是体育制度上的创新，只有从体育制度上创新，才能使体育社会问题得到根本上的解决。大力发展体育事业，满足广大人民群众日益增长的体育文化需求，是解决体育社会问题最根本措施。大力发展体育产业包括发展体育健身娱乐产业、竞赛表演产业等本体产业和体育彩票业、媒体业、中介业、用品业、旅游业、金融业、保险业、证卷业、无形资产等体育联带产业，体育产业发展带动体育事业的繁荣和发展，使许多体育社会的问题得到缓冲和化解。

（四）切实加强对体育社会问题监视、预测、防范机制

由于体育社会问题具有社会问题的一般属性，还有自己的某些特点，它表现在体育社会问题的管理层面、伦理层面，有的还出现在法律层面。虽然体育社会问题对社会危机较小，具有一定的局限性，但是有些问题也可以引起社会骚乱。由于我国处于社会的转型期，大量的社会问题可能由于失控，由体育问题作为导火索，引起社会的不稳定。因此，要加强体育问题的社会监控，特别是在重大体育比赛活动来临时，加强有效的监控、预测和防范，是加强社会长治久安和稳定的有效机制。从社会的价值观念角度，社会的价值观念、伦理水

平、管理制度和法规建设越健全，体育社会问题产生的可能性越小，影响的范围也就越小。

（五）加强体育社会问题的控制

体育的社会控制手段，一般分为内在和外在的社会控制。内在控制是将社会规范内化而作用于人们的行为，如风俗、道德、宗教、社会舆论等对体育生活影响而成为人的自觉行为；外在的控制是通过外部的强制力量将社会规范作用于行为，起着制约作用，如体育法、体育规章、制度、法规、规则等。体育法是为了保障公民的体育权利，维护正常的体育秩序，发展体育事业，用来调整社会关系的行为规范。体育法对社会控制具有保证公民的体育权利、协调体育与社会发展、抵御外来干扰、规范行为等作用。在社会体育的运行中，各类体育规章、体育制度、体育规则等，具有与体育法同样的效力，它是体育法规的具体化。此外还有体育传统习俗、社会舆论、宗教等社会控制手段。体育社会控制是保证体育正常运行和稳定的有效的手段，内在控制和外在控制构成体育控制的系统，只有发挥系统的整体功能，才能够使体育社会控制达到最佳状态，才能够保证体育事业沿着健康的轨道有序地发展。

主要参考文献

1. 雷洪.社会问题——社会学的一个中层理论［M］. 北京：社会科学文献出版社，1999.
2. 雷洪，郑丹丹. 社会问题的分类研究及类型［M］. 社会科学研究，1998（1）
3. 朱力，等. 社会问题概论［M］. 北京：社会科学文献出版社，2002.
4. 张向东. 当代社会问题［M］. 北京：中国审计出版社，2001.
5. 陆建华. 中国社会问题报告［M］. 北京：石油工业出版社，2002.
6. 卢元镇. 中国体育社会学［M］. 北京：北京体育大学出版社，1996.
7. 卢元镇. 体育社会学［M］. 北京：高等教育出版社，2003.
8. 吕树庭，卢元镇. 体育社会学教程［M］. 北京：高等教育出版社，1995.
9. 刘德佩. 体育社会学［M］. 北京：人民体育出版社，1990.
10. 毛秀珠. 体育社会学［M］. 北京：人民体育出版社，1997.
11. 顾渊彦. 体育社会学［M］. 南京：南京师范大学出版社，1999.
12. 杰·科克利. 体育社会学——议题与争议［M］. 官兵，等，译. 北京：清华大学出版社，2003.
13. 邹师.当代体育社会问题研究［M］. 北京：中国科学文化出版社，2003.

14. 邹师，李坚，王大超，等. 低收入群体健康投资观念及相关理论研究[J]. 中国体育科技，2004（5）：31–34.
15. 庞元正，丁冬红. 社会发展理论［M］. 长春：吉林人民出版社，2001.
16. 奚从清，等. 社会学原理［M］. 杭州：浙江大学出版社，2003：256.
17. 朱力，等. 社会学原理［M］. 北京：社会科学文献出版社，2003：253.
18. 乌东峰. 论中国小康社会［J］. 求索，2002（6）：4–12.
19. 国家体育总局群体司、体育信息研究所. 国际大众体育现状及发展趋势［M］. 2001 年全国体育局长会议参阅材料，2001–03–24.
20. 中国马术协会考察团. 他山之石，考察英法两国赛马后的思考与建议. 国家体育总局政法司编，2000.
21. 阎梁，翟昆. 社会危机事件处理的理论与实践［M］. 北京：中共中央党校出版社，2003.
22. 李路路，孙志祥. 透视不公平等国外社会阶层理论［M］. 北京：社会科学文献出版社，2002.

复习与思考

1. 何谓社会问题？何谓体育社会问题？
2. 体育社会问题产生和形成的原因有哪些？
3. 你认为体育中有哪些社会问题？描述性地列举若干。

推荐阅读书目

1. 雷洪. 社会问题——社会学的一个中层理论［M］. 北京：社会科学文献出版社，1999.
2. 雷洪，郑丹丹. 社会问题的分类研究及类型［M］. 北京：社会科学研究，1998（1）.
3. 朱力，等. 社会问题概论［M］. 北京：社会科学文献出版社，2002.
4. 张向东. 当代社会问题［M］. 北京：中国审计出版社，2001.
5. 陆建华. 中国社会问题报告［M］. 北京：石油工业出版社，2002.
6. 吕树庭，卢元镇. 体育社会学教程［M］. 北京：高等教育出版社，1995.

第十六章

体育与社会控制

本章概要

一定程度的社会秩序的存在是人类社会一切活动的必要前提。社会控制的实质是维持社会秩序，其基本功能在于规范社会行为使其有序化。在社会生活中总有越轨行为，这些行为脱离了社会正常轨道，超越了社会规定的行为规范，是为大多数人所非难和反对的行为，这些越轨行为需要社会加以控制。如果社会控制的约束力降低，社会发生大量的规范偏离现象，将不可避免地引发社会无序行为的增长。因而，充分发挥政权、法律、纪律、风俗习惯、道德、宗教、社会舆论、社会心理、大众传播等社会控制手段的作用，不断强化社会管理和控制，缓解社会冲突，把人们的行为纳入社会规范的轨道，才能有效地维护社会正常秩序的稳定。社会也要对体育运动进行控制，但同时体育作为一种特殊的方式参与对社会成员的社会控制，并在社会控制中表现出其独特的作用。

无论在偏僻的乡村，还是在繁华的市镇，我们到处都会看到各种各样的人群，看到他们进行着各种各样的活动。社会中的这些人群，不管是稀疏还是密集，贫穷还是富裕，亦不管是他们的性情习俗怎样不同，所操行业多么各异，他们共同的一点就是都遵循着一定的社会秩序。即使没有人当面发号施令，他们仍然能各行其道，井然有序地生活、劳作。人类社会为什么能维持种种秩序，人们似乎随时随地都受人暗中操纵一样，按照一定规矩行动呢?这些司空见惯的现象和过程，就是社会控制。

第一节 社会控制

一、社会控制的概念

最早提出“社会控制”这个术语的是美国社会家罗斯（Edward Aioworth Ross，1866—1951 年）。他在 1901 年所著的《社会控制》一书中，第一次提出了社会控制的概念，其含义是说社会对个人或集团的行为所作的约束。罗斯认为，在人的天性中存在着一种“自然秩序”，它包括同情心、互助性和正义感三个组成部分。正因为人性中存在这些“自然秩序”的成分，人类社会才会处在自然秩序的状态。大家在这种状态中，互相同情、互相帮助、互相约束、自行调节自己行为、和平共处、相安无事。而 19 世纪末到 20 世纪初，美国都市化浪潮兴起和大批移民涌入美国，造成了初级群体和社区的迅速解体，人们不得不生活在一个瞬息万变的完全陌生的环境之中，因而人性中的“自然秩序”对人的行为约束力已遭破坏，出现了严重城市病及一系列越轨和犯罪等社会问题。在这种社会背景下，罗斯认为，必须要有一种新的机制来维持社会秩序，这种新机制就是社会控制。

从社会学的视角看，社会控制意味着社会通过各种机制或手段对个人和集团的行为进行约束，从而达到维持社会秩序、保持社会和谐稳定、避免社会解体危险的目的。[①]我们可从三个方面理解社会控制概念的含义：首先，社会控制使个人和团体的行为服从社会整体，使个人和团体的自由与社会秩序达到对立的统一。其次，社会控制也是社会结构和角色定向的一个重要方面，没有社会控制的奖励与惩罚，不可能完成角色定向的社会化过程，形成各种角色关系的社会结

① 汝信. 社会科学新词典. 重庆：重庆出版社，1988：636.

构。第三，社会控制不是消极地限制个人和团体的行动，而是积极引导，去协调个人、团体、国家、社会整体的平衡发展。

从社会控制的含义不难看出，社会控制并不仅仅只是片面地控制人们的行为，而且还含有协调、积极引导人们行动的重要内涵。因而，社会控制有广义和狭义之分。对包括社会化在内的所有社会行为的控制，是最广义的社会控制；对一般意义上的社会行为的控制，是广义的社会控制；对偏离行为的控制是狭义的社会控制。①

二、社会控制的意义与作用

社会运动有两种状态：有序状态和失序状态。社会有序状态即稳定状态，社会失序状态即混乱状态。社会之所以有序是因为生活在这个社会中的成员和社会团体认可现存的社会结构和社会关系，自觉遵守现有的社会规范。大家都能按一定的社会规范去生活，这个社会自然就处于有序、稳定的运行状态中。社会之所以失序是因为社会有一部分成员或团体不能接受现存的社会结构和社会关系，不愿遵从现有的社会规范，做出各种反叛社会的行为。在社会学中反叛社会的行为主要指越轨行为，如示威、罢工、罢课、堵塞交通、破坏、骚乱、动乱、暴乱等，这时社会就处于失序状态。有序是社会发展的前提和基础，社会失序就意味着社会处于混乱状态之中，这样，社会就不可能得到发展，社会成员的利益就会遭受损失。②

社会控制的实质是维持社会秩序。社会秩序是与社会控制紧密相联的，社会学的社会秩序是指社会正常而有规律的协调状态。没有社会控制就没有正常的社会秩序和稳定的社会局面。“社会控制的研究，乃是研究如何维持社会秩序的社会学。”③社会秩序的建立与维持依赖社会生活的两种机制，其一是通过把社会生活结构化和人们行为的标准化，而达成社会秩序化的社会组织管理；其二是对越轨行为的控制和惩罚。对于一个社会来说，丧失了社会的控制功能不行，减弱了这种功能同样也不利于社会的发展。无政府主义者之所以站不住脚，就因为他们所建立的无政府社会，是没有社会控制系统，没有社会控制能力，因而也不存在任何社会秩序的社会。人类社会要健康地向前发展，既要有革命变革，又要有

① 郑杭生. 社会学概论新编［M］. 北京：中国人民大学出版社，1987：414.

② 冯必扬. 社会风险：视角、内涵与成因［J］. 社会学月刊，2004（6）：24-28.

③ 白秀雄，等. 现代社会学［M］. 五南图书出版公司，1998：295.

安定的社会秩序。因此，无论是革命还是变革或改革，都不是不要秩序，而只是要破坏旧的社会秩序，建立新的社会秩序。

一定程度的社会秩序的存在是人类社会一切活动的必要前提。秩序是一定生产方式和生活方式的社会固定形式，因而它们就相对摆脱了单纯偶然性和任意性形式。社会具有了秩序，就意味着社会关系具有了稳定性和一致性，社会行为具有了规则性，社会进程具有了连续性，社会事件具有了可测性，社会成员人身和财产具有了安全性。社会秩序是保证社会正常运转、正常工作、劳动、学习所必需的。社会秩序构成了人类理想要素之一，也成为许多社会活动的目标。当社会各部分处在稳定的平衡状态时，社会就呈现有序性；如出现动乱的状态，社会就呈现出无序性。有有序必然有无序，有序只是相对无序而言的。社会无序性是事物矛盾引起无规则的不协调的活动状态，它可能会引起社会结构的失衡，造成社会问题。

衡量秩序的主要标准是社会成员对社会规范的遵守程度。如果每个人都能对共同规范和价值遵从，社会秩序就呈现出有序。社会规范既是社会控制的标准，也是社会控制的基本手段。社会控制的基本功能在于规范社会行为使其有序化。社会规范是社会对其社会成员要求的行为准则，但在社会生活中总有违规，不遵循规范，超越和破坏规范，不按常规办事。如果社会规范对于社会生活中的人的行为的约束力降低，社会发生大量的规范偏离现象，将不可避免地引发社会无序行为的增长。所以我们只有充分发挥社会规范的作用，不断强化社会管理和控制，才能把人们的行为纳入社会规范的轨道，维护社会的正常秩序的稳定。因此，社会控制得当，就能缓解社会冲突，达到社会均衡（即社会稳定），这是一种社会发展的标志。

三、社会控制的基本特点

社会控制是对社会行为的约束。社会行为不同于个人行为，它是个人之间互有影响的行为。当然，社会控制最终是对个人行为的控制，但在社会控制意义上的个人行为已是社会行为，即有社会影响作用的个人行为或社会个体行为。社会控制之所以能够起到约束、协调、引导人们行动的作用，是同它的基本特点分不开的。

（一）社会控制的普遍性和强制性

只要社会存在，就会有社会控制。正常的社会秩序是社会存在和发展的必要条件。要造就正常的社会秩序，就需积极引导社会成员按社会规范行动，但在社会互动过程中经常会发生这样或那样的越轨行为。为了防止个人逾越社会规范，维持社会秩序，就必须进行社会控制。社会控制是社会普遍存在的社会现象，只不过由于生产力水平不同和社会形态不同，所以社会控制的性质、目的、手段和方法也不同。同时不论是积极的社会控制，还是消极的社会控制，都带有强制性，只不过其强弱程度有所不同罢了。社会控制的强制性一般是通过法律、纪律、制度、宗教、道德、舆论、风俗习惯等各种社会规范表现出来的。其中法律规范最具强制性。

（二）社会控制的集中性和超个人性

社会控制的集中性指它总是代表社会组织的利益和意志，不管其具有什么具体内容和采取什么具体手段，都是服务于社会组织的总体利益和最高意志。在阶级社会中，这种集中性表现为阶级性，社会控制表现为阶级控制。社会控制的超个人性指它总是以某种社会名义，代表某个社会组织施行的控制。正因为它的名义是社会的而不是个人的，因此它总要凭借社会成员共同遵守的规则，凌驾于个人之上实行控制个人行为。正是这种凌驾于个人之上的超个人性，才使社会控制更有力地控制个人。社会控制的超个人性也是它的集中性的一种表现形式。

（三）社会控制的依赖性和互动性

社会控制必须依赖于社会实体才能起作用，因为社会规范是一种意识，只有通过实体才能变为人们的言行规则，在实践中发挥作用。社会控制依赖的实体有社会组织和社会个体，以及传递社会规范信息内容的信息媒介。社会组织是信源(把社会规范作为社会信息发送出去的主体或发信者)，社会个体是信宿（是把社会规范作为社会信件接下来的对象或收信者)，信息媒介是运载信息的媒介物(如大众传播工具，包括广播、电视、报纸等)。社会个体有时也可能会充当信息媒介物。社会实体是社会规范起作用的物质承担者，没有社会实体，社会控制就成了空中楼阁。

所谓互动性是指社会控制通过社会行为之间的相互影响而起作用。社会规范对于每一个社会成员来说，是社会给人们早已准备好了的，一出生就面临着的东西。但是，人们对它的认识，把它变为大家公认的和共有的东西，却有一个过程，这个过程是在行为互动中完成的。社会行为互动有直接的和间接的两种不同的形式。直接互动是通过人际间面对面的接触形成的，这是直接互动的主要形式。在规模较大的群体的成员之间也有直接互动，这种直接互动常在公共场合集会游行等活动中发生，带有很大的自发性。间接互动是通过各种信息媒介的间接接触形成的，如通过大众传播、书本、电视，同各种典型化了的“社会行为”接触。由于在大众传播领域中社会行为互动是通过大众传播媒介进行的，因此，大众传播给人们提供的内容，就成了影响社会成员行为的重要因素。在间接互动中还有通过个人书信、电话或录像、录音等形式进行的。这些形式的间接互动，随着科技进步、文化教育的普及，间接互动将成为社会控制的不可忽视的重要环节。社会为其成员提供的个人间的间接互动的机会越多，越有助于社会控制。

（四）社会控制的多向性和交叉性

社会控制实际上是依赖各种信息传递实体对众多的社会成员进行控制的过程。因此，社会控制就是控制主体众多方面地将各种信息发射出去。其中，作为中间环节的各种信息自传递媒介，又把各种社会精神因素和众多的社会个体相互联系起来，从而使社会控制成为一个多向交叉和多层联结的复杂过程。在社会控制过程中，各种社会力量相互助长或者相互抵触，而对于特定的社会个体说来，也就必须接受这多种力量的控制，并给予不同的反应。

总之，从社会控制的本质看，它具有明显的集中性和超个人性；从它的作用看，具有明显的依赖性和互动性；从它发挥作用过程看，则有明显的多向性和交叉性。[①]

四、社会控制的基本手段

构成社会控制体系的基本要素有政权、法律和纪律，除此之外还有风俗习惯、道德、宗教、社会舆论、社会心理、大众传播等。一个社会的社会控制是否稳定有力，不仅有赖于健全的社会控制系统，而且依赖于正确而适当的社会控制手段和方法。社会控制的范围十分广泛，因而社会控制的手段和形式多种多样。按组织形式分，有有组织控制和无组织控制；按控制手段表现形式分，有正式控制和非正式控制；按控制接触形式分，有直接控制和间接控制；按控制的性质分，有强制性控制（强控制）和非强制性控制（软控制）；按控制对象本身分，有外在控制和内在控制；依据其他标准还可分积极控制和消极控制、物质型控制和精神型控制等等。体育作为一种社会活动，也同样离不开社会控制。

① 郑杭生．社会学概论新编［M］．北京：中国人民大学出版社，1987：414–415.

（一）政治的社会控制手段

1. 政权

政权或国家政权是占统治地位的阶级利用国家机器实行阶级统治的权力。任何一个社会的有效的社会控制，在一定程度上都有赖于国家行政管理机构实施强制性、命令式的社会控制。毛泽东曾说过："人民为了有效地进行生产、进行学习和有秩序地生活，要求自己的政府、生产的领导者、文化教育机关的领导者发布各种适当的带有强制性的行政命令。没有这种行政命令，社会秩序就无法维持，这是人们的常识所了解的。"（《毛泽东选集》，第5卷，367–368）

政权的社会控制作用主要表现在两个方面，一是对破坏社会制度行为的控制，如镇压、强制教育、改造等；二是对广大社会成员的行为方式的规定制约，如提倡和宣传某种思想、理论、行为，起影响、示范和榜样的作用。政权必须通过法起作用，用法的形式确定下来。依靠法治协调利益关系、控制人们的行为是实现社会控制的基本手段和机制之一。即使是国家机器和国家行政命令的协调与控制手段，也应该是在法治的基础上发挥功能。不仅在常态社会状态下法治应成为社会控制的基本手段，即使是在突发性危机的情况下，法治也应是实现控制的重要手段。因此，政权同法分不开，政治制度同法律制度分不开。政治法律制度是一个国家的根本制度。

政府和政党利用政权的行政力量对体育实施宏观控制，主要是通过制定体育的方针、政策、发展战略、规划和计划、调拨体育经费、任免体育官员、审批体育社会团体、开展重大体育活动来实现的。

2. 法律

法是由国家制定或认可、由国家机关的强制力保证实施的行为法则的总和。在阶级对立的社会里，法在本质上就是统治阶级的意志，是实行阶级统治的工具，阶级性是法的根本特点。但是，阶级性不是法的唯一特点，法还有社会性。还有维护多数社会成员共同利益的公共事务的法。法律也是实现社会价值的工具。

法律的社会控制作用，主要是调整社会行为。无论哪种类型的法律，它的作用首先是给全体人民规定一套行为规范，限制行为，调整关系，以维护社会秩序。法律不仅为人们提供了行为规范，也包含了对违背这些规范所应受到的惩处的规定。这些规定及执行这些规定的国家强力机构存在，足以使那些犯罪分子感到恐惧。法律的威慑作用主要是针对那些企图违法犯罪或准备犯罪的不安分分子，是对他们的行为的一种外在控制。一般说来通过法制教育和法律威慑作用，绝大多数人都能遵纪守法，但总有少数人无视法律规定，违法犯罪，破坏社会秩序。这时国家强力机关就会追究这些人的法律责任，实施惩罚和制裁，以维护国家、集体和他人的利益，达到维护社会秩序的目的。法律的惩罚作用是法律威力最突出的表现，也是法律的最鲜明、最公开、最具有强制性的作用。

在社会规范体系中，法律规范是最具强制性的规范。国法不明、执法不严，是社会动乱和不稳定的重要原因之一。因此，任何国家制定的法律都要求它的公民必须强制遵从，而不管其愿意与否。法律的强制性是以庞大的国家机器包括政权、军队、警察、监狱等为后盾的，是以国家机器的强力来保证法律的实施，并对违法的行为给予惩罚和制裁。

宪法也是控制国家体育事业的根本大法。体育法是体育事业的基础性法律。1995 年 10 月 1 日开始实施的《中华人民共和国体育法》，是指导、规范和保障我国体育事业发展的重要法律，这关系到公民的健康、国家的荣誉和社会的进步。有关体育的各种法令、规章、条例、办法的颁布，都可以对体育的某个局部进行控制。

3. 纪律

纪律是一定社会集团规定并要求其所属成员必须遵守的行为准则之总和。纪律也是一种社会规范，并且同法一样，也有强制作用，也必须遵守，不遵守就要受到相应的纪律处分。

实施纪律规定的实体是一定的社会集团，纪律的作用范围只限于本集团。一个社会集团如果没有纪律，就会陷于混乱。纪律是执行路线的保证，是组织产生力量的源泉，也是达标及事业成功的保证。纪律与自由是相互联系又相互对立的概念。纪律是自由的保证，没有纪律就没有自由。自由是纪律的基础，执行纪律只有在个性发展和个人自主的基础上才能真正做到、做好。没有自由也没有真正的纪律。因而，凡是集体，无论其规模和目标怎样不同，都有为其成员制定的共同遵守的纪律。学校有学习纪律，工厂有劳动纪律，机关有工作纪律，就是公共场所也有维持公共秩序的规定守则或注意事项。这些都是社会生活和社会交往中不可缺少的行为准则。纪律对于本集团以外的社会成员，它的约束力是无效的。实施纪律的实体是集团，因此，执行纪律一般不动用国家机器的强制力量，而是借用集团的行政手段。

纪律行为是一种行为规范，是介于道德和法律之间常见的行为规范。它是以服从为前提，具有强制性和约束力。在这一点上，它同道德不同，道德主要靠社会舆论和内心信念力量起作用。它也和法律的惩罚制裁作用不同，纪律主要通过行政手段来推行，对少数违纪行为必须采取一定的制裁措施。

在体育社会中，也要借助纪律的力量来加以控制。运动员、教练员、裁判员守则，赛区赛场纪律，运动训练课、体育课的课堂常规纪律，均属于这一类。在中国武术的门派中，也有很多戒条戒律，也属于这一类。

（二）舆论和宣传的社会控制手段

在社会控制中，社会舆论和社会心理、大众传播发挥着重要作用，它是社会规范转化为规范行为的中间环节，它们的作用在硬控制系统和软控制系统的社会规范中渗透着，它们的共同特点是利用社会群体的无形压力来控制人们的社会行为。

1. 社会舆论

社会舆论又称公意、公论，是人们共同关心并在有争议问题上的多数人的意见，是社会生活和人们的意愿的反映。社会舆论是社会控制的一种十分重要的工具。

舆论的承担者是公众。公众是群体的一种独特形式，是社会上群体里一部分人相互传播消息、交换看法而形成的集合体。公众人数是不定数，但就传播消息或某个问题的共同意见而言，它总是某群体的相对多数。社会舆论是社会形势的晴雨表，它的现实性和针对性极强，从社会舆论中可以发现时代的呼声和社会思潮。舆论不像政治、法律、经济、道德、宗教等以社会存在的某一特定方面作为自己的管辖范围，而是针对社会生活中诸如政治、道德、经济、宗教等方面的问题做出评判。它涉及的是与人们共同利益相关的实际问题，能针砭时弊，鞭挞社会不良现象。俗话说，“千夫所指，无病而死”“人言可畏”，足见舆论具有对所涉及的问题进行议论、评价和判别的权威性、巨大约束力和社会控制力。这使舆论具有巨大的社会威慑力量，成为调节和管理社会政治、经济、法律、文化、道德等社会生活的重要手段。

舆论来源主要有两种：一种是自上而下，另一种是自下而上。自上而下的舆论是官方舆论，具有权威性强的特点。它是国家或社区等领导机关发动的有组织、有计划、有领导的宣传舆论，它凭借着大众传播工具，上呼下应，所以具有极大的权威性。自下而上的舆论有一定自发性，往往要经历一个复杂的争论、选择和交换的过程。开始只是少数成员和群体发生议论，由于切中时弊，引起广大成员共鸣，经过争论、意见的对立、选择和补充，形成社区性或全国性的舆论。这是下情上达，在群众中有深厚的根基。根据舆论的形成和作用的范围还可把舆论分为国际舆论、国内舆论、地方舆论、集团或群体舆论等。

社会舆论作用不是强制的，也不是内化的，而是通过一定意见倾向性作为无形压力来控制人们的社会行为。社会舆论的控制中介作用是制造社会气氛，形成拟态环境，起社会环境作用，它是社会规范转化为规范行为的中间环节。社会舆论的社会控制作用虽不如政治控制那样威严和强大，但随着社会生活的更加丰富、多样，信息传播的工业和技术的日益进步，社会舆论的控制作用也将尤为显著，更加强大。

2. 社会心理

社会心理是社会意识的低级形式，是未经系统化、理论化的自发社会意识，是人们在社会生活中形成的日常生活意识。它不同于个人心理，它是人们一种共同的心理倾向，表现在感情和习惯方面，也表现在态度和意见方面。

社会心理和社会舆论都存在于社会规范和社会行为之间的广大中间领域，在社会控制中起中介作用。但社会心理的中介作用不同于社会舆论。社会心理是在心理互动的过程中，把社会规范转化为心理世界的行为尺度，把社会规范内化为心理尺度，通过心理尺度的约束，把社会成员的行为纳入规范轨道。

3. 大众传播

大众传播是指通过广播、电视、报刊、广告、电影等媒介向社会成员传播各种社会信息，是社会舆论宣传的主要工具。特别是大众传播在科技发达、大众传播工具日益普及提高的今天，它使社会舆论的传播速度越来越快，传播范围越来越广，已具有许多独特的社会控制功能。它能起组织社会政治、经济生活的作用；参加社会管理、调节大众文化生活作用；社会教育作用；模拟现实环境，树立行为目标等作用。总之，它不仅能传播社会的信息，沟通公众的相互了解，协调公众的意愿，还可以有选择地强化人们的规范意识和态度等，达到社会控制作用，且作用越来越大。

大众传播本身不是社会规范，但作为信息传播的工具，有其自身的特点，如传播者非个人性、信息的公共性、传播对象的大众性及信息扩散迅速广泛性等，它能使各种社会规范渗透到人们的生活中去，起到干预和控制人们的社会作用。

社会舆论、社会心理、大众传播三者关系是：大众传播是社会舆论的重要工具，社会舆论是大众传播的重要内容，大众传播是社会心理的首要的社会背景，社会心理则是大众传播的重要的心理依据。

由于体育是一种社会文化，多数人是在业余时间参加的，与体育的关系相对较为松散，因此舆论和宣传对体育的控制，就成为一种最常用的、潜移默化的控制。

（三）社会意识的社会控制手段

风俗道德和宗教都属于社会意识形态的东西。社会意识的社会控制方式对人们的行为具有程度不同的压抑力和约束力。

1. 风俗

民俗是一种最古老的社会规范体系，是人们在长期社会生活中自发形成、历代相传，并为某一特定社会的成员所遵循的行为方式总和。风俗内涵的广泛性和存在稳定性对社会具有极大影响，从物质到精神，从生产到生活，从心理到口头再到举动，几乎无所不及。风俗是自发的习惯性的行为模式，它的形成和发展也必然是逐渐的潜移默化的，而不是突变的。

风俗在现实生活中具体化为人们的传统习惯。传统主要凝聚在一个民族或某个社会群体多数成员身上，是比较固定化的共有的行为方式，它是通过多数人相互影响代代相传形成的，它是一个历史的累积。习惯则主要是风俗借助于传统力量灌注在个人身上的比较固定的行为方式，它是个人在社会化过程中逐步养成的，是一个人生的累积。传统习惯带有惯性。“习以性成，习惯成自然”“不知不觉中相沿相嬗”。传统习惯沉淀在一代代人身上，构成了一个民族的民族性格。一个人的习惯会达到难以改变的地步，叫“秉性难移”。

风俗的社会控制作用是通过人们的传统习惯实现的。它的社会控制功能存在于民心和情理之中。风俗、传统习惯对于民族素质和个人素质予以极大影响。中国近代民俗研究大师黄遵宪说过：“风俗之端，始于示微，博之而无物，察之而无形，听之而无声，然一二人倡之，千百人和之。人与人相接，人与人相续，又踵而行之。及其既成……上智所不能挽，严刑峻法所不能变。”风俗会形成一种自发的社会力量，难以更易。足见风俗虽无形、无声，一经“变民风，化民俗”后，就成为社会控制的重要力量，具有极大控制力，达到“上智所不能挽，严刑峻法所不能变”的一种自发的社会控制力量。

风俗对人的行为的控制作用，不像法律和道德是在国家、社会的强力和舆论谴责的威慑下而发生作用，而是内化为人们的习惯行为。主要通过遵从、模仿和感染流传下来，是在没有外来压力的情况下不知不觉中发生作用。它对人的行为和思想具有极大的约束力，对社会稳定和人际关系和谐起着积极作用。

体育是每个民族风俗的组成部分，风俗又制约和控制着体育。由于各民族、地区风俗的不同就出现了不同文化形态的体育。

2. 道德

道德是指调整人们相互关系的行为原则和规范的总和。它既是一种善恶评价，也是一种行为标准。道德与风俗在对人的行为控制作用上有所不同。与道德相比，风俗的覆盖面大，约束力相比之下来得小一些；而且在一定的范围内，人们可以有自由的余地："不同俗"是常有的事，且不同俗的人自认为自己很清高，但"不道德"就不同了，会受到社会舆论的谴责，心情就会不舒畅，思想上就会受到压力。所以在日常生活中被人骂为"缺德"，人们就会受不了，就会去与人争辩、交涉。

道德是一种社会意识，是代表时代和阶级利益的概括和总结，并以一定思想理论正式固定下来，再通过一定的思想形式和社会途径回到人们的社会实践中，直接调整人们相互关系的普遍行为的准则。所以人们都说道德是特殊的定位器，在一定情况下能指导和调节人类的行动的方向，使个人行为和公认的价值体系趋向一致。道德被称为"心灵法"，不论是社会道德、职业道德、家庭道德还是政治道德，都有助于理顺社会关系，控制人的行为。

道德是对人的思想行为的是与非、善与恶、正义与非正义、美与丑、高尚与卑鄙、公正与偏私等的评判标准。当然，不同时代、不同阶级对于善恶、是非评判的标准是不同的。道德同法律也不同，它不是靠国家强制力推行的，而是靠教育、舆论、习惯和传统及人们的内心信念来促使人们自觉遵守的。

在体育活动中存在着大量的人与人的关系，存在着荣与辱、胜与负、升与降、得与失，甚至生与死的选择和判断，于是道德就成为对体育实施控制的重要手段。体育道德既是一种约束运动员、教练员的职业道德，也是一种对全社会起教化作用的社会公德。

3. 宗教

信仰是一个含义广泛的概念，是人们对非现实力量的无限信服和至上的崇敬。信仰的典型形式是宗教信仰。宗教信仰是以神的崇拜和神的意志为核心的信仰与行为准则的总和。它是相信并崇拜超自然的神灵的社会意识形态，是自然力量和社会力量在人们意识中的一种虚幻的、歪曲的反映。马克思说："宗教是人民的鸦片" "宗教是被压迫生灵的叹息。"

宗教作为一种特殊的社会意识形态，千百年来深刻地影响人类生活的各个方面。无上神圣的神，感召无数信徒去顶礼膜拜，人类社会的各个历史时期，各个民族的政治法律、思想哲学、生活习俗、文化特征等都深刻留有宗教的印痕。宗教是一种信仰、一种修行，又是真实存在。宗教抑制力只对信仰它的人才能生效，宗教是通过教育，内化教规为自觉行动来控制人的行为的。但宗教的约束力不是来自社会舆论，而是来自神的威力和感召，来自教徒对神的虔诚和自觉及违反教规的残酷惩罚。宗教的教规是约束教徒行为的强有力的社会规范。

世俗化过程使神圣范围在缩小，宗教的控制力量受到限制。但无论怎样受限制，作为一种社会控制力量却是不应忽视的。[①]宗教作为一种社会控制力量，其社会作用从总的来说是消极的。但并不等于一切教规都与现实社会生活相抵触。宗教规范实际上起着社会整合和控制作用，它使得处在不同社会地位、有着不同利益和愿望的个人和团体能够整合在一起。宗教作为一种社会意识形态可以成为信教群众精神寄托的场所，使之消除空虚，慰藉心灵，减少痛苦，稳定情绪。对社会安定团结、安居乐业具有积极意义。从这些意义上讲，宗教是维护社会制度和维持社会秩序的精神力量，同时宗教组织对社会慈善事业、公益事业和国际文化交流都有一定的积极作用。

宗教信仰、领袖信仰、圣人信仰和英雄信仰都可能对体育价值观的形成发生作用，并对体育行为实施控制。"古代宗教祭祀活动，为原始体育从生产劳动中分离出来，提供了适宜的'气候'和'土壤'。它对体育形成的积极作用是毋庸置疑的。然而，当中世纪宗教进入昌盛统治时期时，它却行尽了摧残和窒息体育之能事，严重地束缚了体育的发展。教会宣扬禁欲主义，声称'肉体是人灵魂的监狱'，反对人们进行体育活动，下令禁止某些运动竞赛，历史上对于体育发展的阻碍作用也是十分明显的。可是，当历史发展至19世纪中叶，恰恰又是宗教的力量成了推动体育进步与发展的主力军。基督教青年会在世界各地大肆宣传体育，组织体育比赛、培养体育人才；对近代体育的传播、普及和提高都做出了不可磨灭的贡献。"[②]

---

① 宋书伟. 社会学纲要［M］. 济南：山东人民出版社，1986： 104.

② 刘德佩. 体育社会学［M］. 北京：人民体育出版社，1990：34.

（四）内在控制手段

外部控制是一种通过各种正式和非正式的社会强制力使人们遵从社会规范。外部的社会控制又可分为正式（或制度化）的控制和非正式（或非制度化）的控制两大类。正式（或制度化）的社会控制，主要是法律控制，用国家政权机器控制，实施也是由正式职能组织来执行。现代社会中都设有专门的社会控制组织，如各级国家机器（政府、公安、检察、法院、监狱等）和职业（军人、警察、法官、律师、监狱看守、立法工作者、社会工作者、教师、宗教神职人员、精神病医生等），对各社会成员，特别对偏差行为者实行社会控制。非正式（或非制度化）的社会控制，群众互动、礼仪、声望、传言、时尚、禁忌、风俗习惯、道德、时髦、理想、信念、信仰、艺术、迷信、舆论、社会心理、大众传播等都是非正式社会控制的具体内容。

内部控制是经过社会化和再社会化的过程来促使人们自发地遵从社会规范。在现代社会中，人的社会化和再社会化依然是社会控制的最有效的方法，因为“最有效，并持续不断的控制不是强制，而是触发个人内在的自发性的控制”。[①]社会化是一个个体学习社会文化、学习承担社会角色、掌握进入社会生活所必需的规范、取得社会承认的身份和社会地位，成为一个合乎社会标准的完整的社会人的过程。一旦一种社会规范被成功地“内在化”时，一个人即使无他人在场，也会自觉遵守它。

内在控制方式的主要力量来源于个人的自我观念，自我观念越强，社会控制力越大。自我观念既反映外界，又反映对内的自我认识。自我观念具有持续性、稳定性和统一性，是塑造人格的核心，也是内在控制的关键。个人的自我认识对于社会控制来说是关键的一环。一些实验证明，自我认识水平的降低是青少年犯罪率上升的一个重要原因。所以自我观念意识形态的建设对于青少年的行为有着直接的关系，对于整个社会控制来说也是不可忽视的。因而强调内在的自我社会控制方式，强调努力提高人们自我观念的水平，这是使内在控制与外在控制有机地结合起来，从而使社会控制达到真正文明的必由之路。

社会控制是个完整的体系，实行控制的实体是由最高国家机器到各级社会基层组织，最后到全体社会成员。它是由硬度最大的政权开始，逐步向软控制延伸，最后落实到个人的内心世界。在这一过程中社会舆论起了重要的中介作用。当社会规范经过社会舆论的过渡，成为规范化的社会尺度后，转化为与社会上大

---

① 横山宇夫. 社会学概论［M］. 上海：上海译文出版社，1983：226.

多数人一致的社会行动，印入人们的社会心理时，并最终形成被人们内化了的、自我的控制时，就达到自我规范化的过程。[①]这是社会控制的最高形态。

总之，从社会控制手段的运用效果方面看，社会控制应是全方位的，手段不能单一，应追求综合控制、综合效应。正式控制手段与非正式控制手段，外部控制与内部控制是社会控制的分工，缺一不可，两者兼施才能起到互补作用。经济手段是社会控制的首要手段和方式，它是建立和维持社会秩序、引导人们遵守社会行为规范、赏善罚恶的重要杠杆。政治是经济的集中表现，依法实现社会控制是最有效的控制。思想教育是社会控制必不可少的一种控制方法，它是靠灌输思想信念来达到社会控制。综合运用这些手段才能达到自律、他律的统一，实现外在控制与内在控制的辩证统一，最终达到对社会的有效的控制。

第二节 越轨行为

一、越轨行为的含义

要清楚地回答究竟什么是越轨行为，越轨行为的界定标准是什么，怎样把越轨行为与正常行为区分开来，确实不是一件容易的事。一种较能说明越轨的界定，就是把偏离行为看成是偏离“正常状态”，也就是一般人们所说的对常态的偏离。常态可以从四个角度来理解。（1）从统计角度来看，出现次数最多的就是常态（右手写字为常态，一日三餐为常态）。（2）健康（生理或心理的）为常态。社会学大师帕森斯认为健康与正常是同义词。（3）从社会的角度来看，凡是符合行为规范的就是常态。（4）个人心目中的期待的常态。本土方法论者称之为“正常形式”，且认为“这是常人理解现实世界的基本法则之一”。越轨行为既然是偏离常态，而常态有四种，所以越轨行为的定义理所当然地不能一言而蔽之，需根据处在各种不同角度而各异。

从社会学角度出发，是以规范常态为研究焦点，所以大多数有关越轨行为的定义，都是指违反社会规范而言的。即越轨行为就是指人的行为脱离了社会正常轨道，超越了社会规定的行为规范，并为大多数人所非难和反对的行为。如违反

---

① 宋书伟. 社会学纲要［M］. 济南：山东人民出版社，1986：100–102.

刑法条例的行为叫犯罪行为；青少年的犯法行为因其尚不足依法判罪，叫不法行为或不良行为；违反社会治安条例的行为叫违警行为；违反道德规范的行为叫不道德行为。此外，自杀、吸毒、淫秽、性错乱等等，都是对社会规范的违反或背离。违规包含着两层意思：一是违反特定社会的行为规范的行为，是一种受社会规范所拒斥的社会行为。二是越轨行为必然为社会上大多数人所非难、反对、不赞成的行为，是一种与公认的行为标准相偏离或冲突的行为。

所谓社会规范，指社会中占统治地位的、为社会上绝大多数人所共同遵循的行为规则之总和。社会规范作为人们共同遵循的行为规则，是有共同性和普遍性的。正因为如此，它才能调节人们的社会行为从而形成协调的人际关系和生活秩序。与偏离行为相对立的是遵守社会规范的规范行为。社会规范有历史性和阶级性。因此，对社会规范的解释是多义的。对一个阶级和一定历史时期来说是消极的离轨行为，对另一个阶级和另一历史时期来说却可能是积极的、正常的行为。有些行为在一定社会里是可以接受及允许的行为，可在另一个社会里却可能是属偏差违规行为。如在我国“文化大革命”时期，流行歌曲（通俗唱法）被视为黄色的靡靡之音，属禁止之列；现在则成为大家所欢迎的、健康的城市商业文化之一。过去“比基尼”三点式泳装为社会习惯势力和舆论所反对，斥责为黄色、不健康，而现在则为社会所容忍和肯定。

由于偏离行为对社会公共秩序具有破坏性，因而不论偏离者本人的特点如何，扮演什么社会角色，有什么样的性格素质，采取何种观念和想法，只要在行为上构成违背社会规范、破坏社会生活秩序的既成事实，这种行为就是社会控制对象。在不同的社会里，对偏离行为的控制方式虽不完全相同，但是要对偏离行为进行社会控制这一点，任何社会都是一样的。

二、越轨行为的性质与类型

（一）越轨行为的性质

社会规范在事实上不可能规定人们社会生活的全部言行。成文规范也都只是原则性、概括的规定；不成文规范又是约定俗成，弹性更大。各人在遵循规范时理解不一，且各人社会地位不一，社会的容忍度也不一，故行为禁区是呈模糊性的。而且人们偏常、违规是普遍性存在的。古今中外任何社会都有偏离行为，就个人而言，人的一生或多或少地存在越轨行为，可以说人人有越轨，处处有越轨，时时有越轨。

美国社会学家华乐斯庭及韦礼两人在纽约市作了一次社会调查研究：列出49种违法行为，这些行为根据纽约当地法律最高刑罚起码要监禁超过一年，请人自报曾有过多少次越轨。结果在回收的1000份问卷中，有99%的人承认曾犯一种或一种以上的违法行为，其中男性平均18种，女性平均11种，[①]从中可见偏常行为的普遍性之一斑。

（二）越轨行为的类型

社会对不同层次的个人或团体行动的评价，是合乎社会规范的还是偏离社会规范的?是必需的还是有害的？对越轨行为的类型通常和方便的分类法是：把越轨行为分成偏常行为、偏常习癖、偏常心理、偏差文化四类。

1. 偏常行为

是指必须以具体的动作和行动完成的有悖于社会常理的行为。这类行为具有明显的偏常特征，往往构成对社会秩序的很大威胁，影响较大。暴力犯罪（谋杀、抢劫、掠夺）以及卖淫、自杀等基本都属于偏常行为。

2. 偏常习癖

是指的社会公认的不良习惯嗜好。它是连续出现的一种生活方式，此类行为如果是轻微或中度的，社会尚能宽忍；但如积习成性、程度严重，对社会及他人造成一定危害时则将会被强迫制止或隔离。酗酒、赌博、吸毒、同性恋、懒惰成性都属于此种类型。

3. 偏常心理

是指一些精神和心理不正常的人。此类人一般无法与社会上的正常人正常交往和互动。这类人所表达的语言、行动方式呈现病态，违反了社会互动的规范。精神病患者即为此类偏常行为的典型。

4. 偏差文化

是指那些与社会公认的主流文化不同的亚文化。可分为一般类型（即违反一般社会规范的行为）和特殊类型（即违法犯罪行为）。

违反一般社会规范的行为表现为：①违反既定的办事程序和规则；②违反传

① 张德胜. 社会学原理［M］. 香港巨流图书公司，1986：201.

统的风俗习惯；③违反公共秩序违警行为；④违反社会公德。

违法犯罪行为表现为：①未构成犯罪行为（触犯法律，但情节轻微）；②已构成犯罪行为（依照法律应受到刑罚处罚的行为）。

三、越轨行为的原因

对越轨行为的原因的解释，不同学科从各自的视角进行了探索。

（一）生理学的解释

生理学家认为，偏常行为是病态的产物。生理学理论的解释立足于寻找偏常行为者的生理或体型、相貌上的偏常特征，尤为强调遗传因素的重要性，近年来又因生物化学研究大幅度进展，有人试图从人类遗传基因中染色体排列模式来解释偏常行为。这类理论认定偏常行为是与生俱来的，是能够遗传的。这方面的代表人物是意大利的犯罪学家尤勃罗梭，他认为有些人可能是天生犯罪者，他们的体貌特征与原始人相似。在现代社会中，由于许多犯罪行为尚未直接找到生理根源，生理学派对偏常行为所作的解释受到许多批评和指责，故有关越轨行为的生理学解释对现实来说意义不大。

（二）心理学的解释

心理学家认为偏常行为是一种适应手段，所有人都有偏差冲动，但当我们在成长过程中，大部分人已经学会如何去抑制它。人们从其父母的认同，获得超我或道德（良心），它可禁止某些行为，同时自我的建立，使得人们能够把社会需要和内在驱动力加以调和，他们的超我能有效抑制非理性的潜意识。

心理学的解释比较强调父母的角色规范和儿童的经验是造成偏常行为的主要原因。成年人的越轨行为是其儿童时社会化不良和缺陷所致，既非遗传，也非后天环境之影响，而是偏常行为者控制自己的潜意识失败之故。“挫折—侵犯”说是从心理学观点上提出的，越轨者是一种由挫折产生的针对他人和针对社会的侵犯形式。当一种需要未被满足时，人们变得沮丧，并且把他们的挫折发泄为侵犯。侵犯的强度是与一定量的挫折成正比，并且挫折可能产生金钱缺乏、事业和爱情上的失败。挫折—侵犯—再挫折—再侵犯，一次比一次陷得深，最后，堕落成犯罪者，一个惯犯。行为交换论者则认为，偏常行为者是通过理性的报酬与奖励、惩罚的计算得出偏常行为“合算”才做出的行为。

总之，心理学家认为人格上的缺陷或心理上的打击，会导致偏常行为。然而人格的追寻和心理缺陷的补偿，必须以社会文化为背景，其形成过程和缺陷如何补偿，是要在与他人互动中才能完成，因此它牵涉到社会因素，从而心理学家就无法单独完成其对越轨行为的原因解释。

（三）社会学的解释

对“越轨”研究影响较大的社会学理论有如下几种：

1. 社会结构论

主要以埃米尔·迪尔凯姆和莫顿为代表。埃米尔·迪尔凯姆比较关注社会病态和失范问题，认为失范说明社会控制机制在两个维度上出现问题：集体意识丧失了社会规定性隐而不显；个体意识丧失了自我规定性而使欲望本身凸现出来。埃米尔·迪尔凯姆对越轨行为原因的解释侧重于集体意识和社会事实。埃米尔·迪尔凯姆《论自杀》便试图证明是社会解体引起了失序和越轨行为。

莫顿则进一步把失序放在集体和个体两个层面上进行研究，使失范理论在宏观和微观两个层次上展现。莫顿认为越轨行为是制度化手段和文化取向目标之间发生冲突的结果。他的模型显示了个体在此目标和手段之间的行为方式有遵从、创新、形式主义、退却主义和造反五种，代表了个体行为者对于正当化的文化目标和社会化手段的不同态度和行为。莫顿指出，当社会成员经过社会化教育而愿意追求社会为其实现提供了正统手段的行为（文化）目标，并且社会成员可以获得这些正统手段时，正统目标和正统手段之间就存在一种平衡状态。而当社会成员经过社会化教育而追求正统的文化目标，却无法采用或不愿采用正统手段时，或者说，当社会成员高度评价正统手段，却对正统目标不感兴趣时，甚而当社会成员对正统的目标和正统的手段都不重视时，目标和手段之间就出现了不平衡，导致失范现象的产生。莫顿的研究方法在西方越轨社会学领域占有较重要的地位。

2. 标签论

与社会结构论不同的是，它强调的不是社会背景所决定的越轨者的动机和手段，而是越轨者的社会文化是如何认定这一行为越轨，强调了越轨行为的社会界定的主观一面，这等于认为没有任何行为是内在的越轨或循轨。在人们变成越轨者的过程中，给其贴上标签是个关键因素。标签论不是把越轨存在的原因归于社会情境和促成其行为的“社会因素”，而是说，社会群体通过创建秩序，制定那些一经违反就会造成越轨的准则而创造了越轨行为。所以，越轨不是行为本身的特质，而是在越轨者同其反应者之间相互作用的一种特质。

四、越轨行为的社会功能

（一） 负功能

越轨（违规）行为是一种反社会规范的行为。连续的、广泛的违规行为必定破坏社会秩序、减低社会效益和破坏社会集体利益，最终造成社会机能失调和社会解组以及社会结构的崩溃。

（二）正功能

1.违规有助于澄清和定义社会规范

平时一些规范划定的行为界限，由于接触不多，并不十分清楚，特别是新制定的法规，其界限更为模糊，由于越轨者的违规反应才使行为禁区有了清楚的界限，规范才有了确切的定义。

2. 违规者有报警的功能

有些规范流于陈旧，但却依然束缚人们的行为，成为陈规陋习，这时社会和群体中出现越来越多的越轨违规者，连平时奉公守法者都在违背它，就意味着它在警告和提醒有关方面应认真反思规范的价值，急需修改或另订规则，所以违规能带来社会体制中所需要的变革。

3. 增强群体团结的功能

每当一个群体内部出现偏差行为者，群体会利用集体压力纠正违规行为，同时也会更加爱惜和赞扬遵守群体规范的成员。正像乔治·米德说的那样，“对破坏法律的人的共同敌对态度具有独特的作用，全体社区成员在感情上团结起来，共同对付破坏行为的特点”。

4.违规者是一个反面教员，能促使人们更愿意遵守规范

违规者可从反面教育人们，使人们认识到遵守规范是美德，不遵守规范要受到惩罚。

第三节 体育在社会控制中的作用

在任何一个社会，人们的各种社会行为（包括体育行为）都要受到社会的控制，特别是对社会的偏离行为（或称越轨行为），更要进行严格的社会控制。社会要对体育运动进行控制，同时体育也作为一种特殊的方式参与对社会成员的社会控制。

一、体育运动为人的社会化体验及社会控制提供了重要的场所

体育运动是人们追求体能挑战、表达兴奋体验的活动，并在这些活动中得到较直接的、令人愉悦的主体情感等抒发和宣泄，这是其他生活鲜能为之的事情。由于体育的娱乐性、喜闻乐见、易于参与特征，使它自然地产生了巨大的吸引力，吸引了大量的公众，成为最大、最广泛、最频繁的公众参与集聚场所。因而，许多体育社会学家都将体育运动看作是富有潜力的、提供值得记忆的和具有影响力的个人的、社会的及文化的体验社会场所。“……是讲述故事的理想场所，人们可能通过这些故事对生活中什么重要以及生活是什么，形成观念。这样，体育运动成为重要的社会现象，因为它是人们经常获得词汇和看法的背景，这些词汇和看法告诉他们如何看待和评价自己及世界的其他部分。”[①]

体育活动作为人的社会化体验的重要场所，同时也为社会控制提供了极为有利的条件。“社会控制同社会化本身的过程相类似，即取决于整个社会环境中的道德准则和文化。”[②]社会学家们认为，“美德和偏离行为都不是由运动和运动参与引发的。运动只不过是年轻人经常获得有力的、令人兴奋的身体和社会经验的场所。当运动被细致地组织起来，使年轻人能够得到来自成人正确而审慎的指导时，就有可能出现好的结果，” 产生有效的社会控制作用。

在今天的社会中，体育运动不仅在人们生活中从未有过如此的普及和广泛的影响，而且以前的体育活动和比赛也从未如此紧密地与制造利润、培育人才、爱国主义和个人健康联系在一起。这将对人的社会化和社会控制过程产生积极的、

---

① 杰·科克利. 体育社会学——议题与争论［M］. 管兵，等，译. 北京：清华大学出版社，2003：101；127.

② 伯·霍尔茨纳. 知识社会学［M］. 傅正元，等，译. 武汉：湖北人民出版社，1984：56.

有效的作用和效果。因而，“当代无论是发达国家，还是发展中国家，对体育都给予了极大的重视和关注。这种重视和关注，既表现在社会宣传、社会舆论上，也表现在体育的国家立法和体育投资上”。[①]

二、体育运动可以有效化解人际沟通中的社会结构障碍

社会各个组成部分和社会成员之间的沟通与交流，对于保持整个社会的相互依赖，形成共同的目标和共同行为具有越来越重要的意义，直接决定了社会控制的有效性。

一方面体育运动可以有效地化解人际沟通中的社会结构障碍，发挥着一种有助于形成弹性社会结构的机制作用。现代化引起社会体制的结构分化趋势是不可避免的，对于社会控制体系来说，如何通过各种机制，形成一种具有弹性的社会结构，不断地将分化出去的结构成分重新纳入社会的核心结构之中，以避免不同社会结构部分之间的分裂（断裂），或者造成不同社会结构部分之间的冲突，以保持对整个社会进行有效的社会控制是非常重要的。在现实社会交往中，丝毫不考虑各自的社会地位、社会职业等方面的差距几乎是不可能的。然而，清晨在公园里锻炼的将军，能自然地同一个爱好体育的环卫工人结下友谊。工作中，同事之间产生误解和矛盾的时候，往往通过偶然的体育活动，在互补共振、友好协作的气氛中得以相互谅解，前嫌尽释。观看一场国际比赛，素昧平生的人们能十分自然地一起鼓掌呐喊，彼此拥抱，握手祝贺。如此这种真、善、美的人际关系的沟通形成，也主要是受益于体育精神的呼唤和激发。甚至完全可以这样说，在没有社会公害、突发自然灾害以及普天同庆的社会环境中，很难找到比体育更有效的——人与人的交往中能迅速解除“心理防卫”状态，迅速进行沟通的其他事情了。[②]

另一方面体育运动有助于使人际沟通更易获得直接的、面对面的情感交流。电话、电视和网络等使现代社会人们交往的手段、范围得到极大扩展。但电子化、信息化的交流是一种简约的、间接的、不那么有人情味的交流方式，在精神，情感上沟通虚拟多于真实，因而，交流中感情的浓度便不可避免地被稀释了。而人们在参于体育生活的过程中，人与人直接的、面对面的情感交流是一种极其自然的、发自内心、出自本性的情感要求，强调的是直接参与和真实参与。感悟自然、体验真实已经成为一种不可多得的雅兴和情调，而这曾经是我们最基

---

① 刘德佩. 体育社会学［M］. 北京：人民体育出版社 1990：32.

② 同①：147–148.

本的经验之路。高技术时代同时呼唤着高情感，也许，正是在数字化时代，真实的参与，生命的直接体验才弥足珍贵。接触、体验、感悟重新成为更受重视的认识途径。不可复制、难以遗传的独特的个性和个人体验永远是人的真正财富，标志着生命丰富性、深度和活力。体育为现代人的精神沟通提供了广阔的天地和简易而崇高的方式，即“就是用一个意味深长的方式将人们汇集起来，通过人们之间肩并肩的表演和比赛，使友谊得以建立和导致相互的学习、理解和沟通。

三、体育运动的安全阀效应及对社会犯罪的抑制作用

功能主义理论认为，由于人们在遵从具体的价值和规则时会产生紧张和挫折，社会中的人们必须有机会通过无危害的方式释放这种紧张和挫折。社会心理学有一种理论认为，人具有一种与生俱来的攻击，与一切动物的攻击性一样，是一种保护自我存在的必要条件。而我们这个社会之所以时常出现不安宁状态，与人类的这种时时可能释放出的天然的攻击性有关。

行为学家研究了人类攻击性形成的原因和表现的特征，认为光靠压抑、控制人类这种攻击，只能收到局部的、暂时的效果，而且这种压抑和控制长久不能找到一条适当的发泄渠道，反而会积聚下来，突然爆发出人们难以预料的恶性事件。因此，社会学家提出了“小乱是福”的观点，在设置限制人类攻击性随处蔓延的各种樊篱的同时，打开一个小小的缺口，即建立一种社会安全阀系统，让各种不良的情绪和行为在一个可控制的范围内发泄。

人们之所以选中了体育运动作为社会安全阀系统，是因为体育运动被人们称做是一种“仪式化的战争”。体育运动不仅通过使人们学习社会价值和规则而提供了社会化体验，而且也提供了种种以安全的方式释放紧张和挫折的环境，从而保持社会的秩序和稳定。在现代社会，竞争是社会发展的一个重要的推动力，没有竞争的社会必定是一个衰败陈腐、缺乏生气的社会。人类的体育运动没有一种是不具有竞争性的。竞赛是体育中最积极、最活跃的一个因素，小自饭后茶余树荫下的对弈，大至轰动全世界的奥林匹克盛会，竞赛因素无处不有。假如将竞赛因素从体育中剔除，体育就不再是龙腾虎跃、生机勃勃的体育了。[1]体育运动的魅力就在于它所具备的竞争性。

社会运动与体育运动寻找到了一个良好的结合点，这就是竞争。人们用体育运动来培养竞争意识，同时用体育运动来消释社会竞争中表现出来的攻击、侵略

[1] 刘德佩. 体育社会学［M］. 北京：人民体育出版社，1990：19.

天性。现代文明社会利用体育运动，使它成为文明社会最重要的人类发泄攻击性的场所。正如社会生物学的创始人美国斯坦福大学著名教授威尔逊所说：“人类同其他动物一样具有相同的攻击本能，这种内驱力必须通过竞争性体育运动或其他方式才能得到某种释放。”在体育运动中，人们有意识地、具有责任感地，并在种种规范的控制下发泄自己的攻击性和侵略行为。体育运动的最大功能是代替那些最不可或缺但又最危险的攻击类型，为人们的战斗狂热安上一个保险而且灵活的阀门。人们发泄了狂热，但不因此而增长仇恨。同时，体育运动对社会犯罪也起着抑制作用，有助于维护社会安全、减少暴力事件。我国的体育运动已为减少社会暴力事件、增加社会的安全度而做出了贡献。公安部门的调查统计证明，凡是城市里有重大赛事或电视里转播重大国际比赛，街上的行人、公共交通工具上的乘客就大为减少，城市的犯罪率就明显下降。

当然，不能过高估计体育运动的安全阀功能和对社会犯罪的抑制作用，它毕竟代替不了社会的道德和法制教育，更代替不了警察和法庭的威慑。它不能从根本上解决社会冲突问题，有时甚至会产生负作用。如果对体育运动管理不善，放任自流，同样会酿成社会问题。攻击性在体育运动中狂热发展，就会演变成球场暴力，引发球迷骚乱，泛滥危及社会文明的越轨行为，造成巨大的灾祸。因此，关键在于控制，把体育运动作为控制社会发展的工具，又将社会的管理用来控制体育的运转，让良性运行的社会享受体育运动的恩惠，让体育运动成为健康社会的组成部分。

四、体育运动生成的“社会凝聚力”及对国际争端的缓解作用

体育上一些振奋人心的事件，都可能加强“社会凝聚力”的作用。当我国选手在引人瞩目的奥运会上实现了“零”的突破、女排获三连冠和我国申奥成功时，亿万人热泪盈眶，激动难平的情感沸腾得到精神升华，使社会深切感受到一种奋进的人的力量和一种明朗的氛围，向人们传递着社会的进步、安定、生活的美好。从而使人们在这样一种激荡着追求与充实的氛围里进行着交流、沟通和相互的精神感染……其结果使人的个性品质得到磨砺，使人的精神境界得到升华，为人的精神生活注入活力。重要的是与爱国主义、民族自豪感相连的精神需要。那些包含进步理想的、美学的、伦理的规范以及社会政治的纲领，无疑都具有指导性的、动员人们的、激励感情的巨大作用。它们越是崇高和高尚的同时又越是现实的，并且牢牢地扎根于自己国家的土地上，那么它们对社会所产生的良好影响就越深刻。

体育运动还可以起到缓解国际争端的作用。国际间的运动竞赛，不仅为种族和个体的战斗热情找到发泄的途径，激发爱国主义和民族自豪感，而且还可消弥战争的危险性。它能促进不同种族或团体之间人与人的认识，促使人们为共同的利益奋斗和团结。因此，可以说体育运动是战争的天敌，在体育运动的竞赛场合常常可以听到劝戒人们放下手中武器的《休战宣言》和《和平声明》。所以说奥林匹克运动会是唯一的一个当某一国国旗升起时最少引起他国敌视的场合。

主要参考文献

1. 郑杭生. 社会学概论新编［M］. 北京：中国人民大学出版社，1987.
2. 刘德佩.体育社会学［M］. 北京：人民体育出版社，1990.
3. 卢元镇.中国体育社会学［M］. 北京：北京体育大学出版社，1996.
4. 杰·科克利.体育社会学——议题与争论［M］. 管兵，等，译.北京：清华大学出版社，2003.
5. 宋书伟. 社会学纲要［M］. 济南：山东人民出版社，1986.
6. 宋林飞.西方社会学理论［M］. 南京：南京大学出版社，1997.

复习与思考

1. 社会控制在维护社会秩序中有何重要意义和作用？
2. 社会控制有哪些特点？
3. 社会控制的基本手段有哪些？不同手段的各自特点是什么？
4. 在社会学中，是怎样定义越轨行为的？越轨行为有哪些社会功能？
5. 社会结构论是怎样解释越轨行为原因的？
6. 体育在社会控制中的作用有哪些？

推荐阅读书目

1. 郑杭生.社会学概论新编［M］. 北京：中国人民大学出版社，1987.
2. 刘德佩.体育社会学［M］. 北京：人民体育出版社，1990.
3. 卢元镇.中国体育社会学［M］. 北京：北京体育大学出版社，1996.
4. 杰·科克利.体育社会学——议题与争论［M］. 管兵，等，译.北京：清华大学出版社，2003.

第十七章

社会调查研究方法

本章概要

本章介绍了社会调查研究的概念、特点及其理论指导，简要分析了社会调查研究方法在体育社会学研究中的意义并对社会调查研究的准备工作进行了探讨。在社会调查研究的主要类型中重点介绍了普遍调查、典型调查和抽样调查，并分析了各调查方法的含义、优点与局限以及应当注意的问题等。社会调查研究常用的方法是本章的重点，主要介绍其中使用频率较高的实地观察法、访问调查法、问卷调查法和实验调查法。

社会调查研究是人们有目的、有意识地通过对某种社会现象的考察、了解与分析判断，进一步掌握其本质与规律的一种认识活动。作为工具和手段，社会调查在社会学研究中起着特殊的作用。体育社会学的任务就是要认识、解释和说明体育这一社会现象，这就需要深入到社会实践中去开展社会调查研究工作。因此，掌握社会调查研究的基本方法，对体育社会学的学习与研究是十分必要的。

第一节　社会调查研究概述

一、社会调查研究的概念与特点

（一）社会调查研究释义

社会调查研究是运用科学的方法，系统、直接地收集有关社会现象的真实情况，并对所得资料进行整理、分析，科学地阐明社会的状况及其变动规律的认识活动。社会调查研究实际上是由两个互相连接的活动组成。社会调查，是直接接触社会生活、收集有关资料的活动；研究，则是对所获资料的分析，是对调查所获经验材料的概括与加工。因此，社会调查与研究是两个密切联系的部分，其中“调查”主要是通过对客观事物的查实、核对、统计和记录等来了解事实真相的一种感性认识活动，而“研究”则主要是指通过对已有的感性材料进行审视、探究、分析、推断和论证等思维加工，以求对社会现象的本质与发展变化规律加以把握的一种理性认识活动。

（二）社会调查研究的特点

在社会学学科领域中，社会调查研究是一种方法，即服务于社会学研究的工具和手段。一般来说，方法可分为认识方法和工作方法两大类。社会调查主要是一种认识方法，同时也是一种工作方法。社会调查研究方法主要包含了三个层次，最高层次为科学的方法论；中间层次是社会调查的基本方法或研究方式；第三层次包括社会调查研究中所采用的各种具体方法与技术。因此，社会调查研究方法既具有综合性的特征，又具有实践性的特点。

（三）社会调查研究的理论指导

科学的社会调查研究必须以科学的世界观和方法论为理论指导，辩证唯物主义和历史唯物主义是社会调查研究的基础和指导思想。

辩证唯物主义和历史唯物主义的认识论认为，人类的认识活动有三个不可缺少的要素，即认识主体、认识客体和认识过程。作为科学认识方法的社会调查，也有三个不可缺少的要素，即调查主体、调查客体和调查过程。

调查主体，即调查者自身。每一个调查者在一定的社会环境与社会关系中都形成了一定的人生观、价值观和世界观，也都具备了一定的知识结构、认知水平、实践经验和心理特征等，这就构成了调查者自身的素质。

调查客体，即调查对象。调查对象一般可分为两类：一类是社会生活中的物质现象，即社会生活中存在的一切事物；另一类是社会生活中的精神现象，即人们的认识、情感、态度、愿望、思想和心理特征等。在社会调查研究中，对社会物质现象和精神现象的认识，有时是通过对客观事物实地观察获得的，有时是通过对被调查者的询问获得的，因而被调查的人和事就是社会调查研究的直接对象。

调查过程，即调查活动。调查过程是在调查实践的基础上，从收集材料、研究材料到形成调研结论，再从调研结论回到实践检验的辩证运动过程。每一次具体的社会调查研究在过程上都可分为两个阶段：第一阶段是从收集调查资料到形成调研结论，从感性认识到理性认识的阶段；第二阶段是从调研结论回到实践的阶段，即检验、评估、应用调研结论、完善相关理论的阶段。

除马克思主义方法论的指导外，在社会调查研究中，实证主义方法论和人本主义方法论也是可借鉴的理论思想和方法论基础。

实证主义方法论认为，社会现象有其规律，因此可采用自然科学式的、用经验事实来检验假设的方法进行研究。该方法论认为，虽然社会科学在方法、技术的运用上有其特点，但在理论建构、证据搜集与分析、理论检验等方面所运用的方法与自然科学方法并无本质区别。按照实证主义方法论，社会调查研究要注重资料的客观性、真实性、准确性，在方法上比较侧重实验和社会测量等定量研究。

人本主义方法论则认为，社会现象不同于自然现象，因为社会现象是人的活动。实证主义正是忽视了社会行动者——人的特殊性，忽视了历史、文化和意识的作用。人本主义学派强调定性研究，主张通过对社会现象特殊含义的理解来认识社会现象。在调查研究的方法上，人本主义注重深度访问和观察体验，把调查研究的对象放在一个大背景下考察与思考，以真正理解研究对象赋予其行动的意义。

（四）社会调查研究方法在体育社会学研究中的意义

为了能够进行比较深入的体育社会学研究，就要求研究者不仅需要了解社会学和体育社会学的一般理论知识，还需要掌握一定的研究方法。在体育社会学研究中，使用最多的就是社会调查研究方法。其意义在于：第一，运用社会调查研究方法，能更清楚地认识体育这一社会现象的真实情况并使其数量化。第二，运用社会调查研究方法，可以进一步探讨诸多体育社会现象产生的客观原因及其影响因素。第三，运用社会调查研究方法，有利于进一步探索体育这一社会现象的本质与发展规律。

二、社会调查研究的准备

准备工作是社会调查研究的起点，也是调查研究能否取得成功的关键步骤。其主要任务包括进行初步探索、选择调查内容、提出研究假设、设计调查方案以及挑选和培训调查人员。

（一）进行初步探索

进行社会调查研究之前，必须围绕将要选择的题目范围展开初步的、探索性的准备工作。初步探索的目的不是直接回答调研课题所要解决的问题，而是为正确开展调查研究工作找到方向，为调查方案的设计提供可行的客观依据。进行初步探索的任务首先是正确选择调查研究的重点，其次是必须以正确的理论为指导，再次是周密地思考社会调查的指标、方法和具体步骤等。通常，初步探索是从查阅相关文献开始的，在进行初步探索时也可向相关人士进行咨询，既可听取专家教授的建议，也可向有丰富实践经验的实际工作者请教。此外，还需要一定程度的实地考察。

（二）选择调查内容

调查内容的选择必须依据其从事的课题研究的需要，紧紧围绕研究主题，有目的、有针对性地加以考虑。在主题明确的前提下，选择什么内容来进行社会调查，对课题研究会产生直接的影响，因为任何一项社会调查都需要有包括人力、物力和环境等相应的条件配合，如果调查内容选择不当，便无法顺利实施。社会调查研究的价值并不完全取决于研究题目的大小，而在于其现实意义和研究的深度。在研究范围确定后，调查内容的选择要尽可能地注意在已有同类研究的基础上有所创新和突破。社会调查研究内容的选择虽然受到研究者的兴趣、经验、能力、知识结构以及调研手段和社会环境等主客观条件的制约，但要使调查能获得成功，应该遵循需要性原则、可行性原则、科学性原则和创新性原则。以上几个原则既相互联系又有所区别。需要性原则指出了社会调查研究的方向，可行性原则说明了社会调查研究的现实条件，科学性原则体现了对社会调查研究的基本要求，创新性原则反映出社会调查研究应具有的特点。

（三）提出研究假设

所谓假设（假说），是对未知的社会现象或社会现象之间的关系所做出的、尚未通过实践检验的假定性设想或说明。虽然研究假设是关于调查对象的特征及现象之间的相互关系的推测性判断，但它却不是纯主观的臆断，而是以一定的客观事实为依据，以一定的科学理论为指导，因而是建立在对调查对象初步了解的基础上的。任何调查方案的设计，特别是社会指标的设计，在客观上都是以一定的研究假设为指南的。在收集事实材料的过程中，无论是感知社会现象还是间接查阅文献资料，假设都有明显的向导作用。提出研究假设的意义在于：第一，研究假设明确了本次调查研究所要解决的主要问题，提出调查研究的工作方向，使调查任务明确化。第二，好的研究假设可以避免收集资料的盲目性和片面性，提高调查研究的效率。第三，研究假设是设计调查方案的依据，因而对整个调查研究过程起指导作用。

研究假设主要有三种主要形式：描述性假设、解释性假设和预测性假设。科学的研究假设是创造性思维的产物，它的形成是一个复杂的思维过程，丰富的实践经验、科学的理论知识、客观的实际情况和一定的想象能力是形成科学假设的必备条件。具体地讲，提出研究假设应当注意：假设不能与已有的资料相矛盾，不能与事实相悖；假设本身不应当出现逻辑矛盾或错误；过于抽象的、不能被验证的或不能被明确解释的概念不应进入假设；假设的文字表述力求简明准确。一定的客观性、科学性和可检验性是提出科学假设的基本要求。

（四）设计调查方案

在社会调查研究准备阶段的一项重要工作，就是制定一个周密详细和切合实际的调查方案。设计调查方案一般应包括本调查研究的目的、意义和主要内容；

调查研究的区域范围以及具体的被调查对象；调查研究的方式方法和所使用的调查工具；确定样本获取方案或被调查对象单位的获取方法；明确调查行进的时间、进度及人员安排；调查经费的筹划与调查步骤等内容。设计调查方案时应当注意其实用性、时效性、经济性和一定的弹性。在调查方案设计中，调查指标是其核心内容。调查指标是调查目的、指导思想、研究假设和调查内容的集中体现。调查指标的设计过程，一般都是以一定的研究假设为指导，设计出一套社会指标体系，然后再将社会指标体系中的每一个指标具体化为若干个调查指标，从而形成一个具有层次性、完整性、系统性的社会调查指标体系。设计调查指标时应遵循科学性、准确性、完整性、简单性和可操作性的原则。

（五）挑选和培训调查人员

一项较大的调查研究，除了主持者的参与外，往往还需要其他一些人员的协助与配合。为了确保调查的质量，就需要挑选和培训调查人员。在选定调查人员后，应依据调查研究的目的和内容，可采用集中讲解、阅读和讨论、示范和模拟、现场实习等方法对他们进行相应的培训。

第二节　社会调查研究的主要类型

一、普遍调查（普查）

普查也称全面调查，是在某一范围内对被研究单元所包括的全部对象进行逐一不漏的调查。根据调查对象范围的大小，普查有宏观、中观和微观之分，大可至整个国家，中可至某一个区域或某一个城市，小可至一个具体的单位。普查主要是通过对某一方面情况的全面了解，为制定相关政策提供事实依据。普查有两种方式：一种是填报表，即利用统一的统计表格或调查表，由被调查对象单位根据实际情况和已掌握的资料进行填报，调查者通过报表的统计数据了解某一社会现象在某一时段的具体情况；另一种是直接登记，即组织专门普查机构，派出专门调查人员，对调查对象的情况进行直接记录。

在社会调查研究中，普遍调查具有重大的意义，因为普查是一项正确认识现状、科学规划未来的基础性工作。对一个国家来讲，普查一般都是对关于某些重大国情国力、涉及国计民生或关系国家社会经济发展等方面的大面积调查，因而所掌握的数据资料对制定各种相关政策十分重要。对某一地区、部门或单位来说，普查也是全面了解本地区、本部门和本单位的基本情况，以事实为依据，科学决策并制定发展规划的重要方法。

二、典型调查

（一）典型调查的含义

典型调查是从调研对象的总体中选取一个或几个具有代表性的单位作为典范，并通过对其进行调查研究来了解与认识同类社会现象的本质及其发展规律的方法。也就是说，典型调查是通过对少量典型的调查来了解全局的调查研究方法。

对典型常有不同的理解。有的观点认为，典型是在同类事物中具有代表性的单位；也有人认为，典型是某类事物中某种特征表现最为充分的单位。在社会学研究中所使用的典型，是指前一种含义。

典型调查是对调查对象中个别或少数单位进行的调查，是调查者有目的、有意识地选择对象的调查，是一种能够深入进行的定性调查。典型调查的关键是如何选择“典型”。典型具有代表性，但是在将典型调查的结论推广到更大范围的时候，就应当注意典型的条件与局限性。在某类事物内部差异较大的情况下，则应当选取几种不同的典型来反映总体的情况。

典型调查与重点调查、个案调查有相似之处，但也有着一定的区别。重点调查是指对某种社会现象比较集中的、对全局具有决定性作用的一个或几个单位所进行的调查。重点调查的调查单位不多，耗费力量不大，但可了解到对全局产生重要影响的基本情况。重点调查的对象是一个或几个单位，这与典型调查相似，但重点调查与典型调查的明显区别在于：其一，选择对象的标准不同。典型调查是选择同类事物中具有代表性的单位作为调查对象，重点调查则是选择同类社会现象中具有集中性和对全局影响重大的单位作为调查对象。其二，调查的性质不同。典型调查是要认识同类事物的本质及发展规律，即主要是定性调查；重点调查是对某种社会现象总体的数量状况做出基本评估，即主要是定量调查。其三，调查的具体方法不同。典型调查是面对面的直接调查，而重点调查可以是直接调查，也可采用表格、问卷、电话等方式间接调查。

个案调查又称个别调查，是指为解决某一具体问题对特定的对象所进行的调查。个案调查选择的研究对象，可以是一个人、一个家庭、一个组织、一个单位或一件事情等，收集与之有关的所有资料，对其进行全面细致的调查并加以深入的分析。个案调查的对象是个别的，调查方法是直接的，这与典型调查有相似之处。个案调查与典型调查的区别在于：其一，调查对象的特点不同。个案调查的对象是特定的和不可替代的，不存在选择调查对象的问题。其二，调查的主要目的不同。个案调查的目的主要是就事论事，解决特定的具体问题，不存在对规律的探索问题。

（二）典型调查中应注意的问题

1. 要正确理解典型。所谓“典型”，是同类事物中最具有代表性的事物，典型性就是代表性。不要认为越稀有、越突出、越奇特的就越典型。反之，越是稀有、突出、奇特的事物，其代表性也就越差。此外，应注意不要把典型绝对化、理想化，不要认为典型无所不包、无所不能。

2. 要恰当选择典型。要恰当选择典型，首先必须坚持实事求是的原则，保证典型的客观性和真实性，不能以主观意愿来确定典型，更不能人为地树立典型。其次，必须坚持动态的观点，要根据不断变化和发展着的实际情况选择具有代表性的典型。第三，根据调查的目的与要求有重点地选择某一方面的典型，对于复杂的事物则应选择多层次、多类型的典型。典型调查的最大误差就是选点误差，如果选择的调查对象不具代表性，是不可能达到典型调查目的的。

3. 使调查与研究相结合。典型调查主要是定性调查，这不仅要求深入了解各方面的实际情况，还要求分析研究造成相关现象的具体原因。典型调查不能满足于一般的观察、访问，而必须研究分析所收集到的资料，从而揭示事物的本质与发展规律，探索解决问题的途径。

4. 审慎对待调查结论。尽管典型是同类事物中具有代表性的人或事物，但它毕竟是一般中的个别、普遍中的特殊。因此，对典型调查研究的结论应当持慎重的态度，严格区分出哪些是可以代表同类事物的具有普遍意义的，哪些是因典型本身的特殊情况所形成的只具有个性意义的。调查研究应对这两部分的结论作出适用范围的说明，而不可将全部结论到处生搬硬套。

三、抽样调查

抽样调查是从研究总体中抽取部分对象（样本）进行调查，并试图用样本分析来推测总体情况的调查研究方法。这里所指的总体，是调查对象整体或集合；样本是指按照一定方法从调查总体中抽取出来进行调查的部分对象；抽样则是指从总体中按照一定方式抽取样本的过程。

（一）随机抽样的具体方法

随机抽样是指以概率原理为基础，按随机原则提取样本的方法。随机抽样遵循的是机会均等的原则，即总体中的每一个单位都有被抽取的机会。常用的随机抽样方法有：

1. 简单随机抽样

简单抽样又称纯随机抽样，是指事先对总体单位不做任何人为分组或排列，全凭偶然机会抽取样本的方法。实际操作中的直接抽样、抽签或抓阄等，都是简单随机抽样的方法。但在社会调查中，简单随机抽样通常是使用随机数字表进行的。随机数字表由自然数 0~9 组成，其抽样的具体步骤是：第一步，编制抽样框，给每个抽样单位确定一个顺序号码；第二步，根据样本数量选用适合的随机数表；第三步，用随机方法提取每一个样本号码；第四步，按任意确定的规则（如从上到下、从左到右等）逐个抽取与号码相符的样本，直到抽满所规定的样本数为止。

2. 系统随机抽样

系统随机抽样也称等距随机抽样或机械随机抽样，其具体做法是：其一，先将总体所有的个体单位按照一定特征前后排列起来，然后计算抽样距离。抽样距离是由总体大小和样本大小决定的，假如总体所含的个体单位数是 N，样本所含的个体单位数是 Q，则抽样距离为 K=N / Q。其二，在头 K 个个体单位中，用完全随机的方式抽取一个个体单位，设其所在位置的序号是 W。其三，自 W 开始，每隔 K 个个体单位抽取一个个体，直至抽满样本数为止。例如，某大学有 12000 名学生，欲了解他们每月的饮食支出费用，可从中抽取 200 名学生，则 K=12000 / 200=60。假如在头 K 个个体单位（60）中，用完全随机的方式抽取一个个体单位是 12 号学生，则第二个样本学生应是（12+60）72 号，第三位应是（72+60）132 号，依次类推，直至抽满样本数 200 为止。假如抽到最后仍不足所需样本时，可再回头累积抽取，此时需以 13 号学生为 W，下一个个体单位应是（13+60）73 号，依次类推。

3. 分层随机抽样

也称类型随机抽样或分类抽样。这种方法是先将总体各单位按一种或几种特征分成几个层次或类型；然后根据各层次或类型所包含的抽样单位数与总体单位数的比例，确定从各层次中抽取样本单位的数量；最后按照简单随机抽样或等距离随机抽样方法从各层次中提取样本并将其总和。

4. 聚类随机抽样

又称整群随机抽样或集体随机抽样。聚类随机抽样是将总体按照某种标准划分为一些子群体，每一个子群体为一个抽样单位，用随机的方法从中抽出若干子群，把抽出的子群中所有个体合起来作为总体样本。

（二）非随机抽样的具体方法

非随机抽样又称非概率抽样，是一种调研者根据自己的方便或主观判断抽取样本的方法。非随机抽样由于排除不了调查者的主观影响，因而由此得出的结论可靠性不强。但它操作简便、省钱省力，在统计上也远比概率抽样简单，可在一般性调研中采用。常用的非随机抽样方法有：

1. 偶遇抽样

偶遇抽样又称方便抽样，是指研究者将在一定时间、一定环境中所遇到的人都选入样本的方式。如街头拦人调查、公共场所遇谁问谁等。

2. 主观抽样

主观抽样又称判断抽样或立意抽样，即研究者依据自己的判断选取可以代表总体的个体作为样本。它又可分为印象判断抽样和经验判断抽样。印象判断抽样是纯粹凭调查者的主观印象抽取样本；经验判断抽样是调查者根据以往的经验和对调查对象的了解来选取样本。

3. 定额抽样

定额也可称为配额抽样，就是先根据总体各个组成部分所包含的抽样总体的比例分配样本数额，然后由调查者在各个组成部分内根据配额的多少采用偶遇抽样或主观抽样方法抽取样本。

4. 滚雪球抽样

此方法是指对于调查总体情况不甚了解，无法采用各种抽样方法抽取样本，只能先找个别的和少量的调查对象进行访问，然后通过他们再去寻找新的调查对象，就像滚雪球一样越积越多，直到达到调查目的为止。

上述各随机抽样和非随机抽样的具体方法都有各自的优点和缺点，研究者可根据自身的实际条件与调研的要求选用。

（三）样本规模与抽样误差

1. 样本规模

样本规模又称样本容量，是指样本内所含个体数量的多少。样本规模的确定是抽样设计的最重要内容之一，因为样本大小不仅影响其自身的代表性，而且还会直接影响到调查所需的人、财、物等。样本规模的确定必须考虑以下因素：

(1) 抽样的精确度。研究的目的往往要求通过样本来推断总体，而推断的可靠性和精确度与样本的规模有密切关系。一般来说，在其他条件不变的情况下，置信度（总体参数值落在样本统计值某一区间的概率）越高，其推断的可靠程度越高，所要求的样本规模就越大；置信区间（在一定置信度条件下，样本值与总体值之间的误差范围）越小，样本值与总体值之间的误差范围越小，所要求的样本规模就越大。反之则说明，样本越小与总体差异越大，误差也就越大。

(2) 总体的规模。抽样误差与样本大小密切相关，样本越大，越接近总体，抽样误差越小。因此，在一定精确要求下，总体越大者其样本要求亦应越大。但当总体大到一定程度后，样本规模的增加对抽样误差的影响就微乎其微了。

(3) 总体的异质性。在其他条件与抽样误差不变的情况下，总体各单位的异质性越大，需要的样本规模就应越大。因而在考虑样本规模与抽样误差关系时，必须考虑总体各单位的异质性程度。

(4) 抽样方法。在同样精确度的要求下，样本容量还因所选择的抽样方法不同而不同。每一种抽样方法都有自己计算样本容量的公式，因此，在选定抽样方法后，须分别考察和计算这一方法所需要的样本数。

(5) 人力、财力、物力与时间。样本规模越大，所需人力、财力、物力和时间越多，调查的成本越高。因此，在决定样本规模前，调查者在考虑自身组织能力等综合素质的同时，还必须考虑到所能动用的人力、财力、物力及调查所需要的时间等因素。

2. 抽样误差

抽样误差是指抽栏估计值与总体参数值之差。抽样误差产生的原因有登记性误差（即在调查过程中，由于登记差错所造成的误差），也有代表性误差（即样本各单位的构成不足以代表总体特征而形成的误差）。代表性误差又有两种：一是违反随机抽样原则抽取样本而形成的误差；二是虽按照随机原则抽取样本，但受样本规模、总体变异程度等影响而形成的偶然的代表性误差。一般所讲的抽样误差，多是指偶然的代表性误差。

从对抽样误差的计算上看，抽样误差与总体标准差成正比，与样本单位数成反比。这就是说，对于特定调查总体而言，在总体标准差不变的情况下，要减少抽样误差，就必须增加样本单位数量，即多抽一些样本进行调查。在样本单位数确定的情况下，总体各单位标志值离散程度越小，抽样误差就越小；反之，抽样误差就越大。

第三节　社会调查研究常用的方法

社会调查研究的具体方法较多，其中比较常用的有实地观察法、访问调查法、问卷调查法和实验调查法等。

一、实地观察法

观察是人们日常生活中广泛采用的一种活动方式，但日常生活中的观察与科学观察有很大的区别。在社会科学中，观察法是一种收集社会初级信息或原始资料的方法。

（一）实地观察法的种类

实地观察法是观察者有目的地运用自己的感觉器官或借助科学观察工具，能动地了解处于自然状态下的社会现象的方法。也就是说，这种方法是通过直接感知和直接记录的方式，以获得由研究目的和研究对象所决定的有关社会现象和社会行为的信息。

进行实地观察的要求是：（1）有一定的研究目的和研究方向；（2）事先有相应的理论准备和较系统的观察计划；（3）观察对象是处于自然状态下的社会现象；（4）有较为系统和完整的观察与测量记录；（5）观察结果往往可以被重复验证。此外，进行实地观察还要求观察者应受过一定的专业训练。

实地观察的种类主要有：

（1）根据观察者的角色，可分局内观察和局外观察。局内观察又称参与观察，是指观察者参与到社会现象和社会生活中，通过与被观察者的共同活动从内部进行观察；局外观察即非参与观察，就是观察者置身于所观察的社会现象之外，以局外人或旁观者的身份进行观察。

(2) 根据观察的内容和要求，可分结构式观察和非结构式观察。结构式观察要求观察者事先设计好观察的范围与项目，观察时做好详细的记录，因此，结构式观察常将注意力集中在若干具体的、明确的行为和特征上；非结构式观察只要求观察者有一个总体的目的和要求，有大致的观察内容与范围，到现场根据具体情况有选择地进行观察。

(3) 根据观察对象的不同，可分直接观察和间接观察。直接观察是对那些正在发生、发展和变化着的情况进行观察，即通过观察者的亲眼目睹来了解情况；间接观察就是对物化了的社会现象所进行的观察，即观察的对象不是当时的人或事，而是人们的行为和事件发生后所留下的各种痕迹。

此外，实地观察法还可分为静态观察和动态观察、定性观察和定量观察、探索性观察和验证性观察等。

（二）实地观察的实施

要保证观察的顺利实施并取得良好的效果，就应当掌握进行实地观察的一般原则，注意方式方法和技巧。在实地观察中应当遵从客观公正的原则、全面性的原则、深入持久性的原则、法律与道德的原则。

实地观察中应注意：

(1) 选择观察对象和环境。要使实地观察的结果具有典型意义和一定的代表性，就应当选择在典型环境中的典型对象作为观察重点。

(2) 确定观察的时间和场合。实地观察力求以最佳的时间在最佳的场合进行，因为所选定的观察时间、场合与观察结果的真实性、准确性相关联。

(3) 注意观察的方式。观察者应当与被观察者建立良好的人际关系，尽可能地减少观察活动对被观察者的影响。

(4) 及时做好观察记录。实地观察做记录的方法最好是同步记录，即在现象观察的同时把观察情况记录下来。如果是有结构的实地观察，还要求事先设计与制作观察的记录工具。

(5) 观察要与思维结合。在实地观察中要把观察与思考结合起来，在观察中思考，在思考中观察，通过感官与思维的结合，捕捉到更多的有价值的材料。

二、访问调查法

访问调查法是一种常用的收集资料的方法。访问调查的过程实际上是访问者与被访问者双方面对面交流的社会互动过程，访问调查所得资料正是这种社会互动的结果。

（一）访问调查法的种类

访问调查法又称访谈法，是访问者通过口头交谈等方式直接向被访问者了解社会情况或探讨社会问题的调查方法。访问调查法是比实地观察法高一层次的调查方法，它往往能了解到更多的、更有价值的社会情况，同时也是比实地观察法更复杂的一种调查方法。

访问调查法有不同的种类，常用的划分有两种。一种是以访问调查内容为标准，分为标准化访问与非标准化访问；另一种是以访问调查方式为标准，分为直接访问与间接访问。

标准化访问又称结构性访问，是按照统一设计的，用有一定结构的问卷所进行的对过程高度控制的访问。这种方法的访问对象必须按统一的标准和方式选取，一般采用概率抽样。非标准化访问即非结构式访问，是一种半控制或无控制的访问。这种访问方法对访问对象的选择和访谈的问题有一基本要求，但无须准备表格、问卷等，可根据访谈时的具体情况进行必要的调整。

直接访问就是访问者与被访问者进行面对面的对话，可以用“请进来”和“走出去”的方式进行。间接访问就是访问者通过电话、电脑、书面问卷等工具对被访问者进行的调查。这种访问方式有着快捷、节省、保密性强的优点。

访问调查法的主要方式有：

（1）重点访问。又称集中访问，是集中于某一经验及其影响的访问。其具体做法是，先选择一定的情境，并把调查对象安排在这一预先设计好了的场境中，然后对他们进行访问，了解他们在此情境中的体验以及对情境的认识和解释。

（2）深度访问。又称临床式访问，是搜集个人特定经验的方式，常用于个案调查。

（3）客观陈述。又称引导式访问，即让被访问者对某一社会现象充分表述自己看法的半结构式访问。

(4) 座谈会。座谈会或调查会是一种非结构式集体访问，即将访问对象集中起来，针对某些社会现象来共同讨论的方法。所谓“头脑风暴法”，便是其中的形式之一。

(二) 访谈过程及技巧

访问调查是一种社会交往过程，访谈的成败在很大程度上取决于调查者对这种社会互动过程组织的能力，而组织好这项工作并非易事，它要求访问人员必须具备良好的谈话技能，并能掌握和灵活运用访谈的各种技巧。

从程序上讲，访问调查大体可分为访问准备、进入访问、访问过程的控制、听取回答和结束访问几个阶段，而每个阶段都需要相应的技巧。

1. 访问的准备

无结构式访问的准备工作是在熟悉与调查内容有关知识的同时，根据研究目的和理论假设，准备详细的访问提纲，并将其具体化为一系列访谈问题。结构式访问的准备主要是掌握统一设计的问卷及访问手册，了解访问的目的、要求、步骤和可能出现的问题及解决办法等。

为访问的成功，在准备工作中要对被访人所在社区的特征及该人的情况有所了解，如其性别、年龄、职业、文化程度、经历、专长以及思想状况、身体状况和精神状况等。

2. 进入访问

进入访问是访问调查的开始，由提出访问请求和所要提出的问题组成。进入访问的关键是要激发被访问者回答问题的意愿，并作好回答问题的准备。顺利地开始访问是一门艺术，全部资料的可靠性在很大程度上取决于访问者在这方面的技巧。

接触被访问者首先是打招呼和自我介绍。二是要符合双方的关系程度和心理距离；三是既要尊重有礼貌，又要恰如其分；四是要注意称呼习俗的发展和变化以及地域习惯等。

在与被访问者打招呼并征得同意后，就应进一步接近被访问者。此时的话题应当如何开始？有几种方式可供选择：一是自然接近，即在某种共同活动过程中接近对方；二是求同接近，即在寻求与被访问者的共同语言中接近对方；三是正面接近，即开门见山地说明调查的目的并请求合作；四是友好接近，即从与被访问者的感情联络着手，建立起信任感。

3. 访问的控制

访问过程是调查者提问并求得回答的过程，而提问是访问调查的主要环节，直接关系到访谈能否成功。当然，除提问本身之外，调查者的表情态度、行为举止等都会影响到调查对象的情绪，因而也关系到访问能否顺利进行。所以说，提问和表情是控制访问的两个重要手段。

就提出的问题而言，可分为实质性问题和功能性问题两类。实质性问题是指为掌握访问调查所要了解的情况而提出的问题。功能性问题是指在访谈过程中为了对被访问者施加某种影响而提出的问题，包括接触性问题、试探性问题、过渡性问题和检验性问题等。一般来说，访问者对实质性问题都比较重视，对功能性问题较为忽略，而提问的技巧则是更多地体现在功能性问题上。因此，访谈中要善于灵活运用各种功能性问题，控制谈话进程并使之顺利进行。

访问者在提问时应当注意：(1) 要始终保持中间立场，尽力避免倾向性；(2) 把握方向及主题和焦点，尽量减少题外话；(3) 注意控制时间以及问题的先后顺序；(4) 使用的语言应当简明清楚，避免含糊不清或产生歧义；(5) 根据访问对象的特点，灵活使用提法与口气。

4. 听取回答

访谈的技巧首先是提问的技巧，同时也包括了听取回答的技巧。调查者应当是一个好的听众，要表现出对对方谈话的兴趣，切忌做出一些不必要的小动作使对方产生反感而不想再谈下去。

5. 结束访问

结束访问是访谈的最后环节。在访问的时间上要把握适可而止的原则，一般1~2小时为宜。当然，什么时间结束访问也要见机行事，如果被访问者对话题有兴趣而访问者又能获得有用信息的话，时间可稍长，但访问者也应在适当的时候主动结束谈话。如果被访问者感到疲劳和厌倦，或者话不投机时，就应立即结束访问。在结束时要做到善始善终，即对被访问者对自己工作的支持表示感谢。如果第一次访谈没有完成任务，可大致约定下次访问的时间并简要说明再次访谈的主要内容，以便对方有所准备。

三、问卷调查法

问卷法是现代社会学研究中最常用的资料收集方法，特别是在调查研究中，它的使用更为普遍。因此，美国社会学家艾尔·巴比称“问卷是社会调查的支柱”。而英国社会学家莫泽则说：“十项社会调查中就有九项是采用问卷进行的。”

（一）问卷调查法的种类

问卷是社会研究中搜集资料的一种工具，它的形式是用一份精心设计的问题表格，向被选取的调查对象了解情况或征询意见。可以说，问卷调查是标准化调查，即按照统一设计的、有一定结构的问卷进行的调查；问卷调查是书面调查，即调查者用书面形式提出问题，被调查者在既定的局面表格上回答问题；问卷调查一般是定量调查，调查的主要目的是通过统计量推断总体。问卷调查可以是直接的，也可以是间接的，即用信函等方式由被调查者填答问卷。

在社会学研究中所使用的调查问卷，按填答的方式可分为自填问卷和代填问卷。自填式问卷是由被调查者本人填答的，而代填式问卷则是由调查人员根据被调查者的回答代为填写的。自填式问卷调查可按问卷的传递方式不同，分为报刊问卷调查、邮政问卷调查和送发问卷调查；代填式问卷调查也可按照与调查者交谈的方式不同，分为访问问卷调查和电话问卷调查。

报刊问卷调查是随报刊分发问卷，请被调查者在问卷上做出书面回答后按时寄回报刊编辑部；邮政问卷调查是调查者通过邮局向被选定的调查对象寄去问卷，请被调查者填答后通过邮寄返回调查者；送发问卷调查是调查者本人或派人将问卷送给被选定的调查对象，待填答完毕后回收；访问问卷调查是调查者用统一设计的问卷向被调查者当面提出问题，根据其口头回答进行填写；电话问卷调查是调查者通过电话，按统一设计的问卷向被调查者提问，根据其电话中的回答代为填写。

（二）问卷设计的基本要求、结构与原则

问卷的设计在很大程度上决定着问卷调查的质量和有效回收率，甚至关系到整个调查工作的成败。

1. 问卷设计的基本要求

第一，从被调查者的角度考虑问卷的设计。调查者在设计问卷时既要突出自己研究的主题，又要考虑被调查者回答的方便。有时问卷回收率低的一个重要原因就是被调查者觉得太麻烦而不愿作答。因此要注意：问卷设计不宜太长，问题不要太多；所提出的问题不要太难，更要避免提出被调查者不愿回答的，诸如较为敏感或涉及个人隐私的问题等。

第二，对阻碍问卷调查的因素有明确的认识。一项问卷调查的成功与否，关键在于被调查者能否与调查者合作。从问卷设计的角度上分析，影响被调查者与调查者合作的障碍主要来自主客观两方面。主观障碍是被调查者在心理和思想上对问卷产生的不良反应，包括畏难情绪、顾虑、毫无兴趣等；客观障碍则是由被调查者受自身的知识、能力、条件等方面的限制形成的。

第三，从多方面考虑问卷的设计工作。问卷看起来是由一组问题和答案所构成的调查表格，但在其设计时却涉及了许多在问卷上看不到因素。在设计问卷时需要注意的因素较多，而在这些因素中，调查目的、调查内容、样本性质、资料处理的统计分析方法、调查经费和时间等影响因素则是必须考虑的。

2. 问卷的一般结构

问卷一般是由标题、卷首语、指导语、问题和答案、编码等构成的。

(1) 标题。如，关于家庭对中学生参与体育影响的调查。

(2) 卷首语。即一封致被调查者的短信，其作用在于向被调查者说明调查者的身份、调查的目的以及对被调查者参与合作的谢意等。

(3) 指导语。即填表说明，用来向被调查者说明如何正确填答问卷。如果是单项选择或“是”与“否”的问题，向被调查者说明将自己的选择在何处打“√”或画“○”；如果是多项选择，说明是否需要排序以及如何排序等。如“请将下列问题的答案按您认为的重要性程度在“□”内顺序填上“1、2、3……”。

(4) 问题和答案。问题和答案是问卷的主体，被调查者的各种信息正是通过问题和答案收集到的。问卷中的问题在形式上可分为开放式和封闭式两大类。

所谓开放式，就是只提出问题而不为调查者提供具体的答案，而是由其自由作答。如：“您最喜爱的健身方式是什么?”（请自填）。

所谓封闭式，就是提出问题的同时，给出两个或若干个可能的答案，供被调查者根据自己实际情况、看法和意见，从中选择一个（单项选择）或多个（多项选择）作为回答。

例如，“您最喜欢看哪一类的电视节目？”（限选一个答案，请在□内打“√”）

(1) 新闻类□　(2) 体育类□　(3) 文艺类□　(4) 经济类□

(5) 军事类□　(6) 其他类（请写明）

“您喜欢观看的体育比赛是什么？”（可选多个答案，并请按您所喜爱的程度在□内顺序标明 1.2.3.4……）

(1) 足球□　(2) 篮球□　(3) 排球□　(4) 田径□　(5) 体操□

(6) 跳水□　(7) 乒乓球□　(8) 羽毛球□　(9) 网球□　(10) 游泳□

(11) 射击□　(12) 滑雪□　(13) 其他（请写明）

(5) 编码。所谓编码，就是对每一份问卷和问卷中的每一个答案编定一个唯一代码，并以此为依据运用计算机对问卷进行数据处理。

3. 问卷设计的原则

要保证被调查者回答的质量，提高问卷的有效回收率，在设计提问语句时，应当遵循客观性、必要性、可能性和自愿性等原则。在提问语句的表述上，应注意具体性、单一性、准确性、简明性、中立性和通俗性。在设计答案语句时，应注意相关性、完整性、同层次性、互斥性和可能性。

（三）问卷设计中常见的错误

1. 问题含糊

即提问语句的词汇含义不清楚、不明确，或者可能产生歧义。

如：“你近来是否经常参加锻炼？”

在这个提问语句中，“近来”“经常”和“锻炼”的表述都比较含糊。“近来”是一个相对的时间概念，它可指近两三天、近两三个星期、近两三个月甚至更长。“经常”是一个频度概念，但也是一个模糊概念，达到什么要求才能称之为经常？一周三次还是三周一次？“锻炼”一词在体育界内看来都明白是指体育锻炼，但在体育界以外，就可能联想到其他的锻炼，如下基层锻炼等。

2. 概念抽象

有些调查者常常用抽象的概念或极为专业的术语来表述问题。

如：①“你认为举国体制是否是我国培养高水平运动员的最佳体制？”②“按项群理论，可否将现有的运动项目分为以下几大类：……”

在①问中的“举国体制”是一抽象概念；在②问中的“项群理论”是一专业性很强的术语，把这些概念和术语用于对象是相关专业人士的调查尚可，但如果用于一般性的社会调查，就难免会让人头痛。

3. 具有倾向

调查问题的设计者把自己的主观感受在问题表述中体现出来。

如：“中国足球水平如此之低，而国内足球甲A俱乐部球员的收入又高得离谱，你认为这种现象合理吗?”

这种表达方法明显地带有对选择答案的诱导，其结果是导致被调查者选择“不合理”的答案。

4. 多重含义

一个问题只应当问一件事情，如果一个问题中同时出现两个或多个事物，回答者往往会感到无所适从。

如：“目前我国体育运动的发展水平是否与社会经济发展水平同步?”

从表面上看，问题是指体育运动一件事情，但由于在体育运动中包含了竞技体育、大众体育和学校体育等方面，如果这些方面的发展并不协调或并不同步的话，答案的真实性就会受到影响。

5. 过于复杂

设计问卷的原则之一就是其简明性。而在许多社会调查问卷的答案语句设计中并未予以充分注意，有些答案语句的内容不仅过多，而且过于复杂，使被调查者无所适从。

（四）问卷的信度与效度检验

在社会调查研究中，问卷就是一种测量工具。我们在用问卷去量度体育这一社会现象时，有一个该问卷的指标体系（结构完整、层次分明、内含逻辑联系的提问语句体系）能否稳定地去测量事物的问题，即问卷的信度问题。它表示测量工具和测量结果的准确与可靠程度。因此，对问卷应该进行信度检验。常用的信度检验方法有再测法（重复检验法）、复本法、分半法（折半法）、α系数法等。

我们在用问卷去量度体育这一社会现象时，还有一个该问卷的指标体系（结构完整、层次分明、内含逻辑联系的提问语句体系）能否反映测量目标和测量结果的一致性问题，即问卷的效度问题。它表示一种测量工具能够用以真正测量它所要测的目标的准确程度。一种测量无论具备多少优点，有多高的信度和多么丰富的数据，但是如果没有效度，也都是没有价值的。常用的效度检验方法有内容效度、效标效度和因素分析效度。

信度和效度的具体检验方法在此不作一一介绍，可另参考专门书籍。

四、实验调查法

作为一种科学认识方法，实验始于自然科学领域，后逐渐被移植到社会科学研究中。实验调查是一种重要的直接调查方法，也是一种最复杂、最高级的调查方法。

（一）实验调查法及其种类

实验调查法是实验者根据一定的假设，通过改变某些实验环境的实践活动，来认识实验对象的本质与发展规律的一种调查方法。

组成实验调查的基本要素是：

(1) 实验者。即实验调查的有目的、有意识的活动主体，他们以一定的实验假设来指导自己的实验活动。

(2) 实验对象。即实验调查所要认识的客体，他们往往被分成实验组和对照组两部分。

(3) 实验环境。即实验对象所处的各种条件与场境的总和，如人工实验环境、自然实验环境等。

(4) 实验活动。即改变对象所处条件的各种实践活动，这在实验调查中被称为“实验激发”。

(5) 实验检测。即在实验过程中对实验对象所作的各种测定。

实验调查的程序一般是：以实验假设为起点设计实验方案——选择实验对象和实验环境——对实验对象前检测——通过实验激发改变实验对象所处的社会环境——对实验对象后检测——通过对前检测和后检测的对比对实验效果作出评价。

实验调查法具有调查活动的实践性、调查对象的动态性、调查结论的因果性和调查方法的综合性等特征。与实地观察法、访问调查法、问卷调查法等其他社会调查方法相比，实验调查法更为复杂和高级，是一种更有效的直接调查方法。

按照不同的标准可将实验调查法分为不同的类别。按实验环境的不同，可分为实验室实验和现场实验；按实验对象和实验者对于实验激发是否知情的状况，可分为单盲实验和双盲实验；按实验组织方式的不同，可分单一实验组实验、实验组对照组实验和多实验组实验；按实验的目的不同，可分为研究性实验和应用性实验等。

（二）实验调查方案的设计

按照实验组织方式的不同，可设计出许多实验调查方案，以下简要介绍几种常用的实验调查设计。

1. 单一实验组

单一实验组设计就是没有对照，只选择一批实验对象组成一个实验组，通过实验激发前后的变化而得出实验结论。单一实验组设计的步骤是：

(1) 选择实验对象和实验环境；

(2) 对实验对象前检测；

(3) 实验刺激；

(4) 对实验对象后检测；

(5) 提出实验结论。

[实验效应 = 后检测 – 前检测]

2. 实验组对照组

实验组对照组设计是选择一批对象作为实验组，同时选择另一批与实验对象情况相同或相似的对象作为对照组。实验过程中只对实验组给予实验激发而不给对照组实施激发，在实验结束时将实验组和对照组前后检测的变化对比研究，最后得出实验结论。其具体步骤见表 17–1：

后检测（实验组）– 前检测（实验组）= 差分（实验组）

后检测（对照组）– 前检测（对照组）= 差分（对照组）

实验效应 = 差分（实验组）– 差分（对照组）

表 17-1 对照实验步骤

组别	实验组	对照组
实验步骤	(1) 选择实验对象 (2) 选择实施环境 (3) 前检测 (4) 实验刺激 (5) 后检测 (6) 得出实验结论	(1) 选择实验对象 (2) 选择实施环境 (3) 前检测 (4) 不给予实验刺激 (5) 后检测

3. 双对照组实验

双对照组实验与实验组对照组的不同，主要在于多了一个对照组并在实验步骤上有所不同。

4. 多实验组

多实验组设计，就是选择若干批实验对象组成若干个实验组，在各自不同的实验环境下检测实验刺激前后对象的变化情况，分别做出各组的实验结论，再进行比较研究，最后做出总的实验结论。多实验组可根据各种因素设计出多种多样的方案，如所罗门四组设计、多因素设计、重复测量设计和拉丁方格设计等（在此不作一一介绍，可另参考专门书籍）。总之，多实验组的设计与组织工作更为复杂，但这种实验的结论比较客观准确，实验效果良好。

（三）实验调查的实施与评价

1. 实验调查的实施

实验调查作为一种复杂的直接调查方法，在实施的过程中首先要求实验者必须具备一定的条件。这些条件包括实验者本身的创新与开拓意识、较高的理论水平和鉴别判断能力、一定的实践经验和灵活处理问题的能力、有一定的组织工作能力和威信、有认真扎实的工作作风和比较充裕的时间等。具备这些条件是使实验调查这项具有探索性、开拓性工作取得成功的重要因素。其次，要正确选择实验对象和实验环境。第三，要对实验过程加以控制。第四，对实验的效果进行检测和评价。

2. 实验调查法的优点与不足

实验调查法的优点是：实践性强、易于重复、能够确立因果关系、控制性强。此外，实验调查是一种动态的调查，它不仅能掌握实验对象和实验环境的静态资料，而且可获得实验对象和实验环境运动、发展和变化过程的动态资料，这是实验调查的又一突出优点。

实验调查法的不足在于：缺乏“现实性”；样本有较大的局限性；实验者的某些主观预期会有意无意地影响实验进程和实验结果；实验有一定的局限性，即必须在法律和社会行为规范许可的范围内进行。

主要参考文献

1. 水延凯，等. 社会调查教程 [M]. 北京：中国人民大学出版社，2003.
2. 袁方. 社会研究方法教程[M]. 北京：北京大学出版社，1997.
3. 王思斌. 社会学教程[M]. 北京：北京大学出版社，2003.
4. 吴铎. 社会学[M]. 北京：高等教育出版社，2000.
5. 张永生. 思维方法大全[M]. 南京：江苏科学技术出版社，1991.
6. 虞祖尧. 社会学和社会调查[M]. 北京：中国人民大学出版社，1988.

复习与思考

1. 为什么说准备阶段是社会调查的决策阶段？
2. 在典型调查中应当注意哪些问题？
3. 访问调查的过程、步骤、技巧是什么？
4. 什么是问卷的信度与效度检验？
5. 什么是实验调查法？组成实验调查的基本要素是什么？
6. 对照实验的步骤有哪些？

推荐阅读书目

1. 范伟达. 现代社会研究方法[M]. 上海：上海复旦大学出版社，2001.
2. 唐盛明. 社会科学研究方法新解[M]. 上海：上海社会科学院出版社，2003.
3. 吕树庭，等. 体育社会测量方法[M]. 广州：广东高等教育出版社，1998.

图书在版编目（CIP）数据

体育社会学 / 吕树庭，刘德佩主编. –北京：人民体育出版社，2007（2020.3.重印）
普通高等教育“十一五”国家级规划教材. 体育院校通用教材
ISBN 978-7-5009-3230-7

Ⅰ.体… Ⅱ.①吕… ②刘… Ⅲ.体育运动社会学–高等学校–教材 Ⅳ.G80-05

中国版本图书馆 CIP 数据核字（2007）第090168号

*

人民体育出版社出版发行
三河兴达印务有限公司印刷
新 华 书 店 经 销

*

787×960 16开本 25印张 453千字
2007年9月第1版 2020年3月第12次印刷
印数：31,001—33,000册

*

ISBN 978-7-5009-3230-7
定价：45.00元

社址：北京市东城区体育馆路8号（天坛公园东门）
电话：67151482（发行部） 邮编：100061
传真：67151483 邮购：67118491
网址：www.sportspublish.cn
（购买本社图书，如遇有缺损页可与邮购部联系）